FANGCUN
SHIHUA

方村史话

芜湖市镜湖区方村街道办事处◎组编
王万春◎主编

安徽师范大学出版社
·芜湖·

图书在版编目(CIP)数据

方村史话 / 王万春主编. — 芜湖：安徽师范大学出版社，2018.6
ISBN 978-7-5676-3455-8

Ⅰ.①方… Ⅱ.①王… Ⅲ.①村史—芜湖 Ⅳ.①K295.45

中国版本图书馆CIP数据核字(2018)第061424号

方村史话　　芜湖市镜湖区方村街道办事处◎组编　　王万春◎主编

责任编辑：胡志恒
装帧设计：丁奕奕
出版发行：安徽师范大学出版社
　　　　　芜湖市九华南路189号安徽师范大学花津校区
网　　址：http://www.ahnupress.com/
发 行 部：0553-3883578　5910327　5910310(传真)
印　　刷：江苏凤凰数码印务有限公司
版　　次：2018年6月第1版
印　　次：2018年6月第1次印刷
规　　格：787 mm×1092 mm　1/16
印　　张：26.5
字　　数：572千字
书　　号：ISBN 978-7-5676-3455-8
定　　价：86.00元

前　言

《方村史话》，是首部系统反映方村人文、历史、自然、风土人情的史志类读本。

方村襟江带河，四周环水，风光秀丽。在这块物华天宝、人杰地灵的土地上，世世代代的方村人繁衍生息，创造出丰厚的物质文化和精神文化。发掘方村乡土文化的精髓，对继承和发扬优良文化传统，彰显方村个性，弘扬方村精神，推动方村经济发展，建设美好方村，具有重要意义。街道党工委、办事处非常重视收集整理乡土文化，于2012年4月25日召开会议专门研究这项工作，确定由街道“老三委”牵头，组织老年学校10余名志愿者为乡土文化义务收集整理团队，进行收集整理。自2012年5月起，志愿团队着手走访、采集、撰稿、编辑工作。

《方村史话》的稿源来自三方面：一是市党史和地方志办公室、中共芜湖县委组织部、县委党史研究室、县文化馆提供的资料；二是既有和采购到的资料及专著，主要有《芜湖县志》《芜湖县地方史》《芜湖县文史资料》《芜湖名人录踪》《鸠兹史苑》《历史的风云》《三江烽火》《孙宗溶文集》《古县新姿》等，以及部分家谱；三是义务收集整理团队采编的资料，如人文掌故、古迹遗址、民间习俗、传说故事等。经过五年多的努力，并广泛征求社会各界的意见，终于定稿付梓。

历史是过往的现实，现实也必将成为历史。因此，史能溯源，史能明理，史能镜鉴，史能励志。《方村史话》内容以史为主，下限截至区划调整隶属镜湖区，共设置“桑梓钩沉、姓氏觅踪、地名传奇、烽火岁月、人物春秋、农耕索隐、乡风民俗、非遗文化、宗教建筑、民间故事、方言俚语、文苑芬芳”12个版块，收录文章120余篇，诗词百余首，约57万字。力求以散文笔墨，作人文点化，给读者呈现一幅浓墨重彩的方村画卷。寄望《方村史话》对人们了解方村，研究方村，宣传方村，建设方村，产生积极作用。

《方村史话》的问世，是方村街道文化建设的一件大事。尽管内容尚嫌单薄，但仍然具有存史、借鉴、启迪后人的意义，它将激励我们以恢宏的历史气度、科学的理性追求，脚踏实地，不断奋进，把方村建设得更加美好。

在此，谨向为挖掘方村乡土文化、宣传方村人文精神付出辛勤劳动的志愿者，表示崇高敬意！向关心与帮助本书编辑、出版的单位和同志，表示衷心感谢！

编　者

2017年9月

目　录

桑梓钩沉

- 建制述要
- 大事纪略
- 变迁故实

一、建制述要

方村街道

方村街道地处芜湖市区之东南、芜湖县之西北，傍依青弋江下游，辖三连、埭南两圩的12个行政村和2个社区，总面积63.2平方公里，耕地5.5万亩，水面约4万亩，人口4.2万人。

方村处于青弋江下游，是古芜湖县城的门户。皖南山区在青弋江上放竹木排的人，喜欢在方村歇脚、住宿。他们将竹木排靠岸时，常喊“缓撑！缓撑！”他们喊的是山区方言，当地人听起来犹如“方村”，于是就将这里叫作“方村”。这便是方村得名由来。

东汉建安五年(200)，方村一带开始筑圩。陆续筑成的100多个小圩，抵御洪涝灾害的能力很差，经协商决定连圩。吴赤乌五年(242)连圩成功。由于古时芜湖人有行春(游春)习俗，大农令刘基认为，新连成的大圩是行春的好地方，便将其命名为“行春圩”。

方村俗称的“三连圩”，是1951年由行春、天城、利民3圩合并而成的。埭南圩，在清代咸丰年间(1851—1861)由埭南圩、俞家坝、杨家坝、前村坝、保仪埠、宦家坝、罗周坝7个圩、埠、坝联成，于民国七年(1918)重修，解放后又将汴浦、合胜2圩及石板湖并入。

方村一带，原是芜湖县境内的湖泊滩涂之地，自筑圩、连圩成功，出现村落、集镇之后，才出现行政建制问题。

东吴赤乌二年(239)，行春圩成，设行春乡，隶属芜湖县。西晋太康二年(281)，行政区划变更，方村(行春圩)仍属芜湖县。东晋义熙九年(413)，撤销芜湖县，侨置襄垣县，方村(行春圩)归属襄垣。南唐升元年间(937—942)，复置芜湖县后，方村(行春圩)一直隶属芜湖县。清宣统三年(1911)，东南镇区自治公所在方村成立。

中华民国元年(1912)，废府、州、厅而存县、道，芜湖县直属安徽省，方村隶属芜湖县；同时废警务所，设警察厅，后增设警察所，在方村镇设警分所。民国8年(1919)，沿袭清代行政建制，仅改社为铺，全县设5乡、38铺，方村为行春铺，属易俗乡；埭南圩属移风铺。民国26年(1937)12月10日芜湖沦陷，国民党县政府迁南陵县俞家埠。1938年冬，新四军在埭南与西河、十连建立中共党支部，领导抗日斗争。民国32年(1943)夏，在竹丝港、埭南成立中共中心支部，又称区工委。次年春，成立南芜工委和埭南、行春等乡抗日民主政府，其中竹丝港区下辖埭南等3个乡政府，方村区下辖行春、方村等乡政权。7月，中共南芜行政督导处改为南芜行政办事处，下辖方村等5个区政府、14个乡镇。8月，中共南芜县委成立清水、方村区委和清水区抗日民主政府。9月22日，国民党县政府由南陵县俞家埠迁回芜湖。是年，设方村镇，为方村区驻地。1946年9月，全县设4区14镇31乡，方村镇、行春乡属方村区。10月撤并乡镇，全县设6个联防区、11镇、17乡。1947年，将方村镇与行春乡合并为方春乡，为第四联防区驻地。至此，才出现"方春乡""方春圩"名号。1948年，全县改设4区，镇、乡不变，方春乡、易天民乡属方村区，瑞南乡(善瑞、埭南)属石硊区；1949年4月24日，方村及芜湖全县获得解放；26日，芜湖县人民行政办事处在方村河东成立；5月12日，改称芜湖县人民政府；6月，县政府迁至清水镇；8月，迁至芜湖河南兴国寺。4月26日，中共芜湖县工作委员会在方村成立；5月12日，中共芜湖县委员会在方村成立。

解放初的1949年4月，沿用旧区划，全县设6个区、31个乡镇，方村镇、行春乡隶属方春区。1950年2月重新划区，全县设8个区，依顺序号称呼，方村为第三区，区直辖行政村。8月，将原方村区改为方村、陶辛两区，方村区辖方村镇和大胜、石桥、利民等8乡。1950年11月，将方村河东、河西合并于方村镇。1952年1月划乡建政，全县设7个区、61个乡镇，方村镇和大胜、石桥(行春圩)、腰埂、垞村(埭南圩)、利民6乡属方村区。天城乡属中窑区。1955年12月进行区划调整，全县将61个乡镇合并为25个乡。大胜、石桥2乡合并为行春乡；垞村、腰埂2乡合并为埭南乡；利民、天城2乡合并为天民乡，保留方村镇。1956年2月撤区。1957年复置方村区公所，次年9月更名为方陶片。1958年10月成立红旗人民公社，方村河西改称幸福大队，河东并入跃进大队(原政和乡)。1959年2月2日，全县4大公社改以地名称呼，红旗公社改称方村公社。1961年6月，全县撤销4大公社，改设为4个区、18个公社，其中包括方村、天民、埭南公社，原方村镇改称方村大队；重设方村区。1965年6月复置方村镇，属方村区，下半年成立镇人民委员会。1968年建立方村区革命领导小组、方村镇革命委员会和方村公社革命委员会(原称管理委员会)。1969年4月撤区。1972年7月，成立方村等6个片，代行区级党政部分职能。1974年12月20日，恢复方村等6个区委会，方村区驻地方村镇。

1981年11月，全县设方村等6区。12月，镇革命委员会改称镇人民政府，公社革命委员会改称公社管理委员会。1983年4月至次年4月，方村、天民、埭南公社及全县所有公社先后改称乡。1986年5月，将方村乡并入方村镇，驻地河沿路。1992

年3月撤区并乡，原6个区被撤销，全县33个乡镇合并为24个乡镇，保留埭南乡，将天民乡并入方村镇。4月合并行政村，将273村合并为171村，其中：方村镇将梅村、高基合并为行春村；长桥、太平合并为五星村；合义、万胜合并为利民村；东埂、棋盘、西滩合并为天城村；埭南乡将秧埠、竹园合并为方家村；腰埂、合胜合并为腰埂村；王埂、宦汁、石板湖合并为王埂村。2003年12月9日，全县乡镇区划调整，由17镇7乡合并为8镇，8镇之一的方村镇由原方村镇和埭南乡合并而成。2010年8月，方村镇划属芜湖市镜湖区。2010年12月，方村镇改为镜湖区方村街道办事处。

天城、利民二圩及埭南乡

方村镇，民国八年(1919)《芜湖县志》称："跨河两岸，人烟繁盛，商业砻坊居多。"隶属于方村镇的天城、利民二圩及埭南乡，其变迁概况如下。

天城、利民二圩：其地域1919年属易俗乡。民国17年(1928)筑利民圩(外滩)；1929年筑天城圩(天城湖)。民国35年(1946)，二圩属方村区易天民乡。1949年解放初，利民、天城2乡属濮店区。1950年2月，利民乡改为行政村，隶属中窑区。1952年，利民乡属方村区，天城乡属中窑区。1956年1月撤区并乡，天城、利民2乡合并为天民乡。1958年10月，天民乡并入红旗人民公社。1961年6月成立天民公社。1965年1月，天民公社并入方村公社。1973年4月，恢复天民公社。1974年天民公社属方村区。1983年4月，天民公社改称天民乡。1992年3月撤区并乡，天民乡并入方村镇。

埭南乡：1919年为移风铺，属移风乡。解放前夕，原移风乡汁浦村(坝里)属南陵县奎湖乡高桥堡，解放后划归芜湖县埭南乡，并与宦坝合并为宦汁村。1945年，埭南乡属石硊区。解放初沿旧制，仍为埭南乡。1950年2月，改为由石硊区直辖的行政村。1952年划乡建政，埭南设腰埂、抖村2乡，改属方村区。1956年1月，2乡合并为埭南乡。1958年10月并入红旗人民公社。1961年成立埭南公社。1969年冬，埭南公社发动2千多民工，围垦境内钉螺流行区石板湖。1974年埭南属方村区。1984年4月，埭南由社改乡。2003年12月9日，埭南乡与原方村镇合并为新方村镇。2010年8月随新方村镇划属芜湖市镜湖区。

村居简介

方家村

方家村位于方村街道西南部，东临埭南社区，南与南陵许镇镇隔河相望，西与弋江区火龙街道毗邻，北与腰埂村接壤。村域面积5.9平方公里，辖22个自然村和一个小区，1个居民点，居民以汉族为主，有极少数苗族、壮族等少数民族。全村共有32个村民组，总户数1171户，总人口3312人。全村耕地面积4131亩，可养水面1200余亩。

方家村湾石路和两条皖赣铁路穿境而过，交通十分便利，为村域经济发展奠定了良好的基础，

方家村以传统的粮、油种植及水产养殖为主导产业，盛产大米、油菜、大豆、食用菌等农产品和鱼、虾、蟹等水产品。村内有中兴铸造、芜湖市焱森铸造材料有限公司、芜湖市兴邦玻璃设备有限公司等5家企业，解决了部分劳动力就业难的问题，使村民收入不断提高。

该村是革命老区，曾经是地下党和芜南游击队的主要活动地之一，在1943年3月就成立了中共俞家坝（陈家墩）党支部。

腰埂村

腰埂村位于方村街道西南部，东与行春村隔河相望，南临皖赣铁路线与王埂、坍村村毗邻，西与方家村接壤，北至张母渡河。村域面积4.46平方公里，辖11个自然村和2个居民点，居民以汉族为主，有极少数布依族、苗族、壮族、彝族、土家族等少数民族。全村共有20个村民组，1个小区，总户数865户，总人口3011人。全村耕地面积3826亩，可养水面680余亩。

腰埂村区域内有2.1公里水泥公路东西南北贯通，交通便利，土地肥沃、平整，水网纵横，是名副其实的"鱼米之乡"。

腰埂村农业生产以种植水稻、油菜、小麦为主；养殖以鱼虾、蟹，藕、茭白、菱角等；畜牧养殖业全村现有养鸡大户7户，养猪大户8户，养鸭大户1户，养羊大户3户，蔬菜大棚大户2户，还有150亩置换地栽种的四季春、香樟、桂花等，景色宜人，香气浓浓，可供游人赏花，休闲特色旅游点。

腰埂村社会和谐，人民安居乐业，曾获市"民主法治示范村""市第三届文明村镇""市五好关工委"等荣誉称号。

王埂村

王埂村位于方村街道南部，东邻芜湖县陶辛镇，南与南陵县许镇镇奎湖接壤，西临坍村村、北与腰埂村相毗邻。村域面积5.29平方公里，辖16个自然村和3个居民点，居民以汉族为主，有极少数回族、苗族、壮族、蒙古族、畲族等少数民族。全村共有24个村民组，总户数916户，总人口3151人。全村耕地面积3329亩，可养水面855亩。

王埂村交通便捷，湾石公路、两条皖赣铁路和青弋江分洪道穿境而过。8千米的

村级水泥道路连通全村南北。村域地势平坦，土质优良，土壤肥沃，水渠密布，是典型的江南鱼米之乡。

王埂村以传统的粮、油种植及水产养殖为主导产业，盛产大米、油菜、大豆、大棚蘑菇、地膜西瓜、苗木生产等农产品和鱼、虾、蟹等水产品。村内有芜湖王埂生猪养殖专业合作社，安徽芜湖祖卉园林绿化有限责任公司等2家企业，有个体经营户30余家。

该村是革命老区，曾经是地下党和芜南游击队的主要活动地区之一，陈作霖、孙宗溶、滕良福、宦守根等一批革命老前辈在这里战斗过，在1939年1月就成立了中共宦坝墩（王埂）党支部。

圩村村

圩村村位于方村街道西南部，东临王埂村，南与南陵许镇镇黄塘相毗邻，西与埭南社区相连，北与腰埂村接壤。村域面积4.2平方公里，辖9个自然村和一个中心村，居民以汉族为主，有极少数壮族、彝族、布依族、苗族、仫佬族等少数民族。全村共有9个村民组，总户数778户，总人口2800人。全村耕地面积3000亩，可养水面1300亩，

圩村村是典型的江南"鱼米之乡"，区域内水网纵布，养殖业发达，盛产鲢鱼、草鱼、青鱼、鳜鱼、泥鳅等淡水鱼类及莲藕、茭白、菱角等水生蔬菜。农产品以水稻、油菜、小麦为主，该村是优质粮油基地，村内成立了优质粮油合作社。2007年建设了蛋鸡养殖园，现有蛋鸡5万羽，年产蛋85万公斤。境内工业企业7家，主要是以服装加工型企业为主，现有工人370多人，年产值1600万元。

圩村村溜坝生态园，400亩荷塘，60种荷花，各类特色建筑交相衬托，是周边赏荷的好去处，已形成了村级不多的特色旅游点。圩村村是芜湖市"文明村镇"、安徽省社会主义新农村建设"先进村"。

埭南社区

埭南社区位于方村街道西南部，东临圩村村，南临青弋江分洪道与南陵许镇镇隔河相望，西、北与方家村毗邻。区域面积0.45平方公里，辖老街、农贸市场、新园、湾石路四个居民小组。居民均为汉族。辖区内共有总户数402户，总人口1570人。

埭南社区建立于2008年，湾石公路从社区中间穿境而过，与市、县相连，连心路直通社区，2012年开通213路公交车，交通十分便捷。

埭南社区内公共服务业有卫生院、信用社、电信、供电所、九年制中学、幼儿园、加油站、集贸市场、自来水厂等；个体企业有服装厂、农产品粮油加工厂等，为社区广大居民提供了生产生活保障。

花园村

花园村位于方村街道西部，东与方塘社区相连，南与行春村接壤，西与弋江区火龙街道隔河相望，北与五星村毗邻。村域面积4、85平方公里，辖19个自然村和1个居民点，居民以汉族为主，有极少数壮族、苗族等少数民族。全村共有28个村民组、一个中心村(万村小区)，总户数810户，总人口2754人。全村耕地面积2911.2亩，可养水面1200余亩。

花园村荆十公路穿境而过，也是通往埭南的必经之路，有花方路、连心路为主干道，交通十分便利。

该村以传统的粮、油种植及水产养殖为主导产业，盛产大米、油菜、大豆等农产品和鱼、虾、蟹等水产品，其中水产品中青虾养殖和幼蚌繁育已初具规模，逐渐成为特色产业。

2012年，实现了对村内主干道全面水泥硬化，同年10月建成村文化广场，总面积1500余平方米，2015年在文化广场上增设体育器材和道德文化阵地，为村民提供了良好的休闲娱乐场所，极大地丰富了村民的文化生活。

行春村

行春村位于方村街道南部，东与芜湖县六郎镇隔河相望、南与芜湖县陶辛镇、方村街道腰埂村一水之隔，西临花园村，北与花园村、方塘社区、旗杆村相毗邻。村域面积5.58平方公里，辖30个自然村和两个居民点，居民以汉族为主，有极少数土家族、壮族、苗族、畲族、侗族、满族、彝族等少数民族。全村共有30个村民组，总户数1127户，总人口4178人。全村耕地面积4228亩，可养水面1000余亩，

行春村荆十公路穿境而过，村内有211、212路公交车和18路中巴车直通，交通十分便捷。

该村以传统的粮、油种植及水产等养殖为主导产业，盛产大米、油料、大豆等农产品和鲢鱼、草鱼、青鱼、鳜鱼、泥鳅、螃蟹、珍珠等水产品以及莲藕、茭白、菱角等水生蔬菜。

行春村建有祥福禅寺、徽萃农产品专业合作社和香叶生态园，祥福禅寺每年的庙会都会招来四面八方的香客。徽萃农产品专业合作社种植出来的无农药、化肥的香米更是受广大群众的喜爱。加上香叶生态园内的500多亩的水果果园，各类特色建筑交相衬托，每到三四月，水果园的桃花、梨花、杏花争相开放，是人们赏花的好去处，已形成了村级特色旅游点。

旗杆村

旗杆村位于方村街道东部，青弋江西岸，与芜湖县六郎镇政和、保丰圩隔江相望，南临行春村、方塘社区，西与五星村接壤，北与合心村毗邻。村域面积4.2平方公里，辖10个自然村，3个居民点，居民以汉族为主，有极少数彝族、苗族、壮族、土家族、满族等少数民族。全村共有14个村民组，总户数768户，总人口2780人，全村耕地面积2652.59亩，可养水面积1400余亩。

市11路、213路公交车的终点站设在旗杆村方塘自然村，东环路、石罗路、新华路贯穿全村，交通十分便捷。

该村土地肥沃，盛产水稻、油菜籽，水资源丰富，水产养殖前景广阔，享有江南鱼米之乡的盛誉。为使农民增收，村委会狠抓产业结构调整，成立了方旗蔬菜专业合作社，搭建起蔬菜大棚100多亩。引进了优质高产的荸荠品种“地喜八号”，亩产收入达一万元，被授予全国“一村一品专业示范村”。

同时根据本村的地理优势，利用“新华路”的自然条件，着力打造特色小镇，为民提供休闲、娱乐、锻炼身体的良好场地和环境。

合心村

合心村位于方村街道腹地，东沿青弋江西岸与六郎镇易太圩隔江相望，南临旗杆村，西与五星村接壤，北与马厂村毗连。村域面积4.6平方公里，辖15个自然村和2个居民点，居民以汉族为主，有极少数苗族、傣族等少数民族。全村共有15个村民组，总户数987户，总人口2700人。全村耕地面积3490亩，可养水面900余亩。

合心村荆十公路穿境而过，合杭高速、芜太二级公路紧密相连，交通十分便利。

该村以传统的粮、油种植及水产品养殖为主导产业，是芜湖粮食产业主导区之一，盛产大米、油料、大豆等农产品和螃蟹、鱼、虾等水产品，特别是优质、高产水稻生产已初具规模，成为该村重点培育的优势产业。该村利用临靠青弋江畔的独特优势，大力发展生态家禽养殖，利用传统的散养技术放养的鸡、鸭、鹅、家养黑猪等家禽家畜受到市场青睐，成为抢手货。

近年来，合心村以农民增收为主线，以强化为民服务为抓手，采取“筑巢引凤”发展招商引资工作，实现劳务就地转移。新建厂房共计5000多平方米，先后引进百灵帽业、姚大山茶叶仓库、芜湖乐饮食品有限公司，解决该村农民600余人本地就业，使村民收入不断提高。

马厂村

马厂村位于方村街道东北部，东临青弋江，南接合心村，西邻利民村，北与天城村交界。村域面积3.52平方公里，辖18个自然村和1个居民点，居民以汉族为主，有极少数壮族、彝族等少数民族。全村共有18个村民组，总户数646户，总人口2251人。全村耕地面积2316亩，可养水面750亩。

马厂村荆十公路穿境而过，合杭高速、芜太二级公路紧密相连，交通十分便捷。

该村以传统的粮、油种植及水产养殖为主导产业，盛产大米、油料、大豆等农产品和鱼、虾、螃蟹等水产品，其中葡萄、绿化草坪和珍贵稀有花卉种植面积逐渐扩大，品种进一步优化，已经成为村重点培育的优势产业。同时，随着社会主义新农村建设不断推进，以村镇规划、村容村貌整治为切入点，积极开展新农村居民点建设，使得该村经济社会得到持续健康稳定发展，农民收入大幅度增加，生活质量显著改善。

天城村

天城村位于方村街道北部，东邻青弋江与芜湖县六郎镇隔河相望，南与马厂村接壤，西与弋江区火龙街道一河相隔，北与荆山公共服务中心毗邻。村域面积9.8平方公里，辖37个自然村和二个居民点，居民以汉族为主，有极少数苗族、侗族、彝族、壮族等少数民族。全村共有39个村民组，总户数1898户，总人口5560人。全村耕地面积6073亩，可养水面580余亩。

天城村荆十公路穿境而过，区域内有约3公里水泥公路东西南北贯通，交通便捷。

该村主要种植水稻、油菜、小麦；特色农业有苗木、草坪和蔬菜大棚等经济作物，大多数村民从事建筑业、水上运输业；近年来工商服务业发展势头迅猛。方村街道工业园区集中在本村，已落户企业100多家，给本村创造了良好的就业环境，农村劳动力就业率达95%。村集体收入增速较快，使基础设施不断完善。目前，全村环境优美，群众安居乐业；农民收入增长速度居全街道之首。2005年被市委评为“生态村”。

利民村

利民村位于方村街道西北部，东邻马厂村，南邻花园村，西与弋江区火龙街道隔河相望，北邻天成村。村域面积6.13平方公里，辖24个自然村，居民以汉族为主，其中有极少数回族、壮族、彝族等少数民族。全村共有24个村民组，总户数934户，总人口3266人。全村耕地面积5350亩，可养水面600余亩。

利民村区域内有15.11公里水泥公路东西南北贯通，交通便利，土地肥沃、平整，水源充足，是典型的“鱼米之乡”。

该村以传统的粮、油种植及水产、禽畜养殖为主导产业，盛产大米、油料、大豆等农产品和鱼、虾、蟹等水产品，其中有蔬菜基地、残疾人就业基地成为村重点培育的优势产业。

近年来，利民村利用独特的地理位置和肥沃土壤，将传统劳动力型农业转型为科技型农业种植，成立合胜合作社，流转土地种植面积4500亩，带动村民就业。并引入、利用国内科学种植水稻领头羊安徽袁粮水稻产业有限公司的优良稻种，规范管理，积极引导村民科技种田，科学管理，科技示范种植区面积达200亩，水稻质量和产量明显提高。

五星村

五星村位于方村街道中部，东与合心、旗杆村毗邻，南临花园村，西与利民村接壤，北与马厂、合心村相连。村域面积4.954平方公里，辖35个自然村和1个居民点，居民以汉族为主，有极少数彝族、苗族等少数民族。全村共有35个村民组，总户数1137户，总人口3611人。全村耕地面积3679.79亩，可养水面1180亩。

五星村荆十公路穿境而过，区域内有13.5公里水泥公路东西南北贯通，交通便利，土地肥沃，水网纵横，是典型的“鱼米之乡”。

五星村以传统的粮、油种植及水产等养殖为主导产业，盛产大米、油料、大豆等农产品和鱼、虾、螃蟹、珍珠等水产品，其中是罗氏鳌虾、家禽（乌骨鸡）养殖渐成规模，已成为村重点培育的优势产业。

该村还结合本村实际，着力为村民办实事，推行村民建房联片建设，一期、二期、三期共建房屋162套，业已交付使用，水电、道路、绿化、下水等基础设施全部到位，极大地改善了村民的居住条件。近年的工作重点是“为民服务中心”“千万亩森林增长工程”、张滩生态园、农民体育服务中心及沟塘清淤工程建设等。

方塘社区

方塘社区地处方村街道中心地段，东与芜湖县六郎镇隔河相望、南与行春村接壤，西临花园村，北与旗杆村毗邻。区域面积1.8平方公里，辖老街、移民、花园、六方路、荆十路五个居民小组，社区居民均为汉族。辖区内共有总户数1877户，其中户籍户数680户，常住户数1197户；总人口5268人，其中户籍人口数2098人，流动人口3170人。

方塘社区是以方村老街旁原“大方塘”之名，于2002年更名为方塘社区居委会。方塘社区居委会几经搬迁，直到2013年元月才设在彼岸小区三楼400平方米服务用房中办公至今。

方塘社区地形为直角形，在连心路、天方路之间，荆十公路穿境而过，交通十分便捷，是方村街道的政治、经济、文化中心，集商住、贸易为一体，是全街道农副产品交易和生产、生活必需品供应的主要集市之一。

（王万春）

二、大事纪略

汉代至清代

东汉建安五年(200),北方流民开始在方村(行春圩)围湖垦荒。

东吴赤乌二年(239),徐楷组织流民与山越人筑行春圩与咸保圩。行春圩成,设行春乡,隶属芜湖县。

西晋太康二年(281),行政区划变更,方村(行春圩)仍属芜湖县。

东晋义熙九年(413),撤销芜湖县,侨置襄垣县。方村(行春圩)归属襄垣。

南唐升元年间(公元937—942)复置芜湖县后,方村(行春圩)一直隶属芜湖县。

元元贞元年(1295)五月,大水,次年蝗灾。

明正德二年(1507)二月三日24时至四日21时,地震有声,房屋摇动。

正德五年(1510),洪水泛滥,淹没、冲毁民房,市中行舟。

万历十五年(1587)五月,大水,城内水深丈余。

万历十七年(1589)二月至九月,大旱,饿殍相藉。

万历三十六年(1608),大水,圩岸冲决,鱼入街市,陆地行舟。

崇祯十一年(1638),飞蝗遮天,庄稼噬尽。

崇祯十四年(1641),大疫流行,死者相枕藉。

清康熙七年(1668)六月十七日,地震,人畜无恙。

康熙四十七年(1708)夏,大水,次年又大疫,死者枕藉于路。

道光二十九年(1849),大水,圩破尽,民饿死甚多。

咸丰年间,埭南圩由埭南圩、俞家坝、杨家坝、前村坝、保仪埠、宦家坝、罗週坝七圩联成。

光绪八年(1882)夏,重水灾,有灾民万余人在芜湖郊外依赖官方收容所救济。

光绪十七年(1891)秋,疫病流行,县境内有8个村居民全部死光。

光绪二十三年(1897)六月十五日,中午12点30分至12点45分,地震猛烈,震向由北至南。

光绪二十四年(1898)三月,荆山一带下冰雹,大如鸡蛋,庄稼俱毁。

光绪二十八年(1902)夏,霍乱流行,患者吐泻,肌肉立消。

光绪三十二年(1906),公立务本高等小学(方村小学),由葛廷芳、张琛、奚廷、胡干廷、王夔商、陶冠禹6人,在政和圩王氏祠堂创办。翌年春迁方村河东镇龙庵,经费由五区(即今方村、易太两区)按田亩均摊。1927年方村小学改为县立第五小学。1936年春,迁至方村河西上街。1938年校舍被日军烧光,学校停办。1940年春在原校址重建。1945年在河东、河西各办一所小学,校名为"和风"和"方春"。1949年寒假,两校合并为方村中心小学。

光绪三十三年(1907)三月二十八日,饥民抢米。

8月,瘟疫盛行,朝病午死,县境内死千余人。

宣统三年(1911)七月,洪水暴发,圩堤冲决殆尽。

是年,东南镇区自治公所在方村成立。

中华民国时期

民国元年(1912)4月3日18时37分,地震甚烈。

是年,废府、州、厅而存县、道,芜湖县直属安徽省,同时废警务所,设警察厅,后增设警察所。方村等4镇设警察分所。方村分所:设分所长1员,警佐充之。雇员1人,巡长2名,巡警16名,处理本镇及邻圩一切违警事务,每月规定经费126元。由本镇商铺捐、肉捐、划捐、茶馆捐、花纸捐项下筹收,不足则从违警罚款存储拨用。

民国5年,县公署调查四乡户口。其中,方村镇476户,男1451丁,女810口;行春铺1313户,男3791丁,女3237口;埭南铺126户,男481丁,女402口。

民国6年(1917)农历正月初二上午8时,地震,无房屋倒塌。二月初一上午10时许,第二次地震。

是年,4月,冰雹大如胡桃。

民国8年(1919),沿清代行政建制,改社为铺,芜湖县辖丹阳、移风、易俗、德政、博望5乡,39铺。方村(行春铺)属易俗乡,埭南圩属移风铺。

民国10年(1921)12月1日22时55分,地震,窗棂、楼板略有震动。

民国15年(1926)4月1日,地震,历时约3秒钟。

6月6日,地震,约3.4秒钟,方向由东南向西北。

民国16年(1927)2月3日,午时地震,屋动人摇。

12月,埭南农民200余人到地主家扒粮。

民国17年(1928),筑利民圩(外滩)。

民国18年(1929),筑天城圩(天城湖)。1951年,将利民、天城、行春三圩连成一片,称"三连圩"。

民国19年(1930)1月2日5时50分,芜湖地震,窗棂铜环作响,物体摇曳,历时3秒。次日18时又震,屋动人摇,历时3秒。

民国20年(1931)7月24日,大雨成灾,三连、埭南等圩相继溃决,全县淹没农田22万亩。8月28日,受飓风袭击,行春、万春等乡被大水冲平,溺死千余人。

9月2日统计,因特大水灾全县有难民20.4万余人,死亡4000余人。

12月9时17分,芜湖地震,屋动人倾,历时约5秒钟。

民国21年(1932)4月6日,地震,为时甚暂,5时15分又震一次,屋内桌、椅等物件摇动不定,历时约15秒钟。6月霍乱流行。

民国23年(1934)3月18日,芜湖地震甚烈,历时10秒钟。

6月8日,大旱,禾苗全死,民众外逃乞食。

民国24年(1935)5月23日17时25分,地震,桌椅微动,约2分钟。

7月,大水,沿江圩口破尽。

民国26年(1937)10月19日3时25分,发生较强地震,门窗格格作响,历时20秒钟,波及皖南各地。

12月10日,芜湖沦陷。

民国27年(1938)正月十七日,日军从芜湖沿公路向湾沚侵犯。国军114师863团在保丰阻击日军,不敌而撤至沙河口一线。日军兵分三路,一支从保丰沿易太南埂向沙河口进攻,一支从竹园拐沿方村圩埂向沙河口后追近,还有一支绕道方村向朱贡湖包抄过来。激战3个小时,国军终因寡不敌众,被迫沿政和北埂和保丰南埂向湾沚撤退。石人渡一战,863团阵亡100余人,击毙日军10人。

7月,山洪暴发,国民党为阻止日军前进,挖开陶辛、埭南、善瑞等圩堤放水,淹没农田10万余亩,受灾群众7万余人。

10月,新四军三支队,与国军108师联合攻打湾沚日伪军据点。三支队由谭震林、孙仲德指挥,组成突击队,秘密进入湾沚附近。国军108师在方村、埭南一线伏击芜湖增援日军,激战两个多小时,敌援军至,新四军三支队与国军108师撤退。

是年冬,西河、十连、埭南建立中共党支部。

民国32年(1943)夏,埭南成立中共中心支部(又称区工委),滕良福任书记。

民国33年(1944)春,南芜工委成立,埭南、行春等乡抗日民主政府成立。

是年6月18日,中共临江团二营攻打王埂日伪军据点,途经老鹳咀,遭大刀会千余人袭击,伤亡五六十人。

民国34年(1945)3月,中共南芜县委3个分队20多名武装人员,10余支步枪,攻打竹丝港日伪据点。据点三面环水,钢筋水泥碉堡,内驻伪县保安队第一中队一个分队30余人,20余支枪。24日晚,第三分队指导员秦干卿和队长周启圣,争取日伪兵俞扣仕、周友山做内应,率20余名战士,里应外合,未费一枪一弹,即占领据点,获长枪22支，子弹3000余发，俘虏27名。

5月，南芜游击大队和连江团得到行春圩大刀会配合，进攻驻方村的伪保安队获胜。

5月，中共南芜县委成立马园、竹丝港、方村等区抗日民主政府，其中竹丝港区下辖埭南等3个乡政府，方村区下辖行春、方村等乡政府。

7月，中共南芜游击总队成立。同月，南芜行署督导处改为南芜行政办事处，下辖方村等5个区政府、14个乡镇。

是年，行春铺“跨江两岸，人烟繁盛，商业砻坊居多”，始设方村镇，为方村区驻地。

民国35年（1946）8月1日，国民党芜湖县自卫大队长奚迺辉率队“清剿”埭南等中共游击区，游击队长王茂秀受伤后被捕，不久在狱中牺牲。

8月，中共南芜县委成立清水、方村区委和清水区抗日民主政府。

9月22日，国民党县政府由南陵县俞家埠迁回芜湖。是月，全县设方村等4区，14镇，31乡，375保，5515甲。方村镇、行春乡属方村区。

10月，开始撤并乡镇，设6个联防区，全县分11镇，17乡，344保，4301甲。

是年，架设芜湖至方村电话线路，此为芜湖县农村电话之始。

1947年，将方村镇与行春乡合并为方春乡，始有“方春乡”“方春圩”名号。方春乡属第四联防区。

民国37年（1948）春，中共芜当宣工委在芜湖县建立窑头、方局、天城、天曹殿等情报站。

民国37年，全县设方村等4区，11镇，17乡，343保，4291甲。方春乡、易天民（易太、天民）乡属方村区；瑞南（善瑞、埭南）乡属石硊区。

民国38年（1949）4月24日，芜湖县全境解放，行政区划仍沿旧制不变。城区设6个区，农村设方春（方村）等4个区委和区公所，31个乡，188个行政村。同日解放军第二十五军七十四师解放湾沚，激战1天，全歼国民党第二十军，军长杨干才受伤自杀。

中华人民共和国时期

1949年4月26日，芜湖县人民行政办事处和中共芜湖县工作委员会在方村成立，孙翼任主任、工委书记。这是解放后芜湖县第一任县工委书记和行政首长。办事处设在方村镇河西下街头陶姓大户人家（后为方村区公所办公用房）。

5月12日，县人民政府、中共芜湖县委员会在方村镇河东粮站正式宣布成立（史称南北干部大会师），县长孙毅，县委书记王绳武。

7月11日，芜湖长江洪峰达到11.66米，全县先后溃决大小圩口37个（三连圩、埭南圩也在其中），淹没农田50%。

解放前夕，原移风乡汁浦村（坝里）属南陵县奎湖乡高桥堡。解放后划归芜湖县埭南乡，并与宦坝合并为宦汁村。

1950年，埭南乡属石硊第二区管辖；行春乡属方春第三区管辖；利民（外滩）、天城（天城湖）乡属濮店第六区管辖。

10月18日起，全面进行土地改革，至次年年底结束。同月底，全面开展“抗美援朝”群众运动，村镇制定“爱国公约”，方村人民积极响应，次年为购买飞机大炮捐款数千万（旧币），有百余名青年报名参加志愿军。

11月，方村河东、河西合并成立方村镇。

是年，按照县委、县政府的要求，解散行春圩大刀会组织。

1951年4月，全县首届业余剧团在方村举行会演。

1952年1月，民主划乡建政，全县设方村等7个区公所、区委，61个乡镇人民政府和基层党支部。方村镇、大胜、石桥（行春圩）、腰埂、斗村（埭南圩）、利民6个乡镇属方村区管辖，天城乡属中窑区管辖。

是年，芜湖县第一次物资交流大会在方村举行，由县长陶大本主持，参加的农民达万余人次。

1954年6月17日，合肥、六安发生5级地震，方村一带有震感，门窗作响。

8月8日，芜湖县首届人民代表大会，选举滕良福等4人为安徽省首届人民代表大会代表。

8月25日，芜湖长江水位达12.87米，全县溃决大小圩口19个（三连、埭南圩也在其中），被淹没农田33.45万亩，为近百年来未有过的特大洪水。

1955年12月，进行区划调整，全县将61个乡镇并置为25个乡。方村镇与大胜、石桥2乡合并为行春乡；斗村、腰埂2乡合并为埭南乡；利民、天城2乡合并为天民乡。

1956年，大旱，全县有六处拦河打坝（方村境内两处），截流抗旱。

1958年，为贯彻县委9月23日召开的“大办人民公社”会议精神，方村也在七天内搭好架子，实行供给制和工资制，并村集中居住，刮起了“共产风”。

10月，根据党中央关于在农村建立人民公社问题的决议精神，全县23个乡镇合并成立东风、红旗、长江、万春4个人民公社，改乡镇为生产大队。年底，整风工作组经县委、县人委同意将老方村镇河东划为东风公社跃进大队（原政和乡），河西属于红旗公社幸福大队（方村）。

1959年2月2日，又以地名命名为万春、易太、方村、澛港4个人民公社。

1960年3月，方村农村食堂农民口粮标准由每人1斤降到0.35斤，政府提出“小秋收”和“瓜菜代”等解决粮食不足的困难，但由于缺粮较多，农民多患浮肿病，农村“饿、病、逃、荒、死”现象严重。

1961年4月，全面实行责任田，土地按人或劳动力分配到户。

6月，由于大公社的体制不便于工农业生产，不利于社会发展，经中共芜湖地委批准同意，撤销方村等4个人民公社，成立方村等4个区委会，方村、天民、埭南等18个人民公社，原方村镇改称方村大队。

10月6日，行春圩花园堤段因抗旱接潮缺口未封，山洪涌入，全圩被淹没，此系重大责任事故。

是年，传达贯彻中央“十二条”政策，开始“揭盖子”，批判“共产风”的错误，检查纠正“共产风”“浮夸风”“命令风”和干部特殊化、瞎指挥不良风气。

1962年12月，三连圩竹园拐建电力排灌站，高压电源来自沙河口变电所，装立式电机8台440千瓦，次年受业。

是年，取消单干，恢复集体经济。

1964年4月4日16时30分至18时，方村等3个区13个公社，连续遭到台风、冰雹袭击，最大的冰雹重1公斤。风力将碗口粗的树干连根拔起。社员46人受伤，经济损失较大。

1965年1月，天民公社并入方村公社(社址迁至竹园拐)。

1966年6月17日，“文化大革命”开始。

7月11日，马鞍山发生4.6级地震，波及方村一带。

8月，“文化大革命”在芜湖县渐次展开，社(镇)党政机关先后瘫痪，领导干部普遍受到冲击和批判，中共党员终止组织生活，造反组织林立，无政府主义泛滥。

1968年8月12日，经省革命委员会批准，成立芜湖县革命委员会，主任王海春。之后，社(镇)、大队渐次成立革命委员会、革命领导小组。

1969年1月，方村等中学下迁农村办学。

4月，撤销区机构。

7月14日至15日，24小时内陡降大暴雨282.1毫米，三连、埭南两圩受涝面积约2万亩，其中白水7000余亩。

1970年9月，芜湖县成立皖赣铁路指挥所。

11月下旬，方村、天民、埭南3个公社按照县皖赣铁路指挥所划分的路基土方任务组织农民全面动工，次年春完工，1981年12月皖赣铁路芜湖县段建成通车。

1971年10月，方村、天民、埭南三个公社，抽调千名农村青壮年，赴泾县黄村开河，此工程一直延续至1976年冬。

1972年7月，县委为加强对各人民公社的领导，成立方村等6个片，并派出工作人员，代行区级党政部分职能。

1973年4月，恢复建立天民公社(方村公社迁至方村上街油坊)。

1974年2月28日，方村等圩区建立商品鱼基地，1979年被列为国家商品鱼基地。

4月22日，江苏溧阳发生5.5级地震，震中烈度7度，方村有震感。

6月25日，方村等3个区因台风袭击，共倒塌房屋36861间，死亡2人，伤47人，48441亩农田受灾。

12月20日，恢复中共芜湖县委派出机构区委会，成立方村等6个区委会。

1975年7月28日，芜湖地委副书记（原新疆维吾尔自治区党委第一书记）王恩茂同志轻车简从，由河东过渡，步行到方村公社进行工作视察。

1976年8月，唐山地震，人心惶惶，方村家家户户搭防震棚。

1977年8月10日，县成立汪溪坝开河工程指挥所。9月，方村、天民、埭南组织千余名青壮年民工进入工地施工，次年春完工。

1978年8月，旱情十分严重，方村在青弋江中窑段拦河打坝、截流引水，埭南通过沙坝头电站引水灌溉，缓解了旱情。

是年，农村全面推广联产承包责任制。

1979年3月2日，固镇发生地震，震中烈度6度，方村有震感。7月9日又发生6级地震，烈度为8度，方村一带受6度影响，人坐在凳子上感觉到摇晃，时间3—4秒钟。

1981年11月，全县设方村等6区。

12月，全县各社（镇）先后召开人民（社员）代表大会，撤销社（镇）革命委员会，选举产生公社管理委员会、镇人民政府正、副主任和镇长。

1983年4月，根据省政府通知，芜湖县在天民等10个公社进行体制改革试点，建立乡政府，废除公社体制。1984年4月，所有公社都改为乡。

1983年7月6日，因连续大雨，山洪暴发，三连、埭南两圩近万名干群投入抗洪抢险，农田受涝2万余亩，白水绝收3000余亩。皖赣铁路中断。

11月9日，山东菏泽发生5.9级地震，方村一带有震感。

1985年，方村等3乡被定为珍珠产业生产点。

1986年5月，经省人民政府批准，方村乡并入方村镇。

1988年，进行丧葬改革，农村全面推行火葬。

1990年3月，湾石路开工建设，按平原二级公路设计，全长21.14公里，路基宽12米，路面宽9米，工程总投入5900万元。1995年12月沙石路通车，次年开始铺筑柏油路面，1997年10月8日竣工、通车。埭南段4.8公里路基土方工程，由埭南乡青壮年农民两千余人，人抬肩挑，用两个冬春义务完工。

1991年4月27日，埭南圩宦汁村黄泥潭堤段高涵处，因降暴雨，圩埂中间突然掉一大洞，洞口直径3米余，深3—4米，露出条石砌成的高涵。乡党委、政府立即采取紧急措施，发动民工，在外河围垣打坝，挖开堤埂将条石高涵全部拆除，留外接一段箱涵并用水泥封死闸口，将堤埂龙口采取填土层层夯实，至6月下旬完工，确保了当年安全度汛。

6月16日至7月9日，芜湖连降3次暴雨，降雨596毫米，全县漫破大小圩口12

个。埭南、三连两圩虽多处出险仍安全度汛。当年因暴雨受涝面积万余亩，白水绝收2000余亩，经济损失较大。

是年，荆（山）十（连）路（县道）开工建设，该路全长30.8公里，由县交通局同荆山、方村、陶辛、十连4个乡镇共同集资兴建。至1994年方村段泥结碎石路面建成通车。

1992年3月，撤区并乡，全县撤销6个区的建制，将33个乡、镇合并为24个乡、镇。其中天民乡并入方村镇，埭南乡保留。

4月，全县进行行政村合并，由原273个村民委员会合并为171个。其中：埭南乡的秧埠、竹园合并为方家村；腰埂、合胜合并为腰埂村；王埂、宦汁、石板湖合并为王埂村；方村镇的梅村、高基合并为行春村；长桥、太平合并为五星村；合义、万胜合并为利民村；东埂、棋盘、西滩合并为天城村。

1994年，在遭受少有长期高温无雨天气下，埭南合胜、腰埂两村到方村沙坝头电站排水经合胜斗门引入灌溉，缓解了旱情。

1995年6月25日至7月7日，芜湖县普降大雨，先后漫溃圩口5个，埭南圩虽多处出险，但仍安全度汛。

9月，全县开展第二轮土地承包，承包合同期30年不变。方村、埭南两个乡镇通过对土地的丈量和调整，年底基本完成了新一轮土地承包。

1996年7月1日至15日，芜湖县普降大雨，降雨量800.1毫米，青弋江、水阳江水位急骤上涨，先后破圩10个。埭南有10多处出险，经抢险、加固，有惊无险。该年三连、埭南两圩受涝面积达万余亩，绝收千余亩。

10月，方村、埭南"两基"教育（基本普及九年制义务教育，基本扫除青壮年文盲）达到教育部颁发的标准。通过省教育厅和教育部的检查验收。

1997年10月16日，荆十路方村段17公里水泥路面铺筑竣工通车。1999年12月28日，开通天方市场至荆山11路公交车。

1998年6月下旬，芜湖县遭遇洪涝灾害，漫破圩口3个，方村、埭南农田受涝面积达1.5万余亩，绝收2000余亩。

1999年6至7月中旬，芜湖县先后发生3次强降雨，总降雨量达815.9毫米，超正常年份四五倍。7月5日，埭南圩先后有28处出险，三连圩也多处出险。最大的险处，埭南圩北埂段内坍120米，埂面仅剩二三米宽；王埂村堤段80余米埂面过水，内坍；斗村甘坝内坍外陡。在这千钧一发之际，干群奋起抢险，果断决策，处理得当，终于脱离险情，安全度汛。该年三连、埭南两圩受涝面积2.5万余亩，绝收0.5万亩，经济损失极大。

同年，皖赣铁路火龙岗至湾沚复线路段开工建设，复线27.5公里（埭南段约5公里），工程总投资5.47亿元，2001年8月30日建成通车。

2003年3月，方村镇天民中学与马厂小学合并为天民九年制学校。该校为芜湖县乡镇第一所九年一贯制学校。

10月，埭南乡中学重建，迁址到湾石路边（黄土塘村东），占地面积2.2万平方米，建筑面积0.17万平方米，总造价200万元。中心小学由黄土塘迁至罗祠(原中学校舍)。

12月9日，经省人民政府批准，芜湖县24个乡、镇，合并为8个镇，方村镇由原方村镇与埭南乡合并而成。

2010年8月18日，新的区划调整宣布：经省人民政府批准，芜湖县方村镇划归芜湖市镜湖区管辖。

（王万春）

三、变迁故实

行春圩的由来

方村一带，原是荒芜的湖泊滩涂之地，自东汉末年开始筑圩之后，才逐渐发展成为江南鱼米之乡，并形成人口稠密、商贸繁荣的标准集镇。

东汉末年，中央集权式微，军阀割据，豪强竞起，天下大乱。中原地区战乱频发，满目焦土，生灵涂炭。长江以南因远离当时的政治中心，尚为一片净土。大批北方乡民扶老携幼，举族南迁躲避战乱。大约在建安五年(200)，一批中原难民经濡须(今裕溪口)渡江来到了芜湖。此时的芜湖虽已立县，但人口稀少，大片土地尚未开发。到处是相间的水泽与冈丘，高处山石嶙峻、森木葱郁，低处漫漫涟漪、芜草丛生。这批北方移民辗转来到了鸡毛山，举目远眺，只见东南方向一片水泽，芦苇成片，水草丛生，野鸭成群；在白茫茫的水泽中时隐时现地露出一块块郁黑的土地，几位具有丰富生产、生活经验的长者脸上露出了兴奋的笑容，他们看到的地方便是今天的方村一带。在这里，他们看到了生存的希望，看到了家族的未来。于是，长者们聚集在一起，商讨着如何在这片土地上开辟新的生活、营建新的家园。

为了了解具体的地理环境和实际状况，他们走访了土著长老和渔民。当地人告诉他们，这里是水泽湖滩之地，“来(涨)水是湖，落水是滩”。每年的六月是梅雨季节，低洼之地皆为水豁，水大浪急。七月水退后，滩涂肥沃，植物疯长。而这片湖泊滩涂尚未开发，为无主之地，归地方官府管辖。于是，他们拜访了当地的地方官，并将自己的愿望告知。在农耕社会，劳动力是最基本的生产力，因此，当时的地方官对外来移民都抱欢迎与保护的态度。尤其是在尚未开发的地区，大批移民的到来无疑是值得庆贺的事。地方官立即同意将这片水泽湖滩之地划给这批移民。

得到了地方政府的支持，这批北方移民，逐步来到这片具有数万亩面积的湖泊滩涂之地。经过长者之间的协商，决定以家族为单位，分段选择高处扎根建屋定居下来，并在当地人的帮助下，开始围湖造田。他们将湖滩用圩坝围起一块块适宜耕作的田地，种上庄稼，每到冬季，举族劳力均出动加固圩堤，防止梅雨季节水大冲塌圩堤。于是，早期的方村一带出现了一片片小规模的圩田。打这之后，每年都有北方来的移民到此落户，围湖造田。

建安十三年(208)，江东孙权联合刘备在赤壁大败曹操，三国鼎立的政治局面正式形成。芜湖地处东吴都城建业(今南京)的东南，为京畿之侧。是时，包括芜湖在内的丹阳郡聚居着大批被称为山越人的土著居民。东汉末年，山越人因不堪忍受东汉统治者的压榨，避入山林，"自铸甲兵"反抗官府。

孙权政权为巩固后方，自建安十三年开始，先后命威武中郎将贺齐、陆逊讨伐丹阳、黟歙山越。

嘉禾三年(234)，孙权命大将诸葛恪征服山越。诸葛恪采取守而不攻、坚壁清野、阻路断粮、恩威并施的策略，历经3年基本解决了丹阳山越人的叛乱。江南山越人被迫出山，为官府收容；一部分征兵入伍，用以补充兵源；一部分编入户籍，开垦荒地，种粮纳税。

黄武四年(225)，到(行春圩)围湖造田的北方逃难流民和徽州(属丹阳郡)山区的山越人已达近千户和数千人。围垦的范围大约南北向十四五里，东西向七八里，形成不规则的长方形，计有大小圩坝百余个，可耕、养面积数万亩。其圩坝名有的以姓氏命名，有的以面积命名，也有的以地形或其他命名。以姓氏命名如：李坝、刘坝、王坝、张坝、邢坝等；以面积命名如：三十亩坝、五十亩坝、百二坝、千亩坝等；以地形或其他命名如：长生坝、葫芦坝、太平坝、耳朵坝(后为行春圩第一任啬夫白昊宇的食邑地而改称官坝)等。已建大小不等的茅舍近千座，数千间。时任安东将军、芜湖侯、芜湖县令的徐盛，经常带领儿子徐楷和随从兵士，乘小舟至围湖造田处安抚百姓，了解民情。当时三国的中央及地方政权组织，基本沿袭东汉旧制，东吴也不例外。由于战争的需要，地方官员兼领军队，指挥作战。徐盛父子按照吴制，对围湖造田移民区的政权机构逐步予以完善。第一步，把移民区命名为移民乡，置啬夫一名，食九品俸禄；置里六个(里是古代一种居民组织，相当于现在的行政村)，并在移民中推选德高望重的移民首领担任六个里的里吏，协助啬夫处理一乡事务。同时，按照东吴当时屯田制的要求，又安排部分兵士协助移民乡啬夫、里吏搞好人口登记、编户、造册，规定纳税的时间等，还派出兵士若干协助地方维护社会秩序。在农忙时，如无战事，就将一部分军士派到围湖造田处，一边训练，一边协助百姓耕种。在徐盛的安抚管辖下，军民关系和平共处、亲密无间，为巩固东吴基层政权立下不朽的功勋。

黄武八年(229)，徐盛因病去世，其子徐楷承袭爵位、带兵。在漫长的兵营生活和父亲潜移默化的熏陶下，立过不少战功的徐楷，具备了独当一面和治理一方的才干。他秉承父亲的遗愿，在做好军事防守的同时，尽心竭力关注民生和安抚围湖造田的移民。他经常活跃在民间和围湖造田的移民乡，效仿父亲的为人，礼贤下士，了解百姓的疾苦和需求。在他的管理下，百姓安居乐业，生活不断改善。

但自黄龙三年(231)至嘉禾六年(237)的七年间，方村一带几乎连年遭受洪涝灾害。在围湖造田的移民乡，由于劳力缺乏，各圩坝的堤埂抗洪能力本来就很弱，虽然每年冬修都加高培厚，可总是抵不过洪水逐年的加增，有时午收还未开始就被洪水冲走，有时连秋季作物也基本绝收。整个围湖造田的圩坝每年被洪水漫破绝收的几乎十有八九。避开北方战乱，逃难到江南的流民和徙至沿江平原的山越人，经过二十多年的艰苦奋斗，围湖开荒造田，刚刚过上的安定、温馨的日子，看来又要付之东流。针对这种情况，徐楷在每年洪水到来之际，都要派出大量兵士和水师快舟，与百姓齐心协力，共同抢险保堤，救治灾民，努力降低百姓财产的损失，减少了人员的伤亡。赤乌元年(238)春，为加强芜、宣这一战略要地，孙权命冠军将军丁奉为五路总兵，镇守芜、宣一带。丁奉对徐盛父子在芜湖的作为非常赞赏，曾多次在孙权面前进言徐楷年轻有为，堪当重任。而自己则按照孙权的旨意，亲率数万军民在宣城境内围金钱湖(即今金宝圩)造田20余万亩。是年冬，徐楷在移民乡亲自主持召开了啬夫、里吏、各圩坝代表和部分长老参加的百余人大会，就如何抗拒洪涝灾害展开讨论。通过集思广益，最后做出的决定是将百余个圩坝连成一体，在原有堤埂的基础上沿外围筑一座防洪大堤，以提高抗洪能力，确保百姓生命财产的安全。决议形成之后，徐楷经请示丁奉同意，连夜书写奏折，第二天就派快马将奏折呈送京都建业(今南京)。

赤乌二年(239)春，孙权在批阅徐楷筑大圩解决百姓疾苦的奏章时，心中十分高兴，连声赞道："有其父必有其子，真是一名难得的少年将军。"他又面对大臣说："自寡人用兵历50年，服役纳税全部出自百姓，天下尚未平定，敌仇仍然存在，军民十分勤苦，我确实清楚明白。然而过分劳累百姓，这实在是不得已而为之。"接着下诏各地恢复屯府，置督农校卫，归大农令统管督办。令徐楷兼任芜湖屯府督农校卫，总管筑圩事宜。于是，从赤乌二年春起，徐楷一边操练水师，一边发动军民，亲自指挥督筑圩堤。他率众万余人披星戴月，风餐露宿，经过三年时间的艰苦奋战，终于将原百余个小圩坝连成一个大圩。当时堤长约60华里，堤宽丈余，堤高二丈余，堤底宽五丈余。大圩内原百余个坝堤仍然全部保留，以防内涝，各坝之间的低洼处也全部形成沟、塘、渠，连成一片，四通八达，如乘小舟(船)可以往返于大圩的每一个角落。在筑大圩的同时，徐楷还招流民工匠筑庐舍、建村庄，使军民共同耕作于田间。为了便于坝与坝之间的交通，还购买了大批木材，在主要交通线上架起木桥。在这三年时间内，徐楷以督农校卫和总管身份，昼夜辛劳。他或轻骑简从，亲临工地督察；或微服出访，体察民工疾苦。他纪律严明，一旦发现有克扣粮饷、贪赃枉法现象必严惩不贷。筑圩军民，对他敬若神明，万余军民同心同德，终于建成良田万亩的行春圩。

在那兵荒马乱、灾害频仍之秋，徐楷率众筑成的"行春圩"，成了芜湖的一片绿洲、东吴的一个鱼米之乡。后来，这里就有大批粮草，源源不断地运往首都建业和各个战场，为东吴的强盛发挥了重要作用。这使孙权非常高兴，经常褒奖芜湖，褒奖徐盛、徐楷父子。大圩筑成后，取什么圩名且有一番争议：有的提出叫"移民圩"，理由是大圩内都是来自南北方的移民；有的提出叫"大连圩"，理由是有百余个小圩坝联合在一起的；也有的提出叫芜湖圩，理由是芜湖首圩等等，争论不休。

赤乌五年（242）春三月，东吴大农令刘基奉诏到芜湖安抚和褒奖筑圩功臣徐楷和筑圩军民代表等，褒奖仪式定于三月初十在新筑大圩堤的北埂段举行。事情也真巧，当时在长江以南地区沿袭着一种古老的习俗行春。行春这一习俗，在汉代本来是出自官方的一种施政方法和行政习俗。《后汉书·郑弘传》记载："弘少为乡啬夫，太守第五轮行春，见而深奇之，召署督邮，与孝廉。"李贤注："太守常以春行所主县，劝人农桑，振救乏绝。"这种官方施政习俗逐步流传到民间，先有达官贵人、才子佳人，后到平头百姓都承袭了行春这一习俗，并逐步演变，到东汉末年就变成了春游；时间上原来是立春前一日（意思是迎接春天的到来），后来逐步演变到二三月春暖花开之时。芜湖土著人和山区山越人都沿袭这一行春习俗。三月十日清晨，新筑大圩堤上的褒奖仪式刚刚结束，参加褒奖仪式的军民尚未离去，只见芜湖城、大小荆山、白马山等地的百姓男女结伴、成群结队，从四面八方或乘舟或步行向北埂汇聚而来。大家选择在这里举行行春集会，一方面是朝廷在这里举行褒奖仪式，场面热闹壮观，人们借机分享欢快之景；另一方面是因为，新筑大圩落成后，圩内道路平整，桥梁坚固，沟塘渠相互连接，坝堤上柳树吐绿、野草泛青，放眼望去，绿树环抱村舍，小桥流水人家，芳草萋萋，鸟鸣嘤嘤，白鹭掠水，鱼翔浅底，好一派江南美景。

当日，数千百姓沿着大堤排成两行，且歌且行。少女们将田头的野花插在发间，少妇们舞动着自制的彩幡；男人们牵着自家的耕牛在人群中穿梭；空中回荡着本地的乡村小调和异乡的民歌。此时，行春中的一个重要仪式开始了：人们彼此交换着各自的耕牛，互相摸一摸；这就是当地民谚中的"摸摸春牛脚，赚钱赚得着"。一些性情暴躁的牛难免会有发怒的时候，抬起脚踢踢你的屁股；即使这样，被踢的人也是哈哈大笑。接下来便是"舞牛"，人们抬着纸扎的春牛和麒麟高歌狂舞，人群与牛群、耕牛与春牛穿梭嬉戏，吆喝声、欢笑声此起彼伏。欢快的人群一直到日头西下方才渐渐散去。

与百姓同欢同乐的大农令刘基在芜湖县令徐楷的陪同下回到县城，即将告别返回京师。行前，徐楷为大农令践行。席间，刘基嘱咐徐楷要一如既往地抓好围湖造田、屯田练兵。同时，他对此次芜湖的行春盛况感触颇深，提出新筑大圩的景色迷人，是行春的好地方，不如就叫"行春圩"吧。于是，行春圩就这样载入了史册，至今已有1700多年。

（王万春）

繁荣的方村

古镇方村跨青弋江两岸，位于芜湖县东南四十里，偎依在行春、政和的怀抱里，历史悠久，人烟繁盛，商业砻坊居多。东吴赤乌二年(239)，孙权置督农校卫，招流民垦荒、辟田，筑行春、咸保等圩，发展生产，增收粮食，以备军需。在东吴统治江东的七十多年间(208—280)，行春圩圩堤筑涵闸，遇涝则泄，道路桥梁得到兴建，当地土著人和北方移民在这块三万多亩的肥沃土地上种植水稻、桑麻、麦菽，在低处蓄水养鱼虾、莲藕、鹅鸭，加上官府对农民实行保护和鼓励措施，这里的民众忙时种田，闲时捕鱼，过着“饭香羹鱼”的定居生活。

方村的由来

方村所在的这块土地，曾是一片静谧的荒芜高地，随着行春圩的开发、圩田经济的发展和人口的增长，商品交换的需求逐渐形成。于是，一些有着富余财力、劳力的人家，看到了商机，他们在这片高地上占地结庐，设立了鸡毛小店，以收购、交换附近百姓富余的农产品和生活用品，互通有无。久而久之，这里逐步形成了一个小型集市。附近的农户也开始偎圩建房，渔民也据此搭盖暂居。年复一年，集市渐次发展，蔚然而成一座集镇。它夹江而立，两岸炊烟缭绕、人来人往，鸡犬之声相闻，飞舟渔歌唱晚。白日酒旗舞动，夜晚灯火阑珊。据老人们回忆，当时，自皖南山区沿青弋江而下的放竹木排人遥望着这里人烟稠密、生机盎然，忙高呼同伴：“缓——撑，缓——撑！”他们停下竹木排，系好缆绳，上岸入镇，打尖歇脚。自此，每当放排人至此都要高喊：“缓——撑，缓——撑！”高亢的呼声响彻两岸，当地百姓闻此呼声，甚觉好听，而皖南山区的方言“缓撑”在当地人听来犹如“方村”，从此人们就以“方村”称呼这里，方村镇名由此而来。

方村的发展

方村镇的发展得益于母亲河青弋江的哺育。古代陆上交通不发达，水路运输成本低、运量大。青弋江将方村与皖南山区相连，下可至芜湖通大江，东入水阳江可达高淳、当涂；西入漳河可进南陵南上余杭。每年，来自山区的木、竹、炭、茶、桐油囤积于此对外转销，并交换当地的粮食、鱼虾、禽蛋、莲藕等农副产品，购买油盐酱醋、布匹等生活必需品。

方村镇的发展始于宋旺于明清。宋初，久经分裂战乱的天下，得到了相对的统一，南方纳入了中原王朝的管辖。天下初定，满目疮痍，土地荒芜、人口稀少。宋王朝采取了休养生息、奖励农耕、赈恤饥民的政策。而方村地区在北宋政和年间

(1111—1117),先后通过围湖造田,兴建了政和、陶辛两圩;行春圩也得到了整修。同时,新的高产稻种——“占城稻”得到推广,耕作技术也大大提高,逐步实现了稻麦复种制度,曾经寓居芜湖的杨万里说江南地区“却破麦田种晚稻”,即收割冬小麦之后立刻抢种水稻,也就可以实现一年两熟了。粮食产量大幅度提高,圩内阡陌纵横、稻麦飘香。诗人杨万里在《行春圩》中赞道:“桑畴入眼郁金黄,麦陇千机绿锦坊;诗卷且留灯下读,轿中只好看春光。”农业生产的发展,提高了农产品的商品化程度,促进了市场的繁荣。而随着政和、陶辛两圩的建成,人口密度的增加,物质交换的需求猛增,推动方村镇加快了发展步伐。

“天下熙熙,皆为利来,天下攘攘,皆为利往。”泾县张钟玠迁于方村镇弃官服贾,萧太和在西街经营文房笔墨,南陵名医丁禹堂在方村河东开骨科诊所。一时太平、旌德、无为商贾纷至沓来,落户方村。附近大户纷纷从圩心迁至镇上,或开设砻坊加工大米,或设立商铺兼营农副产品。沿江各处的窑场生产的砖瓦一时供不应求,一座座灰墙黑瓦的店铺、砻坊、大宅拔地而起,取代了早期的茅棚草屋,方村镇面貌一新。

南宋时期,金兵侵扰中原,北方大批难民避乱南迁,方村地区迎来了第二次大规模的移民潮。据张氏宗谱记载,行春张氏就是此时由和县迁来。而从江北各地迁居此地的还有谈、李、邢、徐、胡、王等姓氏。方村地区逐渐形成了以姓氏为核心、亲缘为依托的地域分布格局。大批外来移民的迁入带来了不同地区民俗文化的碰撞与交融,也带来了方村民俗民风的多样化、丰富化。南宋诗人张子顺曾作诗赞美方村:“何以苏堤寒食近,画船箫鼓漾恩波。”诗人眼中的方村可与杭州媲美。

方村集市贸易的繁荣

明清直至民国,方村繁华甲于芜湖诸镇,享有芜湖首镇美称。方村镇夹河而立,分东西二街。由问津渡口下船拾级而上便是东街街口。这里商户多为经营铁、木、竹等业,也有理发、裁缝、皮匠、肉铺、小吃等,约百米转为正街。正街路面为石板铺成,大店铺有10余家,分别经营布匹、五金、糖、酒、杂货、茶庄、酒店等,另有小店几十家。东街还有清乾隆时期建的“镇龙庵”,官府建的积谷仓等。店铺的房屋皆一色徽派建筑,高高的马头墙,粉墙黛瓦,古朴典雅。数千株柳树簇拥,春鹅黄、夏翡翠、秋笼荫、冬疏帘,整个东街在蓝天绿水的映衬下宛若世外桃源。

方村西街以圩堤南北走向而建,分张公巷、问津巷、会龙巷、土地巷,居有几百户人家。由下街入,迎面是财神楼,楼下是闸门,穿过闸门,琳琅满目的店铺便映入眼帘。著名的店铺有:“复兴隆”布店,“永寿”和“后祥生”中药店,“协和”“同和”“同德祥”杂货店,徐恒珍酱制店,萧太和文具店,陆有义、陈义和大饭店等。其间夹杂着鞋店、茶庄、糖酒百货多家。街中有张、王、梅三家中药诊所,两家浴室。以张老飞(民国时期省参议员)为首的十股东经营的"问津池"最有名气,另一家"华鑫池"坐落在中街。中街有晚清时期建的"会龙庵",庵堂虽小,香火却很旺盛。正街多为徽派建筑,错落有致。后街有多家机房,所织棉布价廉物美,深受农家喜爱。沿河边有竹木堆场,其中沈连朋家业较大。沿河还开设了多家砻坊。旧时方村镇每天亥时禁止行人出入,由本地保安巡防,以保店家与住户的安全。

方村集镇最为壮观的是早市。天刚拂晓,方圆数十里的百姓肩挑手提纷纷赶来交易。东西两街的码头船只云集,街面人头攒动;各种农副产品、新鲜水产应有尽有。吆喝声、叫卖声、还价声嘈杂一片。最后,买家卖家都能各得所需,皆大欢喜。这种交易方式和场景一直延续到20世纪80年代。

行春圩的大姓为方村的发展、繁荣作出了积极贡献。据《芜湖县志》记载,方村西街建有汪氏、徐氏、胡氏宗祠,离方村镇北不远处有谈氏、张氏宗祠,南边有刘氏、梅氏宗祠,西边有王氏、李氏、邢氏宗祠。人丁最为兴旺的张氏有人丁3000余人,谈氏次之,为人丁1200余口。村落皆以姓氏命名,至今还保留着张花园、张屋、张基、谈村、门楼、李村、大小刘屋基、王屋、朱屋、邢门、梅村等。这些村社因血缘相近而长幼尊爱,有事共商,和睦相处。在天灾人祸面前,他们集集体之智慧,团结一心,曾战胜了各种困难与风险。如在历次抗洪抢险中,张谈二姓涌现了许多出名的打桩抢险高手,在危机之时,化险为夷,为方村的安全与繁荣立下了汗马之劳。

丰富多彩的方村民俗文化

方村历史悠久,文化底蕴厚重。历史上的两次大移民给方村带来了多种元素的民俗文化。经过近两千年的融合与发展,方村形成了自己独具特色的多样性的民俗文化。其中较为典型的是春节期间的灯会。方村的灯会,形式多样、内容丰富,各村都有自己的绝活。诸如:北斗门的"秧歌灯",谈门楼的"滚灯",谈港的"高跷灯",罗塘的"龙灯",流水湾和李村的"马灯",南埂的"采茶灯",长生坝的"罗汉灯"等。既展示了方村奇异多彩的民俗和高度的村落凝聚力,也体现出方村水乡经济的相对富庶。

春节期间的"颂春"是方村民俗的一大特点。"颂春"应该来自北方的"送春",其表现形式有一人和双人组合两种。一人表演为手持小锣边敲边唱,唱词皆为自创,声音洪亮,旋律动听。双人组合则为一人边敲边唱,一人打鼓帮腔,气氛活跃。"颂春"者每到一户人家都会边唱边为其家贴上财神画像,并说些吉利话,以讨个赏赐。

方村一年一度的六月六龙舟赛,是大规模的群众性体育盛会,规模宏大,场面动人。各村均组队参加,如:行春、政和、陶辛、周皋等龙舟队。队员着一色服装,挥舞本村龙旗以示区别。龙舟在问津渡口列阵竞赛,沿河两岸人山人海,人声鼎沸。爆竹声、喝彩声、呐喊声混成一片,震天动地。当地商会为优胜者披红挂绿给予奖励。

方村的陆有义饭店专为行春圩张姓龙舟队免费提供酒宴。

方村的民歌、民间传说既丰富又颇具特色。插秧歌、薅田歌、车水号子、渔歌小调，旋律优美，音域宽广，或高亢嘹亮，或低吟委婉；歌者怡然，闻者动容。

乾隆皇帝下江南、古城寺飞来钟、十八罗汉在北辽河洗澡、娘娘殿庙门重开等等，脍炙人口的民间传说常为人们津津乐道。

玉走金飞到了民国时期，由于河床不断增高和许多滩围垦，东街面临洪水冲刷，剥蚀日益严重，加上1933年行春圩受飓风袭击，圩堤被洪水冲塌，溺水死亡千余人，东街损失惨重，有的商家不得不迁走，1937年12月10日日军侵占芜湖，不久魔爪伸向方村，据老街张定贡老人说："日本鬼子在方村犯的罪行罄竹难书，他们在下街建了碉堡，用铁丝网拉起来，并养了数十只鹅为他们放哨，白天三人一伙，扛着枪到处抓花姑娘，抢鸡要蛋，杀人放火无恶不作。"他亲眼看见鬼子小队长小野之必，抓来太平坝(太五太四)张姓两人，在河东沙滩上用刺刀戳后活埋，方村东、西两街商家纷纷关门逃难。日本鬼子投降后，1946年方村住了保安队，中队部设在张公巷，保安队名为保安、实是害民。1947年的一天晚上，在方村经商的人家一夜连遭九次洗劫，中队长张柏林和中队副队长刘思君分别带人到商家要钱，其余的兵也跟着上门要，闹得商家鸡犬不宁。他们来到姓姚的店里，见没有油水可捞，忽然看见姚老太耳上有金耳环，二话不说上去就拽，把姚老太耳朵拽了一个豁子，鲜血直流。方村两家药店的补药全被抢光。据说有个保安头头吃多了补药，弄得又吐又泻，鼻青脸肿，人们听说后真是大快人心。张老回忆鬼子的侵略罪行和国民党反动派残酷欺压百姓的罪行时深恶痛绝。

十一届三中全会以后，方村社会经济得到长足发展，境内交通便捷，社会和谐，在党工委办事处的领导下，全体人民为建设美丽方村而努力！

（朱法仁）

方村老街的兴衰

方村老街是古老的集镇，它依偎在行春圩的东南角与河东高墩处。行春圩联合筑成大圩的时间是三国东吴赤乌二至五年(239—242)。行春圩与咸保圩遥遥相对，在梅雨季节洪潮来临之际，就好像是湖泊中的两个小岛。行春圩经过数百年的垦荒发展，大约在隋文帝开皇九年(589)间，发展成集农耕、商贸、牧、副、渔为一体，人民安居乐业的集镇。当时，行春圩包、白二姓居多。东南角(方村老街处)的商埠规模越来越大，居住的人口越来越多，每日清晨起就有赶早市的农民，特别是逢年过节，这简易的商铺和农民自产自销的经营模式聚集在一处，连成百余米的早市交易，人声鼎沸，热闹非凡。

这时行春商埠(方村老街)是以包姓为首,其余是白、陆、李、王、陶、姚、章、刘、汪、孙、朱、梁、胡等姓,数十家大小店铺,包姓占三分之一多。当时的商埠还没有发展到像后来那样的长形一条街,仅在中间最开阔一段(老街文化馆到方村小学这一带)宽约六七十米,长约百米的一个长四方形,形同四合院式的宅住店铺,东西南北各有一道宽约两丈的木栅栏门,便于行人来往交易,晚上木栅栏门一关,并有各店铺派夫轮流打更值班,十分安全。中间有近万平方米的一块开阔地,均用沙石铺垫以防雨天泥泞,专供农民土特产品交易。尽管行春集贸市场已形成一定规模,但是还没有商埠独立的名讳,有人提出叫包家村、白家铺,也有的提出叫陆家庄等等,但都通不过,最后经各店主协商,到芜湖城内请来了一位风水先生。风水先生在店主们的陪同下绕商埠四周一看,又站在高处放眼在行春圩左右细看一番,然后面对众店主脱口而说:“你们行春圩形同长四方,此处商埠也是长四方形,‘四四归一’好兆头,我看就叫‘方村’吧!”这是一种传说。还有一种传说:当时的交通主要是水路,宣州以上山区的土特产,尤其是竹、木等原材料主要靠水路运输,只有运到芜湖才能脱手变换银两,购买生活必需品返回驻地改善生活。行春圩东边埂商埠(方村老街处)的外河,是宣州山区通往芜湖的主河道(古称长河、后改为青弋江),是来往船只必经之路,每次山区顺水而下的竹、木排或船只经过行春商埠时都要停靠上岸打尖。停靠时,船夫与放竹、木排的人都发出“缓——撑!缓——撑!……”的吆喝声,由于山区人的口音与当地土著人的口音不一样,当地人把“缓撑”听成“方村”,并觉得这个名字很好,于是,就把此地叫作“方村”。

随着社会的发展,行春圩的包、白二家,由于种种原因逐步衰落下来,特别是包家的一些纨绔子弟,不务家业,成天泡在赌馆与风月场所,花天酒地,挥金如土,将其先祖包大成创立的基业毁之殆尽。有不少包姓人看到包家的大势已去,开始陆续返回山西襄垣、上党老家,另辟生路。到了南唐升元年间(937—942)复置芜湖县时,徽州地区的徽商们看到行春圩方村是发展的好地方,就有不少人来此买下已经衰落的包姓店铺,开始在方村发展。他们将原来的土墙瓦盖和大部分草房店铺,逐步换成砖瓦木质结构的半徽派建筑,同时将原来类似四合院的店铺门面,改成沿圩堤南北走向、东西两排面对面的店铺,中间留一条宽约4米的通道,用长形石条铺设。这一石条铺设的街道直到20世纪80年代初仍旧原样保留。由于千余年的行人踩踏及风雨的冲刷,街道变成凹凸不平,高低相差一寸多,行走实在不方便,群众反映强烈。1983年,方村镇镇政府顺应农贸市场的发展需要和人民群众的强烈要求,将其改建成水泥路,方村老街从下街到粮站的石条路从此灭迹。经过数十年的努力,方村面貌焕然一新,行春水乡小镇初具规模。

宋徽宗政和年间(1111—1117),在政和与陶辛筑圩。筑圩的民夫成千上万,一应生活、施工用具,很大一部分都要到方村采购。政和、陶辛两圩筑成之后,大量移民迁入，人口大幅度增加，生活、生产所需物品更是与日俱增，这就大大地促进了方村老街贸易经济的大发展，并带动了行春圩农业、渔业、畜牧业的发展。方村老街发展最快的就是这个时期。

方村东、西老街，经过历代的发展，人烟繁盛，商业以砻坊居多。由于因东街地处外河滩，常遭水淹，后来街市西移，东街衰落，西街繁盛。方村老街作为江南水乡的一秀，芜湖的一颗明珠，显得绚丽多彩。勤劳朴实的方村人民不但创造了方村古老的集镇，还创造了悠久的历史文化遗产，如古城寺、娘娘殿、晏公庙、降福殿、甘露寺、龙王庙等十几座庙宇庵堂。同时也创造了许许多多的非物质文化遗产资源，如和尚桥的传说、乾隆皇帝下江南、十八把锦扇下南京、苦鸹鸟、骡子坟等民间传说故事。

在抗日战争爆发之前，方村老街虽然历经改朝换代，军队过境或暂驻，但都未遭到大的破坏。在这一段漫长的历史长河中，老街大小店铺几经易主。大约在元末明初，来到方村老街发展的徽商，大多在腰缠万贯后转到大城市发展去了，当然也有少数破产回归故土的。接替店铺的以张姓居多。这一时期方村老街的商贸经济仍稳步发展。1937年12月10日芜湖城沦陷后，侵华日军六师团的川月大队长进驻湾沚，控制芜湖以上的水陆交通要道。并在方村老街与和尚桥分别建立据点，修筑碉堡和岗楼控制陆、水交通。据点里的日伪军，经常横蛮地敲诈百姓，胡作非为。他们强迫乡民给据点送粮送菜，对过往小商小贩，借口交税任意敲诈钱财。再加上国民党撤退留下的残余和地方土顽混杂在一起，什么梅家队伍、陶干东队伍等七队、八队各占一方，对老百姓吃拿卡要，使得方村乃至周边各圩口的乡民都陷入灾难，过着民不聊生的日子。方村老街一下子萧条下来。不过行春圩和周边各圩的贫苦农民为了生计，不得不将自己种、养的土特产品拿到老街变卖交易，然后再购买一些日常生活用品。但是一到午后，街上便行人极少，晚上更是冷冷清清。这一时期是方村老街有史以来最冷清衰落的时期。

解放后在中国共产党的领导下，人民翻身做了主人，已经走向衰落边缘的方村老街又活跃起来，并由原来单一的商贸经济向商贸、工业融为一体的合作经济发展。20世纪50年代初，方村成为建制镇，先后办起了初具规模的酒厂、针织厂、农具厂、酱制厂和胶木厂。这些企业的兴起，初步形成了芜湖县当时独立的工业体系。70年代老厂迁至湾沚之后，新的产业又拔地而起，一个年产值达150万元的方村碾米厂，以及自行车配件厂、五金厂、塑料厂、食品厂等又先后正式投入生产，这样既增加了经济收入，又解决了居民的就业，真是一举两得。80年代改革开放以来，在党的各项富民政策指引下，方村老街的面貌日新月异，工业、水上运输业、教育、卫生、服务及新兴产业全面发展，促使集镇商业更加兴旺发达。当时有不少人因为在方村老街拥有一间房子而感到无比的自豪。

可是，随着青弋江水运的逐渐衰落，尤其是公路建设的加速，从20世纪末起，老街就渐渐失去了昔日的繁华，居民纷纷迁移到新街买房置业，留下的看门老人也逐渐减少。现在，历经沧桑的老街与井然有序、充满生机的新街形成强烈的反差，使我思绪万千，感悟颇多。自从2012年我们接受街道乡土文化收集整理工作以来，几乎每隔一段时间，我们几个古稀老者都要到老街上下走一遭，总想找点什么或增添一些灵感。可是一踏上这狭小破旧的水泥路，总是感慨万千，唏嘘不已。少数对老街十分依恋的老人，依旧一如从前地留守在老街，老镇的沧桑岁月，在他们的脸上刻下了深深的印迹。

方村老街昔日的风光虽然不再，但她承载的厚重的文化和历史的积淀，哺育和培养了一代又一代的子孙。如果没有这些古城、古镇、老街，可以说就没有我们城市化的今天和更加灿烂的明天！

（王万春）

方村河西老街的格局

坐落在长江支流青弋江畔的千年古镇方村，发展于北宋政和年间。它往青弋江上游紧连宣城和皖南山区各地，下游直达芜湖，有着得天独厚的青弋江水源，水上交通甚为发达。早在明代，方村就发展成为闻名遐迩的芜湖南乡首镇。民国元年(1912)在方村设警察所；1949年4月26日，芜湖县行政办事处在方村河东成立。方村古建筑较多，位于河东街建造于乾隆年间的“镇龙庵”就有23间殿堂，颇为壮观。附近有晏公庙、会龙庵和古城院落，由于过去历次战争的破坏，这些古建筑早已荡然无存了。

方村河西街巍卧在行春圩的大堤上，宛如一条长龙。街面两边矗立着造型别致的各种建筑，叠壁飞檐、画龙雕凤；各式各样的平房和楼房鳞次栉比、古色古香。街道路面用青石板铺就，显得光滑锃亮。河西街是古镇方村商户最集中的地方，整条街根据经营种类共分六段：

第一段下街头，这里居住着数家渔民，他们成年累月漂泊在青弋江上，以捕鱼为生。每当黎明曙光初现，渔民们就划着小木船开始下青弋江撒网捕鱼，有的放鱼鹰捕鱼，有的用丝网张鱼，有的用篾制笼张虾，有的用鱼叉叉鱼。他们捕鱼的方法五花八门，总之，一切为了营生。

第二段是数家木砻坊所在地。这些砻坊专门为附近农户加工粮食，生意一度十分红火。当时警察分所也设在这里，专门维持地方的治安，据说当时方村的治安环境很好。这里还在河沿开了一个相当规模的澡堂子，供远近人们洗浴。

第三段即中段，是最繁华的商业街，最有名的“复兴隆”和“复兴祥”两大布店就在这里。他们从泾县迁至此地，看重的是方村地理位置好，人气兴旺，生意好做，他们都赚得盆满钵盈。还有一家食品店，前面是店堂，后面是加工作坊，现做现卖，既新鲜又卫生。平时家里来客、送礼或办喜事，都少不了买些糕点。每逢过年过节，更是门庭若市，店员们忙得不亦乐乎。这段街还有一家徐坤和酒楼，酒楼建造得很壮观，每天都顾客盈门，座无虚席。酒楼是当时古镇方村的一道风景。另外还有百货店、茶楼等等。还有一家同诚酱园，也是远负盛名。该酱园制作的酱油和其他酱制品色佳味美，尤其是制作的干子可以和现在的黄池干子媲美。不能忘记的还有一家孔氏铁匠铺，师傅们心灵手巧，常年为农民打造各种农具，很受人们欢迎。这里当时还有一道斗门，为方村圩灌溉排涝。后因河床不断升高，斗门被堵塞失去效用。陶辛、行春两圩的胡氏、刘氏、汪氏、梅氏、张氏五大姓捐款建造的庙宇，因建在斗门上，故取名"斗门庵"。庵堂共有两进，坐东朝西，内供多座佛像，由一位从陶辛来的、据说在九华山修行过的斋公在这里主持，香火很是兴旺。在庵堂对面建有一座天主教堂，显得独具一格，定时有牧师来布教，现教堂还有遗迹可寻。解放后，芜湖县的第一个文化馆就设在斗门庵里。古镇方村不仅是鱼米之乡，还是文化重地。

第四段分布着屠宰坊、裁缝铺、篾匠店和一个酿酒糟坊。酿酒的原料就地取材。当地农民种植的高粱、大麦、小麦、五谷杂粮是酿酒难得的好材料，再加上青弋江的优质水，经过加工发酵酿出的酒醇香可口，销往江南各地，当时是芜湖县唯一的酒厂。解放后该酒厂迁往芜湖市河南，成为现在的弋江酒厂的前身。在这段外河滩上，堆放着从皖南山区运来的竹木建材，四邻八乡的农户、木匠常到这里采购竹木，用于建造房屋、制作家具和农具。每到春夏之交，这里都停靠着许多竹木大排。

第五段建有历史悠久的方村小学。该校是光绪三十三年(1908)由芜湖县葛挺芳等6人创建的务本小学。这是当时芜湖县的第一所规模最大的县办公立学校。学校的学生来自当地和当涂、繁昌、南陵、宣城等地，最多时有学生500多人。此校民国初由王家祠堂迁入河东镇龙庵。1936年春迁入河西，改名方村中心小学。50年代初至"文化大革命"前，该校的毕业生有50多人考入大学。他们分布在全国各地，有的还是国内尖端科学研究人员。学校当时在华东地区很有名气，被列为华东重点小学。这里有久负盛名的丁禹堂祖传骨科，专治跌打损伤，在芜、繁、南等地家喻户晓。1980年丁老先生逝世，丁氏后裔继承骨科，仍有一定名气。

最后一段有织布的机坊。勤劳智慧的方村人采用手工木制织布机，织成的棉布虽然有点粗糙，但它结实，穿着舒适。这里还有染坊，聪明的师傅们把那些织成的本色棉布放到染缸里加以漂染，就能染成色彩斑斓的各色各样的花布，这种棉布在当时很受人们的欢迎。

古镇方村当时既是芜湖南乡农产品和其他商品的集散地，也是文化中心。方村的文化底蕴十分深厚，老龙灯、滚龙灯、马灯、高跷灯、叠罗汉、秧歌灯等久传不衰。

随着改革开放，人们都纷纷迁到新镇去了。新镇是一个繁华的闹市，鳞次栉比的小楼、车攘人熙的门庭、车流如水的马路、全新的方村已替代了昔日的古镇。这里交通四通八达，通往芜湖市区有11路公交车，直达湾沚有中巴车，通往各行政村有211路、212路、213路公交车，农村公交车票价只需一元，70岁以上老人免费乘坐，这是过去做梦也想不到的。

改革开放后，农民种田不纳税，国家还给补贴。60岁以上的老人，每月给予100元的生活补贴；生活困难的，身残没有劳动能力的，无儿无女的孤寡老人都由国家供养，这也是史无前例的。现在的方村，不少农户家有轿车，至于摩托车、电瓶车更是比比皆是，以往出行或运输使用的小木船早已销声匿迹了。过去人们缺钱少粮，衣不蔽体，食不果腹，现在家家有余粮，户户有存款。在方村新镇上，现有储蓄所三家，每天来银行存款的人川流不息。抚今追昔，心潮澎湃，感慨万千，我们享受着这么美好的生活，能不感谢伟大的中国共产党吗？

（朱宗灼）

姓氏觅踪

◆ 寻源考辨

◆ 宗亲逸闻

一、寻源考辨

行春张氏源流考

(一)张姓之始祖

张姓是我国当代三大姓氏之一,也是芜南行春一带的大姓之一。张姓源自黄帝之子少昊的第五个儿子青阳生(名辉)。辉自幼尚武,勇猛机智,及长出入山林,搏击猛兽,征战异族,屡建功绩。在长期的生存搏斗中,辉发明了具有划时代意义的弓和箭,因此,被封为官衔,名曰弓正,负责制造和监管弓箭等兵器,并赐姓张。青阳生被奉为张姓始祖。弓箭的发明推动了人类文明的进步。因为有了弓箭,大大提高了人类与丛林猛兽和大型动物搏斗的能力,使得狩猎逐渐成为具有较高效益的劳动,为以女人采撷为主转为以男人狩猎为主的经济形式奠定了基础。

张姓家族最早生活在河北青阳,发祥于河北、河南、山西等地,逐渐支脉蔓延于黄河南北。张姓历经夏商周等朝代,涌现了不少名人,诸如周宣王时的张仲、春秋战国时期的张候、张仪,秦末张良,汉代张衡、张堪等。

(二)江南张姓之源流

东汉末年,中原大乱,军阀混战,民不聊生。张堪一支被迫由中原地区向长江流域迁徙,寓居和州乌江鸡笼山(今安徽和县乌江镇)。此后,数百年间,张姓这一支脉在此繁衍生息,至唐代贞元十五年(799),族人张籍(字文昌)高中进士,并以诗名闻天下,成为和州张姓之标杆。

北宋末年,金兵陷汴京,虏徽、钦二宗,高宗赵构南渡,建都临安,是为南宋。绍兴初年(1131),金兵大举南下,直逼长江沿岸。和州乌江张籍六世嗣孙张郧携张邵、张祁二弟,及族人70余众,避战乱南渡长江,迁居芜湖,始居于芜湖升仙桥(今芜湖状元坊)。后迁至宣州(今宣城)北乡陶黄村。经过数百年的休养生息,后裔繁多,散居于芜宣各地,形成宋兴、行春、奉贤三个分支。郧、邵、祁三公被奉为江南张氏世祖。

一世祖郧公,初名埙,为避皇室均王弟之讳,后改名郧,字国彦,又字邦彦,号笼山主人。因其父英年早逝，遗有二弟邵、祁二公。邵公字才彦，当时是个风华正茂的青少年。祁公字晋彦，是个年仅七八岁的髫童。郧公悉心照顾二弟，择名师课授二弟，培养二弟成才。后来邵公官至侍制郎中，祁公官至秘书阁大学士，都是当时的著仕名人。二弟邵公一心抗金报国，在金兀术兵乱乌江，扬言欲取邵公全家时，其虽已隐居多年，毅然深山复出，会岳飞抗金兵于两淮之间。但终因朝廷腐败，与金兵议和，邵公再度归隐山里。虽身居江南，仍不忘故土，思乡之情难于言表。而在北方疆土沦陷之后，更是日日期盼朝廷驱除鞑虏，收复山河，为此郧公更号北叟老人。后又迁居芜湖升仙桥，卒后归葬和州乌江祖山。祁公之子孝祥，号于湖居士，南宋高宗绍兴二十四年(1154)大学士进第状元。因其力主抗金，得罪了不少权贵，三十几岁归田后隐居芜湖故居，但一心不忘收复山河，在官兵过境时，慷慨解囊助军饷，后又捐田百余亩，辟为镜湖，以供人们休闲，为芜湖人民办了不少实事。

二世祖、郧公之子孝才公，字经国，年少时师从白水南轩二先生，学成后成为当时儒学名人，且光宗耀祖，初以门荫，授朝奉郎，荐为平江学正。晚年归田后移居宣城陶黄村，生子有三，曰太安、太常、太全。太常因病早逝。太全公客居宣城仙人港，后裔化为宣城养贤一支。太安公生永亨、永高二子。永亨后裔化为宣城宋兴一支。永高公复居芜湖白马山，因无子，立永亨次子用为嗣，后裔散居白马山麓一带。传十世至桂馨公，方举家迁至天城湖滨，时因湖水时常泛滥，加之当时正遇元末红巾军起义，为避战乱，桂馨公又由天城湖滨迁居行春松园、罗塘一带，后裔化为行春一支。

三世祖太安公，字静之，生于宋绍兴二十年(1150)。公向来胸怀忠义，应黄榜招募而出寻，官授兴元府判迁著作郎，为宋赵北伐檄文主参谋，后病归故里，卒于宋嘉定元年(1208)，葬陶黄山，并立有碑记。

四世祖永高公生于宋淳熙十二年(1185)，性闲逸善诗。

五世祖用公生于宋开禧三年(1207)，生子二，曰徜，曰后，居白马山，以农耕为生，继拓父业。

六世祖徜公，生于宋绍定元年(1228)，生子一，名庆。公以明经荐贡举叼敕，官授将仕郎婺州长史，因当时世乱，辞官归田后随祖父居于湖滨，继承祖业而扩大之治，当时门第甲于一方。

七世祖庆公，生于宋宝祐二年(1254)，生子曰祜。公少年时胸怀大志，文天祥、汪立信皆与其交谊深厚，因赞军务，官崖州司户参军。南宋亡国时，为不做亡国之臣，追随宋室杨太后，投水自溺身亡，时年二十六岁。噩耗传来，夫人王氏悲伤欲绝，自缢身亡。其父徜公因子死难，悲恸至极而染病亦不治而亡。后人为纪念其一家满门忠烈，于家乡立双庙以祭祀(张氏族谱记载)。

八世祖祜公，生于宋咸淳九年(1273)，生子曰英曰苠曰芝。在其父死难时公刚满八岁，元世祖忽必烈得其于乱军之中，后访其身世，深为其满门忠烈而感动，后赐其田产并附名官籍。成年后，才华横溢，经纶满腹，由是官拜监察御史，立朝为官，忠心耿耿，群臣上下皆慑服，后以寿终正寝。

九世祖英公，生于元大德二年(1289)，娶京师赵氏，生子曰桂馨。公少壮时得父官荫，且学识渊博，承其父亦官拜监察御史，公立朝正直，人皆以铁面大人而呼之。惜英年早逝，葬天城湖滨。

十世祖桂馨公，字月窟，号天香，生于元致和元年(1328)，生子均美、均用。公酷爱禅学，一生致力研究，遍游京师各地，士大夫诸多尊其为师。元顺帝妥懽帖睦尔，三次征其为官，不受。归隐湖滨后，以天城水汜而乐。红巾军起义时迁至行春圩躬耕自给，虽身处乱世之中而不为所惊。之后明太祖朱元璋闻之制善邻里，遣立事邬某为其立碑以旌之。公一生著有《天城小集》《天香集》《惺惺斋小言》，对《九章算法》也有较深的研究。公卒于明洪武二十七年(1394)，同妣并葬宅左坟园。行春支派奉桂馨公为始祖。

十一世祖均用公，字行之，号乐野，生于元至正十二年(1352)。生子曰铨曰钺曰镐曰鑑曰铎(即行春张氏之大"五房")。公于伯仲中诚笃自持，心胸博大宽洪，治产半郡邑，应酬皆有道，孺人许氏内助贤良，持家有法，世人称之为内外咸正者之家也。

(三)江南张氏之分支及宗祠

张氏一族迁来江南后，虽分居于宣芜各地，但仍保持着人员交往以及通信联系。自元至正五年(1345)，三支宗族首事共同聚事在芜湖状元坊，议定在芜湖状元坊内修建张氏总祠，接着又拟议合修宣芜张氏总谱，并议定三支族人每年清明节在宣城陶黄山祭祀祖先，"十月朝"(即农历十月初十)在芜湖总祠集会议事。自二十二世起三支合派，派行字为"继祖绍宗，登朝定国，先致仁正，修齐治平"。由于张氏后裔子孙繁多，繁衍迅速，此派号到目前为止已传三十四世，仅剩三世派号。为防止派号衔接不上，故而由镐公支下"子九公"、已故老先生张国义、张国根等共同研究，议定增补"光前裕后、万世昌兴"八字为张氏家族后世续用。但凡有关三支家族中之大事，均由各支首事于每年"十月朝"在总祠合议定规，此族规一直延续到解放后的1953年方才终止(主要是因为解放后，状元坊所有资产及总祠田产均由政府收归国有)。

由于当时的交通不便，相互联系比较麻烦，加之人丁兴旺，旁系繁杂，三支宗族首事议定，以鲤鱼跳龙门为三支家族"图腾"，行春一支由于是长房，以鲤鱼头为标志，养贤一支为鲤鱼中段，宋兴一支为鲤鱼尾，三支合在一起，就是一条完整的鲤鱼，表示这三支家族是完整的一家，以这个图腾为基础，三支各在当地建造一座张氏宗祠，即分支祠堂。行春一支宗祠选定在现在合心谈港村河外的大滩上，祠堂正厅大门朝南，正好迎来青弋江奔腾而下的激流，在门前又拐了一个大弯，形成一个偌大的旋涡，寓聚财固本之意，然后自左侧顺流而下直奔大江，此谓鲤鱼得水龙归大海。张家祠堂的雄伟壮观，在芜南四圩八乡是屈指可数的。三进头建筑正门八字敞开，白墙青瓦高耸云天，一对黑漆大门，壁垒森严，正厅前厅供奉祖先牌位，高约数丈，密密麻麻按辈分以及出生先后有序地排列着，庄严肃穆，令人肃然起敬。中间大厅有戏台，庭内能容纳数百人同时开会议事和看戏，楼上建造的是走马转阁楼，四周有观礼台，也能乘坐百十人之多。后二进厅堂有卧室、厨卫等设施，专供管理人员居住、使用。祠堂的一切大权由族下的族长、先生、绅士以及富户掌管，平常事务由祠堂的祠差管理，大事由族长、先生、绅士商议，祠堂里有执租土地几百亩，加上芜湖状元坊的房产租金，每年收入相当可观，这些钱财则由他们这帮人来支配使用，如每年清明节十月朝祭祖的开支和日常用费，均由其中开支。这一天安排很多酒席，请知名人士及家族先生前来祭祀、吃酒，凡是京馆（私塾堂）毕业的学生，或洋学堂的初中毕业生均为被邀之列，而平头百姓、贫苦农民必须是年满花甲（即60岁以上的）老人才能进祠堂吃酒，没有这几个条件就被拒之门外。每年正月二十五，祠堂里例行请戏班子连唱几天堂戏，族下所有人都能去观看（外姓人也可以去）。大厅里是男人们看戏的地方，而大家闺秀、年轻妇女和待字闺中的姑娘少女，全都到楼上观礼台上观看，男人们是不允许到楼上去的，秩序井然，规矩严谨，秋毫无犯。为了缅怀祖先们创业之艰辛，以及治家的祖训，每在唱戏开台之前，都要先上演一出身挎高脚篮，外挂弓和壶的丐帮戏和张艺九代不分家的戏，以表缅怀祖先之情。一般情况下，祠堂的大门是常年不开的，只有在祭祀、修缮、唱戏、重大事宜时才打开正大门，平时只走耳门。在特殊情况下，如整理家规时也打开正门，据说家规在那时比王法还要大，凡张姓族人犯下族长和绅士、先生们认为不可饶恕的罪责时，就可以就地“正法”，打大板、吊起示众，情节特别严重的，身绑大石，活活推入大河中处死。即所谓“家法”大于“王法”。

（四）行春张氏家谱

1962年，农村经济有所复苏，人们生活有所好转，族下便有领头人准备修家谱。当时，张国钰跟随族长张朝云参加了续修家谱。那只是张氏第十三世鉴公支下沂公四房小规模的家谱续修，才接触到家谱续修的复杂情况，那时是用手工写在宣纸上的，经过反复抄写仔细校对，先生觉得毫无差错时，才由先生亲手装订成册的。修谱也是很有讲究的，首先要有族下先生、族长和有威望的长辈在一起选定一个良辰吉日设坛开谱，结束时也要选吉日祭祖，邀请各家族的长辈前来参加一系列活动，并告知前一天必须沐浴、斋戒，以示虔诚。在此之前的民国22年（1933）行春张氏进行了一次大规模修谱活动，谱堂设在张家祠堂，历时一年多刊印（即雕版印刷）出了张氏从一世祖到二十九世的宗谱，共出了60筒，每筒都有几十册，分别派给有名望的先生、富户、绅士们保管，经过几十年的自然灾害以及战争等诸多因素之影响，现已散佚殆尽，特别是“文革”时期的扫“四旧”，1962年的手抄本也被“红卫兵”放火烧了。据了解，60筒刊谱现在存世极少，也不知存放何处。由于张姓家族庞大，分支颇多，总谱不可能再行续修，而分支房系修谱也零零散散，若再过几十年要想续修就更是难上加难了。自1933年刊谱至今就一直没有刊过家谱了。坐落在外滩的张氏宗祠，解放后也因年久失修而破败不堪，内中的设施也被破坏殆尽。一些有价值的东西，也被知情人明拿暗偷了，祠堂只是剩下一副巨大的空壳，解放前的行春地方由于天灾人祸，经济比较落后，人民生活非常困难；解放后经政府统筹规划，将其砖瓦、木材、石料全都拆运走，用于建造其他公共设施，现在站在张氏宗祠的旧址上，什么痕迹也看不到，仅有一点点遐想而已。

在我国各大姓氏中，凡是名门望族多有堂号，张姓的堂号各支系多有不同，有史可查的有清河堂、孝友堂、百忍堂、敬宜堂等，芜宣三支张姓曾用过孝友堂或其他堂号作过堂名。据传周宣王时的卿士张仲，为人孝友，以贤臣名世，故而取之为堂号。后在第一次议事时商定取“百忍堂”为张姓堂号。相传唐朝的时候，张艺一家九世同居，在当时社会影响很大，唐高宗李治在一次封泰山还京时，亲自到他家请张公介绍和睦相处治家不乱的经验，张公笑而不答，拿起笔来一口气写下了一百个“忍”字，呈献给高宗，高宗观后很是高兴，当即赏赐钱帛，并封张公一家为“百忍堂”。因此芜宣张姓统一以“百忍堂”为堂号，无论是居家的门楣，高堂悬挂的灯笼，穿灯用的高灯一律通用“百忍堂”，一直沿用至今。

行春张姓一支，现散居芜湖及外埠各地，唯芜湖行春、周皋、易太、咸保、陶辛等地张姓均以第十世祖桂馨公为鼻祖，十一世祖均用公为行春五房始祖，传至十二世祖分为一房铨公、二房钺公、三房镐公、四房鉴公，五房铎公。现已历经三十四世，仍根深叶茂，子孙繁多，就行春一支，也超出万丁以上之众。

附：民国22年《张氏族谱》摘录

《张氏族谱》第一卷 推本溯源 水源木本

水有源，木有本，人有始祖，姓有宗系，追本溯源，认祖归宗是我祖先之美德。

人类自猿进化以来，传至黄帝第五子青阳生因制弓矢有功，赐姓张氏。从此，张氏苗裔蔓延天下，而阳生为我张姓始祖。

周有张仲，汉有张良，而我张氏远祖谱载于东汉渔阳张堪，有称南阳君游。因五胡云扰，迁移和州（今皖北和县）乌江县鸡笼山麓定居，传至唐代文昌公张籍第六世嗣孙张郧。

时值宋绍兴初年，金（兀术）寇猖獗，鸡笼山人纷纷渡江避寇，散居江南各地。又于宋高宗建炎二年，万历戊午，我祖张郧偕二弟从世居鸡笼山避寇南渡，同渡者计七十余人，分居芜宣为多，郧公始寓芜湖升仙桥西（现芜湖市长街状元祠境内，状元祠乃孝祥故居）后迁宣州（今宣城县）北乡陶黄村，后裔又散居宣芜各地，因子孙繁多。

分居宋兴、行春、养贤三支。

江南我一世祖张郧，字国彦，曾用帮彦，号称笼山主人，父燮早逝。有二弟：张邵，字才彦，年方弱冠；张祁，字晋彦，年仅营童。郧公不吝千金，择师课读，培育二弟成名，宋侍制公邵、秘阁公祁都是宋代著仕名人。邵一心抗金报国，金兀术兵乱乌江，扬言欲取邵公全家，公嗷匿名隐居深山，会岳飞抗金，当时两淮用兵胜负不常，迫使年已七十的郧公偕弟南渡，志不忘故土，更号北叟，祁公子孝祥，字于湖，随父迁居芜湖升仙桥，是宋学士进第状元。

郧公生子孝才，长孙太安、次太常、三太全，太常早逝，太全公客居仙人港(在宣城)，后裔化为养贤一支。太安生二子永亨、永高，永亨后裔化为宋兴一支。永高公由皖北复居芜湖白马山，至永亨次子用为嗣，其后裔散居白马山麓，传十世至桂馨公，号月窟，迁居天城湖滨。时因湖水泛滥，加遇元末红巾起义，因避兵乱，桂馨公又由天城湖滨卜居行春松园罗塘，其后裔化为行春一支。三支嗣孙追认江南宣芜始祖燮公一世祖郧。

三支虽分居各地，但常书信来往。元至正五年乙酉，三支宗族首事会状元祠，议拟合修宣芜张氏三支总谱，接着在芜湖状元祠境内修建了张氏总祠，三支每年清明在陶黄山祭礼，十月朝在总祠会集总议事。自二十二世起三支合派，派字为“大四一、呈祥芝，继祖绍宗、登朝定国、先致诚正、修齐治平”。

而我芜南行春一支，以处士桂馨公，自号天城钓叟为鼻祖。生二子均美、均用。我子九后裔乃均用公镐支嫡下后裔，至今传至三十二世，我族乃根深叶茂，子孙繁延。今据续修统计已千余丁矣。

（张国钰　张致万）

清朝时期的行春东吴府

在清代和民国期间，现在的方村街道五星行政村向阳村民组被称为东吴府。东吴府指张家。张氏家族名声远扬，在清朝咸丰、同治年间，出过几位朝中五品官员；在民国期间，出过两位省、县级参议员。退休教师张先德是他们的后裔。

张先德的上祖时期，张氏曾是地方上的大户人家，在附近乡镇享有较好的口碑，但到了民国末年，就逐渐走向衰落，据说是葬祖坟破坏了风水导致的。

在过去的年代，民间葬祖坟都要请地仙看风水选址，张家也不例外。据张家长辈们回忆，在咸丰年间，张先德高祖的父亲原葬在白马山铜冲半山腰，后又迁葬到山顶上。

张家为什么要迁葬呢？据说当时有些骑骆驼的北方人被称为地仙，又叫风水先生，他们常年在外周游，到处打听有钱有势的人家，给他们算卦看风水。道光年间，张先德的高祖请来了骑骆驼的风水先生上坟基看风水。风水先生看了看墓地周边的地形，然后拿出罗盘考察坟向，认为坟地好，但坟向不好，坟向应朝东南方。若能选葬在山顶上，不仅地势开阔、透气、采光好，而且不会积水，有灵气。这样，子孙人丁会更兴旺，子孙的仕途也会更发达。张家高祖听风水先生这么一说，就于次年按风水先生所指定的位置，将其父之坟迁葬到了山顶上。

果然不出所料，张家真的更加兴旺起来。张家不仅拥有上千亩田庄，在本镇和县城还有几家店铺，张先德的曾祖父和祖父，分别在清代同治、光绪年间升任五品官；同治和民国期间，其大祖父考荐为县参议员，三祖父张翼举（字飞伯）在民国元年成为省第一届议会议员。当时四圩八乡的人都叫张家所住的村庄为东吴府。

自此以后，张家上祖对葬祖坟这件事都十分重视，每次葬祖坟都必请风水先生选好坟基。民国初期，张先德的曾祖父和祖父相继去世，爷爷辈们又请来了风水先生择选坟址。这次选中的坟址在行春圩花园杨家塘对河的滩头上，陆氏老祠堂地基旁。风水先生说，这块地很好，坟基周围有青弋江支流常年流水，河对面杨家塘又有一个美好的传说：乾隆皇帝为了接花园村的一位民妇到京城做御厨未果，曾丢失一块玉碑在此。在月光下，塘里可见隐隐约约的玉碑影子。为了招这块玉碑的风水，所以就把墓基选在隔圩堤对面的沙滩上。但根本没有想到的是，在很古的时候，杨家塘旁边的圩堤上曾经建造过一座马王庙，由于历史的变迁和河床的增高，慢慢地这座古老的马王庙就被下沉淹没了。但它仍然挡住了张家祖坟招玉碑风水的视线，而且不但招不到风水，反而犯了煞。再说，当时离坟地较近的有个自然村叫陆村，陆村住有两户人家，一家姓盛，一家姓熊。姓盛的人家屋场小，姓熊的人家屋场比较宽敞。张先德的爷爷，人称张四爷，是个拜把子的主管人，在行春、陶辛、周皋、政和都有学生，有一定的社会关系，家族的事一般都由他领头去办。张先德的大爷爷是安徽省第一届议会议员，皖南镇守使，由于公务繁忙，等张四爷将葬坟的下处选好后才抽空回来。他问张四爷："老四，下处打在哪家？"张四爷不假思索地回答说："打在熊家。"老大一听就皱起了眉头，说："听说村里有户姓盛的人家，你怎么不打在姓盛的人家呢？"张四爷说："姓盛的人家屋场小，来了那么多宾客，人转不开，没办法办事。"老大对此很失望。由于葬坟这件事没有考虑周到，到了民国末年，张家这个大户人家就逐渐走向衰落。

（张致松）

张氏"百忍堂"的来历

据《旧唐书》记载：寿张县（今河南省濮阳市台前县）张家庄村张艺（577—676），以"忍、孝"治家，九世同居，和睦相处。

远在东晋时期，张艺尚未出世，其家已经成为一大望族。南北朝时期，北齐文宣帝高洋，在天宝元年（公元550），亲书“雍睦海宗”金匾，并派东安王前去拜访。

据《寿张县志》记载：隋文帝开皇八年（公元588），圣谕邵阳公梁子恭携匾亦亲慰抚，其匾题词曰：“孝友可师。”是年，张艺刚满12岁，张艺的祖父已去世，主持家务的是张艺的父亲张兴。张兴生有十男，分别是张温、张良、张惠、张茂、张俭、张艺、张诚、张让、张秀、张严。

直到隋朝末年，李世民曾单骑到占据任城（今山东济宁）的徐圆朗的军中刺探军情，不幸被徐圆朗的人认出，围攻捉拿。李世民杀开一条血路向西北方向逃走。当他来到寿张县张家庄前，一条河挡住了去路。河上有一独木桥，李世民身负重伤，人困马乏，不幸马失前蹄跌入水中。巧在这时，张艺带领几个青年在河岸边习武，见一位壮士跌入水中，忙叫人救起，扶到家中，给他治病养伤，并用祖传的“百年堂”阿胶给他调理身体。不日，李世民便恢复了健康。当时，李世民不便说明自己的身份就离开了。李世民登上皇位后，一直没忘张艺的救命之恩。所以在贞观九年（635）特赐亲书“义和广堂”金匾，派使臣前去旌表。

当使臣来到张家庄时，张艺正在召集家丁于当年李世民过河的地方修建大石桥。使臣回京禀报唐王，唐王御笔一挥，国库拨款，并派尉迟敬德监修。这座规模宏大的石桥长约60米，宽6米，高7米。始建于唐贞观九年，距今1300多年。后人称此桥为“访贤桥”“古贤桥”，张家庄则更名为“古贤庄”。

再说唐朝的第三任皇帝李治，在皇宫里也经常听到百姓对张家的赞扬，就想亲自去民间微服私访，做一考证。于是，在麟德二年（665）冬十月，唐高宗偕同皇后武则天，带领文武百官离京去泰山封禅。归来时，唐高宗见到张艺，向他说明来意，张艺引见唐高宗考察了农庄。农庄有400多个生活区，财产完全归集体所有，男女服装统一制作。出庄探亲妇女，无论是谁的孩子，不分亲疏，携带而去，体现了义气和睦的良好家风。张艺还向唐高宗介绍说：“我们九代同居，有九百多人口共享餐饮，每到吃饭时间以击鼓为令，群坐餐厅，男女分别入席，老人在上，晚辈在下，儿童另设桌凳，谦恭礼让，上下仁和，和睦相处。”

唐高宗想考验一下张艺治家的本领，便取两梨，看他如何处理。张艺接过梨，遂让家人用石臼粉碎，入缸注水，鸣鼓集合全家，每人用小匙饮汁一口，这样才使全家人都可尝到。这些后来传为佳话，流芳百世。

这个大家庭不但人义气，家畜也与别家不同，养犬百只亦效家风有序，缺一不食。唐高宗目睹，大为赞赏。张家为纪念家犬如人义气，特设立了“家戌林”，凡是家犬病故，一律葬入“家戌林”。

唐高宗经过各方面考察，确实感到张家九代同居和睦。当高宗问张艺治家有何方法时，张艺立即写了100个“忍”字，并介绍了“百忍”的具体内容：父子不忍失慈孝，兄弟不忍外人欺，妯娌不忍闹分居，婆媳不忍失孝心……张艺还告诉高宗：九代同居，人口众多，日出事繁，难免有过，但每一个人都能求大同，存小异，全家人之心，如一人之心，一人之心，为全家人之心；名利之事，不计个人得失，互相谦让，互相谅解。张氏家族的百忍堂号由此而称。唐高宗深受感动，潸然泪下，于是，赏赐他许多缣帛，免除其丁赋徭役。封张艺为醉乡侯，封张艺的长子张希达为司仪大夫，并亲书“百忍义门”四个大字旌表。唐高宗又敕诏出银，御书南官司给张家修建了一座“百忍义门”。为了弘扬张家“礼让齐家”的美德，高宗降旨让其兄弟十人各守十道。张艺守祖茔外，九兄弟赴各道定居，但为了日后相聚有凭，张艺砸一铁锅为十块，兄弟十人各执其一，只希望日后再团聚时拼接。张艺去世后，后人为纪念这位“忍、孝”治家的贤人，为他修建了“百忍堂”，永志纪念。从此，“百忍”遂成为张氏家族的徽号，“百忍堂”，以“百忍”为家风，警示后人在“忍耐”中谋求生存和发展。氏人以为荣极，遂有“九居世泽、百忍家声”之堂联，成为张氏的专用标志，还编写了《张公·百忍歌》：

百忍歌，歌百忍；忍是大人之气量，忍是君子之根本；能忍夏不热，能忍冬不冷；能忍贫亦乐，能忍寿亦永；贵不忍则倾，富不忍则损；不忍小事变大事，不忍善事终成恨；父子不忍失慈孝，兄弟不忍失爱敬；朋友不忍失义气，夫妇不忍多争竞；刘伶败了名，只为酒不忍；陈灵灭了国，只为色不忍；石崇破了家，只为财不忍；项羽送了命，只为气不忍；如今犯罪人，都是不知忍；古来创业人，谁个不是忍。

百忍歌，歌百忍；仁者忍人所难忍，智者忍人所不忍。思前想后忍之方，装聋作哑忍之准；忍字可以走天下，忍字可以结邻近；忍得淡泊可养神，忍得饥寒可立品；忍得勤苦有余积，忍得荒淫无疾病；忍得骨肉存人伦，忍得口腹全物命；忍得语言免是非，忍得争斗消仇憾；忍得人骂不回口，他的恶口自安靖；忍得人打不回手，他的毒手自没劲；须知忍让真君子，莫说忍让是愚蠢；忍时人只笑痴呆，忍过人自知修省；就是人笑也要忍，莫听人言便不忍；世间愚人笑的忍，上天神明重的忍；我若不是固要忍，人家不是更要忍；事来之时最要忍，事过之后又要忍；人生不怕百个忍，人生只怕一不忍；不忍百福皆雪消，一忍万祸皆灰烬。

《百忍歌》所说的忍，属于精神养生中的调神法，即在遇到情绪不良时，要提倡“理智”，注重“修养”，掌握自己，控制情绪。如果不控制情绪，任其放纵，不但周围的人受不了，而且对自己的身体也极为有害，小则身体患病，大则危害生命。因此，“忍”字成为张氏的专用标志，遂有“九居世家，百忍家声”之堂联。

到了北宋徽宗年间（1101—1125），由于北方匈奴侵略中原，大批难民迁徙南下谋求生存。张氏后裔与其他姓氏人丁一样纷纷南逃，来到行春定居生活，繁衍生息。自此，张氏家训文化世代相传，广为传播，其他各姓也流传诵读。至今，方村张氏后裔只要一谈到“百忍”堂号，就引以为荣；尤其是过春节玩灯，仍不忘祖先的遗训，灯笼上都贴上大大的“忍”字，以此来警示人们：“忍”字是治家之法宝。

（张致松）

鸠江王氏宗祠

埭南之西南，奎湖之东，三嘴滩之北，绿草茸茸，终年长青，鸠江王氏宗祠就巍立其间。

经风水先生勘测：祠基谓金椅地，门向属辛山乙向。建于明朝中叶，系两进三厢。祠左对岸有一庵，名易永庵，又谓茅草庵，暮鼓晨钟，香烟缭绕。右岸有卧虹式石桥一座，济通南芜（南陵县、芜湖县）。桥宽丈余，长四丈，两边花石栏杆，雕刻精致，两岸桥头，对立巨型石狮四座，故名狮子桥。祠前有草滩数十顷，绿草茸茸，四季常青。

不幸，道光二十八（1848）、二十九两年洪水损坏后维修完善，又遇咸丰年间（1851—1861）红巾军猖獗焚折一光。

民国12年（1923），族下先生奋起扩建，旧祠前进拆毁，后进经巧匠架轮向后推移，祠基加高四尺，祠宽七丈，进深十六丈，花石门槛上，装着固定矛形铁栅栏四段，每段中装斜十字形活链铁门，能推拢、拉开。此机动活门，当时为该祠独有。每逢祭典演剧，三门全开，出入方便，再进八尺，即是正门，门上画着文丞武尉，形象威严，门前两旁立着两个大型石鼓，谓上马石，门楼上伸出四根尺余长圆木，托着王氏宗祠匾额，木端书写“王孝友堂”四字，两旁有板刻对联四副，正门边联：王迹驻缑山袅袅笙歌含孝义，堂廊开鸠水绵绵瓜瓞笃友恭。

又联曰：祠宇壮观瞻述作重光隆杞曲，堂廊呈异彩衣冠蔚起毓人文。

又联曰：历唐宋元明以来两晋家声绵远，由济颍徽宁到此三槐世泽繁昌。

又联曰：世泽谱琅琊历唐宋以来忠孝班班昭史册，家声绵春谷自元明而后衣冠济济奉蒸尝。

进大门便是剧台，又谓雨台，为逢闰年庆贺添丁演戏而建。台高八尺，装饰精美，台上天花油漆绘画，碧空白云，中间红日，光芒四射，两边绘着龙翔凤舞，台中屏壁亦有龙凤呈祥等画，屏上横匾书“继往开来”，下有对联两副。一曰：藉此榆祀蒸尝用酬先德，演出忠孝节义以训后人。二曰：演几册孝子忠臣聊作儿孙榜样，画两序鲸钟鹭鼓用酬先祖声灵。台前横匾：流芳千古。

台前两柱无联，待演戏时张贴新联。台顶中装配大小彩色磁质圆球三个，与走鹿走马万字脚等，屋上彩色弧形琉璃瓦，闪烁发光，富丽辉煌景象，观者无不啧啧称赞。台前大院能容观众千余人，两厢走廊，上有观戏联，雕梁画阁，刻制新颖，中间备列长凳，以供长老妇幼，坐观戏剧。再进升三级台阶，至大厂厅，厅高二丈四尺，宽七丈，进深三丈，能陈列祭筵四十余席，大柱巨磉，长驼短托，诚所罕见，厅前石柱高丈余，光泽如镜，琢嵌绿色对联，更为醒目，联曰：春祀秋偿，槐荫六庄思晋室；水源木本，仙风千载仰缑山。

厅后屏风柱上有联云：我本十七宗支，箕裘罔绍，望缑山以漂飘渺，思晋室以云遥，落落上千秋，人物风流，殊深景仰；谁说四百年祠宇，鼎革维难，溯徽水之来源，接陵阳之旺气，巍巍高数仞，轮新奂美，足壮观瞻。

架柁四柱上皆挂有板书对联。一曰：槐荫千秋，独赖诗书锦世泽；支生一本，永敦孝支振家声。一曰：派衍朗陵，溯自两晋绵延，曰孝曰忠，功德彰彰昭史册；祥开鸠水，幸得六庄继起，以似以续，衣冠济济奉蒸尝。

两边墙上嵌着宽四尺，高六尺，青石大碑四块，碑上劲书忠、孝、节、义各一字。厅后是庞大的寝宫，中间方形大天井，两边厢房，装制板仓，为储存租谷之库，天井后之寝宫，分楼上楼下两层，皆装制八极梯形灵龛，供列先祖牌位，龛前设长桌香案，陈列祭品，龛上横三块，中匾书“馨香俎豆”，两边书“左昭”“右穆”，龛前柱上书联云：缑岭溯仙踪，袅袅笙歌堪问讯；槐堂隆祀典，莘莘俎豆庆馨香。

楼下龛荒书“祖德千秋”。两边龛柱书联云：庭植三槐，预下三公光阀阅；谊关一本，当思一德绍箕裘。又联云：泾北溯渊源，历数宗支皆一本；埭南成望族，追崇祀典亦千秋。

祠左有住房八间，给看管祠宇人居住，以事祠内外扫除工作。内设厨房大灶，以备烹治祭肴之用。至于祠墙基脚，皆用长条料石及古式城墙砖砌成，坚固异常，经数十年风雨侵袭，仍完整如初。

该祠于1957年间拆毁，栋梁之材，或为试制农具，或为建筑供销社之用，祠基挖毁，砖瓦石料，竟无片存。

（王昭松）

二、宗亲逸闻

包半边，白之角

行春圩自古有一个“包半边，白之角”的传说，它反映了当时行春圩人口繁衍的史实。所谓“包半边”，就是当时包姓是行春圩的大姓，占全圩人口的半数，几乎村村处处都有姓包的；“白之角”就是说白姓仅次于包姓，是行春圩的第二大姓，占全圩的一角。这个传说在老一辈人当中流传广泛，家喻户晓。可是，近二三十年以来，因老一辈人相继去世，知情者越来越少，尤其是最近几年这个传说也销声匿迹。为了挖掘这一传说的历史根源，让后人知道行春圩有这一段史实，现根据有关史料记载和民间的传说，收集整理，使其继续传承下去。

行春圩联合筑成大圩的时间是赤乌二至五年(239—242)间，由东吴官方大农令提名为行春圩，至今也有1770余年，当时按照吴制行春圩设为行春乡，置首任啬夫(由原移民乡啬夫白昊宇续任)一人，食邑行春圩东北角的耳朵坝百余亩(后改为官坝)。东吴时期的爵位(职位)均世袭，白家到底做了多少任啬夫，无法考证。当时，(在封建社会)作为一乡之长，除丰厚的食邑之外，还有无法计算的额外收入，不要多少年就必然暴富，而人口的繁衍很快就成为行春圩的大姓之一。到了白家的第九代“耳孙”白志成的时候，白家已成为当时行春圩的首富。白志成一贯乐善好施，为人正直，处事公平，从不鱼肉百姓，所以很受平民百姓的好评，白家世代的儿女亲戚也遍及行春圩，白姓家族已占行春圩西北方的一角。

当时包姓在行春圩的人数并不多，是北方的“永嘉之乱”，造成数十年征战不息，包姓是随同其他姓氏人为避战乱从山西襄垣、上党等县结伴逃难至行春圩落户。包姓人家的包大成幼年丧父，靠母亲帮工艰难度日，童年得到白志成白老庄主的眷顾才得以成人。包大成失妻之后(传说其妻忤逆不孝受到神灵的惩罚，让她变成一只苦鸹鸟永远受苦)，只好辞掉在芜湖米行的工作，回家侍奉瞎眼老母亲。一年后母亲病逝，按照当时的习俗包大成要为母守孝三年。白志成一贯看重包大成，待其孝满之后并做主令第五子白兴的独生女招其入赘。自此，包大成就做了白兴的上门女婿。包大成家境贫寒，他从小受到母亲的教诲，通情达理，为人忠厚老实，又受到白志成老庄主的眷顾并有机会读书识字。入赘白家之后，他孝敬岳父母，夫妻也恩爱和睦，对下人也很谦和善待，家中一应大小事宜都十分用心去打理，白兴夫妇看在眼里喜在心里。包大成因在芜湖一家米行当过伙计多年，后又升为记账先生，对做生意也很在行。当时行春圩还没有一个像样的米行店铺，他心里想这倒是一个极好的机会。于是，他就将自己的想法禀明岳父母，岳父母当即应允并表示支持。得到岳父母的允许和支持，包大成立即起身到行春圩东边埂上选择地址，在东南角一块较大的高坡荒地，面积约有二百余亩（也就是现在方村的老街处）。当时这里无房屋，无店铺，杂草丛生，一片荒野。路旁偶有几个农民支起芦席凉棚，卖点茶水，农村土特产和小吃，方便过往行人。河对面有一高墩，约有一二百亩面积，全是杂草、树木，无房屋炊烟。高墩以东、南、北三面全是一望无际的湖滩（当时陶辛、政和、周皋等圩尚未开始筑圩）。行春圩堤埂与对面高墩相距150米左右，中间是主河道，水深、水流缓，在这里建码头最合适。最后包大成选择了行春圩东南角一片平坦处（现在的方村老街小学至文化馆一带），置买好土地之后就盖上10余间草房，作为临时仓库和住宿，在房屋前面平整一面晒谷场。接着在外河又修了简易码头，可供来往船只停靠。当年秋季米行就受益，收购的粮食从水路用船运往芜湖各大米行，脱手很快盈利不小，回来带一些农民日常生活用品，真是两头赚，没多年就成了行春圩新的暴发户，白家上下个个都伸出大拇指赞扬姑爷能干！白兴自小就受其父白志成的思想熏陶，为人也十分正直，心想女婿如此能干，这也是白家的福分，但不能老是叫女婿屈尊于白家门下，应让其恢复包氏门庭，光宗耀祖。于是，老夫妻俩商量后，决定让包大成携家眷另立门户，并给一笔不小的资产作为小女的陪嫁。开始包大成坚决不答应，要报知遇、成全之恩，怎奈岳父母决心已定，无法挽回，只好遵从其安排并在米行处又盖了10余间房屋，携带家眷搬至米行处居住。就这样包大成用了近40年的辛勤劳累，在米行周边增设砻砜（粮食加工）、布匹、竹木、日用杂货、茶馆、烟馆、酒馆等10余个大小店铺。大约在东晋末年（410）发展和扩大到一片相当规模的集贸市场。每日清晨，特别是逢时过节时，这简易的草房店铺和农民自产自销的土特产聚集在一处，连成百余米长的一片，叫卖声，讨价、还价、打招呼声，真是人声鼎沸，熙熙攘攘，热闹非凡。就这样行春圩的集贸市场（方村老街）的雏形初步奠定。人的名，树的影。老包家在行春圩的发达，也传遍了整个芜湖和周边乡里，有到行春圩走亲访友拉关系的，有慕名投靠的，特别是侨居在芜湖县的山西襄垣、上党等县的包姓人家，都纷纷设法向行春圩靠拢。

东晋安帝司马德宗义熙九年（413）采取客夺主号，撤销芜湖县建制，改名襄垣县的时候，这就更加坚定了北方人长期在江南定居的信心。尤其是居住在芜湖县境内的包姓人家几乎都陆续迁至行春圩。当时，行春圩虽遭受历代帝王争霸的战火袭扰，很多年轻力壮的乡民被征用服役死于战场，但是，在芜湖除城区人口稠密之外，就算行春圩的人口密集了。而包家的生意随着人气的高升，也越来越兴旺，不但在行春圩（方村老街）这一块有了较大的发展，而且也分布到全圩各村都有销售点（小店铺)，并且向城镇逐步发展，当时的湾沚、芜湖城区都有包家的商号。可以说行春圩的包家也成为当时全县数一数二的大财主了。大约在隋文帝开皇九年(589)襄垣(原芜湖)、于湖、繁昌三县并入当涂县期间，侨居行春圩的包姓人家，经过近二百年的繁衍发展，也占到全圩人口的半数。所以从那时起民间就有“包半边，白之角”这一古老的传说，一直传承至今。

（王万春）

关于行春圩张、谈两大家族的传说

说到方村行春圩，大家免不了要说张、谈两大家族，因为张、谈两家祖先都是在宋代先后迁来方村的，而且两大家族共同在行春圩生产、生活、联姻、繁衍，早已融为一体了。但让人不解的是，行春圩张氏家族的人丁大大地超过谈氏家族的人丁，谈氏家族的人口不到张氏家族人口的五分之一，于是就出现了各种不同版本的传说。

相传今天的青弋江，过去曾经称过“张河”，因为从芜湖市的宝塔根至南陵县的弋江镇，这段河流属于张家，所有行船、伐木、下河捕鱼、洗衣服、农耕灌溉等都要经过张家同意，并要缴纳河租租金。张家的祠堂地是块宝地，叫作“鲤鱼地”。从菖蒲团村到石人渡口，这小滩活像一条鲤鱼，张家的祠堂就建在鲤鱼的鱼头眼睛的位置。

话说当年老张家从江北和县鸡龙山乔居于此，通过开荒种地，辛勤耕作，日子一天比一天好起来，人口也日渐增多。在张家定居不久，谈家也迁到这里。因为张家来得早，在谈家到来之前就向朝廷申领了河契，而谈家落户后则没有申领到河契，以致谈家在这里生产、生活很不方便。谈家人用尽心思，最后决定与张家开亲，于是就娶了张家的女儿为媳。古话说“女生外像”。张家女儿嫁到谈家后，谈家人对张家姑娘不知有多好，张家姑娘也十分贤惠、勤快。当张家姑娘下河洗衣服时，张家的河道管家却对她说:“你现在已嫁到谈家，是谈家的人了，下河洗衣服要向张家交河租。”张家姑娘听了心里很是不爽，而谈家人心里却非常高兴，时间一长，谈家人认为可以实施计划了。谈家人就给儿媳(张家姑娘)出了个主意，要她回娘家时想方设法把河契弄到手。

转眼到了春节，张家姑娘回到娘家拜年，娘家自然没有把女儿看外。女儿要求和母亲住在一起，母亲也欣然同意。两天小住后，张家姑娘终于找到机会将河契弄到了手，立即交给侍女偷偷地送回谈家。谈家展开河契看了看，拿起毛笔便在“张”字的后面加了个“谈”字，并照着河契的原样做了一张假的河契留下，然后又命侍女将修改过的河契，偷偷地送回张家姑娘手中，由张家姑娘将河契放回原处。从此，谈家妇女便放心地开始下河洗衣服了。张家的河道管家上去制止，要求缴纳河租，谈家人就说:“这河道是我们张谈两家的，我们谈家也有河契，不信你回去看看你家的河契。”张家取出河契一看，傻了！再说张家信仰“百忍”，觉得谈家也确实不容易，况且“不开亲是两家，开亲就是一家了”，对此事就没有继续追究。张谈两家因此相安无事数十年。

张谈两家人口兴旺，特别是张家，除本身行春的人口，加上宋兴、养贤二支脉，人丁已远超谈家。由于人丁繁衍，张家决定在江南独建一座祠堂。于是请来地仙，反复选址，最后选中“鲤鱼地”这块宝地。张家祠堂建好后，显得很气派。谈家人见了，心生嫉妒，暗下里也去请地仙，想选一块更好的宝地压倒张家。地仙弄清谈家来意，收下好处费后告诉谈家，张家的祠堂地确实是块宝地，“鲤鱼地”张家要出大人物了。谈家听后，询问有没有能克制张家的地，地仙说当然有。谈家听完又拿出重金送给先生。数日后，地仙果真寻得一块宝地“塔猫地”。谈家甚喜，觉得这下你张家想要“鲤鱼跃龙门”，我谈家来一个猫吃鲤鱼。经过一番筹划择日，谈家祠堂开始筑基动工。开工之日，谈家请来先生设堂做法，好不热闹。当天杀猪宰羊，抓鸡抓得鸡乱飞，其中有只老鸡被追落到粪坑被抓。谈家大夫人忙安排人手拿到水里洗干净杀了，下锅烧好上桌，先生上坐，好一番吃喝。席毕，先生拿着银两准备离去，这时谈家小夫人却走上前去，想就今天这个机会，借先生的神力来制一制大夫人平日里的霸道。小夫人就迎上前去问：“先生今天的酒菜吃得如何？特别是我家大夫人做的酱鸡味道如何？”先生听后顿时觉得一股骚臭味涌入喉咙，心想这谈家！过河就会水了，这般待我！他忍着难受来到筑基现场，对正在挑土的民夫说：“你们要想让你们家的祠堂更有力生，晚上收工时不要把丫杈棍和挖锹拔回家，就扦在原地不动过夜，那将会更好！”说完就扬长而去。民夫们晚上收工时，就按先生说的那样做了。第二天一早，民夫们到现场继续挑土筑基，发现地上丫杈棍和挖楸扦插的地方，都有像鲜血一样的东西渗出。他们不懂，认为这是好事。实际上，他们已经将塔猫宝地扦死了，这块宝地就成了一块死地，没有灵气了。因为猫一死，必然会腐烂生出蛆虫，而下游的鲤鱼就爱吃蛆虫，吃了蛆虫后会生长得更快、更好，更迅速地产卵繁殖，卵出的子仕更多。这样一来，张家的人丁更加兴旺，而谈家人丁却始终不旺。这是行春张、谈二家族人丁悬殊的传说之一。

另一种版本是：谈家原来姓唐，因在宋朝时犯了法，便逃亡到行春圩改姓谈。谈家落户行春圩数十年后，还是被皇上发现了，但因时间已过去几十年了，皇上不想继续斩杀他们，但又想给他们家一点教训，适逢谈家正忙着建祠堂，起派号，皇上于是就顺便给他们封下派号“克、舟、翻、船”。谈家被皇上免除死罪，非常高兴，对皇帝敕封的派号不敢不用。谈家自从用了这四字派号后就摊上了皇帝的诅咒，以至人丁稀少。

（张致万）

方塘张老五

南宋绍兴年间（1131—1162），“百忍堂”张姓后裔有一支族人从和县鸡笼山迁到行春圩。这一支张氏族长与著名爱国词人张孝祥是嫡堂，先后娶两房夫人化嗣众多，前妻生七个儿子称“上七房”，后裔衍居到行春圩西埂梅村一带；后妻也生七个儿子称“下七房”，后裔衍居行春圩东埂旗杆一带。

行春南埂南端有一集市，就是现在方村老街的下街头。这里有段险工隐患堤埂。据说在清代，张氏“下七房”的第五房，人称“张老五”，他当了地方小官吏，还有十几亩田。按说，他一家生活过得很殷富了，可他对朝廷不满，一心想要造官府的反，不愿交租纳粮。

有一年，秋收后发秋水，他胆大妄为，竟将下街头的圩堤掘开，以致冲毁圩内良田，形成了现在的大方塘。尔后，他又报灾，骗取官府救灾金。此事不胫而走，被人告发，官府便差吏役缉拿问罪，张老五吓得潜逃在外，到处躲藏。到了这一年的年关，他十分想念老婆孩子，就自己劝自己，认为快过年了，老阎王也要放小鬼三天假。于是，便在腊月二十八日晚悄悄地跑回家。谁知有两个差役仍在他家窥伺未走。当他回家时，正好被两个差役发现了，张老五干脆一不做，二不休，就将一个差役打死，将另一个差役的腿打断了。

张老五知道罪加一等，唯恐株连家族，赶忙挑了一点衣物粮食，携带妻子儿女十几口人连夜潜逃。他们一口气跑到了石硊，已是翌晨了，可他不敢休息，继续逃亡。直到中午，逃到了繁昌县一个小山脚下。此时，十几个人又饥又饿，孩子啼哭，男呻女吟，十分疲倦，不得不就地休息。张老五派家人挖洞支锅，点火做炊，自己亲自去山上找柴。当张老五第二次拾柴禾回来时，忽见锅盖上盘旋着一条大蛇，昂起头，直伸舌头。张老五吓呆了，好半天才说了一句话：“蛇呀！蛇呀！莫非你要吃我做的饭？”大蛇摇摇头。张老五又悲哀地诉说：“蛇呀！蛇呀！莫非你要吃我不成！反正我也是死，要吃你就吃吧！”蛇也摇摇头。张老五挠挠后脑勺，扑通一声跪在地上，先拜天地，后拜大蛇，大声虔诚地说：“蛇仙大人，我是一个有罪之人，从现在起我隐姓埋名就跟你姓蛇好了吧？”说完，将头深深地伏在地上，久久的不敢抬头。等他抬起头时，大蛇早已不见了。张老五长长地“嘘”了一口气，双手合一，说了声：“阿弥陀佛！我张老五从今以后就是佘老五啦。”从此，张老五将张姓改为“佘”姓（谐音蛇），张老五所带的十几口人也自然全改姓“佘”了。后来繁昌一带姓佘的，都是张老五的后裔，但这支姓佘的后裔，字辈与张姓的后裔字辈完全一样。

在古代，人若犯了法，可以一跑了之。张老五毁堤杀人，畏罪潜逃了，但农田被洪水冲毁成的塘，后人就叫“反塘”。若干年后，地方上的文人认为不雅，就将“反塘”改成“方塘”。

（张致松）

地名传奇

◆ 村　庄

◆ 桥　梁

◆ 渡口古树

一、村庄

“马厂”和“竹园拐”的过去和今天

“马厂”和“竹园拐”，方村人都知道是两个邻近的地方，可是关于这两个地名的由来，却知者甚少。关于这两个地名的来历，朱良德老先生讲，得追溯到方村行春圩的张家祖先张孝武的时候。

张孝武是行春、宋兴、养贤三地始祖张郧的子嗣。南宋绍兴初年(1131)，金兵大举南下，张郧率张邵、张祁二兄弟在江北和州(今安徽和县)乌江鸡笼山聚族奋力反抗，保护家园。然而，因力量悬殊，难挡金兵锋芒。为保家族血脉，从长计议，三兄弟商议再三，决定迁居江南。于是，张氏家族移居芜湖，分散于行春、宋兴、养贤三地。此后，张郧三兄弟就抗金大计，研究了各自的任务。张邵隐密深山，聚集义军与岳飞相呼应，张郧、张祁则在各地征集兵马、粮草以为后继。张祁之子张孝祥在朝廷力挺岳飞抗金。张郧之子张孝武在行春圩牧马驯马，以供张邵助岳飞抗金。张孝武在行春圩外滩(现利民圩)牧马驯马，其牧马之地便在今马一、马二自然村，驯马之地便是今马厂自然村。马了(潦)自然村地势低洼，张孝武常去这里饮马。于是，人们逐渐习惯将这一带称之为马场。“文革”期间，人们无暇顾及地名文字的精确性，将“场”错用为“厂”。20世纪80年代，芜湖县地名办将错就错，将“马厂”之名沿用至今。

竹园拐是指原张孝武后花园的竹园一带。这里地处行春圩东北角圩体拐弯处，也是青弋江河道的拐弯处，是南来北往于行春圩的交通要道口，路人习惯称之为“竹园拐”，一直沿用至今。

据说张孝武与夫人一共生了七个女儿。张孝武五十岁生日那天，女儿们一起回娘家为父亲做五十大寿。这期间的一天，大女儿与二、三女儿一道上茅厕，正遇上父亲从茅厕出来。姐妹三人进入茅厕，发现茅厕内的一堆茅草灰堆上冒着热气，茅草灰被尿冲出了一个坑洞。姐妹三人不觉数目相视、会意一笑，相互言道：“父亲身体如此强健，何不劝说父亲纳一小妾，为房下留个根。”于是，经过一番张罗，老父亲纳妾成功，并很快喜得一“老来子”。张家上下欢天喜地。然而，时过不久，张家财运不济，仓库逐渐空虚。有道士告之，这是家中出了家蛇，携金银财宝外走所致。大夫人贤惠，悉心管家，便四方寻求化解之法，竟也寻得一法。大夫人按此法，每日坐在门口，手持竹竿不停敲打门槛，口中默念咒语，如此数年，居然守住了家财。可竹园里的竹子却因不断砍伐败落枯萎，后人便不再看到竹园了，而竹园拐作为地名则保留下来。

还有一个传说，说竹园拐是灯笼地，“三十年亮，三十年暗”。不过，竹园拐的地理位置确很重要。听老人们说，当年的大刀会、小刀会、梅家队伍、新四军、四川军、日本鬼子都在这里打过仗。20世纪前半段，竹园拐从没有太平过。原先，我们家也曾在这里居住，因战乱不断，为避难才搬迁到现在居住的地方。

如今的竹园拐，已是一处安定和谐的江南水乡，尤其是这里的生态农业项目“QQ农场”，已成为城里人度假休闲的好去处。

（张致万）

旗杆头

旗杆行政村旗杆自然村位于行春圩东堤青弋江西岸，是从方村老街下来的第一个村庄，也是行春圩十景之一“旗杆头”的所在地。

旗杆头外河原先有一个大水湾，青弋江从方村老街以上直冲而下，在此湾处形成了一个大漩涡，水湾下水处人们用石头堆起了一个伸向河心的大水箭，水流沿着水箭转向东方顺着政和圩流去。古时行船除去借助风力外，全凭人力划桨行船，行下水船时，人们双手划桨，从老街南头开始，就像双手作揖敬拜直至旗杆头，所以，那时的人们都称旗杆头为风水宝地、聚宝盆、敬拜地。

旗杆头作为行春圩的十景之一，其由来可追溯到行春圩张氏家族的起源。张氏十世祖桂馨公，字月窑，号天香，由天成湖滨迁居罗塘松园一带。至此，得天地之利，家族安居乐业，休养生息。桂馨公先后育有六子，名曰：均美、均齐、均平、均用、均治、均福。后因子孙繁多，人丁兴旺，馨公将六子分开在行春各地居住，均用被分派到旗杆头。均用字行之，好乐野，生于元至正十二年壬辰（1352）。均用在兄弟伯仲间，诚笃自持，心胸宽宏博大，应酬得体，治产有道；加之孺子许氏贤良内助，持家有方，故时人赞之为内外咸正之家。

均用公支下人丁兴旺，后裔繁多，家族资产巨大，号为万贯家财。又有风水先生言：旗杆头地势硬、风水好，而且面积较大。于是，张家便将行春圩张氏第一代始祖的遗体归葬于村庄的左边，当时称作宅左坟园。在安葬之后，张氏一族将陵园建得恢宏壮观。墓前石碑高耸，碑前拜台是面积达300多平方米的广场，均用白色大理石铺就。拜台广场前沿有三座旗杆底盘，高大的旗杆上黄旗飞扬。每逢清明祭祖，广场上人山人海，香火浓盛。张家还要搭台唱戏三日，以感慰行春圩百姓。每年春节，张氏一族不管何村、不管玩什么灯，只要来到旗杆村，都要到老祖坟处起灯。从此，此处得名“旗杆头”至今，并成为行春圩十景之一。

关于旗杆头三座旗杆的来历还有一段传说。据说，当年有一条装满了旗杆石座和旗杆的大船，运往徽州，船行至旗杆头的水箭处搁浅了，进退不能。于是，船主命人用小船卸下三套旗杆，那船方才得以过水箭而去。从此，这三套旗杆便高高树立在旗杆头这个地方，一直到日本侵华时期被日本人砍断，而旗座直到“文革”期间才被打碎。

再说，当年张氏家族选择宅左坟园，乃是看中了这里的风水。据说这坟园是玉带地，在此处建园，可保佑家族人丁兴旺、荣华富贵、飞黄腾达。笔者查阅了《皖芜张姓均用公鉴支瑍下大启公上册宗谱》，即大启公下支“四季、四知、四邦”三个小公堂，从“宗”字到“定”字4个派号，在清朝，先后出现了一大批达官贵人：五品官员3人，光绪年间2人，咸丰年间1人；九品官员2人，光绪年间、咸丰年间各1人。另有：乾隆年间候选县左堂官衔1人；道光年间守备府台1人；咸丰年间例贡生2人；道光年间监贡生2人；咸丰年间武贡生2人；嘉庆年间郡庠生2人；道光年间邑庠生1人；嘉庆年间太学生1人；各时期国学生14人等。

其中，张绍坎之孙登银为咸丰年间的武庠生，由五品蓝翎候选清江守备府，号称“大武举”；其次子朝堃是光绪年间的皖芜陆军讲武堂毕业生，号称“小武举”，父子二人威武一世，名传四方。四圩八乡的习武之人都慕名前来拜访，也有武艺高强之人前来切磋。1923年出生的张国应老人回忆，他幼时听前辈说，大武举力大无穷，曾经有一艘装满石磙子的船停靠在旗杆头过夜。大武举对船老板说让其搬一个石磙上来看看，船老板说：“你这人讲话像掉了下巴似的，这么大的石磙怎么搬得动。你能搬得动，搬上去就是你的，一分钱不要。”大武举闻言，微微一笑，走上船去，轻轻巧巧地用单手夹了一个上岸，接着又要去搬，船老板惊呆了，半晌缓过神来，连忙作揖打躬、赔礼道歉：“我有眼不识泰山，小瞧了壮士，还望壮士见谅。搬上来的石磙就送给壮士吧，其他，还望壮士手下留情。”据说，这个大石滚足有360斤重，一直放在旗杆头，大集体时还用来脱粒、滚广场。再说那船老板丢了个石磙，心有不甘，表面上赔笑说：“壮士，我有一老表，人高马大，也有力气，约个时间来贵府讨教如何？”大武举满口答应，并说：“我若比不过，这石磙我加两倍钱付你。”于是，双方约定了时间。眼看时间临近，大武举命夫人买来黄芪泡水洗脸，再用毛巾将头扎上。同时，让夫人准备了两盘板栗，其中一盘炒熟了，用手一碾便碎；另一盘则是生的。

这一日，客人来到了大武举府上。大武举头扎毛巾，缓缓地从床上下来。两人见面客套一番后，迎进客厅，主客相对坐下。大武举命仆人端水倒茶，并在两人茶几上放上一盘板栗，当然，炒熟的放在大武举的茶几上。两人边喝茶边说起话来。大武举说：“那日逞能，从船上搬石磙，用力过猛，身体一直不适。”说着，随手从盘中拿起一粒板栗，轻轻一碾，板栗粉碎，然后放入口中，接着招呼来客吃板栗。来人拿起一粒板栗，也试着用手一碾，谁知，板栗不见丝毫裂纹，心中不觉一惊，此武举确实好生了得，身体不适，尚能有如此手劲，看来我不是他的对手。于是，他接着大武举身体不适的借口，顺台阶而下："壮士身体欠佳，今天就不比试了。"说完又寒暄了几句，便告辞而去。其实，这两人都怕输了丢脸，所以大武举才使出了这一招。

再说那小武举也是好生了得。话说这旗杆头乃是张氏七房的发源地，七房家境富裕，是远近闻名的百万富翁，半个圩口的田地都是上七房的。通往旗杆头的水沟原名长沟，因每年秋收后，七房的佃户划船交租，船来船往，川流不息，以至于长沟的水都被污染散发出臭味，因此被称为臭沟。那时土匪抢富户都是先下帖子，告知某月某日来你家收取保护费，你得提前做好准备。一次，下江有一帮江洋大盗下帖子给旗杆头，约定某日来取保护费。当时，小武举正值年轻力壮，有着一手好箭法，可以百步穿杨。约定的日子来临，小武举手执弓箭立于棋门村北头（离旗杆头有一段路）。晌午时分，只见一艘帆船远远地向着旗杆头而来，船帆高悬桅杆顶上，船上站满了人。此时风大船急，很快便临近岸边。小武举见状大声问道："来者可是收费的客人？我在此等候多时了。"船上人答道："正是，我们马上靠岸。"说着，船上人便准备降帆靠岸。说时迟那时快，小武举举弓搭箭向着帆船一箭射去，正中桅杆顶上的滑轮，帆无法降落。船上放出一只猴子爬上桅杆企图拔箭，小武举又是一箭，猴子中箭掉入河中。船上又派一人爬上桅杆，又被小武举一箭射中。三发三中，江匪震吓，知道遇上了高手，于是拉紧缆绳，扬帆离去。从此，旗杆头再也无人敢来惹事、敲诈勒索了。

张氏初来旗杆头时，因河床较低，没有建圩堤。经过几百年的水流冲刷，湾子越来越小，旗杆头的面积也随之缩小。而河床也不断升高，五六月间发大水时，旗杆头的基地上也上水了。解放初期，兴修水利，圩堤从旗杆村穿过，整个村子有三分之二的面积被水，成为大河的河道，而张氏的祖坟也漫入河心，特别是1955年三连圩把旗杆头凹凸圩堤切直后用石头护堤至今，旗杆头的面目全非，现已无人居住，但旗杆头自然村仍然保存下来。

（刘达才）

立牌坊积德裕后 美家园福祉昌延——旗杆村牌坊建造纪事

坐落在青弋江畔的方村街道旗杆村，是个钟灵毓秀、人杰地灵的地方。村民在党的富民政策感召下，家家走上了致富之路，户户过上了小康生活。人民生活富裕了，美化家乡的环境成了村民的心愿。村民代表将这件事提到了村民自治的议事日程上来。村民张国水在2014年9月6日的村民代表大会上率先倡议：在村级花方路口树起一座石雕牌坊，以昭示我村“昌盛年年顺，和谐处处春。”这一倡议得到了父老乡亲的积极响应和村委会的大力支持，于是立即成立了“旗杆村建设牌坊理事会”。理事会由13位村民组成，张国水任理事长。理事会在牌坊立项、规划、设计、施工、资金等方面，实行全程管理、参与和质量监督。

村民对立牌坊一事深明大义，积极踊跃集资；客乡游子也情系桑梓，慷慨解囊，共襄盛举。村名张贵宝担任宝顺建材有限公司经理，一次性捐款6万元；宏强船舶有限公司朱贵强、荣基新型建材有限公司张先荣、宏伟油漆张致宏各捐款1万元；村民刘建交、张红星、张定陆每人也各捐款1万元；父老乡亲都鼎力相帮。不到20日，共有126人自发捐款集资，理事会共收到捐款40余万元。

9月17日，理事会在花方路段旗杆村路口举行牌坊奠基仪式，部分村民主动出工出力，挖掘地基，浇铸钢筋混凝土。经过村民的百日奋战，在12月27日牌坊建造竣工。

如今，一座气势恢宏的石雕牌坊矗立在眼前，她像一朵雍容典丽的艺术奇葩，装点着这千年水乡古镇。该牌坊的材料全是山东青石条，用石块打磨、开榫组装而成，结构为四柱石四牌楼。牌坊高11米，横跨度宽12.2米，分为3间。一牌楼正门楹梁跨度8米，浮雕“二龙戏珠”，神形逼真。两边侧门楹梁跨度2.1米，楹梁浮雕“龙腾祥云”。二牌楼楹梁正中雕刻“旗杆村”三字，两侧空雕“麒麟腾飞”。三牌楼楹梁雕刻线条相框，配刻花纹。四牌楼楹梁浮雕“梅花迎春”。每个楹梁侧边雕镂空花纹，梁檐亭阁式斗拱建筑，流檐翘角，雕刻精美。四根柱石上凿刻了两副对联，两侧基石柱各置放抱鼓。石柱两侧配有吉祥麒麟圣兽。整个牌坊建筑风格简洁明快，典雅古朴，结构匀称和谐，造型美观大方。

夜晚远看牌坊，如同凌空托起的辉煌宫殿；隔河相望，宛如海底龙宫“鲤鱼跳龙门”。

立牌坊积德裕后，美家园福祉昌延。人民为了铭记建造牌坊这一懿行善举，理事会决定在牌坊旁又立起了功德碑。其碑文如下：

青弋江畔，世居旗杆。钟灵毓秀，物阜民康。
欣逢盛世，倡立牌坊。积德裕后，美化家乡。
客乡游子，鼎力相帮。父老乡亲，众志成城。
全村上下，踊跃捐资四十余万元，建成高十一米，
宽十二米山东青石牌坊一座，此乃社会各界鼎力
相助，全村共同奋斗之结果，感党恩，谢贤人，
赞功臣，彰显精神，传美德，勉励后人，
刻碑铭记，千古长存。

建成旗杆牌坊,不仅是对乡村的装饰与美化,更是表达了村民祈求平安、祈求富贵的一种意愿!

建成旗杆牌坊,不仅是单纯的对传统文化的留恋和继承,更是对优秀文化真谛的认识与弘扬!

建成旗杆牌坊,不仅是地方传统文化的综合载体,更是深深地寄托着建造者的情感与祈愿!

（张致松）

二、桥梁

立埂桥

立埂桥又名立后桥，位于秦庄之西、王楼村之东南、北村北隅，是一座上通东面的王埂、周村，下通埭南之西的秋埠方湾，北连腰埂的毕腰、曹湾塘，南接元村的菜塘和宦坝村一带沟塘的木桥。在此桥修建之前，这一带的农户，尤其是附近三村的农民耕田种地，只能靠小木船过塘越沟，费时费力，极不方便；而行人则靠摆渡。立埂桥的修建改变了这种状况，方便了周围的百姓。关于立埂桥的修建，有一个古老的传说。

有一年，方村一带遭遇百年不遇的干旱，沟塘干涸见底，在一个大沟底露出了两条埂，其状如龙，南北对应，中间一处水澈见底，恍若瑶池。秦庄有一风水先生，见此情景，暗自思忖：此乃“二龙戏水”之宝地，得此地者，非富即贵。于是，风水先生不露声色，以方便周边百姓为由，四处游说，劝说秦庄、元村、王楼三村的村民集资建桥。三村的长老、村民认为他说得有理，一致同意建桥，并进行了分工，元村、王楼负责筹资、采购材料，秦庄负责施工，选址、设计由风水先生拟定。

经过三村的共同努力，此桥于半年后的二月初二动工、二月二十八竣工。全桥长2丈9尺8寸，桥面尽宽3尺8寸。建桥所用木料均为直径6寸的原木。桥桩采用8根2丈8寸的原木入土9尺，上架横梁，横梁上铺设了以4条龙形木料形成的拱形和合桩，其意为“四龙护梁”。和合桩上铺设厚6寸宽1尺8寸的长方形木板，以龙形木托固定。桥的两边各用原木做栏杆，栏杆高1尺8寸，8根栏柱上雕刻狮子形状，寓意四平八稳。桥以丰水时的净空高达3尺有余，确保农家船运通畅。桥的两边为引桥，引桥高于埂坝1尺6寸，以原木搭建台阶。此桥颇为壮观。

桥建成后，农耕省时，行人方便，深受附近百姓的欢迎。一年后，秦庄的风水先生以高价收买了桥北50亩田地，将其田地更名为“立后坝”，其意为“后代称霸”。

这风水先生有三个儿子，老大忠厚老实、吃苦耐劳，是种田的一把好手。老二为人奸诈、善于逢迎，有一身好水性，深得其父喜欢。老三聪明伶俐、为人正直，颇得庄上长者器重。数年后，三个儿子先后娶妻成家。在风水先生的操持下，一大家子也颇为和睦,家道殷实。不知不觉,风水先生年事已高,心想:此块风水宝地的秘密须传至后人,使本家族能够永占龙脉之地。于是,他亲往芜湖,找人铸造了一个重达136斤的龙头,龙嘴两边各铸有一个铁环,环上配有两根重8斤的铁链,铁链挂在龙嘴上犹如龙须飘飘。老先生雇人将龙头运回,偷偷藏于家中。

一日,老先生感觉身体不适,自忖来日无多。他支走了老大、老三,将老二叫到了身边,将龙脉之地的秘密告诉了他,说此龙脉之地可保自家出霸王之才。接着,他带着老二看了龙头,叮嘱老二说:我死后,你务必将我锁在龙头上。于是,他躺下,将龙头上的铁链环绕自己的胸背用一把大锁锁住。如此示范了一遍后,老人与二儿子将龙头抬到自家的木船上,将船划到立埂桥桥中间的木桩边,指点老二将龙头放入水中。二人回到家中,老人悄声告诉老二:“待我死后,装殓于棺材时,你可在钉眼处多放些纸钱,钉子钉浅些。晚上守夜时,你应在子时下刻想方设法让其他人休息,丑时上刻将我从棺材中抱出,脱光衣服,背到船上,划船至龙头沉放的桥边,按我教你的方法,把我与龙头锁在一起。切记,时间不能拖到寅时。回家后,你可将家中存放于原藏龙头处的一根与我差不多长的檀木放入棺材中,将棺材钉牢、下葬。此事不得让第三人知道。三年后,我家定可添得贵子,二十年后,当可成为大人物,光宗耀祖。此乃天机不可泄密。”

数日后,风水先生无疾而终。举庄上下为老先生举行了浓重的葬礼。每天安排庄中长者与家人共同守夜。次日夜,轮到老二守夜。时间到了子时中刻,老二对四位守夜的老人说:“各位长者,这两天陪我父亲辛苦了,喝碗桂圆汤养养神吧。”随即端上了四碗桂圆汤。老人们喝完汤后昏昏沉沉地睡着了。原来,老二在汤中下了蒙汗药。

老二见四人已经沉睡不醒,遂按父亲生前所示,将老父亲的遗体葬入了立埂桥下。当他回到家中,一切就绪,时间正在丑时中刻。此时也是二月二十八日,距立埂桥竣工正好12年。

斗转星移,不觉又过了两年。妯娌三人先后怀孕。老二家于次年二月二十八喜得贵子,此儿生得方头大耳。老二掐指一算,正如父亲所言,不觉喜出望外。是夜丑时,老二悄悄来到立埂桥头,向着父亲真生的方向焚香礼拜,祈求父亲保佑孩子能为人中龙凤,并为儿子取名成龙。

三月二十九清明,老三家也添了个男孩,这小子哭声洪亮,小眼睛浓眉毛。老三将他取名为平安。五月端午,老大的妻子临盆,产下一男婴,大大的眼睛、黝黑的国字脸型,哭声如沉雷。老二心想,老大忠厚,不如我来为他的儿子取名。于是,便说:“大哥,你家宝宝就取名护龙吧!”老大憨厚,随口答道:“好呀!你家儿子叫成龙,我家儿子叫护龙,以后,我儿子就叫你儿子大哥了。”

光阴荏苒,孩子们渐渐长大,都进入了元村的私塾读书。三个孩子中,平安天资聪慧，学习最好，成龙学习也尚可，唯有护龙顽皮好动，经常惹是生非，学习成绩最差。

老二自从有了成龙，心中一直沾沾自喜，总觉得父亲所说的大人物就是自家的成龙。眼看着老三的儿子平安在学习上总是领先于成龙，隐约之中感到了平安对成龙的威胁。

一日，三个孩子放学后在庄外的开阔地玩耍，平安坐在路边的大树根旁读书，成龙在来回背诗歌，护龙则在草丛中嬉戏。老二驾着牛车，拖着一车粮食回家，见平安在树下聚精会神地读书，便心生歹意，挥起长鞭狠狠地抽在牛背上，受惊的牛飞奔着向大树边的平安撞去。平安一见，纵身一跃跳上了树杈，一旁的护龙一个筋斗翻进了茅草窝。只有那成龙吓得大哭乱跑，说时迟那时快，那牛车重重地撞向了成龙，巨大的车轮碾碎了他的脑袋。可怜的孩子，只因其父的邪恶之念，一命呜呼。

那老二毫无内疚之心，反而迁怒于两个侄子，将仇恨藏于心底。在安葬了儿子以后的数日里，老二茶不思饭不想，终日昏昏沉沉。其妻也是以泪洗面。老大、老三看在眼里、急在心中，两人轮流陪伴劝慰。几天后，老二似乎好转，劝说妻子振作起来，好好做事。老大、老三见状，也就放心地各回各家，恢复了正常的生活。

可是，邪恶的老二却计划着把魔爪伸向两个侄子。在一个风急雨骤的黄昏，老二手持木棍，伏于孩子们放学必经的开阔地的茅草丛中，等待着两个放学的侄子。只见平安与护龙手牵着手往家走来，老二趁孩子不备，从身后用木棍猛击孩子的头部，将两个侄子打晕后用绳子绑了夹到船上，将船划到立埂桥下，潜入水中，将两个孩子用绳索分别绑在水下的铁龙头上。两个受到重击的孩子此时并没有死去，裂开的头部咕咕地向外流着血，桥边很快被染成了一片血红色。

这龙脉之地突然血光冲天，一时惊动了福禄寿三位大仙。三位大仙急忙赶到凌霄殿向玉皇大帝禀报："凡间有一处龙脉之地被血污冲煞。"玉帝大怒，乃下旨查清情况，严惩不贷。于是，三位大仙腾云驾雾来到了立埂桥，唤来土地神，厉声叱之："你乃当地土地，守土有责，何人大胆，毁我龙脉。尔当速速报来。"那土地不敢怠慢，便将秦庄风水先生及其子所为一一报上。于是，三位大仙回禀玉帝，玉帝立即命火神下凡惩罚秦庄之人。火神领命，于是，秦庄一夜大火，风助火势，火光冲天，连续烧了三天三夜，可怜的秦庄人无一生还。

秦庄遭此天灾，沦为一片废墟。从此，附近的元村，老人过世后，大多葬于此地，偌大的秦庄竟成为坟场。1978年，平坟改地，此地分到各户改为蔬菜地。

（王昭松）

老桩桥与新桥

行春圩有史以来就是圩区，大沟大塘多。全圩大沟都贯通，这样的大沟叫活沟，与活沟不通的水面叫死沟，这些水面给行春陆地交通带来很大阻碍，特别是种圩田。隔沟渡水，给农民带来很多困难，起早摸晚不方便，有点粪便、垃圾等往田里运送更麻烦。交通、运输只有靠水面，运输工具只有靠大小船只；过去种田，午季油菜、大小麦等农作物收割后都上捆运到场基上来脱粒。稻子收割时在田里脱粒，用禾桶掼稻。离家近的田，两季庄稼登场时，靠人力挑运；离家远的田，收割的庄稼则靠船装运。所以一般大沟大塘不宜穿埂挑码头。

为了解决沟塘给人们造成的种种困难，只有在合适的水面处造桥来克服。我国有悠久的造桥历史，如世界闻名的赵州桥，戏剧中的蓝桥等。方村行春圩，在解放前就造了很多简易的木桥，下面为大家介绍两座桥——老桩桥、新桥。

老桩桥：西枕老刘坝，东枕小刘坝，光绪十二年（1886）重修。那时的桥身很简易，六丛桥桩，七节跳板架成，桥身很矮，跳板宽约2尺，民国20年（1931）行春圩破圩，洪水冲漂了跳板，水落后人们又重新将跳板架好。1938年，日本鬼子为了不让老百姓逃离家园，将行春圩的所有桥梁都拆掉烧光，这是日本鬼子在我们中国作恶多端的一个见证。鬼子投降后，由老刘坝的五村、双三、双六、石桥头等村庄和三基村，按田亩及门户筹款购材料，就老桥桩又用跳板把桥架起来。

老桩桥是东南、西北走向，东南头落在三基张定洲家屋基旁，西北头落在老刘坝东南边。因老刘坝大，水田面积达千亩，当时造桥的经费，按桥西北头的受益田亩和户头收集，加上有钱的人家赞助一些，桥归老刘坝的五村、双三、双六等几个村庄负责管理和保养。

1954年发洪水，行春圩漫破，圩内所有的桥梁又被洪水冲垮。当时三基村在老刘坝的农田有200多亩，没有桥种田很不方便，于是该村主动去找老刘坝几个村商议造桥之事，可是老刘坝没有人出面领头，因老刘坝几个村在此种田并不隔水。三基村无奈，只好按三基村在老刘坝的田亩面积筹资。好在当时国家也支援了一些资金。在1954年之前，这座桥曾修过几次，都是就老桥桩用跳板担的，桥身矮小，跳板狭窄，船装运稻草时，堆高了就不能过，必须由两人将跳板托起来才能过去。牛过河必须从水中游。刮风下雨天，起早摸晚时，胆小的人根本不敢过桥，上年纪的人就更不用说了。

1954年再次重造这座桥时，针对上述情况，决定将桥身升高，桥中间的最高档超过沟埂3尺，桥面拓宽到6尺，横梁都是厚8寸、宽6寸的东北松木板，每档架5根，再用2寸厚的松板平铺桥面，板上面铺土，走在上面就像走在平地上一样，不仅老人小孩照走不误，连牛也能通过。因为这座桥每次修建时都利用了老桥桩，所以人们习惯地叫它老桩桥。1954年造的桥，中间档长一丈四尺，全桥长六丈六尺，叫“六六大顺”。这座桥最后一次是由三基村领头造的，故又叫三基老桩桥，桥的保养和管理由三基自然村负责。

新桥：新桥的建造时间也是1954年。因小刘坝有500多亩田土，其中三基村200多亩，小方塘100多亩，南千亩坝几个村庄200多亩。除三基村外，其余几个村种小刘坝的田都隔沟，不好种，再加上这个地方是行春圩西北部即大半个圩的人上方村街的必经之路，所以当地群众向石桥乡政府申请在此建桥，等报告批准后才开始动工。建桥由三基、方塘等村出工，材料由方村三连圩供给。当时三连圩的木材仓库就在流水湾观音庵，要多少就到仓库里搬多少。该桥坐落在小刘坝北边，旗杆头五十亩坝的南边，是南北向、四丛桥桩三个档的桥，全长四丈四尺，意思是“事事如意”，桥身超过沟埂3尺，桥面6尺土桥。这座桥造得十分牢固，因材料不限，全是大江木做成，造型基本上与老桩桥相似。这座桥造好后，除给隔沟种田户带来了方便，也使行春圩五分之三的人上街下社畅通无阻，更给方村街市场带来繁荣。这座桥是在解放后造的，所以起名叫新桥。

解放前方村街较繁华。那时圩内没有小店，住在圩心里的人们购买日用品，都要到方村街上买。当时上街走旱路不通，走水路有些人家无船，交通非常不便。解放后，党和政府关心人民，建造了这两座桥。尤其是新桥造好后，贯通了整个行春圩，成了行春圩东西方向的交通要道，使方村街市更加繁华，也为儿童上学提供了方便（当时学生读高小都要上方村中心小学）。这两座桥一直使用到实行大集体时的1965年。在建成排灌站、灌溉沟后，整个行春圩四通八达，庄稼收割时，逐步实现了用板车拉，用机动车装运，这两座桥就完成了历史使命。

为了使方村的人们牢记这两座桥为行春圩人民做出的贡献，笔者到三基村专访了1954年亲身参加造桥的张定忠、张国耀、张定林三位老人，并把访问的情况整理成文。

（刘达才）

石桥头

石桥头地处行春圩正中心。相传在200多年前，这里还是一片低洼的水草滩。有一年夏天，从北方来的一批难民流落至此，看上了这里的肥水沃土，遂定居下来。那时的行春圩，四周围高一点的地方都已开成良田，他们只能在这一片低洼处垦荒耕作，养家糊口。其中一户姓谈的人家有兄弟二人，兄弟俩吃苦耐劳，勤劳智慧，在这里开垦了一大片良田，种上了庄稼，还养了很多鸡鸭等。由于勤劳，家境逐渐好转,日子过得红红火火。当时圩内沟渠纵横交错,出门很不方便,尤其是住家和周围农田四面隔水,出门就得划小木船。为了耕作方便,兄弟俩就在门口搭了一座小木桥。可是一到梅雨季节,圩堤内的积水猛涨,木桥就被水冲垮。为此,兄弟俩又用小木船从荆山运来一些石块,垒起了两个桥墩,还运来三块大条石作桥面跳板。在众乡邻的帮助下,硬是用人抬肩扛的土办法架起了一座小石桥。

据说乾隆皇帝下江南时微服私访,路过小石桥,曾在石桥人家小住一夜。好客的石桥人只把他们一行当作路过的商人,用地道的农家菜招待他们,用最朴实的庄户人家语言与他们交谈。乾隆吃着皇宫里根本吃不到的乡间野味,听到了文武大臣根本不敢说的真实民情民意,感慨万千。临别时问主人这里是什么地方,主人说:"我们这里还没有地名。因为我们住在小石桥旁边,所以人们都叫我们这里是石桥头。"乾隆一听哈哈大笑,连声说好,并顺口说道:"阳春三月江南游,切莫忘记石桥头。"从此,石桥头便成为这里的地名。

(谈绪保)

汪品桥

汪品桥建于民国初期,坐落在六套东约100米处,北枕陶庵下坝,南枕千亩坝,是大胜乡(现花园行政村)1000多民众通往方村集镇唯一的一条道路(木桥)。

该桥原是土桥,比较稳固。民国20年(1931)洪水泛滥,行春圩决堤,桥被冲垮,后重建为木桥。因沟面较宽,由5排木桩、6块木板跳铺成。由于长期风吹雨淋,多年失修,木桥桩和木板跳有的腐烂损坏,特别是中间有块木板跳只剩两根木头,行人过桥都小心翼翼,提心吊胆,如遇风雨,有的老人和小孩都要爬着过桥,故老百姓将其称为"亡命桥"。

1958年,为方便民众出行,将此木桥拆掉,两边挑成土码头,中间只用一排木桩,仅用两块木板跳就当成了桥。

1976年为适应农业机械化需要,原方村公社(乡)对全公社的道路桥梁进行规划,将汪品桥移至花园大队余屋小队和高基大队下坝小队,重建了一座比较牢固的水泥预制盖板石桥,更名为下坝桥。2006年又拓宽加固成现在的沥青路面桥,是荆十路上主要桥涵之一。

(朱良海)

四贯桥与乌龙桥

张朝府是行春圩绅士张飞伯的下代,家住乌龙桥桥北的老刘坝。因为该村曾有一对旗杆，所以人们又叫这个村为“旗杆村”，张朝府家有良田几百亩，耕牛数头，常雇伙计和看牛仔10余人。牛要去草滩吃草，人要到集镇购物，而草滩却在花园村的外河滩，小集镇又在方村。人们常说：“行春圩沟多，政和圩港多，散水圩（善瑞）湖多。”每年春季，张朝府家的牛能划水上滩，人能划船去方村，而到了寒冬季节，出行就相当困难。为此，张朝府就召集杨坝、长生坝、老刘坝的保甲长及绅士们商量建造四贯桥和乌龙桥。三坝的绅士们认为造这两座桥对三坝的人确有好处，一致表示要工出工，要钱给钱。于是这一土一木的两座桥顺利建成。

四贯桥（丝光桥）。“四贯”是四通八达的意思，是花园到方村的首桥，也是杨坝与长生坝来往行人的唯一通道，位于桥头村的土地庙西边。全长30余米，除两头桥墩，实长20余米，桥面宽约90厘米，大沟中间打粗木桥桩8排，每排桥桩4根，两边的两根桥桩均向外斜撑，以防桥身晃动。每根桥桩上面都做了半公榫，正好与横架桥码上的4个半母榫相吻合，再用大铁钉加固，8排桥码上面均用4根粗木桥梁连接贯通，远看好似天上弯弯的彩虹。为了便于耕牛通行，又在4根桥梁上面用木板铺平，木板上加盖一层厚厚的泥土。这样，由土木构制的桥叫“土桥”，土桥比木桥稳固。

乌龙桥。它是长生坝与老刘坝人员来往的唯一通道，也是花园到方村的第二个必经之桥，位于长生坝张国林村和老刘坝旗杆村之间。桥的两头小路弯弯曲曲，好似龙形，更巧的是桥又造在旗杆村这块风水宝地，故名“乌龙桥”。桥全长40余米，两头桥墩各长2米左右，空桥实长30余米。桥的构造形式与四贯桥大致相同。不过它有9排桥桩，每排桥桩的桥码与上面都用两块钉好的大木跳并立连接。桥面有两尺多宽。这是一座纯木结构的木桥。因为杉木有弹韧性，人在上面走，难免有点颠动，所以过桥的人都有点害怕。后来人们都说：“乌龙桥真怕人，胆大的站着过，胆小的爬着行。”

（王恩荣）

千亩坝土桥

千亩坝土桥，坐落在桥北千亩坝老屋基村和方塘村交界处，桥长约40米，宽约1.5米。

千亩坝土桥建筑比较稳固，中间有5排桥桩，每排5根，桥桩为直径二十几厘米粗的大圆木，加上粗大的横梁，上面平铺十几厘米粗的长行木，行木上横铺半片毛竹，上面填土，土厚约1尺，夯实。

该桥是北千亩坝群众上方村街的唯一交通要道。千亩坝是个孤坝，四面环水，出行极不方便。它与东面街后村小坝、西面花园六套、南面梅村枒南、高基村坐坝、北边旗杆村的小方塘、三基、八郎桥村都隔沟相望。建桥前，千亩坝的群众出行，只有靠小木船或小划盆，既不方便，又不安全。特别是小孩子上学非常困难。当时千亩坝几个村的总人口不足500人，主要是张、周、戴三大姓。根据千亩坝的交通困难情况，经三姓族长共同商讨，决定建一座土桥。该桥于民国20年(1931)建成。

这座土桥建成后，群众上街、孩子上学都非常方便，花园六套的群众通过汪品桥，也从这里上方村街。此桥拆于1972年。原因是大力兴修水利，修建灌溉渠，群众可以从渠坝上直达方村街，此桥已没有什么使用价值，加上当时农村经济落后，村里干部连个办公屋也没有。因此，原高基大队领导决定拆除这座土桥，利用土桥木材建了大队部办公屋。

（张定州）

消失的小木桥

行春圩于三国东吴赤乌年间筑成大圩，是芜湖最早的圩口之一，系江南水乡。圩内沟、塘纵横交错，四通八达，水资源极其丰富，每到一处不上百米就有沟、塘阻隔。千余年来，圩内主要交通工具靠农用小木船(俗称小划子)。农民为了下地耕种与出行方便，就在坝与坝之间的主干道上，选择水面较窄的地方修建了一座座横跨沟、塘的小木桥与土桥。在我的记忆中，全圩大小木桥与土桥共有20余座，桥的长度一般约15至25米左右。

小时候在五星村太平小学读书，从家里到学校，顺着弯曲的田埂小路大约有2.5公里，途中经过王屋基桥、刘桥、邢村桥、石桥4座小木桥。小木桥都是在杉木桩上架跳板(跳板由三根杉木并成，约1尺5寸宽)，走在上面上下颠簸晃悠，胆小的只能爬着走。有的小木桥因年久失修已腐朽，走在上面发出“咯吱、咯吱”的声音，怪吓人的，并曾出现过使人致残事故。记得20世纪60年代初，合心村兽医张某，出诊回家经过邢村至黑鱼坝小木桥，因跳板滑落，人与跳板同时掉入水中，致使张脊椎骨折，从此卧床不起，造成终身残疾。

虽然往昔的小木桥与土桥早已消失，但是小木桥在方村尤其是行春圩1700余年的历史上，它的贡献是卓越的。为了让这些小木桥在人们的心目中能永远留住记忆，近期笔者专门进行了走访调查和实地勘察。现将以下几座小木桥的有关资料整理如下。

王屋基桥。坐落在合心村王屋自然村，南北走向，北枕陶庵坝，南枕西褡裢。建于何时无法考证，民国20年(1931)与1954年因遭水灾毁坏两次重修。20世纪60年代因兴修水利，将陶庵坝与西褡裢(即王屋自然村)之间的大沟穿成堤埂，拆除小木桥设小桥涵。

刘桥。坐落在五星村刘桥自然村，南北走向，北枕西褡裢，南枕太平坝。何时建造无法考证。据本地83岁的农民张先太回忆,抗日战争以前是用毛竹搭成的小竹桥,抗战胜利后,大约是1946年冬,西褡裢几个自然村的农民自发地筹款、出工,将其改修为木桥。据说改修木桥时还请了道士发禊、祭祀,竣工后还办了酒席进行庆典。解放后,大约在50年代初,拆除小木桥,在原来的位置上穿一条堤埂,中间偏北留丈许宽的缺口,确保水系流畅和船只通行;缺口两边用块石砌成挡墙,上面横档预制板两块,至今仍是该村南北通行的干道。

邢村桥。坐落在五星村邢村自然村,南北走向,北枕太平坝30亩坝,南枕太平坝三桩头。老人们回忆说,此桥大约建于清代末年,民国20年(1931)与1954年因遭水灾毁坏两次重修。20世纪60年代兴修水利时拆除小木桥,将两坝之间穿成堤埂,中间用块石砌成挡墙,上面横档预制板。90年代后处于荆十路线上,改成预制桥涵。

石桥。坐落在五星村石桥自然村,东西走向,西枕太平坝,东枕老刘坝。石桥向系石头桥,道光年间(1821—1850)因水灾坍塌,同治三年(1864)改修木桥。木桥第一次改修在村东,南北走向,北枕太平坝,南枕老刘坝。此桥改修后,由于考虑不周,对农业生产极为不利,群众反映强烈。光绪二十八年(1939)仍选择原石头桥的位置第二次改修木桥。此桥于20世纪60年代水利改造时拆毁。

黑鱼坝桥。坐落在五星村与合心村交界处,东西走向,西枕太平坝,东枕黑鱼坝。据老年人回忆,此桥大约在清末期间修建,1931年与1954年因水灾毁坏两次重修。20世纪60年代末结合兴修水利,将大沟穿成堤埂并拆除木桥,在新穿堤埂偏东处建造块石桥涵,水系及南北水路交通通畅。

中心桥。坐落在花园村与五星村交界处,东西走向,西枕陶庵坝(中村),东枕长生坝(90亩坝)。此桥何时修建无法考证,1954年水灾毁坏重修。20世纪70年代初,由于学校教育经费、老师工资,除了国家负担部分之外,其余均由各村自己负担,五星村长生坝的学生因此全部回到五星学校读书。这样,中心桥的作用就不大了,加上年久失修已成危桥,经两村议定将其拆毁。

小桥。坐落在花园村小桥自然村,东西走向,东枕王坝,西枕月坝。此桥大约在清末期间修建,1931年与1954年因水灾毁坏两次重修。20世纪60年代末将大沟穿成堤埂并拆除木桥,在新穿堤埂中段用块石砌成挡墙。

朱桥。坐落在花园村朱桥自然村村北,南北走向,南枕王坝,北枕陶庵坝(万五村)。此桥修建时间无法考证,1931年与1954年因水灾毁坏两次重修。20世纪60年代末将大沟穿成堤埂并拆除木桥,在新穿堤埂中段偏北处用块石砌成挡墙。

六套桥。坐落在花园村六套自然村与行春村大戴基自然村交界处,南北走向,南枕大胜下坝,北枕陶庵坝。此桥大约建于清末民初,1931年与1954年因遭水灾毁坏两次重修。20世纪60年代初木桥腐朽倒塌,一度用小木船摆渡,后结合兴修水利，将大沟穿成堤埂，在新穿堤埂中段偏北处用块石砌成挡墙。

梅桥。坐落在行春村梅村与八房自然村交界处，东西走向，东枕梅坝，西枕大胜坝。何时建造无法考证，1931年与1954年因水灾毁坏两次重修。20世纪70年代将大沟穿成堤埂并拆除木桥，在新穿堤埂中段用块石砌成挡墙。

八郎桥。坐落在花园村与旗杆村交界处，东西走向，西枕陶庵坝，东枕小刘坝（三基村）。此桥因八郎桥村而得名。传说大约在民国期间，有一年大旱，行春圩大沟干到沟底，在现在街道食堂的北端30米处（即胃池北浅滩处），干枯的土面上露出东西走向的一排排尺许杉木桩，形同桥桩，人们猜想这就是原有的东西走向的八郎桥。但原来的八郎桥谁也没有见过，以前的县志也没有记载。

（王万春）

三、渡口古树

石人渡的传说

石人渡在青弋江畔,位于方村街道合心村谈港自然村东,张家祠堂的左前方100米处,与六郎镇保丰村隔河相望。长期以来,在这里过渡的人们,总是先下后上,互敬互让,井然有序。为什么呢?说起来还有一段传奇故事。

相传很早以前,在一个大雪纷飞的日子里,行春圩发生了一件奇闻,一传十,十传百,引来四圩八乡的群众前往看热闹。附近有位老人,为了方便来往行人,特意弄来一只能乘坐七八个人的小划子作为渡船。有一次,正当小船要离岸时,从圩埂上急急忙忙地跑过来一位彪形大汉,他一脚跨上小船,只见船身猛然一歪,摇摇晃晃,眼看就要翻沉。就在这千钧一发之际,大汉纵身跳入刺骨的水中,使小船恢复了平稳,避免了一场翻船事故。众人看着从河中爬上岸的大汉,面带笑容,没有半句怨言,并顿生敬重之意。有位花甲老人脱口说出:“你这么重,真像一个石头人似的。”那大汉听后连连说道:“各位,实在对不起!对不起!让你们受惊了。”这位大汉一直坚守在渡口扶老搀幼。渡客们一批又一批地过去了,大汉一连让了几十渡。几天几夜过去了,人们才发现,一心为了大家安全的大汉已经冻僵了,好像一个石头人一样,站在岸边一动也不动。附近村民得知消息以后,就将大汉成殓安葬。人们为了纪念这位“石人”,就把这个渡口叫石人渡。

(王万春)

神奇的红杨树

方村的行春圩位于芜湖东南,是芜湖水乡的四大官圩(行春、陶辛、政和、易太)之一。它始建于三国时期,以后逐渐成熟,到了北宋徽宗年间(1101—1125),已成为江南名圩。

行春圩有30多公里的环圩大堤。它东挡青弋江洪水,西拦荆山河浪涛。在圩堤有一棵神秘的红杨树,长期以来被人们传颂不息。

此树矗立在行春大堤的西北端，即现在的五星村太四村民组。旧时这里叫“黑鱼潭”，也称“太平坝”。树的主干围有6米，高8米。支干分9头向外伸展，均匀分开。近看顶天立地，远望像一把巨伞。树的南侧是一条东西大道，正南方有一支干直伸大堤的下坡路，俗称“半槽路”。此路是人们东来西往的出进通道。拦路的支干看似枝篷扫地，当你走近时，它却悬挂在半空。传说，这一拦路巨臂百般神灵，它竟能避人让路。当年，大地主张国培家娶媳妇，浩浩荡荡的接亲队伍，抬着大轿路经此处时，眼看不得通过，正准备绕道而行时，忽然伸在路上的树臂慢慢抬起，让接亲队伍顺利而过。放牛娃们经常站在牛背上举手攀枝，竟然碰不着一枝半叶。正月里贺年玩灯时，村民们扛着高灯，打着火把路经此处，只见枝篷渐渐抬起，过往无碍。神奇的红杨树就这样，在黑鱼潭这个不为人知的地方，生长了700多年，给人们留下了许多神秘的故事和传闻。

相传明朝洪武年间（1368—1398），朱元璋为鼓励农民复业归耕，大力组织农民兴修水利，下令各州县，凡有关修水利的事都要立时呈报，并由朝廷派员监修。某年六月，户部尚书夏原吉委派一农水官员，率军夫百人到江南察看圩情，路经行春圩时曾投宿黑鱼潭。当时正是发水季节，连日暴雨如注，洪水骤起。当时行春圩虽建圩已有千年，但堤身仍旧单薄矮小，洪水很快漫上大堤，瞬间冲破了一道决口，这名官员带领的军夫们日夜奋起抢堵。正在危急关头，忽然间一棵连根大树随着急流而来，冲入决口，不偏不斜地横堵在口子上，最后保住了大堤。当时人们还发现，抢险时被碰断的几根树枝，竟然还流出了红色的血汁。三天之后，这棵横卧在决口中央的不速之客，根已植入土壤，树干挺然而立，并且枝青叶茂，生机勃勃。这名农水官员临走时对群众和地方官员说：“这棵树非同凡物，它是天赐神灵到此给百姓消灾去难的。”并给树取名为“红杨树”。红杨树由此得名。5个月之后，红杨树就长成高8尺，围2尺4寸的大树了，9条支干伸展匀称，茂密旺盛。

神树显灵，不止于此。据传，红杨树的荫篷还影映到了长江北岸无为县一户刘氏人家的水缸里。刘氏感到疑惑难解。这一天，红杨树托梦给他：“水缸里的树影是一棵神树的映影，此树生长在芜湖东南乡的一个古圩大堤上。它将惠及你们全家，给你家带来荣华富贵。”一天，刘氏决定跨江看一看这棵大树的神风奇貌。他私访到黑鱼潭，来到大堤上一看，嗬！果然其树不凡，给人以神秘感。他左瞅瞅右看看，看了大半天。临走时，他悄悄地爬上树干，在一个小枝上挂上一双草鞋后，折路返回。回家一看，果然水缸里那个树影子的枝干上，有一双草鞋挂着。后来的数十年间，这户刘氏人家家业兴旺，蒸蒸日上。到了解放前夕，他家已是土地千亩，钱财满盈，成为当地闻名的大财主。

新中国成立后，1950年实行土地改革，刘氏被划为大地主，并且没收其所有财产。当时他别无所求，只向土改队要求留下那口盛水的大缸，以盼旧梦再做，财富重来。后来,这位年迈的刘老头再一次来到黑鱼潭时,那棵红杨树已不见踪影了。他仰天自叹道:“富贵不济困,天灭我户唉!”

时值1951年春,在数百年逆境中顽强生长的红杨树,它的主干南侧竟然长出一个长3尺,宽2尺的凹形陷面,成为一个天然的菩萨龛,真是神赐天赋。为了让黑鱼潭的百姓福泽如潭,太平坝真的太平益世,当时一位姓胡的、绰号叫胡老三的老人,召集当地一些老年信佛之士,提议将树干的凹陷面加工整修成一个菩萨庙龛,供人们祈祷祝福。他的倡导与当地信佛的老人张定贵、闻发秀、张朝花、张国义、张定元等心投意合。他们商量决定塑一尊佛像,敬放其龛中。他们随即找来许多菩萨画像,写好佛名,通过抽签选定其中一尊。结果三次抽签均是观音为先。就这样,经过工匠王安福精雕细刻,再由漆匠张国庆加工上色,观音菩萨栩栩如生。按规定,三年后又给观音装了金。从此,一个菩萨庙龛在红杨树干上整建而成,每逢初一、十五来供香拜佛的人络绎不绝。自此,黑鱼潭、太平坝远近皆知,名扬百里。说来也是,在往后的不少年间,这一带的百姓还真的是月月平安,年年祥和。遗憾的是,这棵千年古树最终未能保留于世。

新中国刚建立时,在破除迷信的一阵风中,红杨树被当作烧火柴被砍毁了。由于该树头大根深,主干粗壮,当时被砍毁的只是树的枝干,干身安然未动。直到1954年破圩,秋后堵口复堤时,这矗立的主干和巨大的根盘,才成了广大民夫们的釜底之薪。

(王言仓)

烽火岁月

- 革命回忆
- 地方星火
- 组织建设

一、革命回忆

我在南芜地区活动的经历

南芜县委是1944年12月，经皖南地委决定恢复的，孙宗溶任南芜县委书记，金厚初任副书记兼宣传部部长，阮致中任组织部部长兼竹丝港区委书记。南芜县委开始时有一支武工队性质的武装，以后逐渐发展壮大，建立了南芜游击大队和总队。

我是1945年1月随孙宗溶、金厚初、强日增一道来南芜县委工作的，任清水河区委书记。

南芜县委刚恢复时，斗争情况比较复杂，面对敌、伪、顽三方面的斗争。当时老鹳嘴、竹丝港、澛港有日寇的据点；埭南圩、十连圩、凤林圩、林都圩一带，全都被日伪军控制；上林都和太丰圩一带，被反动的六乡中队(受顽军控制)占据。县委活动的中心地点只是十连圩和埭南圩。这里是强日增同志的家乡，群众基础比较好，当地群众称强日增同志为老区长。他那个区有一个十支枪的武工队。

为了沟通与新四军七师和苏浙军区的联系，县委计划向芜湖附近推进，打通芜湖、当涂、高淳这条线路(这中间隔着一个大刀会和日伪控制的地区)。为了向芜湖附近发展，南芜县委决定开辟易太和清水一带地区，要我到易太任区委书记，并交待了几个党员关系。

我到易太工作一段时间后，接上了全部关系。易太圩大刀会里面的一个点传师姓许(名字记不清)是我们的地下党员。他家住在易太圩特四号，我经常同他联系。当时我们想控制大刀会，让他为我所用。此外，宣城金宝圩也有我们的关系。

1945年3月，无为来了一些人并带来三支步枪，县委将他们介绍到我这里，从此我们就有了一支小游击队。这支小游击队到北撤前，发展到四五十人，二三十条枪，成为一个中队，中队负责人是蒋圣祥和一个姓邢的(名字记不清)。他们经常活动在易太、万春和当涂大公圩一带地区。

1945年4月，清水河保安队来易太圩清查户口，我在特一号被敌人抓住。我当时化名叫冯子厚，他们不知道我的身份，关了两天就将我释放了。我从保安队出来后，县委将我调到南陵奎潭区任书记，活动在南陵的下林都、黄墓渡一带地区(我来之前，吴若兵同志在奎潭区任副书记）。这时，奎潭区还有个区长叫龙卓云，是庐江人。不久，县委将吴若兵同志调马园区任书记。1945年5月10日这天，我同吴若兵办好了交接手续，从西河回来，走到太丰圩的一个圩埂上，遇上了大刀会。大刀会看到我们，吆喝我们站住。这时我们同大刀会相距很近，我想我们两人同时逃跑，是难以逃脱的。于是，我叫吴若兵赶快先跑，我留下来应付他们。若兵跑走后，我装出若无其事的样子，边走边盘算对策，同时把干部、党员的名单紧急处理了。大刀会很快追上来了。他们问我为什么不站住？我佯装说，我还以为你们是叫那个跑走的人呢。他们又问，那个跑走的人是不是你们一道的？我说不认识。我边说边拿出身份证和几百万伪币，并一再说明我是芜湖粮行下乡收购油菜籽的。因为当时正是收购油菜籽的季节，芜湖油菜籽的行情我很清楚。当时我年纪轻，又戴着一副眼镜，说是粮行的商人也是很像的。我被大刀会盘问了一个多小时，他们看不出什么破绽，于是就把我放了。这一次真好险啊！

我脱险后，走了大约四五里路光景，便到了老鹳嘴。这里有日寇的据点，但这里的伪组织是我们控制的。为了我的安全，这里的地下同志把我送到了圩心里的县委机关。

此后不久，清水河的保安队投靠了日寇，他们在清水河一带地区为非作歹，助纣为虐。为了解决清水河的问题，南芜游击大队长傅家盈和临江团参谋谢长华率领一部分部队，同天成圩大刀会联合，利用大刀会的名义打进了清水河，活捉了伪区长。经过这次战斗，清水河地区的形势明显地好转了。

为了巩固清水河地区的发展形势，县委决定成立清水区委会，并要我担任清水区委书记。紧接着又成立了方村区委会，县委要我同时兼任方村区委书记。这时方村区长是吴伴梅，清水区长是沈逸林，他们都是从江北调来的。这两个区还成立了乡政权，每个乡都有乡长，这两个区有一个游击队，就是蒋圣祥那支武装，这个时期的区委、区政府和武装活动都是公开的。

南陵太丰圩的大刀会，对我们来说是一个很大的障碍，有一段时间，我们的武装主要是同他们战斗。记得有这么一回事：宦守根同志（当时任中队的支部书记）在一次战斗中，被大刀会抓住了。他们把宦守根捆绑了关押起来，准备饭后用宦的人头来祭奠被我们击毙的大刀会死者。由于看守不严，宦守根挣断了绑绳，并抢了一把大刀跑回来了，死里逃生。南陵大刀会屡次同我们作对，使我们受到了不少损失，而苏浙支队在宣城裘公渡同大刀会作战，取得了很大胜利。为了消灭南陵的大刀会，孙宗溶等同志在北撤前，亲自到苏浙军区联系，准备寻求支援。他们一到苏浙军区，北撤的命令就下达了，于是他们就向苏南方向撤走。从此，我们就同南芜县委失去了联系。

正当孙宗溶等同志向苏南方向撤走时，江北谭伟派谢有才送来一封信，信是交给孙宗溶的，由于孙不在，信交给了我。这封信就是传达北撤命令的。谭伟为什么要送信前来呢？其原因是：北撤的前夕，南芜地区成立一个南芜行政办事处，主任是谭伟同志。他因事到江北请示汇报工作，在江北接到了北撤的命令。为了及时传达北撤指示，一方面告知他已随军北上了。

我接到这个指示，很快地转交给了阮致中同志。阮致中要回区集中干部一道出发，我便带了两个区（清水、方村）的干部和部分武装先行出发了。我们沿着县委走的路线，日夜兼程（除吃饭外，一刻也不停地行军），经宣城金宝圩、水阳镇，直到江苏金坛县的朱林镇，才赶上了县委。在途中我们碰上了南芜游击总队三中队排长叶少唐（以后他在南繁芜地区被我们处决了），他带了一个排人往回走。我问他到哪里去？他谎称回来找我们和一些失散的人。后来经了解，才知道他是带人带枪开小差了。

（陈作霖）

皖江地区对敌斗争情况的回忆

皖南事变后，新四军第七师活动在皖江地区，同敌后各抗日根据地一样，遭到敌、伪、顽合流进攻，被分割、包围、封锁，战斗频繁，环境险恶，斗争艰苦。那时，七师部队战斗在大江南北，中心区在巢（湖）无（为）地区，在这里创建了抗日游击根据地。我投身革命后，几乎一直在隐蔽战线上从事敌后情报、敌工和交通工作。现仅就在这一地区的经历回忆如下。

（一）

在日、伪、顽制造的白色恐怖下，皖南地区党的组织遭受到一定的破坏，党员干部有的被捕牺牲，如中共繁昌县委书记罗峰、铜陵县委书记张东等不幸被顽军捕去遇害；有的失掉联系，有的被迫以普通群众面目自首，少数甚至叛变，各抗日群众组织基本上被解散，皖南地区抗日的大好形势几乎被断送。但是，仍有不少地方党的组织未遭破坏。这些党组织和干部，经过“皖南事变”险恶环境的严峻考验，组织更加严密，斗志更加坚强，在后来的艰苦斗争中，更好地发挥了战斗作用。

1941 年 4 月，经华中局批准在无为县白茆洲重新组建了中共皖南特委，书记李步新，副书记兼组织部部长黄跃南，宣传部部长张伟烈。特委坐镇江北，依靠巢无中心区，指挥皖南地区的工作。特委下辖：泾旌太、铜繁芜、南芜宣、徽州四个中心县委，由胡明、张伟烈、孙宗溶、崔思权分别任书记。特委成立后，任务是尽快恢复和保持与皖南各地党组织的联系，保护党组织不受破坏，保护新四军家属及革命群众不受迫害，协助新四军疏散人员突围。同时，批判了“不要政权、不搞武装”的右倾投降主义错误，提出了“打回皖南去”的战斗口号，领导皖南地区军民的对敌斗争和开辟抗日根据地工作。

在“隐蔽发展”的方针下，根据地逐渐扩大，部队人员日益增多，但是，七师是在日军碉堡、据点的夹缝中，在残酷的拉锯斗争中发展壮大的，当时皖江地区日、伪、顽态势为：

敌情：日军第116师团（武内岩部）驻怀宁，辖4个步兵联队，4个特种联队，分散在湖口、彭泽、怀宁、贵池、铜陵、荻港等长江两岸。日军15师团（熊谷部）驻南京，辖4个步兵联队，4个特种联队，其某部（番号不明）联队长恒岗所辖午松大队，驻巢北一带，并久大队驻含和一带，隆木大队驻巢县；另一联队（番号不明）联队长仓桥，驻芜湖，分布江宁、当涂、芜湖等地及长江两岸。各大据点均有日军警备队，人数二三十人不等。

伪情：一方面军第7师，师长王台林，辖4个团分驻合肥、含山、和县、巢县，人枪1700余。护国救民独立师，师长刘子清，辖两个团，人枪千余，分布在无为东乡及和县等地。第六区反共联防司令部胡正刚（又名胡剑文，后任伪无为县县长），统辖无为、巢县、含山、和县等反共自卫队，三团等地方杂牌武装，人枪不详。暂编五路军总司令张桠南，驻芜湖一带，该部多系川军，统辖第一团彭大海，第二团王吕辉，第三团朱裴诗，特务团等4个营，人枪3000余。自卫团、自卫队共34个，警察所51个，每处人数二三十不等，较大据点皆有30多种伪组织。

顽情：84军第173师（缺一团）师部驻铜陵，分布庐江、桐城一带，保6团驻无为牛埠一带，保9团驻庐江黄泥河、罗昌河一线。游击13纵队在宿、望、太间活动，庐江国民兵团300人，在罗家埠以东地区活动，桐城国民兵团200人在桐东一带。

由此可以看出，皖江游击根据地，四面环敌，日、顽每时每刻都在对根据地进行破坏活动，他们利用一切手段，对根据地进行渗透，散布谣言，制造混乱。日、伪、顽为破坏和侵扰根据地，主要是利用特务组织，对根据地进行破坏，其方式为：

沿长江两岸、淮南铁路沿线以及我根据地工作薄弱地区，建立特务的点线，除利用其各种特务组织外，尽量利用当地的国民党员、旧行政人员、三番子帮会、商人等，作为其点、线工作的支柱；采取各种方式，搜集根据地军政情报，为其向根据地进行“扫荡”、抢掠做准备；采取各种方法，打入根据地军政机关内部进行内奸活动。日、伪、顽特务，皆着重用这种破坏性极大的内奸，搜集情报，进行破坏。有一个国民党特务，曾经钻入到我56团潜伏了三四个月，将该团人员、武器、统计表等，连该团首长的照片，都窃取报给国民党特务机关；散布各种谣言，蛊惑人心，到处散布新四军是“叛军”“兔子尾巴长不了”“国民党军要来收编”等谣言。1943年春，根据地部分地区发生粮荒，他们就借机散布春荒禁止粮食流通，增加了群众的恐慌，拉拢帮会、大刀会、土匪在根据地扰乱。

针对日、伪、顽、国特的猖狂活动，1942年3月，新四军第七师政委曾希圣在关于第七师一年来的工作总结中，就将反奸、保卫工作作为一个重要内容，对根据地的锄奸工作，提出了7条具体意见：一要健全组织；二要制定各种材料，教育干部；三是锄奸工作要注意纪律；四是反内奸反间谍工作，是极艰苦的工作，不能忽视；五要从家内先弄好，要在党校上锄奸课；六是政府保安科，要真正做好保安工作；七要不断培养干部，多多利用帮手。

此后，根据斗争的需要，1943年秋，皖江区党委成立了“社会部（敌工部）”，各县也都相继建立了公安局，将锄奸保卫工作，作为党和政府的重要工作。1943年9月30日区党委社会部发出了《关于目前锄奸工作》的指示，对锄奸工作提出了3条具体意见：一是开展锄奸工作的群众运动；二是加强侦察工作；三是加强战时的锄奸工作。

早在1942年4月，皖江区党委、新四军第七师在盐城军部的交通线正式启用，七师设立锄奸部，先后有李丰平、段洛夫任部长，皖南特委（后改称地委）设有联络部，部长黄跃南（兼），副部长王宁，秘书陈作霖，下设敌工、情报、交通总站、大站，负责江北交通情况和监视铜陵日军的行动。当时无南县委书记张世杰兼大站站长，陈作霖（化名龙建平）任专职副站长。大站下设：敌工、情报、交通三个组。

据我所知，在抗日战争时期和解放战争时期的情报工作都是各级党组织第一把手兼任总站、大站、站、分站的站长。

为了加强情报工作，根据上级指示，我们对敌特、国特、日、伪、顽的行动，平时严密注意，切实查清敌人的兵力部署、番号及来龙去脉；战时更应给以必要的打击、镇压与监视，防止敌特、奸细盗窃泄露我们的军机及破坏战斗力，保证战斗的胜利完成。

情报的布置。在敌后各地区，我们都在敌人起止点及交通要道的据点上，布置监视人员，专门监视敌军调防情形，并派得力人员打入大据点的敌伪组织去工作，以真正伪化的面目出现，取得敌人信任，乘敌人不注意时搜集并窃取各种材料。对俘虏来的敌伪人员争取并训练后，放回去工作，要他们定期的供给情报。

取得情报的方法。一是捕捉敌人。我们部队亦可派得力便衣队，深入到敌人交通线上及据点附近，捕捉单个外出的敌人，或者择要的剪断敌人电话或电线，乘少数敌人出来检修时，予以打击捕捉。对于捕捉来的敌人，从精神上、物质上给予优待，接受我们任务经批准放回；二是收买敌军中的夫役及征用人员等偷窃敌军官和士兵携带的皮包、文件及书信等。这些被偷出来的东西，可按价值酌量付酬；三是对各据点可靠的敌伪关系，给他们调查本据点的敌军情况的任务，要他们设法接近敌军的官兵和翻译，从闲谈中询问他们的情形，并注意搜集敌人的文件等物；四是建立各大据点高级谍报及监视哨，随时弄清敌人番号、兵力部署，武器装备等；五是在建立民主政权的地方，以民兵“递步哨”和“肉望子”等行之有效方式。

1944年5月，皖中行署公安总局（七师锄奸部）在无为县悦城地区平定乡刘家长岗祠堂举办锄奸保卫训练班，学员是直属公安总局暨新四军七师政治部领导的。七师锄奸部长兼局长李丰平、副部长兼副局长岳炎（严佑民），一科科长王敬之，审讯科长乔理清，侦察科副科长方力等是训练班的讲课人。通过3个月的学习，我们学员所受到的革命教育、锄奸知识教育是非常深刻的。当时锄奸工作的方针以“反扫荡、反内战、反国特斗争”为主要方针，并以反国特斗争为克服时局危机的中心任务。在白色恐怖环境下，党采取了“隐蔽巩固、适当发展”的斗争方针，不但恢复了原有的组织，还开辟了一些新的地区。随着斗争形势的发展，我们的活动范围从无为白茆洲到南陵的林都圩、太丰圩，芜湖的十连、埭南、陶辛，扩展到芜湖的易太、善瑞、凤林圩等敌后地区。

1944年12月，经皖南地委批准，南芜县委成立，我随孙宗溶、金厚初、强日增一道来到南芜县委工作。并拥有一支由宦守根、滕良发、王德诰等10人组成的敌后武工队。

次年春，南芜县委决定，设立联络大站，先后有陈云飞、金厚初兼任站长，副站长陈作霖、管华，为了开辟易太和清水地区，派我任清水区委书记。不久，无为县党组织派蒋胜祥、邢少侯等一支小武装来江南。当时，他们只有3支枪，来后发展到有四五十人、二三十支枪的中队，经常活动在易太、万春湖和当涂大官圩地区，为南繁芜地区抗日斗争做出了重要贡献。

南芜县委活动开始，即派我（化名冯子厚）到芜湖易太圩发展党的组织，并做争取改造易太圩大刀会的工作，开辟易太地区，使之成为南芜县委向东向北发展的跳板。

易太地区，地处芜屯公路两侧，是芜湖通向屯溪、杭州的必经之地，而特一号情报站就安放在距芜屯公路不远的一处偏僻地方。近一年时间，我在这附近的亲戚徐庆鸿家，从事地下情报工作，仍任清水区委书记。1945年4月的一天，清水河日伪保安队来到特一号以查户口为名，将我抓去，经审讯和拷打，从我口中一无所获。因徐庆鸿在当地较有名望，经他斡旋担保，并赎以重金，使我关了两天后便被保释出来，仍从事地下情报工作。事后，我才得知，徐的弟媳周氏当天被敌人用枪托打成重伤，我深感内疚，暗想：“她十分同情革命，为掩护我而受伤，她一家的恩情，今后定会报答的！”徐的一家为革命做出了重大的贡献。

斯时，南芜县委领导一支南芜游击总队，由县委书记孙宗溶兼任总队政委，皖南支队调来傅家盈任总队副兼南芜游击大队长，拥有5个中队，500余人枪。

县委通过陈作霖的努力，争取了行春圩和易太圩的大刀会。在芜湖方面的大刀会中算行春圩大刀会的势力最强。为了进一步争取他们抗击日伪军，收复清水地区，孙宗溶亲自出马，深入到行春圩大刀会首领谈志和家谈话，向他宣传我党抗日政策和抗日爱国的革命道理，最后达成了共同反对日伪军、保护行春圩群众利益的协议。我南芜游击队在大刀会的配合下，先后解放了方村和清水两个重镇后，又派我任方村区委书记。

1945年夏，在南芜县委的领导下，抗日武装力量得到发展壮大，而且还开辟与建立了以十连、埭南、奎湖为中心的东起水阳、高淳、大公圩，南至弋江镇，西达漳河，北抵长江芜湖东郊的一个拥有1000多平方公里、近30万人口的沿江抗日游击根据地，实现了皖江区委和皖南地委的战略意图，取得了抗日战争的胜利。

同年9月，皖南地委、专署、支队司令部机关和各县干部、部队奉命北撤。当时，我在特一号，与县委组织部部长阮致中失去联系，从易太出发赶上县委，历经艰辛，到达淮阴与新四军留守处会合。

（二）

1947年3月，我在山东由华东国区工作部派遣，与皖南地委交通员张宗坞（后改名张京武，家住太平县小河里）一道来皖南地委活动地区，在小河里找到地委书记胡明。后随游击队行动，到泾（县）旌（德）的小区涌溪坑。地委会上确定我随王文石去南繁芜县委工作，书记王文石，委员有我和王安葆。同年9月，南繁芜县委改为县工委，书记王安葆，副书记我（化名胡斌）、艾必发，后增马文杰。工委分工：王文石和我负责交通情报工作，任务是：一是搜集情报，掌握敌情动态；二是建立交通情报网，密切江南与江北的联系；三是开展武装斗争和统战工作，争取分化、瓦解敌军。

不久，中共南繁芜县工委下辖南芜区工委，书记由我兼任，后为马文杰。县工委设立敌情工作大站，我具体负责县区乡村交通情报工作。当时，埭南、十连、陶辛圩已设立9个交通情报站，这些基层情报站的站长都是由党支部书记担任的，他们在对敌斗争中起了很大的作用。

在一年的反"清剿"斗争中，南繁芜地区游击武装得到锻炼发展与壮大，党的组织在斗争中得到巩固与发展，"陆军新编第四军南繁芜总队"改为"人民自卫军南繁芜总队"。6月，地下党员曹根木等人受党组织派遣，成功地策动了驻高岗埠国民党芜湖县保警二中队40余人携带机枪两挺、长短枪20余支向我"反正"，经整编为南繁芜总队下属的"光明部队"。

为了加强沿江几个县的领导力量，沿江工委于1949年2月，根据地委决定，由陈爱曦领导铜陵工作，许达抱领导青阳工作，另外从工委调阮致中到繁昌，加强繁昌工作，派我任南陵县委书记，这样，几个县的工作都有所加强。

大军渡江前夕，着力加强情报搜集和传递工作。根据沿江工委指示，陈洪在南陵掌握沿江敌情，我具体协助他工作，这样对沿江敌情方面就有了统一领导，可以及时地把情报集中起来，向江北递送。即由交通员杨昌准、李泽进二人分别在夜间用小船偷渡过江送至二坝联络站,后由沿江指导处提供至驻和县、含山地区的江淮第五军分区;另一路由芜当宣工委绕道送达驻无为的驻军第二十五、第二十七军。

我们对沿江敌情的掌握及情报的传递工作从未间断过。当时,解放军先遣渡江侦察营(大队)来到南陵进行战略侦察,我们县委同志与侦察营负责人亚冰等会面。我和陈洪在泾南边境负责掌握沿江敌情,并派人配合先遣大队侦察敌防部署、兵力调动、编制武备、作战能力、指挥系统、炮兵阵地、舰艇活动以及地形交通、内河粮站、风情民俗等。与此同时,还派出多路交通,分头出发送情报,并向地委和沿江工委领导汇报情况,我自己亦往江北汇报过工作,从而有效地策应了大军渡江。

皖江地区隐蔽战线上的殊死斗争,在共产党的领导下,依靠广大地下党员和群众,冲破国特种种封锁,克服艰难险阻,对渡江作战和粉碎敌人撤退前对芜湖的破坏阴谋,起了重要作用。他们对敌斗争的功绩,留下光辉的篇章,已载入安徽人民革命斗争史册。

(陈作霖口述　古培霖整理)

二、地方星火

方村老区革命斗争史综述

方村街道，东与芜湖县十三连、陶辛、十连圩毗连，南与南陵县下林都圩接壤，西与弋江区石硊、善瑞圩相连。地处两县、两区、数圩交接。当年，也是日、伪、顽统治的薄弱点，再加上河泊交错，芦苇荡一望无际，是我党我军地下游击活动的最佳地带。抗日战争与解放战争期间，就在这片热土上活跃着一支地方武装“南芜游击队”，他们在南芜县委的正确领导下，在对敌斗争中有着许多可歌可泣的英雄事迹和轰轰烈烈的感人故事。这些真实的故事至今仍在这块土地上广为流传。

(一)侵华日军在方村埭南等地的暴行

1937年8月13日，日军向上海中国军队全线进攻，“八一三”事变爆发，中国军队经过浴血奋战，付出二三十万人的牺牲，于11月12日被迫撤退。日军也付出伤亡4万人和60余架飞机的代价才占领上海。12月7日，日本侵略者向国民党首府南京发起猛烈的攻击。他们兵分三路合围南京，其左路军沿太湖南侧，自长兴绕道宣城，经湾沚直扑芜湖县城区。日军飞机连续3天对我城区进行轮番狂轰滥炸，国民党守军无心抗敌纷纷撤离。12月10日，日军从东门进入城区，芜湖城沦陷。

1938年夏，侵华日军六师团的大队长川月率领一个大队三四百人进驻湾沚，担负着芜湖上游江岸的警备任务，大队司令部设在湾沚镇狮子山(今芜湖县实验学校内)，用铁丝网在山周围圈了几十亩地，里面是司令部宿舍、马厩和弹药库，四周建了岗楼和碉堡。日军大队下辖3个中队、1个炮队、1个机枪队，分散驻在柿子园、三面稻场、下街头、老人桥、小赵村、大洋桥、巴斗山、芳山等8个据点。驻湾沚还有伪军两个大队，经常配合日军外出扫荡。在三面稻场、芳山还驻有伪军一个保安大队200多人。日军还在靠近公路、铁路沿线的竹丝港、杨家渡、缪庄、小河口、漕港、清水河大桥、李桥、赵桥、三元，以及靠近内河交通要道上的老鹳嘴、和尚桥、石硊、高岗埠、红杨树、西河、黄池等地，建立了大小几十个据点。每个据点都修筑了碉堡和岗楼，有的周围还布有三道铁丝网，并挖有一丈多深的壕沟。日军一般在每个据点派驻一个班，有5—8人，加上伪军共有二三十人，配有一挺机枪、两门炮、20余支步枪。

驻在各据点里的伪军，经常蛮横地敲诈老百姓，胡作非为，强迫乡民给据点送粮送菜，对过往小商小贩，借口要交税，任意敲诈钱财。当时日军发给百姓一种所谓“良民证”，过往行人见到日军不但要弯腰行礼，还要出示“良民证”，接受检查，如稍有不满，就要遭到拳打脚踢，甚至关进据点随意杀害。日伪军经常合伙耀武扬威地下乡掳掠，由伪军带路，到附近的村镇拉夫抢粮。驻竹丝港据点的日军，在石硊庙里，污辱糟蹋石硊、埭南妇女20多人；方村和尚桥据点的日军也污辱妇女多人，有两名妇女因家贫讨饭，途经据点被诱人污辱。1938年7月，因山洪暴发，国民党为阻止日军前进，挖开埭南、陶辛、善瑞等圩堤放水，以阻挡日军进攻，不但未阻住日军的进攻，反而淹没农田10万余亩，受灾群众达7万余人；同月，在方家村铁路处，日军伏击一只民船，船上20多人中仅1人幸免于难。

1945年，伪保安队五中队长陶干东率手下在清水河大桥打死行春圩古城寺和尚1名（行春大刀会师爷），大刀会徒2人，百姓1人；一次与行春圩大刀会发生冲突，率兵向行春圩进攻，仅合心村谈港自然村就烧毁民房21户（草、瓦房56间），打坏水车12部，牵走耕牛5条，枪杀农民张朝昌、张根木父子，沿途共放火烧掉10余里的部分民房和100余亩秧苗，抢走耕牛30余头。

日本军国主义者除了烧、杀、掠、奸，还在经济上盘剥方村老区人民。农民出售各种土特产，连柴禾在内，都要抽5%行佣，在集镇就地征收大米、蔬菜、肉类、鸡蛋、马饲料等。农民还要负担伪乡、保公所办事人员的薪金、办公费，修碉堡、挖壕沟等费用，500家以上的戒烟所每家每月缴60元捐税，强迫农民种植鸦片，每亩征10元查验税。日本人还独揽食盐专运权，盐商日本人柴田太三郎，1年就获暴利500万元。

在1931年到1945年日本发动的侵华战争中，日本侵略者对中国人民展开了人类历史上最凶残的屠杀，使无数无辜的平民成为冤魂。方村老区人民也蒙受了巨大的生命和财产损失。据《芜湖县志》记载，“因抗战遇难的全县就有1290人，受伤的2780人”。因战争及其他原因造成的损失更无法计算。日本侵华战争对中国经济、社会发展造成的阻滞是不可用金钱来估量的。

（二）南芜宣县委及其在方村埭南等地的抗日活动

1938年3月，共产党员强以增、王敬之、阮致中到埭南、十连秘密开展工作，青年农民宦守根、王德林、孙德望在南陵秦坝村由强以增介绍加入中国共产党。后又发展王宏根为秘密党员，并派其打入日伪内部，担任铁路爱护团团长。王宏根利用特殊的身份，掩护了大批外来的我党地下同志，并开展了秘密的地下交通工作。宦守根入党后，回到家乡埭南圩宦坝村积极开展工作，先后介绍4人入党，并成立了宦坝党小组。随着党小组的建立和组织工作的开展，党的队伍也逐渐扩大，发展到14

人，于1939年成立了宦坝支部，宦守根任支部书记。

1938年7月，新四军三支队在张云逸、谭震林的率领下，进驻南（陵）芜（湖）宣（城）边区，点燃了南芜宣地区的抗日烈火。为了开辟战区，新四军政治部战地服务团、三支队政治部和中共皖南特委，先后派出干部，深入到村庄、集镇、民宅，宣传抗日救亡政策，建立党的地方组织，使南芜宣地区党组织迅速建立和发展起来。

1939年1月，中共皖南特委根据党组织发展情况，决定成立中共南芜宣县委，隶属皖南特委领导。书记由金文萍担任，青年部长由罗克担任，组织部部长由凤石山担任。管辖南陵蒲桥、弋江、奚滩、金阁、马园、奎潭，芜湖的埭南、十连，以及宣城的西河等地。县委下辖蒲桥区委，周升太担任区委书记；奚滩区，王文英担任区委书记；金阁区，朱石田担任区委书记；奎湖区，强以增担任区委书记；埭南、十连隶属奎湖区管辖。

正当南芜宣地区党组织和抗日活动蓬勃发展的时候，1940年蒋介石反动集团推行消极抗日、积极反共政策，国民党顽固派秘密颁布《防止异党活动办法》，派出大批特务，到处刺探我党组织和党员活动情况，妄图破坏我党组织，破坏抗日。12月9日，秘密下达《剿灭黄河以南匪军计划》和《解决江南新四军方案》。国民党的嚣张气焰，使南芜宣地区环境日趋恶化。但方村街道埭南圩的党组织由于正确地执行我党的抗日政策，坚持斗争，仍不断发展和壮大了队伍。

皖南事变后，国民党五十二师、一四四师和伪芜湖绥靖队互相配合，先后向我南芜宣地区进行疯狂的"清剿"。党组织有的遭破坏，有的与上级组织失去联系，被迫停止活动，我党在南芜宣地区的活动进入极其困难的时期。皖南特委根据形势，决定成立南芜宣中心县委。1941年1月，中共南芜宣中心县委成立，书记由孙宗溶担任，副书记兼组织部部长由沈鹰担任。南芜宣县委改属南芜宣中心县委领导，县委书记由沈鹰兼任，后由王敬之接任。同年春，王敬之调任中共芜湖县委书记，程自立任县委副书记兼组织部部长，陈瑞麟任宣传部部长，李友白任青年部长。半年后因陈瑞麟叛变，芜湖县委被迫撤退至江北根据地。后陈瑞麟被组织上设计诱至繁昌根据地处决。南芜宣中心县委机关先设在南陵奚家滩，后转移到敌后，主要在埭南、十连圩一带坚持活动。面临敌、伪、顽相互勾结、联合进攻的恶劣环境，党组织由公开转入地下。领导人孙宗溶、金厚初、江汉、阮致中等纷纷化名，以医生、私塾先生、帮工等身份为掩护，采取单线联系、秘密组织地下活动等方式，加强对党员的革命理想、革命气节和组织纪律、保密等教育，并深入到一些苦大仇深、思想进步的群众当中积极开展工作。由于党组织的正确领导，方村街道埭南圩的党组织得到了巩固，还秘密发展了一批新党员，先后建立了王埂、元村支部。

1942年3月，南芜宣县委书记沈鹰调皖南特委工作，金厚初接任书记，江汉任组织部部长。7月，中共南芜宣中心县委书记孙宗溶调皖南特委工作，南芜宣中心县委撤销。8月改名为中共南芜宣县委，仍归皖南特委领导。10月，中共皖南特委决定，中共南芜宣县委向繁昌县保大圩及芜湖县麻浦圩发展抗日区域，计划与县委驻地埭南圩及十连圩连成一片，遂将南芜宣县委改名为中共繁芜工委，金厚初任工委书记，隶属皖南特委领导，工委机关迁至保太圩。金厚初、江汉坚持以埭南、十连圩为中心，积极向方村、陶辛、易太、善瑞、白马等地活动，依靠滕良福、宦守根、强良迪、张延长、陶大本等为骨干，进行党组织发展工作、先后建立了白马山西苏村支部，支部书记陶大枝；陶辛支部，支部书记江隆诗；善瑞圩章婆渡支部，支部书记曹根木。12月，工委书记金厚初赴无为开会途中，在繁昌三山镇被伪军逮捕，工委随之撤销。1943年1月，金厚初被释放，皖南特委随即恢复南芜宣县委，仍由金厚初任书记，江汉任组织部部长。同年下半年，陶大本与俞相士秘密接上了组织关系，经上级同意，在沈村成立了竹丝区（或竹丝港中心支部），区委委员由张延长、陶大本、俞相士三人担任；在埭南圩成立了埭南区（或埭南中心支部），区委委员由滕良福、宦守根、滕良发三人担任。

南芜游击队的建立。1944年初，中共皖南地委决定将南芜宣县委改为南芜工委，任命王文石为书记，金厚初为副书记，强日增为委员。王文石从地委带来一支武装小分队到埭南圩和十连圩活动，南芜工委以这个武装小分队为骨干，成立了南芜游击队，揭开了南芜地区抗日武装斗争的序幕。

南芜游击队成立后，首先在南陵太丰圩张村截获国民党芜湖县政府税收人员的3支手枪，紧接着又在当天夜里突然袭击了伪宣城红杨区太丰圩十甲任村的伪军据点，缴获长枪22支。南芜游击队两次战斗的胜利，极大地鼓舞了广大群众，很多青壮年积极报名要求参加抗日队伍，南芜游击队一下发展到80多人。随着抗日武装斗争的深入，新四军皖南支队临江团活动到了皖南，其中一部到达南芜地区，并帮助南芜游击队拔掉了国民党俞家埠反动据点。

攻打俞家埠。俞家埠坐落在南陵东塘乡境内，村前（南）是一口大水塘，村后（北）是一条河，只有东西两条路可以进村。日军占领芜湖县城后（今芜湖市区），国民党芜湖县政府和所属武装流亡到此，将大本营设在俞家埠，在村东西两头筑起了一人多高的土埂作工事，另在许镇驻扎了一个武装分队。这个流亡政府不事抗日，专门危害百姓，奸污妇女，敲诈勒索，无恶不作，群众恨之入骨。为减轻人民痛苦，扫除南芜地区抗日斗争的绊脚石，1944年4月4日，皖南支队临江团二营四连在南芜游击队的配合下，向固守在俞家埠的顽军发起了进攻。

根据俞家埠地形，我军从东、西、北三面包围了俞家埠村，主力在东西两头，皖南支队先在西头架起一挺机枪，封锁住敌人的大门，另一部从东对敌实施攻击，南芜游击队在村子的北面，隔河策应。战斗打响后，我军组织的突击队迅速攻入村中，但遭到敌人的顽抗，敌我进行了激烈的巷战。战斗持续了3个多钟头，敌人的主要火力点还未被拿下。为减少伤亡和节省子弹，同时考虑作战时间过长可能日军趁机来攻击，我军暂时撤出战斗，准备调整战斗部署后再行进攻。敌人却早已支持不住，就在我方撤出战场之时，残余之敌趁机逃跑，我军占领俞家埠。此役，我军共毙敌20余人，俘敌30余人，缴获长枪33支，在俘虏中当场处决了罪大恶极的十连乡反动乡长陶良椞和叛徒查贵金。

攻打俞家埠后，临江团一部又在南芜游击队的配合下，在埭南圩同伪芜湖保安中队及伪绥靖队一部发生了战斗，歼敌70余名，缴获长枪30多支，机枪一挺，取得了新屋基战斗的胜利。

正当南芜地区抗日斗争胜利发展的时候，1944年4月，原国民党一四四师师长张昌德率部投降了日军，充当了可耻的汉奸。张昌德投敌后，将其主力进驻南陵。不久，日军又向南芜地区进剿，黄墓、奎潭、王埂、西河等地又相继建立了新的日伪据点，南芜地区的斗争形势又严峻起来。为加强南芜地区的工作，临江团二营营长刘金才率所属四五连又挺进南芜地区，协同南芜游击队，伺机打击日、伪、顽。

王埂与老鹳嘴战斗。王埂地处埭南圩，是南芜地区的水陆交通要道。日军在这个交通要道口建立了据点，直接影响我党在南芜地区抗日斗争的活动，为扫除这个障碍，临江团决定拔掉这颗钉子。为了使部队能够掌握敌方情况，1944年6月7日，埭南区委中心支部书记滕良福负责对敌情进行了侦察，获知当天王埂据点有守敌一个排，机枪一挺。临江团二营根据敌情分析，我众敌寡，敌人若增援，也需要一小时才能赶到，我方又有兵力打援，取胜比较有把握。当夜，临江团二营在南芜游击队的配合下，对敌据点展开了攻击。四连、五连分别从南、北两面向敌据点攻击，南芜游击队策应，并布置两挺机枪封锁敌据点的前门。战斗打响后，不料敌人据点里出现两挺机枪向我军还击。原来敌人有一支流动巡逻部队当日晚上8点后才到王埂据点宿营。这一突如其来的变化，再加上我军机枪破旧，时不时出故障，火力压制不住敌人，战斗持续了一夜也未能攻下敌据点。次日拂晓，我军主动撤出战场，退到十连老鹳嘴休息。

老鹳嘴村是南北走向的，临江团二营五连在村南头，四连在村北头休息。天刚大亮，部队正在吃早饭，反动土顽头子张道政忽率大刀会众1000余人向老鹳嘴扑来。部队立刻在村子里架起了一些桌椅板凳作为临时工事，以阻击大刀会的进攻。大刀会的会徒们全部身穿黑衣服，头戴白帽子，脸上画符，一手拿大刀，一手提“花篮”，口中念着咒语，从圩埂的南端凶猛地向我临江团五连扑杀过来。临江团的战士们打了一夜的仗未休息，加之武器破旧，又缺乏同大刀会作战的经验，故未能封锁住大刀会的进攻，阵地很快就被大刀会突破了。在这关键时刻，我方指挥又发生失误，让打头阵的五连战士往圩心里撤，谁知大刀会众立即从四面八方蜂拥而至，五连数十名战士随即倒在血泊中，五连长也牺牲了。与此同时，另一部分大刀会徒更加疯狂地向四连阵地杀来,四连阵地同样被突破。此战使临江团遭受重大损失,二营阵亡连以下指战员27人,失散47人,被俘14人,损失步枪60余支,子弹3000余发。

黄公渡受损。1944年7月,繁昌大队命梁瑞华率20多人的武装小队来南芜地区,协助南芜工委开展武装斗争。梁瑞华率领小分队从繁昌出发到漳河岸边的黄公渡,夜里用一只小船渡河。由于渡船很小,20多人要分两次才能过河。第一批到达对岸后,后面还剩下梁瑞华、王明义等10来人。当第二批刚到河心时,岸上突然来了一队伪川军。川军听到划船的声音,立即大声吆喝,并胡乱地朝河里开枪射击。在密集的弹雨中,梁瑞华等7人当场牺牲,王明义等落水。王明义落水后游到岸边,由于天黑不辨方向,上岸后被川军抓住,关押数月后经营救出狱。这次事件发生后,繁昌大队无力再派武装支援南芜地区。而土顽头目张道政又在南陵林都圩、太丰圩大肆发展大刀会组织,并在许多村庄设立了会坛。因此,我党组织负责人和游击队便无法在南陵活动,被迫退到埭南圩的宦坝拐角底和北滩的大面积芦苇地和十连圩的肖坝、新塘湖等地活动。

尹家咀伏击。南芜游击队退到埭南、十连圩后,仍然顽强地坚持斗争,凭着仅存的两支枪袭击敌人。8月,他们侦察到有两个日伪特务每天在差不多的时间里从十连经尹家咀到奎湖去。于是游击队员强以全扮成艄公,为两个特务摆渡,队员强良迪、陶裔超、宦守根等人埋伏在预定的地点,强日增牵了一头牛在岸上走。当强日增发出行动暗号时,强以全将船掀翻,强良迪等挥叉当即戳死一名特务,另一名特务溺水而死,游击队缴获手枪两支。

肖家渡战斗。1944年9月,伪川军与六乡中队发生矛盾,一度出现了狗咬狗的态势,我游击队乘机拔掉了伪埭南肖家渡据点。肖家渡位于埭南、十连、陶辛三圩交界处,该据点里有两个士兵经常到十连圩新塘湖买菜,我地下党组织便通过新塘湖一个姓周的群众,争取了这两个士兵。接着又同他们商定了袭击肖家渡的计划。游击队趁被我方争取过来的两个士兵站岗之机,化装成送稻草的农民进了据点。游击队员进入据点后迅速拿出枪,在一阵喊杀声中,伪军们吓得晕头转向,纷纷举手缴械。这一仗我方未放一枪,未伤亡一人,就缴获步枪15支,俘敌12名。这次战斗,不仅扩大了我军的活动范围,而且大大鼓舞了人民群众参与抗战的热情。

经过尹家咀和肖家渡两次战斗,南芜地区的抗日斗争形势又有好转,党组织和游击队的活动范围扩大了。9月中旬,阮致中从芜湖调任南芜工委副书记。就在南芜地区抗日斗争出现新转机之时,10月,游击队员王庭荣因违反群众纪律怕受处罚而投靠了驻老鹳嘴的日军。由于叛徒熟悉我南芜党组织和游击队的分布和活动情况,对党组织威胁很大,南芜工委与游击队只能收缩活动范围,撤到叛徒没有掌握到的很狭小的区域内顽强地坚持战斗。

拔除老鹳嘴据点。1945年3月的一天夜里,南芜游击队在临江团一部的协同下向敌老鹳嘴据点发起了攻击。我军先从南面攻打伪军据点。战斗打响不久,伪军队长肖帮虎就带领伪军钻进地洞,我军战士用火攻,当场烧死伪军一人,其余伪军全被烧伤,缩在洞里不敢露头。我军又向据点北面日军岗楼进攻,日军凭借坚固的碉堡顽强抵抗,战斗处于胶着状态,天亮前我军主动撤出战斗。第二天一早,缩在地洞里的伪军将枪全部交给日军,取道奎湖到芜湖治伤去了。日军受我临江团和游击队的攻击后也慌忙逃跑,他们在老鹳嘴拉了一百多民夫运送枪支弹药和军用物资,企图从水路溜回湾沚。南芜游击队得到情报后,迅速在日军去湾沚的必经之地芦东茆渡布下埋伏。当日军进入伏击圈时,游击队以猛烈的火力,打得日军措手不及,6个日军全部被击毙,两个翻译被生擒后押至俞家埠处决。此战缴获机枪一挺,步枪20余支,子弹2000余发。

老鹳嘴日伪军据点除掉后,南芜中心区域还剩下奎湖和竹丝港铁路桥两处伪保安队据点。日伪军经常以竹丝港碉堡为据点,下乡"清剿",残害百姓,破坏抗日斗争,特别是给在芜湖至湾沚沿线开展革命活动、扩大革命根据地的我地下党活动造成了严重困难。南芜游击队根据县委先拔竹丝港敌据点、再逼奎湖之敌就范的计划,决定拔除竹丝港敌据点。

智取竹丝港据点。竹丝港位于埭南、石硊两乡交界处,地处芜湖至湾沚铁路的中段,敌人在竹丝港铁路桥东、南端50米处(即埭南圩关前村上坊处)筑了据点,据点周围布有三道铁丝网,外面挖了一丈多深的壕沟,三面环水,正面(南)有一条平坦的河埂通向三叉河桃木渡。据点里驻扎着芜湖保安一中队的一个小分队,30多个人,20余支枪,分队长俞宏浦。根据敌我力量的对比和据点地形,游击队认为只能智取不能强攻,便制定了争取内线智取的方案。

南芜游击队二分队负责人秦干卿、周启胜两人,接受了争取内线的任务。经过做工作,争取了该据点内的班长俞扣士和士兵周友山。1945年3月24日,南芜游击队收到情报,伪军分队长俞宏浦次日要去芜湖开会,正好25日又轮到我们的内线站岗值班,于是决定25日晚行动。25日晚,在南芜县委书记孙宗溶率领下,游击队运动到该据点外埋伏好。午夜时分,岗楼里的内应发出暗号并打开大门,游击队员迅速进入敌据点,据点里的伪军在睡梦中稀里糊涂地就当了俘虏。此战我南芜游击队未发一枪一弹,缴获长枪22支,子弹3000余发,还有其他军用物资。游击队向伪军说明了我党的政策,将27名被俘伪军全部释放,放火烧掉了敌据点。

就在智取竹丝港一个星期之后的一个晚上,南芜游击队又乘胜拿下了伪善瑞乡公所,缴获长短枪15支,俘虏了全部乡丁。当夜还另派一批队员配合江北游击队一举攻下了赵桥伪保安据点,缴获长枪20支,手雷数箱,子弹2000余发,取得了一夜两捷的辉煌战绩。

1945年4月底,新四军皖南支队派遣军事干部李寿和等人到南芜地区帮助开展武装斗争,南芜县委随即成立了南芜游击大队,大队副由李寿和担任。大队下辖3个中队:一中队队长秦世先,指导员宦守根;二中队队长周启胜,指导员秦干卿;三中队队长俞启山,队副王德椿,指导员滕良发。同时成立了南芜警卫排,排长陶裔超。之后蒋圣祥、邢少候等人从江北派来南芜地区工作,南芜县委分配给他们3支长枪和若干枚手榴弹,到易太圩、万春圩一带协助陈作霖开展工作。不久队伍扩大,南芜县委将他们编为南芜游击队第四中队,蒋圣祥任中队长,邢少候任指导员。此时南芜游击大队加上水世招、朱石田两支小游击队共有300多人,200多支枪。一中队随县委活动在埭南、十连中心区域;二中队活动在南陵林都圩;三中队活动在澛港、白马山一带;四中队活动在万春、易太及当涂三星圩等地区;水世招、朱石田两支小游击队活动在陶辛、湾沚、周皋、芳山、弋江、蒲桥一带。南芜游击队在青弋江畔,漳河岸边频频出动,逐步向芜湖城郊、南芜交界区推进,不断打击日、伪、顽,在南芜地区掀起了新的武装斗争风暴。

老鹳嘴铲除叛徒。驻老鹳嘴的日伪军3月份被我游击队消灭后,日军为占住这个据点,以便控制我地下活动和随时向我南芜地区进攻,又及时修了该据点,于5月派出,由日伪军组成的一小股部队进驻老鹳嘴。这股部队中有4名伪军,伪军中有一人是前文已经提到的王庭荣,他叛变投靠日军后,充当了日军向我进攻的急先锋。这次他到老鹳嘴,对南芜县委和游击队的活动威胁极大。南芜县委派了几个精明能干的游击队员伺机除掉了这个可耻的叛徒。这次灭除叛徒的成功不但消除了南芜县委和游击队行动的隐患,还教育了其他3名驻老鹳嘴的伪军,使他们不敢再胡作非为,这3人后来曾分别秘密掩护过我游击队的行动。

芜湖城郊以南的武装斗争。南芜游击大队三中队在风林圩、火龙岗地区破袭敌人的铁路和电话线,打击日伪军。一次,他们抓住了风林圩的"四大金刚"高其英、姚皆贵等4人,向他们交待了我党的抗日政策,令他们今后不得与新四军、游击队为敌。这4人放回不久,就协助三中队缴获了伪风林乡公所的长短枪8支。

伪芜湖铁路爱护团一个姓高的班长,在卡子口被我游击队抓住,经过教育后答应为抗日出力。此后,他主动向我游击队提供了铁路爱护团的伪军常于夜晚在马塘的白杨村赌钱的情报。根据他提供的情报,三中队于一天夜里在伪军聚赌的必经之路设下埋伏,一举全擒参赌的伪军,缴枪22支。敌铁路爱护团团长苏元富不得不派人与游击队谈判,答应三中队提出的收税和交纳物资的条件,打通了芜湖交通线,使南芜地区的抗日形势进一步好转。

在芜湖南不断取得斗争胜利的情况下,6月,三中队又拔除了敌伪澛港一据点,俘虏了该据点的全部伪军,缴获长枪14支,短枪1支,子弹数百发。

四中队经过侦察了解到,芜湖大砻坊伪警察所人员散漫,周围又没有什么部队,便决定奔袭这个目标。1945年6月12日,游击队员化装成大刀会众从天城出发,奔袭大砻坊。接近芜湖时,游击队员分成两路,一路从河南进攻,另一路从海南渡进攻。伪警察们被游击队员迅雷不及掩耳之势的进攻打得晕头转向,纷纷举手投降。这次战斗缴获长枪13支。

1945年4月,水世招率领部分武装人员从江北无为到达南芜地区,活动在马园、十连、陶辛一带。5月,他们通过当地群众王书风,争取了驻湾沚的伪保安队中士班长文国志做内应,缴获了湾沚保安队一个岗楼的6支步枪。不久,县委将他们编为马园区中队,水世招任队长,区委书记吴若兵兼任指导员。

解放方村的战斗。方村是我南芜县委活动中心的侧翼,又是我向东发展的重要通道,地理位置十分重要,伪芜湖保安队在这里驻有3个中队,400余人。这些伪军经常骚扰百姓,抢劫群众财物,对当地人民危害很大。为清除抗日活动的障碍,解除群众的痛苦,南芜县委决定解放方村。在这之前,南芜县委通过在万春、易太圩活动的区委领导陈作霖,事先对行春圩的大刀会做了争取工作。这支大刀会的会众,绝大多数都是苦大仇深的贫苦农民,特别是坛主谈志和在北平做工期间受到爱国人士进步思想的影响,使他内心也萌生了爱国之心。回到家乡后,眼见家乡人民仍然生活在水深火热之中,被日、伪、顽欺压得喘不过气来,甚感愤愤不平。他所组织领导的大刀会纪律严明,在芜湖大刀会中势力最大,战斗力最强。为了进一步坚定他们抗击日伪军的决心,南芜县委书记孙宗溶亲自出马,深入到谈志和家与其促膝谈心,向他宣传我党的抗日政策和抗日爱国的革命道理,最后达成了共同反对日伪军、保护行春圩群众利益的协议。

5月,南芜游击队在行春圩大刀会的配合下,向盘踞在方村的敌人发起了攻击。激战一段时间后,游击队的机枪发生了故障,形势对我不利。在这关键时刻,新四军临江团参谋长谢长华率一营赶到,我方迅速以猛烈的火力将敌人压制下去,击毙伪军10多名,俘敌7人,缴获了部分枪支。伪军见抵敌不住,慌忙过河向东逃窜,我军过河追击到中窑,将敌人赶到清水河,方村宣告解放。

攻打大刀会失利。6月,南芜游击大队副大队长李寿和率领3个中队和近600名民兵,向反动的董万村大刀会发起了攻击。

部队于夜里10点左右在太丰圩万年陶村集合,经过简短的战前动员,部队分4路出发。一二路分别从左、右两翼向最反动的董万村大刀会进攻,三四两路分别在茆镇、马园拒敌打援,并保证一二路主力的退路。同时还约好担任主攻的部队在攻克董万村大刀会后,放火为号表示攻击成功。由于天黑路窄,部队行走缓慢,各路部队到达预定地点时已是凌晨3点。担任主攻的一二路部队迅速发起攻击,战士们勇猛地向大刀会坛口冲去,杀伤了部分反动会徒。战斗进行了一段时间后,大刀会众多被打散,秦干卿率领的一路按计划点燃了一堆火。不料火光暴露了攻击部队的阵容和火力,大刀会徒们看见游击队里有不少民兵,便组织了疯狂的反扑。大刀会人数众多,我攻击部队被迫后撤。此时天已微亮,由于事先缺乏思想准备,部队被大刀会冲乱,无法组织有效的反击。于是大队副李寿和命令部队迅速撤退。但此时退路已被大刀会切断,我军被迫与大刀会混战,因众寡悬殊,我军失利。游击队员王茂雷等10多人躲入荷塘中,被大刀会众刀砍矛戳全部牺牲。李寿和、宦守根、朱华夏3人被捕后,被大刀会众打得遍体鳞伤,李寿和当天被杀害。次日,大刀会徒将宦守根、朱华夏押到大刀会董万村总坛,准备酒后用宦、朱2人的头祭奠被我游击队打死的反动坛长,宦守根趁敌不备挣脱了绳子,抢了一把大刀奋力夺路冲出,朱华夏却不幸牺牲。

杨家渡战斗。7月,南芜游击总队成立之后,新四军临江团的一部又活动到了南芜地区,并协同南芜游击总队再次攻打反动的太丰圩大刀会的巢穴董万村,一举摧毁了大刀会的坛子。战后,部队回到埭南宿营,得到侦察员王德诰送来的情报,日军从芜湖到杨家渡的电话线被我游击队员剪断,估计次日日军要经竹丝港进入埭南圩修理电话线。次日清晨,我军部队便在杨家渡桥西铁路两边布下了埋伏,专等日军前来。晌午时分,10几个日军携带机枪、掷弹筒、修理工具等进入了伏击圈。战斗打响,我军以密集的火力打得日军抱头鼠窜,10名日军被当场击毙,活捉2人,缴获机枪1挺,掷弹筒1个,长枪10支。

解放清水镇。随着南芜地区武装斗争的不断胜利,武装斗争的范围不断扩大,除南芜游击总队四中队在易太、万春一带活动外,南芜游击总队的主力也积极向芜湖东推进,活动在小荆山、大荆山、军滩口等地。其间,组织了攻打清水镇的战斗,清水镇的守敌一触即溃,望风而逃。我军缴获部分武器弹药,俘获10余人,活捉伪区长张希儒,清水镇宣告解放。

老鹳嘴歼灭战。日本帝国主义宣布无条件投降后,驻湾沚日军并未投降,并密令驻老鹳嘴的日伪军全部撤回湾沚,企图负隅顽抗。8月的一天上午,伪军已先撤走,日军准备下午撤。南芜游击队得知此情报后,急派十连乡乡长请老鹳嘴据点内的日军吃中饭,佯装为其"饯行",准备将日军诱出歼灭。中午,据点里的日军果然只留两个守据点,其余6人都到乡长家吃饭。游击队员拎着鸡以"慰劳皇军"的名义进入据点,将守碉堡的两个日军击毙。在乡长家吃饭的6个日军听到枪声,慌忙向据点跑去,但刚出乡长家不远,就遭到我游击队员的拦截。日军见四周都是游击队员,慌不择路地向稻田跑去,1人失足跌入河里淹死,其余5人被活捉。这次战斗,歼灭8个日军,缴获机枪1挺,步枪5支,子弹3000余发,手榴弹300多枚。

方村区区长江兴被害。国民党顽固派悍然发动震惊中外的"皖南事变"期间,在教导队学习的江兴同志也不幸被捕,被解往上饶集中营关押。他利用敌人派他去送牢饭的机会逃了出来,前往江北寻找党组织,继续坚持革命。后由皖南地委和南芜县委派他到敌后的方村区任区长。江兴任区长后,积极开展工作,建立了陶辛、方村等乡镇政权，搜集了地方上日伪暗藏的武器，建立了方村区游击小队，开展了打击敌伪分子的武装斗争。在方村区实行“二五”减租，巩固了革命政权。

1945年8月18日，暗藏在方村区游击小队的叛徒陶能金，与国民党芜湖县保警队副官陶明基暗中联系后，向江兴谎报前圹沿（今六郎镇北陶村）有敌人埋藏的枪支，江兴于是带领游击小队前去取枪，当部队行至中谢王村（今六郎镇石人村）时，被敌保警队包围。江兴及通讯员王盛山被叛徒陶能金等人捆住，其他游击队员全部被俘。江兴被捕后坚贞不屈。8月23日，陶能金等人将江兴和王盛山两人绑上石头装进麻袋，投入赵家桥河中，江兴和王盛山壮烈牺牲。

新四军围攻芜湖城。8月中旬，新四军七师奉命对日军进行大反攻、大进军，同时也准备受降芜湖日军，但驻守在芜湖的日军负隅顽抗，拒不向新四军投降。9月下旬，国民党便衣特务、党政文员已进入芜湖城区，与日伪军秘密来往，三战区派兵快速向芜湖方向移动，企图接受芜湖城，夺取抗日胜利果实。我新四军七师集中皖江部队在扫除芜湖外围据点后，准备解放芜湖城。战斗打响前的9月21日，我军派出了侦察排，一方面了解敌情和国民党有无部队进入城区，另一方面准备战斗打响后作为内应。22日拂晓，侦察排40余人身着便衣，携带手枪、手榴弹等入城侦察并分9个小组分散隐蔽。下午4时，日军对我部队行动有所察觉，出动5卡车日军，从北门绕金马门向河南开来。当日军行至南关一带时，临江团一营集中6挺机枪的火力向敌扫射，日军被当场打死打伤二三十人。日军下车与我军展开巷战，战斗持续到23日下午，我军牺牲8人。南芜游击队经过两天的激战，已进至三里亭。各部队围城已有三天两夜。正当各路部队向城区挺进时，上级传来了放弃攻城北上的命令，于是当晚全部撤出战斗。不久，国民党青年军二〇二师、二〇三师抢占了芜湖城。10月10日，驻芜日军向国民党第三战区特派员曹大中投降。

（三）南芜地区抗日民主政权的建设

南芜地区党组织在领导军民开展武装斗争的同时，也十分重视政权建设。先后建立了一些区、乡民主政权。这些区、乡民主政权。在打击敌、顽，组织开展生产，保障我军政供给等方面做了大量的工作。

1944年5月，奎潭区抗日民主政府成立，强日增担任区长，下辖奎东、奎西、龙潭、埭南、十连、白沙等乡政府。年底，南芜行政督导处成立，金厚初任督导员。督导处下辖南陵、竹丝港、方村、清水等区政府，范围包括埭南圩、十连圩、陶辛圩、三星圩、咸保圩等。竹丝港区抗日民主政府建立于5月，副区长倪亚文，区员王永恕、俞文彬，下辖埭南、善瑞、移风3个乡政权；方村区抗日民主政府建立于5月，区长江兴，江兴牺牲后由吴伴梅任副区长，民政区员由高龙山担任，下辖方村（指方村镇）、行春、陶辛3个乡镇政权；当时区乡政权的主要任务一是征粮、征税；二是发动群众抗日。9月，南繁芜行政办事处成立，隶属皖南专员公署领导，管辖繁昌和南芜边区政权，办事处主任江干臣，副主任姚志健，秘书潘效安。

1944年9月，南芜工委在南陵秦家祠堂召开了千人干部大会，布置全面实行"二五"减租，建立武装和政权工作。会期7天。为保证会议顺利进行，新四军和含支队派了两个营做会议的保卫工作。会后，埭南乡立即组织了农抗会，理事长是王德池，委员数人。同时埭南乡还组织了妇女会，主任秦和金。之后，各乡都召集乡、保长和士绅会议，动员实行"二五"减租，埭南圩大地主王茂义抗拒"二五"减租，被南芜抗日民主政权镇压。"二五"减租一直实行到抗战胜利，党政军北撤为止。抗日民主政权开展了征收商业税和公粮工作，建立了税务局，局长由朱云担任，办公地点就设在滕良福家(即王埂村笼子底)。征收对象主要是水陆交通的船只、车辆等行商。税收项目设有大米、牛、猪、鸡、纸张、布匹等，其中以大米税为主，集镇上征收商业税。税率为粮食税5%，商业税7%。在农村征收公粮，规定丰年每亩7斤，歉收年则每亩3斤，不收原粮，折成货币征收上缴。抗日民主政权积极配合主力部队开展统一战线工作，瓦解敌人斗志，打入敌人内部等。组织民工和担架队，配合部队作战，到芜湖城秘密采购药品救护伤病员。在埭南、十连设立了招待所、纺纱、缝纫厂等服务机构，为我军指战员和党的干部提供服务，开展军需生产，提供鞋、袜等日用品。组织群众做好拥军优属工作，对烈、军属和革命家属，给予生活上的照顾，及时安葬作战牺牲的同志等。

1945年7月，南芜行政办事处成立，主任谭伟，副主任金厚初。下设粮食科，科长杨参天；税务科，科长彭肄；供给科，科长滕良福；交通站，站长滕良发；护商大队，队长沈承珠。办事处下辖方村、清水、竹丝港、奎谭、马园5个区政府。同月，南芜游击总队在南陵奎湖秦村楼宣告成立，县委书记孙宗溶兼政委，总队副傅家盈，政治部主任肖须知。马园区中队编为南芜游击队第五中队，中队长水世招，指导员王德松。此时，南芜武装斗争进入全盛时期，有5个中队，500余支枪。9月，为接收芜湖，芜湖县人民政府成立，中共皖南区党委任命后奕斋为芜湖县县长。并以县长的名义发布布告，动员组织群众准备接收芜湖，但由于形势的变化，芜湖的党、政、军开始北撤，芜湖县人民政府仅存在十几天。

(四)抗战胜利后南芜党、政、军的北撤

抗日战争胜利后，国内矛盾上升为主要矛盾。为了取得战略上的优势，中国共产党在与国民党谈判中做了必要的让步，签订了"双十协定"。根据协定，我主动撤出长江以南的8个解放区。1945年9月19日，中共中央发出了"向北发展，向南防御"的指示。新四军军部立即向皖南地委及皖南支队下达了"放弃皖南，全军北撤"的命令，要求南芜总队全军指战员7天内撤离皖南。在发出北撤命令的同时，要求

各地党组织，为了对付国民党反动派破坏国共停战协定和发动内战，必须留下未暴露身份的党员和少数武装，组织精悍的秘密游击队，坚守游击基地，依靠群众，进行坚决的斗争。南繁芜县委决定王文石、王安葆等28人留下坚持斗争。

北撤命令下达前，新四军七师的皖南支队、南芜总队正分步分割包围敌伪控制的南芜地区各据点，准备迫使敌伪向我缴械。当时南芜县委与皖南地委的联系不畅，县委委员、南芜行政办事处主任、南芜总队长谭伟到达江北中路和皖南区党委接上关系。皖南区党委城工部部长段洛夫告知北撤的命令，并要谭速派交通员通知南芜县委及所属部队，同苏浙军区取得联系，并一同撤到江北。谭伟遂写信派办事处粮管员谢有才化装返回南芜地区交给南芜县委书记孙宗溶，转达上级北撤的指示。谢有才回到易太圩后没有见到孙宗溶，于是将信交给了时任清水区委书记的陈作霖。陈立即派地下党员将信送交县委组织部部长阮致中，恰逢国民党部队两次对善瑞圩等地进行“清剿”，因此信未送达。直到9月20日，阮致中到达易太圩，才看到指示信，此时已耽搁了五六天时间，阮致中急忙返回善瑞圩布置北撤工作。国民党第三战区第四路军第一支队8000余人已占领芜湖，与日伪勾结，对城乡各交通要道严加封锁，给我军北上设置了层层障碍。南芜县委得到北撤命令后，无法召集会议布置北撤任务，只得分头送信和引导部队北撤。

滕良福等北撤时，准备将分散隐藏的抗日民主政权征收、采购的一批军用物资集中带走，因此耽误了时间，国民党军队及大刀会已经封锁了清凉渡、奎湖等各处渡口，滕良福等同志未及转移，与党组织失去了联系。

9月上旬，南芜县委书记孙宗溶率南芜游击总队到宣城水阳与粟裕派来的俞炳辉率领的苏浙军区第九支队会师，完成了皖南与苏浙敌后互相打通的战略任务。在准备为南芜总队补充一批急需的武器弹药时，却得知已下达北撤的命令。孙宗溶一面准备随军北撤，一面派出五中队指导员王德松率领强良迪、麻传贵等人回南芜地区，由一中队长秦世先带一个排掩护，分头接应区、乡干部北撤。9月20日，孙宗溶、金厚初、傅家盈等率南芜县委党、政、军400余人从水阳往北撤到江苏淮阴。9月21日，阮致中与曹根木等一行6人追赶南芜县委，经南洋圩遇险后，于1946年4月才到达淮阴七师留守处。10月，南芜总队300余人与和含支队整编为新四军七师二十一旅，旅长马长炎；皖南支队改编为二十旅，旅长梁金华，政委黄跃南，政治部主任高立中，参谋长周少坤；临江团改编为十九旅，旅长林维先。皖南抗日武装改编后奔赴山东，投入了伟大的人民解放战争。

（五）“清剿”与“反清剿”的斗争

抗战胜利后，皖南新四军和党、政组织奉命北撤。由于时间仓促，埭南、十连部分党员、干部和游击队员以及一些武器、弹药等军用物资未及时撤走。国民党军队抢占芜湖城后，对芜湖地区实行白色恐怖，劫走了新四军留下的军用物资，党组织的活动被迫停止。埭南、十连、陶辛等根据地实行的“二五”减租停止。逃到芜湖的地主纷纷回乡实行反攻倒算，减去的租加倍补齐，借的粮还粮时每担另加40斤的利息。国民党埭南乡乡长方良茂反动气焰特别嚣张，捉了很多未来得及撤走的同志吊打拷问。俞启东、俞启山、俞澄仕等五六个已经公开身份的游击队员被迫自首，有的已变节。但绝大多数同志都隐蔽下来，等待时机，寻找组织，坚持斗争。1946年3月，国民党接收芜湖完毕，随即调集3个师的兵力，加上各地土顽1万人，对我皖南地区游击队发动了全面的军事大“清剿”。5月，国民党第六绥靖区在芜湖县构筑碉堡34个，其中两层的有9个，分布于澛港、大官山、小河口、火车站、双港等32个地方。11月1日，国民党特务组织芜湖联合稽查处正式成立，下设总务、纠察、调查、侦讯四组。11月2日，芜湖联合稽查处通令乡镇实行保甲连坐的法西斯制度：民间五户联保，出具切结，是为横的联保；甲长取得各户保结后向保长具结，保长取得甲长保结后，向乡镇长具结，乡镇长取得保长具结后向县长具结，其一甲一保一乡一镇，是为纵的联保。一户有人违犯联保事项，余四户不为举发，皆当连坐，是为横的连坐；一甲之内，有两户以上发现违犯事情，而甲长于事前未能查明具报，甲长连坐；一保内有两甲以上之甲长受连坐处分而保长未能于事先查明具报，保长连坐；乡镇之内有二保以上之保长受连坐处分而乡长未能事先查明具报，乡长连坐为纵的连坐。联保事项：一、不当共产党；二、不窝共产党；三、不通共产党；四、不济共产党；五、知情即报。针对国民党掀起的新一轮反共高潮，南芜地区的军民，在党组织的领导下，开展了一系列针锋相对的斗争。

中共南繁芜县委的建立。1945年10月，为了领导人民与国民党反动派进行斗争，南芜地区继王文石等留下后，皖南地委根据华中分局的指示，皖南支队派杨明率部队200余人，朱农、陈爱曦等带领党政干部70多人，分别从无为和巢县重返皖南，在铜陵县雁门肖村会合，建立了中共沿江中心县委，杨明任书记。当时的芜湖县西南面埭南、方村、十连、陶辛、石硊、善瑞等乡镇均属于南繁芜边区。沿江中心县委成立后，中共南繁芜县委在繁昌县的红花山恢复，王文石任书记，王安葆、艾必发、马文杰、陈作霖任县委委员，隶属沿江中心县委领导。县委成立后，委员们分头联络各地隐蔽下来的同志，恢复党的组织。其中王文石、陈作霖先后负责联络南芜地区工作，1946年下半年，就打开了五华山、老虎山、红花山、板山岭等新区，建立了根据地。到1947年6月，建立了区政权，组织了民兵，设立了稽征办事处，征税、征公粮、减租减息，对贫雇农进行救济。区政权利用很多伪乡、保长为我党政权征收公粮和税款。还建立了贫农小组，作为党的外围组织，并在其中发展党员。贫农小组以抢粮、抗租、抗息、抗丁为主要工作，在群众中起到了核心作用。

中共南芜区工委的建立。原竹丝港区委委员、区农抗理事长滕良福，因没有跟上大部队北撤，与组织上失去了联系。经四处打探组织消息，1946年2月，在繁昌县烂山找到了王文石，汇报了北撤后当地的情况。王指派马文杰带领部分武装人员与滕良福一道回南芜地区恢复党的组织，坚持地下斗争。7月，为加强对南芜地区的领导，根据县委指示，成立了中共南芜区工委，负责人马文杰，不久，强日增任书记，后由滕良福接任书记。陶绍湘、宦守根、强良迪先后任委员。南芜区工委成立后，在积极组织党员、侦察敌情和搜集情报、筹集军粮、担任地下交通等方面，做了大量的工作。

埭南党组织遭到的破坏和恢复。1945年我党政军北撤时，埭南圩有14名地下党员因种种原因没有随大部队北上。宦守根因与敌作战时负伤未愈没有撤走，被敌发现并逮捕，在被关押的一个多月里受到严刑逼问，仍坚持未暴露任何情况，敌人没办法只好将其释放。另有3名党员自动脱党。其中党员秦世涛投敌叛变，参加了伪国民组织，并带领敌人到处搜查新四军和地下工作人员。由于他对党的组织形式和党的秘密了解不多，因而对党组织造成的损失不大。其余10名单线联系的党员潜伏下来，后来设法和王文石取得了联系，继续开展地下工作。1946年1月，孙宗溶由山东重返皖南，并派人与宦守根接上组织关系。3月，滕良福重返埭南、十连等地后，首先与地下党员宦守根、孙昌维、滕良发等人取得联系，利用夜晚逐户上门串联，做组织恢复工作。经过深入细致的思想动员，先后恢复8个支部：孙庄支部（书记程余祥）、周屋基支部（书记滕大金）、洪墩支部（书记陶延山）、俞家坝支部（书记俞明仕）、罗岔支部（书记罗祖南）、宦坝支部（书记宦文炳）、王埂支部（书记王德池）、元村支部（书记王永海）。埭南党组织恢复后，党员发展到66人。滕良福、宦守根、滕良发等领导党支部，一方面积极发展党的组织，壮大革命力量；另一方面组织武装，继续开展游击斗争。

袭击南竹乡公所的战斗。南芜地区反动政权恢复后，我抗战时期建立的组织并未遭到严重破坏。因为敌土顽武装，有的是伪军改编，有的是强征壮丁建立，士气不高，战斗力也不强，但是他们经常欺压人民，广大群众痛恨至极。南芜区工委以地方党员为骨干，建立了20多个游击小组，侦察敌情，配合游击大队作战。

国民党南竹乡公所设在竹丝港的土地庙附近，地处石硊、善瑞两乡交界处，濒临漳河西岸，在芜屯铁路和芜石公路的交叉口，是通向南陵县奎湖、芜湖县埭南、十连游击根据地的必经之路，水、陆码头较为繁华。敌南竹乡乡警武装是原汪伪芜湖县二中队改编的。原伪军二中队长王茂秀，抗战时期经过金厚初的多次争取和教育，使其觉醒并迷途知返，他利用伪中队长的身份曾多次秘密为我党工作。一次，他为我游击队购买手枪2支，被敌察觉后撤职。之后，他回到南芜游击队。这次，王茂秀被南芜区工委派去做乡公所乡警的瓦解工作，因为有不少乡警都是他原来的旧部。谁知这些乡警们因过惯了腐化生活不愿反正，王茂秀无功而返。马文杰与地方支部和游击小组决定攻打敌南竹乡公所，拔除敌据点，给反动土顽一个教训，进而开辟革命游击区。

1946年3月底的一天下午3时许，南繁芜县委委员马文杰率领警卫员李贵英、柳树林和队长王茂秀等，携带短枪5支，另有原强村支部埋伏的步枪6支，并派5名同志随同，共16人，分为3个战斗小组：柳树林为第一组，化装成小商贩，从芜湖方向进入竹丝港；李贵英为第二组，化装为栽秧的农民，划着小船把枪支隐藏在秧苗内，将船停靠在该乡公所附近隐蔽；马文杰、王茂秀带几个人为第三组，在铁路桥头埋伏。强村支部派一名党员与竹丝港地下党员俞珠仕等人配合，乘敌人在操场上集合进房吃饭时，发出了进攻暗号。化装成商人的游击队员靠近竹丝港乡公所门口，捉住了哨兵；一组游击队员趁乡警们正在吃饭的时候，冲进了房子，乡警卫股主任王烈勋取枪顽抗时，被游击队员当场击毙；少数敌人企图从后门上碉堡顽抗，不料我另一路游击队员早已占领了桥头碉堡，敌人只得缴械投降。此次战斗俘虏了敌副乡长以下23人，缴获步枪17支，短枪1支，以及一些弹药及其他军用物资。将敌副乡长和一个反动的班长当场枪决，其余俘虏经教育后全部释放。

南陵金家阁与黄渡乡公所战斗。南陵金家阁是反动势力较顽固的地区，抗日战争时期敌六乡联队的张道政及其所组织的大刀会，屡屡对新四军和抗日武装发动攻击，反动气焰十分嚣张。后因其与国民党叛军一四四师改编的伪独立方面军冲突，独立方面军动用一个团的兵力，将张道政的六乡联队消灭，并火烧60余里的大刀会组织，反动地主逃到芜湖，不是大刀会成员的群众却受到很大损失。抗战胜利后，金家阁地区恶霸地主控制的武装30多人，经常欺压百姓，极其反动。攻打南竹乡公所胜利后，我游击队员的战斗情绪高涨，金家阁、大兴圩的老百姓主动来找游击队，要求消灭敌金家阁乡的反动武装。群众自发筹资200万元伪币，收买了一个敌班长作为内应。4月初，马文杰带了3个班的游击队员和12个游击小组成员，向金家阁顽敌发起攻击。打死9人，打伤7人，缴获机枪1挺，步枪8支，手榴弹和其他一些物资。该乡另一部分敌人看戏回来，遭到我警戒部队的阻击，打死1人，打伤2人，余敌逃走。4月中旬，南芜游击队24个游击队员袭击了敌黄渡乡公所，未发一枪就俘获伪乡长以下23人，缴步枪16支，短枪1支及一批弹药和物资。

改编保警二中队。1946年的国民党芜湖县保警队，扩充为3个中队：一中队队长刘步云，驻方村；二中队队长梁子晋，驻高岗埠及瑞南乡公所；三中队队长李超，驻县城内。二中队40余人，有轻机枪2挺，长、短枪30余支。他们据守南繁芜交通要道，经常下乡“清剿”，拦截来往货物，盘查行人，残害百姓，人民对他们深恶痛绝。南繁芜县委根据敌强我弱的形势，决定派地下党员打入敌人内部做策反工作。曹学斌、曹登杰先打入保警二中队当兵，后介绍曹根木与梁子晋认识，并设法取得了梁子晋的信任。曹根木在完全掌握二中队的情况后，经请示县委后，决定努力争取该中队以壮大我游击队。

1947年6月24日晚，曹根木、曹明科、和茂林、曹明松等11人，在狂风暴雨的掩护下，埋伏在敌中队部附近。曹学斌与游击队员接头后，带领队伍迅速进入队部，梁子晋惊醒后欲取枪顽抗，被游击队员当场击毙。缴获机枪2挺，步枪20余支，短枪2支，子弹千余发，我无一伤亡。当晚，杨君甫带着该中队副徐志金到第三班驻地喊门，又缴了该中队第三班驻瑞南乡公所步枪10余支。经过动员，二中队被俘保警全部加入游击队，后被编为南芜游击队"重光部队"。在向繁昌游击根据地转移时，遭国民党3个中队的追击，在工山浦桥地区与追击的敌人发生战斗，又毙敌8人，缴步枪3支。

经过袭击南竹乡公所、金家阁乡公所及黄渡乡公所3次战斗和改编保警二中队，南繁芜县委武装部队发展到100多人，整编为：县委警卫武装3个班28人，冲锋枪1支、短枪6支、步枪21支；南芜游击队84人，机枪1挺、步枪45支、短枪5支；"重光部队"26人，机枪1挺、步枪19支、短枪7支。

敌对我游击区的"清剿"。1946年8月8日，国民党芜湖县自卫大队队长奚迺辉和一中队长刘步云率一中队在二中队的配合下，从方村向竹丝港、肖家渡一带"清剿"。时值马文杰、王茂秀率领南芜游击队40余人，在埭南圩周村一带活动，与敌遭遇后激战一天，因寡不敌众，马文杰、王茂秀组织部队突围。马文杰率20余人突围成功。王茂秀掩护部队撤退时，在南陵县浮流嘴不幸侧胸中弹被俘。同时被俘的还有黄国清、夏一贞等8人，其中张兴田、秦世忠等3人被当场枪杀。王茂秀被捕后坚贞不屈，9月2日在狱中被害。

1948年1月，以国民党六十三师为主体，各地方反动武装协助，对皖南地区开展第一次大规模"清剿"，地下党员张延长、汪树松、俞福行、秦增善被捕，其中张延长因是区委委员而被杀害。

5月11日，为消灭和驱逐我沿江地区与江南平原地区的武装力量，达到巩固江防、切断江南党组织与江北联系的目的，以国民党新编第十三旅为主体，其他地方部队配合，从铜陵、青阳、繁昌开始进行第二次大规模"清剿"。敌人到达了整个南芜边区，在埭南、十连、陶辛、白沙"清剿"了10余天，逮捕、拷打了一些革命家属和群众，我两名地下交通员——埭南的王昭新和十连的陶贤玉被杀害。

6月，叛徒王昭亮带着国民党奎湖乡自卫队90余人到埭南圩"清剿"。宦守根发现敌人后，立即将文件烧毁并上屋隐蔽。敌人未搜到宦守根，就将宦的家人抓去严刑拷打，追问宦守根的下落不果，敌人一气之下将宦守根的同胞哥哥打成重伤，放回家之后数月都不能康复，并遗留下终生的伤痛。

7月，叛徒王昭亮带领敌十三旅100余人，再次到埭南"清剿"。王德诰得到群众送来的情报后，火速通知陈作霖、宦守根、滕良福、滕良发等转移到十连陈家墩。第二天，敌人又增加一个营的兵力。陈作霖等化装成农民下田干活，在群众的掩护下，坚持到天黑后突出敌包围。同月，开明士绅朱文经掩护陈作霖等在敌人“清剿”时从十连转移到埭南，安全脱险。同月，埭南王埂地方士绅王葆卿将被敌抓去的王德诰的妻子、岳父母等保释回家。

9月19日，国民党埭南乡乡长方良茂带领地方武装配合13旅到埭南“清剿”，滕良福被包围在自家住房里，敌人开枪扫射并扔进手榴弹，滕良福因隐蔽在床下用贴骨梁的方法悬空揪住床的横档，仅受轻伤。

南北干部会师方村。根据党中央的决定，为迎接全国解放，支援新解放地区工作，冀中区党委、行署，从各地抽调了一批优秀干部，组成了南下工作队。原芜当地委以及芜湖、南陵、繁昌、当涂等县的南下干部，是由冀中九地委从13个县、3个市抽调干部组成。其中来芜湖县的干部是从高阳、安新、饶阳3县抽调的90名干部组成的南下华北干部纵队第三支队第一大队，李云为队长，刘春义为副大队长，王绳武为政治委员。南下干部平均年龄27岁左右，其中青年干部占百分之七十，这些同志大都是从枪林弹雨中走过来，是在党的培养下成长起来的优秀干部。华北干部纵队第三支队第一大队于1949年2月25日出发，经过长途跋涉，于5月7日与芜湖县地下党组织负责人及游击队会师。芜湖县作为抗日战争和解放战争的游击区，长期处在日伪顽和军警宪特的国民党残酷“围剿”下，党组织处于隐蔽斗争状态，单线领导。同时又分别隶属于南芜宣、宣当芜、南繁芜、芜当宣工委领导，很多本县同志也互相不认识。9日，南下干部与地方干部先后会师于方村。这既是南北干部的会师，也是地方干部的会师，为新政权的建设做好了干部准备。

芜湖县人民政权建设。1949年4月24日，芜湖县解放。26日，经沿江工委批准，成立中共芜湖县工作委员会与县行政办事处，下设4个临时区级机构，负责接管原国民党芜湖县辖区，隶属沿江工委领导。书记孙翼，县委委员滕良福、陈光云、汪澍生。下辖澛港区、石硊区、方春区、清水区。4月26日，孙翼接沿江工委通知，遵照南京市委的指示，将原国民党芜湖县辖区的11个镇和17个乡范围分成两部分，中山、驿前、吉和、弋矶、北平、长春、弼赋、江口、尚来、仓津、来凤11个镇单独划出，成立芜湖市；白连、陶辛、周皋、和丰、方春、易天民、咸南、万清、万安、八都、陶阳、玩咸、石凤、鲁浦、瑞安、丹山、独凤等17个乡成立芜湖县办事处，因原县城已为市委所在地，故办事处机关暂时设在方村。5月成立芜湖县农民协会筹备委员会，主任滕良福，副主任宋辛维、徐宝山。

（六）做好黎明前工作，迎接大军渡江

1947年9月，中共皖南地委组织部长孙宗溶在繁昌主持召开中共南繁芜县委扩大会议，会上传达了皖南地委“九月会议”精神，并宣布将南繁芜县委改为中共南繁芜

工委，隶属中共泾（县）青（阳）南（陵）县委领导，办公机关设在南陵县板石岭。工委书记王安葆，副书记陈作霖，委员强日增、滕良福、鲁为葆。辖芜湖县的南芜区工作委员会和南芜区武工队。1948年8月，中共南繁芜工委改为中共皖南沿江第五工委。

1949年1月，带着淮海战役战斗硝烟的我中国人民解放军第二、第三野战军及四野一部，以百万之师乘胜前进，饮马长江，威慑江南，拉开了渡江战役的序幕。面对我军正面战场变化的大好形势，坚持沿江地区的中共沿江工委根据皖南地委一系列有关“紧急动员一切力量，准备迎接大军渡江”的指示精神，立即对下属5个工委作了变动。其中的第五工委又改为中共繁昌县委，由王佐（原名阮致中）为代理书记，王安葆为委员，滕良福为候补委员。明确规定江边工作以芜湖至大通段为主。芜湖至荻港段及芜当方面由繁昌县委负责。并把江边、党群、武装和财粮四个方面的问题作为繁昌县委迎接大军过江的中心工作。新组建的县委遵照皖南地委和沿江工委的指示精神，立即开展做好迎接大军渡江的各项准备工作，以切实掌握江边敌情变化，把积极筹集财粮作为工作重点，同时加强对党员和群众的政治形势教育，采取隐蔽精干的活动方式，巩固和加强并尽可能扩大现有工作基础，为迎接解放大军渡江创造有利条件。由于新县委正确的斗争方式，再加上全体武装人员的顽强斗争，终于克服了种种困难，保持了原来的大片游击根据地。毛和贵的江边武工队在沿江的笔架山、大磕山、小磕山一带活动；滕良福的南芜游击队在埭南圩、十连圩以及奎湖一带活动。这两支游击队武装一直坚持到大军渡江，全县解放。

随着淮海战役胜利的喜讯传到南繁芜地区，广大党员、干部、游击队战士和人民群众都知道解放大军快要过江了。他们情绪高涨、斗志更加旺盛，发扬当年热爱新四军第三支队，军民团结抗日打鬼子，以及拥军支前的光荣传统，热爱、支持人民武装，青年踊跃参加游击队，涌现了很多送子参军、送夫参军的感人事迹。为了摸清敌情，特别是获得敌沿江兵力、火力变化以及指挥阵地等重要情报，广大人民群众积极配合游击队、地下交通员，不畏艰险、深入虎穴。有的利用合法身份打入敌人内部；有的扮成民夫，接近江防，实地侦察；有的利用到江面捕鱼的机会探测水深、水道和土质情况；有的手提竹篮，在敌碉堡附近“挖野菜”，刺探军情；有的扮成卖烟小贩，巧与敌人周旋，了解敌军番号、人数、装备等。

觉悟的南繁芜人民，积极响应县委“做好迎接大军渡江的准备工作”的号召，对解放大军过境时所需的向导、军粮、军鞋、吃饭、喝水以及设立指路标等问题，逐一贯彻落实。为替大军渡江过境时做好向导、送茶送水、破坏敌之交通以及剪断电话线等工作，地下党员、游击队员和基本群众还将沿江工委印制的大量标语、传单，在全县各乡镇交通要道张贴散发。有的将传单直接散发到国民党军政官员手中，有的还将标语直接贴到伪保长和地主的家门上打攻心战，向他们宣传“中国共产党必胜，蒋介石必败”，“人民解放军一定能打过长江来”，以及“首恶必办、胁从不问、立功受奖、反戈一击有功”等内容。这些宣传品成为无形的炮弹，引起极大的反响。国民党第八十八军一个士兵很神秘地拿出藏着优待俘虏的宣传品说：“我相信人民解放军优待俘虏的政策”，并举起双手，表示到时候就投降。县行政办事处认真贯彻党的爱国民主统一战线政策，先后给国民党基层旧职人员中表现比较好的一些人，颁发了任职书，任命他们当我方保长，要他们做好解放大军过境时的粮草、茶水供应以及维持社会治安、安定民心等工作。

4月18日下午，第二十七军电告先遣渡江侦察大队，“我渡江大军定于20日发起渡江战斗”。并电令，先遣渡江侦察大队北移繁昌，策应大军渡江。当日黄昏，先遣渡江侦察大队向繁昌江边挺进。20日凌晨，顺利到达板石岭。在与中共繁昌县委和南繁芜总队见面后，先遣渡江侦察大队负责人亚冰、慕思荣，立即向繁昌县委转达第二十七军军部所布置的“三项任务”，即：一、4月20日晚上10时半全面打响，希望做好迎接大军过江的各项准备工作；二、20日晚上8时，切断敌人的电话线；三、在敌军占领区烧火堆为记，以指示我军炮击目标。县委当即召开会议，布置游击队如何完成准时剪断敌人的军政电话线和烧火堆等问题，分工由何新龙负责孙村区，吴正学负责繁昌城区，谢有武负责繁南公路，毛和贵、缪传友负责江边。南繁芜游击队积极协同侦察大队作战。

朝阳初升，春风吹拂。第二十七军军长聂凤智和政委刘浩天等，在大磕山山麓亲切接见了先遣渡江侦察大队指战员和南繁芜总队的部分游击队员，高度赞扬地方党组织、游击队的有力配合和人民群众的大力支持。至此，先遣渡江侦察大队顺利完成了历史性的侦察、战斗任务，为百万雄师中集团军率先在铜繁一线胜利突破，拦腰斩断国民党苦心经营3个多月的长江防线创造了先决条件。南繁芜的各级党组织、游击队队员和广大人民群众，配合先遣渡江侦察大队完成先遣侦察战斗任务，全力策应中国人民解放军渡江的功绩永载史册。

8月，任渡江战役总前委书记的邓小平，在向新政治协商会议筹备会议代表所作报告的前一部分中称誉：“江南地下党、游击队配合了渡江作战。我们过去一支部队，埋伏了十天，敌人还不知道。”这是对坚持江南游击战争的各级地下党、游击队，配合先遣渡江侦察大队活动和策应大军渡江作战中所起作用的肯定与鼓励，也是对中共繁昌县委、南繁芜总队和广大人民群众全力支持的评价与表扬。

为了南繁芜这块游击根据地不被丧失，这里的军民凝聚阶级仇恨，共谋奇策应敌。诸如：化整为零，打“麻雀仗”，你包围时我不露头，不打正面打敌后，跳出圈外就动手，打乡公所，抓反动头目，公开镇压坏蛋、特务，开大会，贴标语，一举成功，成功就走；干群之间互相交换联络方式、信号，打破封锁线，输送急需物资等。在严峻时刻，游击队员宁可嚼生米、吃野菜、蹲破庙、睡田沟，也不在群众家里吃住，必要时偏要吃住在保甲长和地主家里，把“五户联保”的链条套在他们的脖子上。南繁芜军民就是这样战斗，彻底粉碎了国民党的第三次，也是最后一次大“清剿”，巩固了在国统区内沿江地区一块具有战略意义的游击根据地。在这里，策应了“三陈”（陈洪、陈木寿、陈高权）率部过江，与杨鹏部会师；又在皖南沿江工委的领导下，策应了由亚冰、慕思荣率领的解放军“先遣渡江大队”南渡长江，胜利完成战略侦察任务；百万雄师“渡江第一船”的历史印记，也深深地烙在繁昌夏家湖这片土地上。1949年4月24日，中国人民解放军开进县城，南繁芜解放了！

（王万春）

宦守根在东旺与大刀会的战斗

王埂村在建党92周年之际，缅怀该村的老革命、老党员宦守根。宦守根系原芜湖县埭南乡王埂村上弯自然村人。经寻觅，联系到宦老的孙子宦小斌（现住芜湖县湾沚镇）。他很热情地给我们讲述了他爷爷生前经常同他们讲述与东旺大刀会战斗的经过。以下是宦老生前讲述的史料。

1941年皖南事变以后，驻皖南国民党军队利用皖南的反动道会门——大刀会加大对新四军敌后抗日根据地的封锁和清剿。当时南陵东旺、马家园等地的大刀会配合国民党军队大肆屠杀我新四军干部、战士和革命家属。为了打击国民党军队和大刀会的嚣张气焰，1945年6月我南繁芜游击大队决定对南陵马家园、东旺大刀会进行一次反击作战。

根据南繁芜中心县委的指示，我游击大队兵分二路，一路由我（时任一中队指导员）和队长朱寿和率领，从芜湖县埭南出发，一路从南陵奎湖出发夹击大刀会总坛驻地——东旺。根据战前部署，部队在吃过晚饭后出发，第二天零点发起攻击。从南陵出发的部队由于向导迷路，没有按时赶到指定地点，而我和朱寿和率领的队伍按时赶到指定地点并在零点发起了攻击。战斗一开始，大刀会猝不及防，我们一度攻占了大刀会的总坛，击毙了坛长，烧毁了坛所。由于从南陵出发的部队没有及时赶到（后又因听说战斗已失败，就撤出了战斗），致使东旺周边的大刀会会徒全部赶到东旺参加战斗，大刀会会徒在数量上已占绝对优势，我部渐渐由攻转守，战场形势骤变。这时天已开始发亮，加上我参战部队中有许多是第一次参加战斗的民兵，战斗经验不足，军事素质较低，同时弹药已耗尽，部队开始后撤。我和朱寿和队长率领部分战士掩护。在战士和民兵全部撤出战斗后，我和朱寿和队长陷入敌人的重围，朱寿和队长当场牺牲，我在一水塘中被俘。

这时天已大亮，战斗已结束，我被五花大绑，押往大刀会总坛驻地。沿途老百姓听说大刀会抓到了新四军，都在门口张望。当时我大哥的女儿就嫁在东旺，当我被押送到东旺时正好路过她的家门口。我侧脸向她家门口张望，希望能看到她，好让她回家报个信。此时她正好出门,一眼就看到了我,并失声痛哭道:“不得了啦,那个新四军是我四叔啊。”她婆婆一把捂住她的嘴,把她拉回屋内,我也难过地侧过脸来。后来我才知道,我侄女吃过早饭就和她婆婆一起去埭南报过信了。在离她家不远的地方有一条大河,约有100多米宽,那时正是汛期,河水很大,而去大刀会总坛必须渡过这条河。我在船刚刚离开河岸时,用脚踩着船帮试了试船的稳定性,准备踩翻渡船泅水逃走,不想大刀会会徒发现了我的企图。他们将船重新靠岸,然后用铁丝穿过我的耳朵,再用绳子拴住牵在手中,以防我踩翻渡船。

当天上午,我被押往了大刀会会坛操场。他们将我吊在一棵大树上,不时有大刀会会徒上前用大刀和扁担殴打我,部分不明真相的群众也参与了殴打(因为我们在烧毁大刀会会坛时,火势顺风蔓延也烧毁了部分群众的房屋)。到第三天上午,我已被打得体无完肤。这期间我粒米滴水未进。中午,大刀会会徒大摆酒宴,以庆祝他们所谓的胜利,同时准备用我的人头祭奠被我们击毙的大刀会坛长和会徒。这时有个刽子手上前问我:“是否想吃饭?”我知道这是我的断头饭了,于是我告诉他:“吃,为什么不吃呢,就是死也要做个饱饭鬼。”于是我一口气吃了三碗饭。那个送饭给我的大刀会徒还嘲笑我说:“马上就要杀头了,还有心思吃饭。”他们哪里知道我们共产党员那种视死如归、大义凛然的英雄气概。

这时,大刀会会徒在操场上开始大吃大喝。那几个刽子手急于去喝酒,没有把我重新吊到树上。他们把我双手反绑在一起,绳头就拴在一条长板凳上,随手把大刀也靠在长板凳上。我发现他们只顾喝酒,没有人注意我这边,于是我慢慢靠近大刀,用刀口锉开绳子,抓起大刀,从操场上杀开一条血路,一口气奔出三里多路。大刀会会徒穷追不舍。我在一条河边回头对追上来的大刀会会徒说:“不怕死的就上来,老子今天杀一个够本,杀两个就赚一个。”大刀会会徒被我的气势所吓倒,你看我,我看你,谁也不敢上前。于是我跳下河泅水而走。我一连泅过三条河。在泅过第三条河时我扔下了大刀,爬上了河岸,然后在离河岸不远的一户人家的稻草堆里隐蔽起来。一直到天快要黑的时候,这户人家开始生火做饭了,一个老婆婆在取稻草做饭时发现了我,我估计她可能猜出了我是从东旺战场上下来的新四军。她看了我一眼没有出声,抱了一把稻草就去做饭去了。一会儿,她用碗盛了一碗米汤递给我,对我说:“你快把这碗米汤喝下,趁天黑了快走吧,我们这里今天下午来了好几帮大刀会,在到处捉拿一个从刑场上跑了的新四军。”我默默接过米汤喝了下去,深深感到人民军队与人民群众的鱼水之情。我连夜回到部队出发地埭南,此时部队已经转移不知去向。我只好回村敲开我大哥家门。我大哥开门一看是我,吓得直哆嗦地问我:“你是人还是鬼?”我简单告诉他从东旺刑场逃出的经过。大哥告诉我:“白天乡公所已经来搜查好几次了,你家属不在家,去东旺给你收尸去了,现在家里不能久留,天亮后乡公所可能还要来搜查。”于是他连夜把我送到老家一个好几百亩的白蓼滩上一个安全的地方暂时隐蔽起来，同时托人四处打听部队的去向。直到三个月后，我才回到部队。

（宦小斌口述　周世鹏整理）

缅怀革命先辈滕良福

滕良福（1904.3—1955.11），芜湖市镜湖区方村街道王埂村王坝（过去称为龙子底的地方）人，出身农民家庭，家境贫寒，从小放牛种田。1937年抗日战争爆发，他迁到南陵县张家坝谋生，次年底回家种田。1939年2月入党，1944年4月参加革命工作，历任支部书记，南芜办事处供给科长、区委委员、区农抗会理事长，埭南乡指导员、南芜区工委书记、武工队长、南繁芜县工委候补委员；解放后历任中共芜湖县工委委员、农村工作部副部长、部长、芜湖县农场第一任场长等职。

滕良福入党后，在上级党组织的领导下，深入宣传党的抗日政策，采取单线秘密联系，发展党员，建立党组织，进行党的地下活动，先后担任宦家墩、王埂、埭南中心等支部书记，积极掩护我地下党县委负责人孙宗溶、王敬之、王佐、沈鹰、金厚初等人的活动。

1945年9月，南芜地区党政干部北撤，南芜县委在埭南等地，购置了一批军用物资，散藏在农村。滕良福等人，为了把这批物资带走，被国民党军队及大刀会封锁了路线，故未走掉，与党失去了联系。遂与宦守根在埭南黄泥潭柴滩上躲藏20余天，不久宦离开了，只剩滕一人。当时环境紧张，国民党军队日夜“清剿”，无法存身。10月15日夜，滕携带家眷跑到宣城县团山乡金银桥伯岳母家，住了3个月，在那里打柴谋生，四处打听新四军的下落。通过关系，于1946年2月主动到繁昌县，会见了王石文。王要滕回南芜地区，恢复党的组织，坚持地下斗争。滕返回埭南、十连等地，与地下党员孙昌维、滕良发等人秘密联系，决定利用夜晚，逐户上门串联。经过深入细致的思想动员，恢复了党组织，开展侦察敌情，搜集情报，筹集军粮，担任地下交通等活动，进行地下革命活动。

1946年春，为了继续开展南芜地区的武装斗争，以滕良福为首带领10余人枪，在十连、埭南一带，积极开展游击活动，在斗争中5次遭敌人“清剿”，都一一化险为夷。1948年9月19日，国民党地方武装配合十三旅“清剿”埭南，滕被包围在自家的草屋里，敌人以1挺机枪、5支步枪、1支短枪的火力，封锁前后门，并从窗中扔进4枚手榴弹，滕紧紧揪住床横档，隐蔽在床下面，一动不动。敌人搜查一下，不见人影，以为逃走了。清剿的敌军撤了，滕终于脱离了危险。在面对敌人“清剿”与反“清剿”的斗争中，他带领战士们采取灵活机动的战术，发扬了艰苦奋斗、英勇顽强的精神，克服一切艰难险阻，彻底粉碎了敌人的“清剿”，保存了力量，为解放芜湖、解放湾沚，做了大量的工作。

解放后，他在工作上积极努力，任劳任怨，生活上艰苦朴素，作风正派，平易近人。后因疾病医治无效，于1955年11月逝世，安葬在火龙岗镇山口附近东边的一个山上。为了纪念他，将该属地生产大队，更名为火龙岗镇良福生产大队(村)。而今，在王埂村王坝村民组龙子底的地方，还保存着滕良福的旧居。

（周世鹏）

王埂村两位老革命的事迹

抗日战争时期，方村一带是中国共产党领导的抗日游击区，这里活跃着一支当地老百姓称之为"蓝线"的共产党领导的抗日武装"南芜游击队"。"南芜游击队"的主要领导人有孙宗溶、陈作霖、强日增、滕良福等。在极其艰难、险恶的环境中，他们坚持与日寇及其走狗作斗争，搜取日伪情报，获取粮食、布匹、药品等紧俏军事物资，供应给江北的新四军七师，为抗日战争的胜利做出了贡献。在这艰苦卓绝的斗争中，王埂村涌现了一批英勇顽强的革命先贤，用他们的生命与热血书写了可歌可泣的历史诗篇。现将其中两件在当地广为流传的英雄事迹简述如下。

（一）王茂雷勇救战友

王茂雷，1912年12月15日出生。抗日战争时期，他加入了南芜游击队，曾任某部排长。1944年6月20日凌晨，王茂雷与中队长宦守根及王丙义等，奉命前往太丰圩东旺剿除当地的一个反动武装大刀会。这个大刀会勾结日伪，为虎作伥，欺男霸女、无恶不作，老百姓既痛恨又害怕，严重威胁到游击区的安危。我地下党组织决定对这个反动武装进行一次打击，以拔掉这颗日伪镶嵌在游击区的钉子。

根据上级部署，是夜，游击队兵分两路包围东旺。由于游击队缺乏军事斗争的经验，事先未对敌人的军事部署及火力情况进行侦察，对当地的地形不熟悉，加之指挥不当，当一路游击队与敌人交火后，另一路却未能按时赶到。王茂雷等人所在的游击队在击毙了大刀会堂首后陷入了敌人的包围之中。王茂雷等人决定乘着夜色分散突围。当王茂雷即将摆脱敌人时，他看到一位年轻的战友被两名敌人缠住无法脱身，眼看就有生命危险。王茂雷义无反顾地返身冲去，手挥大刀左劈右砍，将敌人打翻在地。年轻的战友迅速脱身，而王茂雷却再度陷入险境。他一面与敌人搏斗，一面择路而退，一直退到一处水塘边，趁着夜色纵身跳入水中。不料，敌人早有防备，他们在水中和塘边安放了响铃钩，王茂雷在水中没游几步便被响铃钩缠住。敌人将王茂雷抓住后，当场采用了挖眼、割鼻、破膛等凶残的手段将其杀害。年仅32岁的王茂雷为铲除邪恶、救护战友牺牲了自己的生命。

王氏宗谱在记录王茂雷的生平时，写下了这样的赞语：“少年英俊，立志不凡。生逢国难，敌伪嚣张，痛不欲生。参军抗战，昼隐夜出，游击他方，剿除刀会。随军东旺，疏于地形，指挥失当。虽被敌擒，不屈殉难，为民牺牲，为党争光，青史扬名，千古流芳。”

（二）宦守根绝处自救

也是在1944年6月20日的东旺夜战中，身为南芜游击队中队长的宦守根在攻击反动武装大刀会的战斗受挫后，果断地带领战士冲杀突围。终因寡不敌众，宦守根被俘。敌人为泄大刀会堂首被杀的恨意，将宦守根捆绑在一棵大树下，继而被绑在凳子上，扬言等天亮后将他开膛破肚祭祀死去的堂首。随后，这些大刀会的匪徒们聚集在一起，推杯换盏喝酒庆贺。宦守根目睹此景，心想：必须利用夜色和敌人的疏忽来自救。他发现，在自己被绑住的凳子旁有一把大刀，便慢慢地挪动身体，渐渐靠近了那把刀，将反剪双手的绳子在刀刃上上下磨蹭，不一会，绳索被割断，他挣脱了双手，迅速地操起大刀，犹如脱缰的野马，蹭地向着湾沚方向飞奔。正在狂欢的匪徒大惊，跳起来狂叫着追赶，一面追一面喊：“抓住前面的人，赏大洋五十。”一些不明就里的乡民也围拢了来。宦守根挥着大刀，对路旁的人说：“乡亲们，我们前世无冤，后世无仇，盼不要与敌人作替死鬼。”说着他马不停蹄地向前飞奔，很快冲到了河边，选择了一段较窄的河道跳下河，奋力游到了对岸。他上了岸后，扬起大刀，朝着对岸的敌人厉声说：“龟孙子们，有种的你们就过来！老子杀一个够本，杀两个赚一个。”色厉内荏的敌人看着奔腾浑浊的河水，再看宦守根手中寒光闪闪的大刀，一个个不寒而栗、面面相觑，你推我搡，无人向前，结果一个个耷拉着脑袋，悻悻而去。

宦守根轻蔑地瞥了一眼对岸的乌合之众，将大刀举过头顶，在空中划了一个圆。六月的晨曦映红了东方的天地，也在宦守根湿漉漉的身上洒上了点点金光。宦守根看看前方的路，心想此地不可久留，必须尽快找到组织。于是，他将大刀插入河堤，拧干身上的湿衣，大步向前，消失在晨霭中……

（王茂越）

滕良福、宦守根故居

2014年年底，我在王埂村、王坝组（过去称之为笼子的地方）慰问老党员束顺友的途中，有幸看到了青砖小瓦砌成的老房子。经打听，原来是滕良福的旧居。

屈指算来，滕老如果健在应该是100岁了。通过向老人们打听得知，这里曾经是南芜游击队的一个联络点，陈作霖、孙宗溶等许多老一辈革命同志在这里工作过。民国28年（1939），宦守根、滕良福先后加入中国共产党，投身革命事业。王德诰经常从这里向南陵、繁昌等地传递党组织的重要信件;滕良福在这旧居里,曾被川军扔手榴弹炸掉了一只耳朵;宦守根在攻打反动会道门大刀会的战斗中不幸被俘,趁敌人喝酒不备之机,挣脱绳索,手持一把大刀杀出村去,幸免于难。他们为了革命事业不怕流血牺牲、冒着生命危险,一次又一次地将党组织的秘密信件从水路传递出去,在这块热土上不知经历过多少次生死劫难。

我顺着老人们的指引,快步走到了宦守根旧居,一眼看上去就知道旧居已破烂不堪、摇摇欲坠,已经有好多年没有住人了。我在四周使劲拍照,试图想寻找一些什么……

我在老房子的四周徘徊了许久,内心在反复地祈祷,希望旧居千万不要倒塌,因为它们是革命根据地的见证屋,是对青少年进行红色教育的活教材!

(周世鹏)

先父葆卿公掩护新四军的几件事

先父葆卿公,清末秀才,解放前是芜湖县南乡颇有影响的士绅。抗日战争时期,由于中共地下党组织孙宗溶、金厚初、阮致中等领导人对他的教育和启迪,使他对新四军的革命斗争,逐步地由政治上的理解发展到行动上的支持,较长时期地为革命做过一些有益的工作。1948年,新四军沿江支队还特地给他颁发了“立功证”。解放后,他参加了芜湖县的第一届人民代表大会。1951年起,一直担任省文史馆馆员。1966年11月病逝,终年88岁。现在仅就记忆所及,把先父帮助新四军革命斗争的几件事介绍如下:

(一)为张步云求医治病

1943年3月间,我的家乡原埭南乡王埂村,还是日军的据点,然而新四军的地下活动也正在发展。此时,地下党人张步云,身患严重疾病,腹胀如鼓,骨瘦如柴,步履艰难,生命垂危。那时,一个地下党人求医,不仅在经济上存在困难,而且在敌占区求医也是危险的。我家那时避难移住在十连乡天井村,属蒋管区。先父接受张步云提出的帮助治病的要求,慨然允诺:“医生我找,医药费我给,吃住在我家。”距离天井村不远的南陵县俞家埠(当时芜湖县政府驻此),有一名西医俞惠仁,医术比较有名气,先父找到他解决了就医问题。俞家埠附近不仅驻有国军一〇八师、忠义救国军,还有一些杂牌部队,再加上乡保长、地头蛇,张步云来此更有危险。有一次,一个人到我家探问:“你家来了一个什么人?”先父答:“是我的亲戚。”“到你家干什么?”“来治病。”“为什么要到这里治病?”“沦陷区治病有困难,到这里治病,住在我家,我们好照应。”类似这样的盘问有两三次,都是先父用这样的话对付过去了。就这样经过一二个月的治疗，张步云的身体逐渐得到了康复。

（二）为游击队筹措经费

1946年农历四月的一天，新四军游击队长柳树林和金指导员（系化名）派地下党员罗祖政夜间到我家找我的父亲，适父亲去芜湖，我接待了他。罗说明来意之后，要我和他们见面。我在滕良福、罗祖政陪同下，来到张家湾王德林家，见到了金指导员。金指导员宣传了革命的大好形势，提出北撤后留下来的游击队坚持斗争，经费上有困难，要求我父亲帮助向全圩筹办一些经费。我问金："需要多少钱？"金说："30万元就行了。"时过三日，我父亲回来了，我就把金指导员找他的事全部告诉了他。他当即嘱咐我："支援新四军，我们要尽力量。向全圩筹办经费，非短期内可以办成。你可以把家里仅有的十几担稻子开砻做出米来卖，不够数我再设法。"第二天，他还亲自到宦坝宦守焯家借售菜籽8石，又到南陵的八尺口油坊借到3万元，总共15万元，交给王德林（地下党员）转交游击队，那时正是1946年4月底。

孰料农历的五月初三，伪芜湖县自卫大队赵大队长带着士兵将我拘捕，说我通新四军，有人在省保安司令部秘密告发。经过三次庭讯，查不出实据，加上我父去芜湖多方奔走，打通关节，在被关押半个月以后实行保释。后将"案子"移交地方法院，我父对有关人员贿赂以后，才得以"无罪"释放。记得我出狱以后的一个夜间，陈作霖、滕良福还秘密地来到我家，问了情况，并讲了一些慰勉的话。

（三）营救一批被捕群众

1948年，国民党军队对我革命根据地十连、埭南两乡反复"清剿"，捕捉我游击队员及其家属，迫害革命人民，反动气焰十分嚣张。五月间，被捕游击队员王昭亮叛变。他带领南陵县七乡中队士兵到埭南的振村、斗村两个保，按名单逐户捕人，当时被捉到的有游击队员沈志仁及党员王德诰的哥哥王德谦，我父亲当即出面见该队杨少青队长，证明他们两人确系农民，没有当过新四军，不能听人指控随便捉人。杨少青为了邀功，狡猾地说："我把他们带到队部，审问一下，以后再说。"时过半月，我父亲带领振村保长王德连及当地士绅宦文才、张国梁等划船往七乡中队部（驻南陵县金阁的沙河港村）见到杨少青队长，坚持此二人纯系农民，绝无其他情节，甘愿作保，要求释放。杨对他们二人抓不到把柄，也只好落个顺水人情，同意具保，于是一齐乘船回家。

在七乡中队捕捉沈志仁、王德谦等人的第三天，国民党独立十三旅的李连长带领一连士兵，由十连乡进入埭南乡，同样由叛变分子王昭亮带路，逐户捕人。到了振村保（现在的斗村和原王埂村），捉到秦贤能、秦贤值、王德璜等三人，押解到斗村保长王德可家，严刑审讯。我父亲见此情景，立即邀集保内士绅王宏识等求见连长，问："捉这三个人是怎么一回事？"李说："熊老三、王昭亮（均是叛徒）都说这三人与新四军有很大关系。"我父亲接着问："有什么很大关系呢？"李说："王德璜（针匠）替新四军做衣裳，要他们供出衣裳颜色、式样及数量。"我父亲问："那么秦贤能呢？"李说："在秦贤能家抄出尖刀二把，白胶凉帽一顶。"我父亲此时觉得，他们并未掌握什么证据，就忙加解释说："王德璜做针匠，靠手艺吃饭，他从来只做百姓家的衣服、妇女小孩的衣服，他根本不会做军服。秦贤能年龄很轻，年轻人总有点爱穿戴，买顶胶质凉帽也是常事。至于尖刀，因为我们这里过去是日伪据点，可能是他们丢的，尖刀是从水底捞上来，磨亮了作削瓜果皮之用，不是新四军的武器。请连长根据情理分析，给予谅解。"此时连长表情上有些松动，我父亲接着说："连长来此一路辛苦，搞了大半天，还没吃饭，不妨到舍下吃饭吧。"连长一听，满心欢喜，于是命令士兵把秦贤能等三人释放，到王老先生家住下吃饭。

李连长到了我家，我父亲把士兵安顿住处以后，就派人买肉沽酒。晚饭后，几个士兵又捆来一个人，我父亲一见，是宦守根（党员）的妹婿汤大镕，忙问连长："捉这个人来有什么嫌疑？"李说："他是宦守根的妹婿，有人说昨晚宦守根、王德诰、滕良福、滕良发（均系地下党员）等在他家躲藏，因而捉来。"我父亲听此说，心里有底，忙加解释："汤大镕虽是与宦守根有亲戚关系，但来往很稀，与新四军没有联系。汤家是富有人家，住在方村镇，镇上有国军驻扎，还有区公所、区中队，新四军怎么可能到镇上亲戚家去躲避呢？连长，不能连累无辜！"李连长沉思一会，只好将汤大镕放了。

次日早晨，又见几个士兵将党员王德诰的岳母押来。她边哭边诉："我是一个妇道人家，把我抓来做什么？"李连长狠狠地说："王德诰前天躲在你家，现在到哪里去了？"我父亲忙加解释说："她家在陶辛，与此地仅一河之隔，国军来了，王德浩怎么可能躲在岳母家这个不安全的地方哩？请连长不要吓坏老人家吧。"经过这么一说，李连长只好让她回去。

中午时分，几个士兵把方良祖兄妹都捉了来，准备用绳索将他俩吊起来拷问。我父亲见此情景，忙吩咐上菜饮酒，打断了他的刑讯。席间，我父亲一边陪连长饮酒，一边问："你们捉住这个女人来干什么？"李说："方氏与新四军的人员滕良福等关系密切，专为他们采购军用品。至于捉他的哥哥，是因为方氏躲在他家，故而一道捉来。"我父亲说："方氏是我的邻居，她因儿女多，地少，做点小生意贴补家用，不是专门做生意的，不会为新四军采购什么。她的哥哥一向务农，请连长宽恕他们吧。"一边饮酒，一边谈话，时间拉得较长，正巧席将终，连长接到调走的命令，便释放方氏兄妹，把士兵带走了。

1948年，白色恐怖严重。埭南乡伪乡长方良茂经常带领武装乡丁侦查新四军的地下活动。他们抓不到新四军人员，就迫害其家属。有一次，方良茂到了我们村，耀武扬威。王德浩的爱人奚凤英（地下党员），一发现他们已到跟前，只好跨进我家门，躲在我弟媳房内。不一会，他们将王德诰家的门用封条封闭之后，也来到我家。我父亲问方：“今天到我们村里干什么事?”方说：“我们今天把当新四军的宦守根、王德诰家的大门封了，谁要他们家的人当新四军呢?”我父亲听他这么说，马上把脸沉下来，严厉责问：“你们这样做毫无道理，一人做事一人当，当新四军的只有一个人，为什么连累全家老小？弄得无家可归，流离失所。这桩事我要做主，我要到他们两家去揭封条，好让他们两家老小过日子。”方良茂见到我父亲那么严厉，也不便再争论，只得悻悻而去。于是这个封门的事便告吹了。

（王子骏）

在那难忘的岁月里——访地下老党员奚凤英

2013年9月22日，这是一个丹桂飘香的秋日。清晨，我与朱法仁同志乘车来到王埂村，打听地下老党员奚凤英的住处，得知奚老在陶辛镇二女儿处居住，在王埂村老书记王茂峰的陪同下，一行三人驱车来到陶辛镇四门村奚老二女儿家。谁知两天前她三女儿又将她接到行春圩。我们立即上车改道方村。直达五星村石桥自然村谈绪保家。我们一进院门，奚老正坐在一把小椅子上剥黄豆，嘴里还哼着小调，虽然今年已经86岁，但依然神采奕奕。当她抬头看见我们的时候，显得格外高兴，立即站起身来相迎，并招呼女儿、女婿领我们进堂屋，看座、倒开水、递香烟，热情接待。

大家落座闲聊一阵后，我就把我们的来意简要地向奚老说明。我们这次来访，一是看望您老近期的身体、生活情况；二是想了解一下您老夫妇过去从事地下工作的一些斗争经历，收集整理传承下去，给后人留下一笔精神财富。奚老听完我们的来意之后，她沉思片刻，又站起身来慢步向堂屋大门踱去。她自言自语地念道：“我和王德诰相濡以沫数十年，共同渡过一次次难关，他虽先我离开人世，但他在那难忘的岁月里，忠诚于党、忠于人民、英勇战斗的精神和一心为老百姓能过上好日子的理想仍是历历在目。”她又慢步踱回到座位上，面向我们缓缓地说道：“属于我的时间已经不太多了，所以我要更加珍惜，我今天把过去的一些事情向你们介绍，就算我有生之年多做一点有益于社会的事。”她的言语坦荡平缓，她的目光单纯慈祥，温暖而充满力量。

原来，王德诰出生仅一个月，他的父亲就因病离开人世。年轻好强的母亲带着他艰难度日。一晃几年过去，就在王德诰刚满5岁的那年，他母亲怕家里贫穷，以后很难娶到媳妇，就托人在陶辛镇四门村奚家抱养了一个1岁的女孩做童养媳，也就是现在的她。

王埂自然村地势低洼，经常发生内涝，减产或绝收，群众生活极苦。王德诰一家三口，靠租种几亩薄田勉强糊口，虽然王德诰早已到了上学的年龄，但因家庭贫寒上不起学，只能给人家放牛糊口。母子三人，相依为命，日子过得却不乏和睦快乐。然而，就这样贫穷的日子也不得长久啊。1937年12月，日军的铁蹄踏进了芜湖，埭南王埂一带因铁路穿境而过，故经常遭到日军的"扫荡"。刚到12岁的王德诰便和家人一道逃到了南陵，靠给人家放牛每月挣一块银元维持全家三人生活。当时的南陵还被川军的一部占着，新四军三支队的一部也在南陵一带活动，他们经常组织抗日宣传队和爱国进步青年一起开展抗日宣传，教大家唱抗日歌曲，激发人民的抗日斗志。14岁的王德诰受到抗日宣传的影响，内心里萌发了抗日的志愿，并毅然和母亲一道回到老家王埂。当时的王埂自然村也被日军占领了，还修建了据点和碉堡（和杨家渡据点成三角形火力交叉），住了100多名日军，主要保护铁路和桥梁，控制水陆交通。

当时，国共合作抗日，国民党军和新四军都经常在附近活动，袭击日军，日军害怕，就想和当地老百姓改善关系。这样一来，我们村的黑旦就被推荐到日军那里做事。黑旦这个人和我家王德诰特别要好，经常喊他帮忙做些杂事，日军认为王德诰不过是一个孩子，也就没加防范。这样一来二去便和日军搞熟悉了。就在这个时候，有个叫"大老王"（其实他姓朱，是我党地下人员，因王埂姓王的多，为便于隐藏身份就改姓王）的教书先生，经常往返在埭南、十连之间。后来我们才知道，他是地下党，专门负责和在日军据点做事的黑旦联络，刺探情报。那时，王埂外河滩直到十连以及下陵都圩的外滩连成一片，全是一望无际的芦苇荡，是藏人的好去处，南芜游击队和地下党经常在这一带活动。当然，日军也不忽视这一片茂密的芦苇荡，经常组织日军小队进行"扫荡"，可是每次都无功而返。因为每次日军"扫荡"出发之前，黑旦就会把消息传出，并要王德诰去通知"大老王"，"大老王"又及时通知埭南、十连地下党和南芜游击队立即转移。这样次数多了，日军开始怀疑"大老王"，准备逮捕他进行审查。黑旦知道情况后，要王德诰立即通知"大老王"转移，但是已经来不及了，敌人在要道口都加派了日伪军，设卡盘查来往人员，又派出一队日军由伪军带着进行逐户搜查。情急之下，我们只好将"大老王"藏在厨房草把仓里，上面堆了许多柴草，好在王德诰和搜查的日伪军小头目都很熟，进门随便观察和打量了一下，并寒暄几句就走了，这才躲过了日军的逮捕。当晚，我们趁天黑将"大老王"安全转移出去。第二天清晨，我家王德诰正在自家田里栽秧，黑旦急匆匆地来了，说日军马上要到十连圩"扫荡"，要他抄小路到对岸把消息告诉一个做生意的人。王德诰二话没说，放下手中的活，就立即抄小路把消息送到，使当时在十连开展工作的陈作霖等领导得以安全转移。在他完成任务后大摇大摆往回走的时候，正好碰上去十连圩"扫荡"的日军队伍，一个日军头目恶狠狠地揪住王德诰的腰际并一把举了起来，嘴里还号喁着："你的，什么地方的干活？"并用力将他扔到路旁的水塘里。看到王德诰在水里胡乱挣扎的样子，日军们一个个发出狼嚎似的狂笑。就在他落水后不到一百米处，日军又遇到了本村一个姓范的农民，正好挑了一担买回来的米走在回家的路上。突然，日军队伍里窜出几个士兵，二话没说，对着姓范的农民连捅数刺刀，范当场就死了，血和米溅泼了一地，日军们扬长而去。目睹这次血腥的场面，王德诰幼小的心灵里不但没有害怕，而且燃起了复仇之火。

1941年元月皖南事变之后，一些身份公开的党员干部开始秘密北撤。王德诰当时为地下党做工作的身份没有暴露，仍被留在本地继续做地下工作。1941年3月，新四军三支队重返皖南，帮助恢复地方党组织，继续抗日。1942年初，18岁的王德诰被秘密发展为中共党员。从此，在党组织的领导下，他担任竹丝港到杨家渡一带的地下交通员，负责传递情报、护送我地下工作人员过境等工作。为了安全起见，当时王德诰不参加党的任何公开活动，和党组织保持单线联系，故当时埭南党组织的一些对敌斗争的公开行动，很少看到他的行踪。

为了配合新四军三支队更加有力地打击敌人，南芜游击队经常破坏敌人铁路和通讯设施。有一次，王德诰得知日军第二天要沿铁路线查修电话线，就将这个消息迅速报告南芜游击队。正好南芜游击总队在新四军临江团一部的协助下，摧毁了反动的太丰圩大刀会董万村总坛。战后，回到埭南宿营，得知这一消息，立即做了妥善安排。次日清晨，我南芜游击队便在杨家渡桥西段两侧布下了埋伏，专等日军到来。晌午时分，15个日军通讯兵携带步、机枪、掷弹筒、维修工具等进入了伏击圈，立即遭到我游击队的伏击。战斗一打响，我游击队以密集的火力打得日军抱头鼠窜，失去还击能力。当场打死13人，俘虏2人，缴获机枪1挺、掷弹筒1个、长枪10支。游击队负责人还让王德诰等悄悄地给日军俘虏换上老百姓的衣服，将他们放掉。后来，日军再到王埂“扫荡”，那被放回去的两个日军都说这儿的老百姓是“良民”，所以后期很少进村扫荡，我地下党和游击队也得以经常藏身在敌人的眼皮底下活动。

为了南芜游击队的军需供给，特别是药品，王德诰和另外两个地下党员经常以卖米为由去芜采购。一些布庄、药店的老板虽然知道他们是为抗日军队办货，出于都是中国人的缘故，一般都不过问。王德诰就将米和一些土特产卖了，再换成所需的布料和药品，然后再分成许多份，花点小钱让进城做小生意的群众分散带回来。

1943年初冬的一天，王德诰他们照例去芜湖米行卖米。这次米行老板死压价格，王德诰突然灵机一动，让大家把米全部倒在米堆上。双方为米的多少发生了争执，并动了手。王德诰想起村里有一个叫王子英的人，在汪伪特务组织“11号”（日伪政治保密局）做事，还是个小头目，就去找他。王子英不知道王德诰就是他们要抓的地下党员之一，还以为是本村人，又是本家，于是很爽快地一口答应给他们帮忙。米行老板一看到“11号”的人就害怕起来，支支吾吾地说：“要钱要米都行。”王子英见只有三担来米，再诈也诈不出多少钱，就故意问他们三个：“你们还有没有丢什么贵重的东西?”说着还晃了晃自己手腕上的表。王德诰明白了,立即说他有一块祖传的金表刚才拉扯时弄丢了。米行老板哑巴吃黄连有苦说不出,不得不又多赔了一块金表的钱。当然,这钱全部给了王子英。临出城时,王子英把王德诰喊到一边,从口袋里掏出一份名单,指着给他看,让他帮助抓这些“抗日分子”。王德诰回家后,立即向党组织做了详细汇报,组织上觉得王子英的存在,对地下党和游击队人员的活动造成了很大的威胁,决定立即设法除掉他。这一年刚过,正月初二,王子英和村里另一个特务奚正州一道回村,王德诰发现后立即向党组织报告。当晚,王子英正在他叔叔家喝酒,王德诰把游击队带到那儿,按组织要求自己就没有露面,游击队将王子英抓获,从他身上搜出了我地下党组织的网络图。王子英和他的家人都无话可说。游击队负责人强日增让王子英带路,将正在老丈人家睡觉的奚正州抓获。强日增宣布了他们的罪行后,立即将他俩就地正法。

1944年春,南芜游击队在南芜县委的领导下,开始了拔据点、炸碉堡、扫除游击队和地下党活动的障碍。为了加强地下党组织和游击队之间的联系,王德诰经常被派去和南芜游击队联系。去的次数多了,与队伍里的同事都熟悉了,一有空就向他们学习军事技术。当时的王德诰年轻体壮、机智勇敢,又虚心好学,队员们也乐意把自己的绝活教给他。他很快就练出一手好枪法,而且出手相当快。当时的南芜工委副书记陈作霖看中了他,选他作为自己的警卫员,负责陪他下乡征粮、开展地下活动以及和国民党军协调谈判等。陈作霖还特意花了20担米,给他买了一把“快机”,配3把梭子,共60发子弹,可以连发,加上他原有的一支三八盒子枪,真是双枪齐射,战斗力极强,一般三两个人的小股敌人不敢近身,只得避而远之。打这以后,王德诰的身份也就随着活动而公开。

有一次,王德诰化装为仆人护送陈作霖到繁昌执行任务,晚上宿营在一个老乡家的闲置房内,这个老乡家的空房子后门正好靠近一座小山,王德诰观察好地形后,握枪靠在门边朝外观察,陈作霖在堂屋拐的椅子上休息。大约二更时分,突然听到外面远处有急促的脚步声,接着一队黑影已经离住处不远。王德诰让陈作霖从后门往山上撤,并低声说在老地方竹丝林汇合,自己设法把敌人引开。为了使首长安全,王德诰不顾生命的安危,从大门冲出,并向相反的方向狂奔,并不时反手给敌人一个点射,敌人认为这就是共党头目,穷追不舍,但是一个也不敢向前真追,只是在后面大声地吆喝,几分钟之后,就被王德诰甩掉。王德诰立即抄近路到后山竹丝林,未看到陈作霖,立即按陈的原路返回,没走多远就看到陈作霖,问他怎么往回走?陈说有一份重要文件未来得及带,在香炉下面压着,快去拿来。王德诰立即返身来到住处,这时敌人因未抓到共产党头目,在前后及屋内搜了一遍,便垂头丧气地撤回去了。后来打听获知,这是我地下党内的叛徒告的密。

还有一次,王德诰护送陈作霖到泾县执行任务。离接头点还有十几里地时,天色已晚。突然，发现前面不远处有一队敌伪军迎面走来，好在天黑敌人未发现他们。他们立即闪身往旁边竹林隐蔽，等敌人走后，他们出来继续赶路。可是陈作霖的眼镜不知在哪里被竹枝刮走了，天又黑怎么找也找不着。陈离了眼镜晚上根本无法行走，何况又是山路。王德诰不假思索，立即蹬下身子，背起陈作霖，跑了十几里路，终于到达了目的地。第二天清晨，由地方人员到丢失眼镜的地方去找，在一根死竹丝枝头上发现了丢失的眼镜。

自打王德诰身份公开之后，我为地下党工作虽然未露半点蛛丝马迹，但是因为我们是夫妻，所以敌人是不会放过我们的，经常有敌伪军、乡丁、保安队三番五次到我家，找枪、查弹，折腾得没完没了，几次将我抓到敌人据点进行审问，软硬兼施。有一次将我带到庙前伪乡公所（埭南乡政府住处），严刑拷打，还用干电击（直流电击）打我，将我的腰部击伤，留下一生的后遗症，天阴下雨，腰直不起，疼痛难当。敌人的手法用尽，我始终采取一问三不知，没有透露半点地下党活动情况。

1946年3月，王埂地下党组织，通过对我进行长期的考验，认为我思想进步、立场坚定，又具备地下活动的经验，符合党员的标准，便秘密吸收我为中共地下党员。从此，在党组织的教育帮助和领导下，我一直坚持为地下党组织收集情报，宣传党的政策，发动群众，参加对敌斗争。

1947年7月，王德诰奉命到埭南、十连一带执行任务，任务完成后已是深夜，便顺便回家看望一下母亲和我。当时王的双眼害得不能睁，母亲心疼，让他在家休息一下。谁知天刚亮，就有一个叫三麻子的急匆匆地来报信，说有人要来抓王德诰，让他快跑。王德诰一听就从床上一跃而起，提着双枪，从后门的草堆垛旁边插到通往坝里的小道，一头就窜进青稞稻田里隐蔽起来，待敌人撤走后，方赶回部队。王德诰刚撤出，埭南伪国民党乡长方良茂就带领十三旅的李连长及士兵、乡丁、保安队共一个连的人，把屋前屋后围个水泄不通，村前村后的主要路口都派出哨岗。他们在我家里翻箱倒柜，没有搜到王德诰，就开始在全村搜，折腾到晌午时分，仍未抓到王德诰。方良茂一伙气急败坏，又把我和婆婆都抓了起来，并当场将我婆婆打得要死，接着又派人到四门把我的父母亲抓来一并审查，同时将我家的前后门贴上封条，说谁叫他家里的人参加新四军，活该！当时，本村的进步绅士王葆卿实在看不过去，就站出来讲话、斡旋，最后方良茂和李连长才松口，但是提出要由我家出钱办一桌价值斛打三担米的酒席，用来犒赏他们几个头头，没办法，只得答应下来，由王葆卿代办，下半年由我家负责连本带利归还，并当场立下字据。这样才放了我和我的家人。

回忆往事，我们夫妇能够为中华人民共和国的建立而战斗过，真是荣幸之至。我怀念那些为革命而牺牲了的战友，我们能够活着迎接新中国成立，并参加她的建设，看到了改革开放30多年来的巨大变化，对我们来讲真是莫大的幸运。

（王万春）

谈志和与行春大刀会

谈志和(1904.11.—1947.8.),字绪锦,又字绪美,兄弟姐妹四人排行老三。清光绪三十年(1904年)九月二十五日(11月2日)生于芜湖县方村镇五星行政村谈小屋基。

志和自幼天资聪慧,15岁时便拜师学木工手艺,得师父之真传。18岁学成归来,精通木工各种活计,乡亲们亲昵地称其为谈三木匠。21岁在父母的催促下娶本圩一李姓女子为妻。育有一男一女,男名永寿,弱冠时夭折,女小凤嫁于南陵奚滩吴姓人家,改革开放后移居芜湖南瑞新城。

1927年,23岁的热血青年谈三木匠,因一起冤案差点断送了他年轻的生命。那一年,谈姓家族富豪谈仁春家,一次因家财遭土匪抢劫,有人便诬告三木匠也参与了此次劫案。事件的原委是这样的:在谈家劫案发生的这一天,有人发现有一劫匪是个跛腿,而恰巧在案发的前一天,谈志和家确实来了一位跛腿的客人,但并不是劫匪。因此,谈志和成了此次劫案的嫌疑人,诬陷他参与了此案,告到了当时的方村区公所。时任方村区区长的奚迺辉,派人将其拘捕,并且严刑拷打,谈受尽了折磨,但始终没有招供。第二天,奚迺辉准备用穿"铁草鞋"的严刑来逼供。得到这一消息后,其兄谈绪庆连夜到处求人,向当时在芜湖任大律师的谈姓族长谈佐庭求助。谈大律师细听缘由经过仔细分析后,觉得案件非同寻常。第二天从芜湖坐轿直奔方村,见到奚迺辉区长后立马询问案情。经过一番唇枪舌剑,终因一无证人,二无证据,奚迺辉不得不当庭释放了谈志和。经过这一次生死劫难,谈志和便辞别双亲及娇妻幼子,带着满腹的无奈和一身的木工手艺,只身前往北平做工。未曾想,这一别就是十几个年头,家人音讯全无,真是度日如年。其老母因思念哭瞎了双眼。在北平期间,谈志和又与一王姓姑娘结婚组成一个新的家庭,并生有一子。

1943年春,阔别家乡十几年的游子谈志和,在父母的召唤下抛下北平的妻儿,只身回到了养育他的故土行春圩。经过了十几年的社会闯荡和艰苦生活的磨炼,他感悟到世态之炎凉,生活之艰辛。特别是在北平时,受到爱国人士进步思想的影响,他成熟多了。回到家乡后,眼见家乡人民仍然生活在水深火热之中,被赋税压得喘不过气来,甚感愤愤不平。他和贫苦农民促膝谈心,和农民算了一笔账:富人上半年放一担菜籽钱,秋后称三担稻,而在青黄不接时,一担米也要三担稻,这样下来,老百姓日子怎么过。因此他号召全圩穷苦农民联合起来抗租抗息。这一英勇壮举和惊人的胆识,得到了开明绅士胡光明(高基人)的高度重视和积极支持。在胡老先生的游说和斡旋下,得到了圩内大多数开明人士的赞许,遂决定创办一个民间自治组织,来维护本圩的地方治安和调解民间纠纷。经胡老先生的鼎力举荐,谈志和成为筹办这一组织的主要负责人。

1944年春，在一切工作准备就绪后，经第一次会议研究决定，以烧香祈神的封建迷信为组织形式，建立了行春圩第一个农民自治组织，并将这一组织名称定为“行春大刀会”。会员都是来自行春圩内的农家子弟，凡年龄在20至30岁之间的青壮年男丁，符合条件的都要参加，没有待遇，纯属义务。在不到半年的时间里，会员发展到700余人，其中有两名十五六岁的姑娘，她俩手提花篮走在前面，被说成在神的庇护下，战时能将敌人打来的子弹招入花篮。这两位姑娘一位是旗杆谈村谈姓的，一位是花园李村李姓的。

大刀会一致推举谈志和为会长，总部（也叫坛子）设在原谈家祠堂（即现在旗杆村谈家村圩外河滩上）。在这700多名会员中，另行选拔20多名身壮力强且身手敏捷的会员为常备队员，全脱产，参与总部一切事务。全体会员常年集训，一般是在晚饭后，由总部司号员用铜笛发出信号，听者互相转告，前往总部集训。正因大刀会是以道会门的形式所办，故除去会长之外，还设有师爷一职（第一任师爷为张朝举，梅村人）。师爷的职责是授道解惑，指点迷津。集训时，会员都集中在祠堂的大厅里，先由师爷讲经说法，至半夜时分，将灯火熄灭，会员们在黑暗中做“功”，在伸手不见五指的情况下，相互撞击推搡。约莫半小时后，灯光一亮，各会员汇报做“功”结果，总部就按来“功”情况配备兵器。所有会员统一头扎白毛巾，腰系白布带，腿打白绑腿。在开办的第一年，所有会员都得去训练“做功”，晚餐由坛子里供应伙食，经费来源于全圩田亩均摊。旗杆流水自然村毛海为总务主办，合心黑鱼坝自然村滕立楷任会计，一切事务按顺序正常运转。这样一来，就大大削弱了乡、保、士绅之利益（因费用从田亩中要扣除大刀会之费用），但他们也只能记恨在心，却亦无可奈何。

为了维护好全圩的地方治安和民众的利益，常备队员无论寒暑均晚上在全圩巡逻、放哨，白天驻扎在总部坛子里，夜晚执行任务。由于组织严密，纪律严明，加之会长又身先士卒，大刀会创办两年来，全圩未发生一起偷、盗、劫、抢等恶性案件，得到了民众的大力支持。全圩百姓无不拍手叫好，都说大刀会神通广大，刀枪不入，声势之大，达到空前。这时，乡、保、士绅有按捺不住者，以行政保保长张先镇（字邦弼，合心谈港自然村人）为首，于1945年秋，带领一班所谓团防队员（联防队），携十几条长枪，在晏公庙后（旗杆村境内）的大埂上要与大刀会试枪。大刀会会员在总会长谈志和的率领下，欣然应“敌”。起初十几条长枪均打不出火来，有几条枪还炸了膛。这时，师爷张朝举冲出队伍，大叫一声：“你们打我鸟。”说来也巧，突然长枪队的一杆枪“砰”的一声打响了，而且还打在师爷的大腿根，后来不治身亡。一时间谣言四起，说大刀会并不神奇，诋毁之声，一片鹊起。

在与总部谈家祠堂隔河相对的保丰圩，有一支为芜湖县伪县长奚迺辉（原方村区长升任，解放后被镇压）直接指挥的地方武装保安队第九中队，一直在觊觎行春大刀会。他们配备有长短枪，还有几挺轻机枪，中队长陶刚东(解放后被镇压)，因行春大刀会不为他们所调遣，故视行春大刀会为仇敌，时常隔河放枪骚扰民众。在忍无可忍的情况下，总会长谈志和当机立断，决定与保安队九中队决一死战，刹一刹他们的嚣张气焰。是年年底的一天，在大刀会新任师爷、原古城寺和尚来富法师的率领下，乘船渡河出战。保安队毫无戒备，闻风丧胆，不战而败，上百人的队伍拖枪溃逃，一气狂奔到清水河大桥头，在无路可退的情况下准备鸣炮迎降，与大刀会议和。就在这一关键时刻，保安队里一个满脸胡子的陶姓小队长突然发话，他大喊："兄弟们，你们看，大刀会只有几十人，怕他们干什么，和他们拼一拼。"于是，他们重新架起枪来，突然枪就打响了，师爷来富法师冲在最前面，一颗子弹不偏不倚射中了他的右腿，不能再往前冲了。会员们见师爷中弹，顿时乱了阵脚，在群龙无首的情况下便拖刀溃逃。保安队发起反攻，枪声大作，师爷来富被追上来的保安队活活用枪托砸死。另有两名大刀会会员中弹，一名叫载生，一名姓钱，连师爷在内大刀会在此次战斗中共战死3人，士气大挫。退回总部后，在总会长的主持下，大刀会认真查找失败原因，认为主要是因为渡船渡河较慢，未等大队人马聚齐，少数人冲在前面，后续部队未来及跟上所致。经过这一次的挫败，大伤了大刀会的元气。但谈志和仍然信心百倍，积极组织，整顿队伍，经过大半年的休整，士气又很高涨。1946年冬，保安队九中队在陶刚东的带领下，于一个冬夜，大举进犯，蓄意进行报复，打、砸、抢、烧无恶不作，民众弃家弃财逃往他乡，直到十几天后才敢返乡。事后，据不完全统计，共烧毁民房100余间，掠走财物不计其数。谈志和亲自采购的谈氏家族的马灯行头也被掠走，但因没有抓到谈志和本人，保安队仍不死心，一心想剿灭行春大刀会。劫难之后，谈志和为了安抚民众，于1947年春四处奔走，游说乡绅富户，凑合了一些财物，用来补偿死者家属和房子被烧的民众，使他们得到一些慰藉。当年农历六月二十六日(8月12日)，谈志和与他的警卫员沈根水，一早来到合心梅屋基一带，走访当时的行春乡开明绅士、联保主任张朝儒。殊不知，此时死神已向他二人袭来。其实在保安队进犯行春时，富户士绅包括谈姓家族中的一些富人便对谈志和的大刀会颇有反感，并有人动了杀机。此后谈的行踪，一直被人盯梢，得到消息及时密报保安队陶刚东。这一天，密探准确地掌握了谈志和的行踪，他们终于动手了。当天上午，两个假装钓黄鳝的保安队便衣，探得谈志和在梅屋基一带，穿一袭黑色香云衫衣裤，而他的警卫员沈根水则穿一身白老纺便装。天刚刚擦黑，保安队二便衣藏匿于水稻田中，待谈志和二人回家走在田间小路上，他们突然袭击，瞄准穿黑衣服的人一阵乱枪，穿黑衣者当即身亡。刺客上前查看，却见死者不是谈志和。原来谈志和与沈根水将白天穿的衣服于下午全部换了。二便衣紧追不舍。当追到坝埂尽头时，被大沟阻隔的谈志和便藏在田头的一荷塘中，终因不会游水，逃脱不了保安队的搜寻，结果被乱枪打死于荷塘之中，终年43岁。噩耗传出后，他的好友孙美和(方村镇梅村人)

前来料理后事时，透露早在1945年时，行春大刀会就与埭南新四军有过接触，约定凡从易太到埭南的新四军游击队（暗号“四老爷”“板凳腿”），行春大刀会与其互不侵犯，及时予以放行，并表示与其合作，在适当的时候由新四军游击队收编。在一次常备队员会议上，谈志和表示不久将与新四军联合，会员们一致表示赞成。因此，在上次与保安队进行战斗时，新四军曾派来4名战士，与大刀会会员一样打扮，只是未曾暴露身份。刚解放时，原游击队队长高龙山回忆说，谈志和的行春大刀会曾表示愿意接受新四军改编，但未等时机成熟就已遇害，表示非常惋惜。正因为如此，解放后行春大刀会未被列入反动会道门之列。谈志和是一位体恤民众、热爱家乡、决定投身革命的志士，他的遇难是行春民众的一大损失。谈志和被害后，行春大刀会随之彻底解散。他在北平的妻儿，在其死后的第二年来芜寻夫、寻父，在途中因火车失事不幸遇难。为缅怀谈志和，现根据其侄谈永明等知情者的口述，特整理撰写此文以资纪念。

（张国钰）

三、组织建设

抗日战争时期(1937.7—1945.9)方村片区组织建设以及方村籍干部在相关机构的任职情况

中共南芜宣县委员会(1939.1—1942.10)在方村片区的党组织

中共宦坝墩(王埂)支部

书记:滕良福(1941.8—1942.3)

宦守根(1939.1—1941.8)

滕良发(1942.3—10)

中共繁芜工作委员会(1942.10—12)在方村片区的党组织

中共王埂支部

书记:滕良发(1942.10—12)

中共南芜宣县委员会(1943.3—1944.3)在方村片区的党组织

中共埭南(区工委)中心支部

书记:滕良福(1943.冬—1944.3)

委员:滕良发(1943.冬—1944.3)

宦守根(1943.冬—1944.3)

中共王埂支部

书记:滕良发(1943.3—1944.3)

中共元村支部

书记:王永海(1943.3—1944.3)

中共俞家坝(陈家墩)支部

书记:俞源生(1943.3—1944.3)

中共南芜工作委员会及政、军组织(1944.3—1945.1)在方村片区的党、政组织

(一)党组织

中共埭南(区工委)中心支部

书记:滕良福(1944.3—6)

委员:滕良发(1944.3—6)

宦守根(1944.3—6)

中共王埂支部

书记:滕良发(1944.3—1945.1)

中共元村支部

书记:王永海(1944.3—1945.1)

中共俞家坝(陈家墩)支部

书记:俞源士(1944.3—1945.1)

(二)政权组织

埭南乡政府

乡长:罗四维(罗德超)(1944.5—1945.1)

指导员:滕良发(1944.5—1945.1)

中共南芜县委员会及政、军组织(1945.1～9)

政权组织

供给科

科长:滕良福(1945.7—9)

交通站

站长:滕良发(1945.7—9)

在方村片区的党、政、军组织

中共竹丝港区委员会

委员:滕良福(1945.1—9)

农抗理事会

理事长:滕良福(1945.1—9)

竹丝港区游击队

指导员:宦守根(1945.5—9)

1. 中共路南中心支部

书记:王永海(1945.3—9)

中共元村支部

书记：王永海（兼，1945.1—9）

中共王埂支部

书记：王德池（1945.1—9）

中共宦坝墩支部

书记：宦文炳（1945.1—9）

2. 中共路北中心支部

书记：俞源生（1945.5—9）

孙昌维（1945.3—5）

中共俞家坝支部

书记：俞明士（1945.1—9）

中共孙庄支部

书记：程余祥（1945.1—9）

中共罗岔支部

书记：罗祖南（1945.1—9）

中共洪墩支部

书记：俞源士（兼，1945.2—9）

移风乡政府

指导员：孙昌维（1945.5—9）

埭南乡政府

乡长：姚长俊（1945.4—9）

指导员：滕良福（1945.1—9）

农抗理事长：王德池（1945.4—9）

方村区游击中队

队长：俞启山（1945.5—9）

副队长：王德椿（1945.5—9）

指导员：滕良发（1945.5—7）

方村镇政府

镇长：徐宝林（1945.4—9）

解放战争时期方村片区组织建设以及方村籍干部在相关机构的任职情况

中共南繁芜县委员会及政、军组织（1945.10—1947.9）下辖在镜湖区（原芜湖县）境内的组织

南芜区游击队

队长：王茂秀（又名王春山，1946.5—8）

在方村片区的党组织

中共洪墩支部

书记：陶延山（1946.8—1947.9）

中共孙庄支部

书记：程余祥（1946.3—1947.9）

中共王埂支部

书记：王德池（1946.3—1947.9）

中共元村支部

书记：王永海（1946.3—1947.9）

中共宦坝墩支部

书记：宦文炳（1946.3—1947.9）

中共罗岔支部

书记：罗祖南（1946.5—1947.9）

中共俞家坝支部

书记：俞明士（1947.3—9）

中共周屋基支部

书记：滕大金（1947.3—9）

中共南繁芜工作委员会及政、军组织（1947.9—1948.8）

（一）中共南繁芜工作委员会

委员：滕良福（1947.9—1948.8）

（二）下辖在原芜湖县境内的组织

中共南芜区工作委员会

书记：滕良福（1947.9—1948.8）

委员：宦守根（1947.9—1948.8）

南芜区武工队

队长：滕良福（1948.3—8）

指导员：滕良福（1947.9—1948.3）

在方村片区的党组织

中共周屋基支部

书记：滕大金（1947.9—1948.8）

中共洪墩支部

书记：陶延山（1947.9—1948.8）

中共俞家坝支部

书记：俞明士（1947.9—1948.8）

中共孙庄支部

书记：程余祥（1947.9—1948.8）

中共罗岔支部

书记：罗祖南（1947.9—1948.8）

中共宦坝墩支部

书记：宦文炳（1947.9—1948.8）

中共王埂支部

书记：王德池（1947.9 ~ 1948.8）

中共元村支部

书记：王永海（1947.9—1948.8）

中共皖南沿江第五工作委员会及政、军组织（1948.8—1949.2）在方村片区的党组织

中共南芜区工作委员会

书记：滕良福（1948.8—1949.4）

委员：宦守根（1948.8—1949.4）

南芜区武工队

队长：滕良福（1948.8—1949.4）

中共周屋基支部

书记：滕大金（1948.8—1949.4）

中共洪墩支部

书记：陶延山（1948.8—1949.4）

中共俞家坝支部

书记：俞明士（1948.8—1949.4）

中共孙庄支部

书记：程余祥（1948.8—1949.4）

中共罗岔支部

书记：罗祖南（1948.8—1949.4）

中共宦坝墩支部

书记：宦文炳（1948.8—1949.4）

中共王埂支部

书记：王德池（1948.8—1949.4）

中共元村支部

书记：王永海（1948.8—1949.4）

中共芜湖县工作委员会及政、军组织（1949.4—5）

中共芜湖县工作委员会

委员：滕良福（1949.4—5）

中共芜湖县委员会及政、军、群组织（1949.5—9）

中共芜湖县委员会

委员：滕良福（1949.5—9）

民运部

部长：滕良福（1949.5—9）

芜湖县农民协会筹备委员会

主任：滕良福（1949.5—9）

中共石硊区委员会

副书记：俞相仕（1949.8—9）

石硊乡公所

乡长：袁后胜（1949——）

指导员：沈恕琪（1949.5—9）

财粮员：张增福（1949.5—）

埭南乡公所

乡长：孙昌兴（1949.7 ~ 9）

俞澄仕（1949.5—6）

善瑞乡公所

乡长：孙昌华（1949.6—9）

指导员：滕良发（1949.5—7）

丰福乡公所

乡长：孙昌华（1949——）

指导员：王配才（1949— ）
方村区公所
团委书记：王昭扑（1949— ）
万春区公所
副区长：滕良福（1949.5— 5）
保沙乡公所
乡长：周大宗（1949— ）
行春乡公所
指导员：王德诰（1949.5—6）
周皋乡公所
指导员：孙昌维（1949.5—9）
方村镇公所
镇长：王德长（1949.5—9）
指导员：王德松（1949.8—9）
丰胜乡公所
指导员：王永海（1949.5—7）
县公安局
内保科科长：水厚义（佑亭）（1949— ）
县武装部
干事：孙干武（1949— ）
县组织部
干事：程文霖（1949— ）
县医院
院长：王炳义（1949年前某部队军医，后转业任县医院院长）

（王万春）

人物春秋

◆ 名人录踪

◆ 乡贤人物

◆ 革命烈士

◆ 专家名师

一、名人录踪

徐盛

徐盛，字文向，琅琊莒县（今山东莒县）人，三国时吴国名将，原为芜湖令，祐封芜湖侯。在汉末因战乱客居江东，无以谋身，乃聚众数百人入江东为水寇，以英勇闻名，号为"狄鬼"，由孙权所设"招贤馆"招用。

早期，他与丁奉一起作为帐前护军校尉，随周瑜参加了赤壁之战、南郡争夺战，后随孙权参加了合肥之战，随吕蒙参加了袭荆州之战，随陆逊参加了彝陵之战。吴国大大小小的战斗，徐盛多有涉及，以少胜多成了他作战的特点，因此屡立战功。

孙权开始执政时，任命徐盛为别部司马，但只给了500士兵，让他试任柴桑长对抗黄祖。黄祖的儿子黄射率几千人进攻他。当时徐盛身边还不到200人.但他坚守堡垒，奋起抗击，先是命令士兵放箭，杀伤了黄射的部队千余人，然后开门主动出战，大败黄射。让敌人不敢再次入侵。

孙权又派他征临城南阿山贼，徐又建功立业，升为中郎将，负责训练士兵。公元217年，曹操进攻濡须口，徐盛跟随孙权前去防御，魏军曾经大举进攻横江，徐盛和其他几位将领一起前去征讨。当时遇到大风，乘船被风吹到敌人控制的江岸边。诸将害怕了，没有一个敢出击，只有徐盛带领士兵上岸突击敌人。风停了，敌人也被击退，孙权得知后大为赞赏他的勇气和胆略。

公元221年，孙权向魏国称臣，魏国派邢员封孙权为吴王。孙权出都亭迎接，邢员露出傲慢的神色，张昭对此很是生气，而徐盛更加愤怒，对同僚说："我徐盛和大家不能挺身而出，为国家占领许昌、洛阳、吞并巴蜀，却让我们的君王来与邢员这样的人订盟约，这不是耻辱吗？"说完，泪流满面。邢员听了，对随从说："江东有这样的将相，不会久居人下的。"

后来，徐盛升为建武将军，封都亭侯，领庐江太守，赐临城县为俸邑。

公元222年，刘备伐吴到达西陵，徐盛攻下刘备多处屯营，一路立功。同年，曹休出兵渡口，徐盛与吕范、全琮渡过长江前去防守，遭遇大风，船上很多人都落水丧生。徐盛召集残部，与曹休隔江对峙。曹休派部队乘船进攻，徐盛在形势不利的情况下以少抗多，成功防御，魏军不能取胜，于是双方撤兵。战后，徐盛升为安东将军，封芜湖侯。

公元224年，魏文帝曹丕大举攻吴，摆出了要渡江的姿态，徐盛建议在建业外围筑上围墙，稀稀疏疏地修一些房屋，墙上设置假箭楼，江中摆好战船，其他将领认为劳民伤财，没有意义，徐盛不听，坚持按照自己的计划施行。曹丕到达广陵后，看围墙连绵数百里，又有许多房屋和箭楼，惊愕不已，以为吴国布防严密，加上适逢长江正在涨水，于是曹丕放弃进攻，引军撤退了。诸将于是十分佩服徐盛。

黄武四年（225），到行春圩围湖造田的北方逃难流民和徽州（属丹阳郡）山区的山越人已达近千户、数千人。围垦的地块呈不规则的长方形，南北向十四五里，东西向七八里，大小圩坝百余个，可耕面积万余亩。时任安东将军、芜湖侯、芜湖县令的徐盛经常带领儿子徐楷和随从兵士，乘小舟至围湖造田处安抚百姓，了解民情。当时三国鼎立时期的中央及地方政权组织，基本沿袭东汉旧制，东吴也不例外。由于战争的需要，地方官员兼领军队，指挥作战。徐盛父子按照吴制，对围湖造田移民区的政权机构予以逐步健全完善。第一步，把移民区命名为移民乡，置啬夫1名，食九品俸禄；置里6个（里是古代一种居民组织，相当于现在的行政村），并在移民中推选德高望重的移民首领担任6个里的里吏，协助啬夫处理一乡事务。同时，按照东吴当时屯田制的要求又安排部分兵士协助移民乡啬夫、里吏搞好人口登记、编户、造册，规定按时纳税的时间等，还派出兵士若干协助地方维护社会秩序。在农忙时，如无战事，就将一部分军士派到围湖造田处，一边训练，一边协助百姓耕种。在徐盛的安抚管辖下，军民和睦共处、亲密无间，为东吴基层政权的巩固立下不朽的功勋。

黄武八年（229），徐盛病逝，其子徐楷继承爵位并统领军队。

杨万里

南宋“四大诗人”之一。杨万里所创“诚斋体”，在中国诗歌史上独树一帜，占有重要地位。“诚斋”源自南宋抗金名将张浚。浚曾以“正心诚意”之说勉励他，其后宋光宗赵惇又亲书“诚斋”二字赐之，杨万里遂将自己的书室命名为“诚斋”，自号诚斋野客，世人称他为诚斋先生。他创作的平易自然、清新活泼的诗体，时人号为“诚斋体”。

杨万里（1127—1206），字廷秀，号诚斋，吉州（江西吉安）人，绍兴二十四年（1154）中进士，曾任秘书监。诗与尤袤、范成大、陆游齐名，四人并称为南宋“四大诗人”。杨万里一生作诗二万多首，他在巡视江南时，曾两次行经芜湖，留下多首清丽的诗篇。

南宋绍熙元年（1190），杨万里由朝中外派，出任江东转运副使，住节金陵（今南京）。当年出巡，向南取道溧水，经郎溪，入宣城，进入皖南山区。归途中他在池州登舟，泛舟长江，江行7天，为风雨所阻。行至繁昌境内弃舟，舍水路取陆路来到芜湖。诗人在《晓晴，发芜湖县吴波亭二首》之一中记叙“八日川涂九雨风，眉中出得入泥中。老夫强项谁能那，雨止风休伎自穷”。前一句写连天的阴雨使船难行，路也难走。然而诗人生性开朗，处事一贯乐观，后一句笔锋一转，写道老天也对要强好胜的“老夫”无计可施，只得雨止风休了！全诗生动幽默，趣味盎然。

绍熙二年(1191)春天，杨万里以65岁高龄再次作皖南之行。去时走陆路，行至黄池恰逢清明节，他在《清明午憩黄池镇》中写道：“莫笑孤村小市头，花边人出浦边游。绿杨拂水双浮鸭，碧草粘天一落鸥。”把小镇初春水光潋滟、芳草如茵的情景状摹得细致入微，出神入化。

杨万里对唐代诗人李白十分敬仰，旅途中常以诵读李白的诗消解寂寞。当诗人到达芜湖县方村镇时，圩田的绚丽色彩，令他目不暇接，沉醉其间。在《行春圩》诗中，诗人极言水乡迷人景色，诗云：“桑畴入眼郁金黄，麦垄千机绿锦坊。诗卷且留灯下读，轿中只好看春光。”为观赏美景，诗人连李白诗卷都顾不上读了。芜湖的水乡小桥、流水荷塘、农舍、炊烟……目光所至，无不美轮美奂，让人陶醉。杨万里在描写繁昌峨桥镇(2006年2月，划归芜湖市三山区)的诗中写道：“一溪秋水一横桥，近路人家却作遥。柳绕溪桥荷绕屋，何须更着酒旗招。”(《宿峨桥化城寺》二首之一)

杨万里任职江东转运副使为时虽只有两年，却不辞劳苦再次巡视江东，为政可谓勤勉。芜湖襟江带河，扼守皖南，是诗人出入必经咽喉之地。诗人在这期间创作的《圩丁词十解》，诗句中影影绰绰都能看到芜湖圩田的影像。他在《圩丁词》前言中说：“江东水乡，堤河两涯而田，其中谓之圩……乡有圩长，岁晏水落则集圩丁，日具土石，捷需修圩。余因作词……以授圩丁之修圩者，歌之以相其劳云。”《圩丁词》就是为圩工写的“劳动号子”。现十选其三，录之如下：

圩田之是一平湖，凭优儿郎筑作圩。万雉长城倩谁守，两堤杨柳当防夫。

年年圩长集圩丁，不要招呼自要行。万杵一鸣千畚土，大呼高唱总齐声。

河水还高港水低，千支万派曲穿畦。斗门一闭君休笑，要看水从人指挥。

王恩茂

王恩茂(1913—2001)，江西永新人。1930年加入中国共产党。1934年参加长征，任中共川滇黔省委秘书长。抗日战争时期，任三五九旅副政委、南下第一支队副政委、湘赣军区副政委，参加南泥湾大生产运动和保卫陕甘宁边区斗争。解放战争期间任三五九旅政委、一野二纵副政委、第一兵团第二军政委。1949年进军新疆，解放后历任中共中央新疆分局、新疆维吾尔自治区区委第一书记，新疆军区司令兼政委，中共中央西北局书记，新疆维吾尔自治区第三届政协主席，南京军区副政委、吉林省委第一书记、沈阳军区副政委、新疆维吾尔自治区区委第一书记、乌鲁木齐军区第一政委，第六、第七届全国政协副主席、新疆维吾尔自治区顾委主任。

“文化大革命”期间,王恩茂遭受打击和迫害,降职到芜湖。自1972年7月至1975年12月,在芜湖地委工作和生活3年半时间。虽然身处逆境,但始终坚持共产主义信念,对党忠贞不渝,满腔热忱地对待工作。当时他担任芜湖地委第一副书记,在工业和农业各抓一个点。工业是芜湖地区柴油机厂,农业是芜湖县围山公社良福大队。除了开会外,都蹲在这两个点上,调查研究、指导工作。柴油机厂在他的关心、指导下,排除极左思想干扰,生产热气腾腾,柴油机产量、质量在全省名列前茅。在良福大队,他入农户、跑田头,体察农情、民意。双抢时节,他虽已60多岁高龄且患高血压病,腰部留有战伤,但仍冒着炎热酷暑,与农民一起下田割稻插秧、施肥,俨然一个农活上的行家里手。1974年夏,宣城县麻姑山山洪暴发,数十间房屋被毁,数千亩农田被淹,大批牲畜被淹死,殃及4个公社,灾情十分严重。王恩茂闻讯,不顾危险赶赴灾区,慰问灾民,制定救灾措施,使灾害损失降到最低限度。

1975年7月下旬,正值双抢(抢收、抢种)期间,王恩茂轻车简从(身边只有一名驾驶员兼办事员),从方村河东过渡徒步到方村公社进行视察。在公社领导的陪同下,他顶着烈日高温,从旗杆大队方塘、三基至高基大队下坝、千亩、老基、街后等生产队一一察看。他每到一处都和农民群众亲切交谈,了解群众的生产生活情况。之后,他又对方村圩区内部交通设施提出合理建议。根据他的指示精神,方村公社利用1975、1976年两个冬春在内部修筑了廿字路,为荆十路和内部的主干道的修筑奠定了基础。

王恩茂始终坚持艰苦朴素的革命传统,每到基层,都在集体食堂就餐,而且交付粮票和伙食费。一些同志出于对他的敬爱,送一些土特产,他总是婉言谢绝,实在拗不过去的,也让秘书按市价付钱。1974年,他的大儿子在芜湖结婚,只办了一桌家宴,请了几位同事和好友。他说子女结婚不能大操大办,铺张浪费,移风易俗干部要当榜样。

离开芜湖后,王恩茂对芜湖仍然十分关心和支持。1990年,芜湖纺织厂原料棉花紧缺,面临“断炊”,市政府派王恩茂原秘书汪德才赴新疆求援。王恩茂批示自治区多渠道筹措数万担棉花,解决了芜纺厂的燃眉之急。在计划经济年代,他支援了芜湖数万张牛皮和近百吨印刷用纸,有效地支援了芜湖生产。

1992年5月上旬,王恩茂以全国政协副主席的身份来芜湖视察。当时的市委书记金庭柏向他汇报了在芜湖建设长江大桥的迫切性和重要性,请他给予支持,以便顺利立项。据悉,后来他利用机会,在许多场合说芜湖需要建一座长江大桥。芜湖长江大桥的建设得以实现,与他的直接关心、支持也是分不开的。

陈作霖

陈作霖,1923年3月生,安徽无为人。1941年2月加入中国共产党并参加革命工作，高中文化。1941年至1945年在新四军第7师19旅政治部敌工训练班学习，任无东敌工委秘书，中共临江县委敌工站副站长，芜南、南繁芜县委敌工、情报、交通联络大站副站长，南芜县清水河区、奎潭区、方村区区委书记。在南芜期间，经常在埭南与十连秘密开展敌后活动，发动群众，巩固地下组织。

1945年至1947年在新四军第7师政治部联络部工作，任山东枣庄矿区党委联络科、秘书科科长，新四军、山东省军区政治部联络部干事。

1947年至1949年任中共皖南游击区南繁芜县工委副书记，中共泾青南中心县委委员、三工委书记，中共南陵县委书记。1949年起任皖南军区警备一团政治委员，中共繁昌县委书记，中共池州地委宣传部部长兼繁昌县委书记。

1953年12月至1957年1月任中共安徽省芜湖地委副书记。后任中共安徽省芜湖地委书记兼芜湖军分区政治委员。1955年至1956年在中共中央高级党校普通班学习。1956年起任中共安徽省委农村工作部副部长。1957年1月至4月任中共安徽省芜湖地委第二书记，1957年4月至1958年任中共安徽省芜湖地委第三书记。

1958年9月起兼任安徽第二医学院党委书记。1958年11月至1961年任中共安徽省安庆地委第二书记，其间：曾兼安徽农学院党委书记、院长。1961年3月至1962年5月任中共安徽省阜阳地委第二书记。

1962年5月起任中共安徽省芜湖地委第二书记。1963年5月至1965年8月任中共安徽省芜湖地委副书记。1965年8月起任中共安徽省安庆地委书记兼安庆军分区政治委员。1966年至1970年"文化大革命"中受冲击，下放劳动。

1970年至1975年任安徽省革委会办事组副组长，中共安徽省委常委、安徽省滁县地区革委会主任，中共安徽省委常委、滁县地委副书记、书记、第一书记。

1975年7月至1983年3月任中共浙江省委副书记、书记（当时设有第一书记），1983年4月至1985年9月任中共浙江省纪委书记，其间：曾兼任中共浙江省温岭地委第一书记；1975年7月至1983年4月任浙江省革委会副主任、浙江省副省长，1979年12月至1981年5月兼任省政府秘书长（其间：1979年3月至11月在中共中央党校培训部学习）。

1985年9月至1987年11月任中共中央纪律检查委员会常委、书记（当时设有第一书记）兼中央纪委秘书长（1986年起）。

1987年11月至1997年9月任中纪委常委、副书记。1988年3月、1993年3月相继当选为第七届、八届全国人大内务司法委员会委员。1988年5月起享受中央国家机关正部长级待遇。是中共第十一届、十二届中央候补委员，1985年9月中共全国代表会议增选为中央纪律检查委员会委员、常委、书记，中共十三大、十四大相继当选为中央纪律检查委员会委员、常委、副书记。

孙宗溶

孙宗溶(1916—2004),祖籍安徽太平,出生于芜湖。幼时在芜读私塾。1937年毕业于宣城高级师范。1938年3月赴延安抗大参加革命。6月加入中国共产党,8月毕业,分配至皖南新四军军部,由中央东南分局派至皖南特委工作。1939年4月到宣城孙家埠重建宣城党组织。在敌人搜捕暗杀共产党员的白色恐怖下,10月被任命为宣城工委书记,留下坚持工作。1940年1月,特委批准建立宣城县委,任书记,成立3个区委和30多个党支部,奠定了宣城党的工作基础。

皖南事变前夕,任特委委员兼南芜宣中心县委书记,事变后隐蔽旌德狮子洞3个月,领导各县党组织工作。1941年3月下旬,他代表特委帮助皖南事变中幸存的七八十名干部安全突围到江北。4月回南芜宣,整顿党组织开展工作。1942年8月,任特委委员、组织部部长、宣传部部长。

1945年1月,奉命返南芜县委任书记,兼南芜总队政委,发展游击战争。在皖南临团配合下,作战40余次,攻下许多敌伪据点,重创反动的大刀会组织,扩大游击区,打通马苏南游击区的通道。5月,亲自出马,深入到行春圩大刀会首领谈志和家,与其促膝谈话,向他宣传我党抗日政策和抗日爱国的革命道理,最后达成了共同反对日伪军、保护行春圩群众利益的协议。南芜游击队在行春圩大刀会的配合下,向盘踞在方村的敌人发起了攻击,击毙伪军10多名,俘敌7人,缴获了部分枪支,方村宣告解放。8月初,在宣城水阳与苏浙军区九支队会师。抗战胜利后,孙宗溶随新四军第七师北撤山东。

1946年12月,调华东局国区部工作。1947年4月,奉派重返皖南敌后,冒着风险,将华东局3月8日给皖南地委的指示信和电报密码交给皖南地委,任地委委员,协助贯彻“三·八”指示,坚持反“清剿”游击战争。

1948年8月,任皖南沿江工委书记、皖南沿江支委政委,负责迎接大军渡江。1949年4月上旬,积极接应第27军先遣渡江大队,配合完成战役侦察任务。在中路大军三野九兵团27军4月21日午夜打响渡江战斗前,组织沿江游击队于晚8时在江边燃火堆为我炮兵指示目标,剪断敌人电话线,袭扰敌据点,陷敌于混乱,配合先遣渡江大队夺取重要阵地,率沿江支队主力在南青泾一线,堵击溃逃之敌,为21日拂晓全军顺利渡江做出重要贡献。

解放初,任芜当地委第二书记、芜湖市委副书记、省文教委员会副秘书长。

1953年3月,被省委派往淮南煤矿专科学校,参加联合工作组平息学潮,任该校校长、党委书记。在省委领导下,1955年将该校发展为合肥矿业学院。1958年,创建多学科的合肥工业大学,该校于1960年跻身全国重点大学行列。刘少奇、邓小平、朱德、陈毅等十多位党和国家领导人曾至该校视察指导工作。

1956年至1963年，为中共安徽省委委员；1956年至1960年，兼任省委宣传部副部长；1962年9月，任省人民委员会副秘书长。

“文化大革命”期间遭受迫害。1975年12月，任省石化局局长、党组书记；1977年7月，任省委秘书长兼《安徽日报》社党委书记。他坚决执行中央指示，在省委直接领导下实现了报社的安定团结，大力宣传安徽农村大包干和各行业的改革。1983年3月，任省政协副主席、党组副书记。1991年2月，离休。晚年担任太白楼诗词学会会长。著有《孙宗溶文集》《孙宗溶诗选》。

江兴

江兴，1917年生，安徽宣州区江家村人。1939年参加革命。1941年初，国民党顽固派悍然发动震惊中外的“皖南事变”，在教导队学习的江兴也不幸被捕，被解往上饶集中营关押。利用敌人派他去送牢饭的机会逃了出来，前往江北寻找党组织，继续坚持革命。1945年4月，江兴被皖南地委和南芜县委派到敌后的方村区任区长。江兴任区长后，积极开展工作，建立了方村、陶辛等乡镇政权，搜集了地方上日伪暗藏的武器，建立了方村区游击小队，开展了打击敌伪分子的武装斗争。在方村区实行“二五”减租，巩固了革命政权。1945年8月18日，暗藏在方村区游击小队的叛徒陶能金，与国民党芜湖县保警队副官陶明基暗中联系后，向江兴谎报前圹沿（今六郎镇北陶村）有敌人埋藏的枪支，江兴于是带领游击小队前去取枪，当部队行至中谢王村（今六郎镇石人村）时，被敌保警队包围。江兴及通讯员王盛山被叛徒陶能金等人捆住，其他游击队员全部被俘。江兴被捕后坚贞不屈，8月23日，陶能金等人将江兴和王盛山绑上石头装进麻袋，投入赵家桥河中，二人壮烈牺牲。

（王万春）

二、乡贤人物

张一如

张一如，生卒年月不祥，字来初，一作如来。明崇祯四年（1631）进士，晋吏部主事，后出为浙江嘉湖道和湖广荆南参议，因病回故里。

《太平府志》载张一如“负才峻异，文名甲江南”，其秉性“清介不阿权贵”，“为人孤高旷达，意致萧散，有山巨源五逸少之风”。晚年尤精于史学，对司马迁、班固等历史学家所著史学著作很有研究。所著诗集《绿渔客草》《言思阁诗集》盛行当时。辑录《避暑赭麓》诗（四首之二），足见他的思想和文采：“渐听晨钟百虑轻，只缘居士近逃名。心驜不问鸡鸣路，客至时闻犬吠声。田父侈谈今古事，稚儿偏惜乱离情。林蝉日噪无休息，即见秋风次第生。”

张一如对母亲很尽孝心，回乡后一心侍奉母亲，还亲自参加园圃生产劳动，并无“惰容”。后病逝家中，终年63岁。

滕良福

滕良福（1904—1955），埭南乡王埂村人。出身于农民家庭，从小放牛种田，过着极苦生活。民国28年（1939）2月，加入中国共产党并参加革命工作，历任埭南（区工委）中心支部书记、埭南乡（抗日民主政府）指导员、南芜行政督导处供给科长、南繁芜行政办事处主任、南芜区工委书记、武工队长。解放后历任中共芜湖县委委员、方春区副区长，县民运部长、农民协会主任、农村工作部副部长、部长等职。

民国28年（1939）2月，在南芜地区党组织的领导下，积极宣传党的抗日主张，秘密建立基层党组织、发展党员、侦察敌情、搜集情报、筹集军粮和担任地下交通员等。民国34年（1945）9月，南芜地区党政干部北撤，他未接到通知，与党组织失去联系。在恶劣环境中，仍利用各种关系设法与党取得联系，恢复巩固党组织，建立武工队，坚持在埭南、十连一带开展游击活动。在斗争中5次遭遇“围剿”，他机智地同国民党军周旋，保存了力量，坚持在埭南、十连游击区扎下根来，为人民解放军渡江、解放芜湖做了大量工作。解放后，他在工作上积极努力，任劳任怨，生活上艰苦朴素，作风正派、平易近人，因积劳成疾医治无效，于1955年11月逝世。为纪念他，1956年围山乡的围塘高级农业社被命名为良福高级农业社(后更名为良福大队)。

宦守根

宦守根(1913—1996),埭南乡王埂村宦坝人。民国28年(1939)1月加入中国共产党,历任党支部书记、地下交通员、南芜游击大队一中队指导员、南芜区工委委员等职。解放后任县大队指导员,第七区农会主任。1958年退休,1982年改为离休,享受副处级待遇。

宦守根参加革命入党后积极宣传抗日,发展中共党员,他的家成为中共地下组织活动的联系点。民国29年中共南芜宣县委组织部部长阮致中在他家乡活动,突遇日本侵略军"清剿",宦将自己的"良民证"给阮脱身,自己却遭日军抓捕关押险丧性命。同年,中共皖南特委委员兼南芜宣中心县委书记王敬之和副书记沈鹰在埭南圩张家湾从事革命活动时被敌人发现,宦被捕,罪名是通新四军,逼他交出沈鹰的住址。他被吊打关押三天,坚贞不屈,誓死不供,使沈鹰幸免于难。

民国33年(1944),宦守根冒着生命危险,设法通过多道日伪军关卡,将中共地下组织购买的枪支转送到在繁昌的南芜游击大队。次年6月,宦守根在南芜游击大队奉命攻打反动大刀会时被捕。他先被大刀会绑在一棵大树上,后被绑在板凳上。他趁敌人喝酒不备之际挣脱绳索,手持一把大刀杀出村去,一路狂奔绕道凫水过河回到家中。同年9月,南芜地区中共干部北撤,他因病留下休养,曾一度与中共地下组织失去联系。民国36年下半年,他将孙宗溶留下的文件原封不动地交给中共地下组织。次年春,宦秘密赴无为县与华东野战军先遣队取得联系,带回让中共南繁芜工委副书记陈作霖与部队取得联系的指示。同年6月,宦随陈作霖等人带武工队在十连、埭南一带活动,因叛徒出卖遭国民党奎湖自卫队包围,他立即焚烧党的秘密文件,爬上屋顶脱身,但其妻及家人被敌人抓走。

宦守根在革命战争年代不畏艰险,在面临敌人屠刀时,英勇无畏持刀而逃的动人事迹远近闻名,广为传颂。

宦老在抗日战争和解放战争期间,是一名优秀的共产党员,也是南芜游击队的一名杰出的指挥员和战斗员。离休后,他仍不忘党的事业,以一名普通老党员的本色,经常活动在乡村田头,义务宣传党的方针政策,教育农民要听党的话,坚持走社会主义道路。

王葆卿

王葆卿(1879—1966),谱名宏琛,学名聘琅,本县埭南乡人,清末秀才。王葆卿诗文流利,家资富饶,拥有民业田300亩,不多收佣户租,不放高利贷,喜交游,重贤士,乡邻文人学士,均乐与交往。

抗日战争时期,他多次保救新四军干部和被捕群众,并以自家资产支援中共游击队活动。1941年任芜湖县财务委员会主任委员。解放前夕,沿江支队给他颁发过立功奖。解放后,王葆卿被选为芜湖县第一届人民代表,1951年任安徽省文史研究馆馆员。

丁禹堂

丁禹堂(1895—1978),祖籍南陵县。其父略有武功,精通骨伤科。丁禹堂自幼习武,并随其父学习伤骨科,后来武功和医道都在其父之上,声名鹊起。他年轻时来到芜湖县方村河东(今政和乡)落户。在方村镇开私人诊所兼营中药铺,店号“丁长春”。他擅长推拿、针刺、拔罐、膏药,小夹板等传统中医手术,治疗伤痛、脱臼、骨折,方圆百里,有口皆碑。1949年,倡建方村镇卫生所,后改为区医院。1952年参加方村联合诊所,后入方村医院,被作为有专长、有特色的医务人员破格吸收为国家正式职工,并任骨科主治医师。

王茂秀

王茂秀(1914—1946),原名王春山,化名赵再仙,埭南乡竹元村邵上自然村人。1942年曾担任汪伪芜湖县保卫团(后改为保安队)第二中队队长。1943年春,南芜宣县委书记金厚初化名刘亚夫,以医生和组织帮会的名义,打入王茂秀的部队做策反工作。王茂秀经过金厚初的教育,懂得了许多抗日救国的道理,逐渐同情和支持抗日斗争,为我党组织提供了很多掩护。1944年上半年,王茂秀以伪军中队长的身份为游击队买了两支短枪,不料事发被撤职,所带领的中队也被改编。1946年春,国民党发动内战后,到处逮捕革命同志,王茂秀却主动找到党组织,经滕良福、柳树林介绍,参加了王文石领导的游击队。5月,王茂秀带领游击队员拔除了国民党设在芜湖县竹丝港的南竹乡公所,又缴了南陵县太丰乡公所的武装。游击队扩编为南芜游击队,王茂秀担任队长。8月8日中午,王茂秀率部队40余人在埭南圩活动时,遭到国民党芜湖县自卫大队的包围,王茂秀在掩护部队突围时,不幸被敌人击中胸侧被俘。在狱中,敌人对他严刑拷打,他宁死不屈,24天后于9月2日被折磨致死,牺牲时年仅32岁。是党的教育帮助,使王茂秀从一个旧军人,弃暗投明成为一名为了人民解放事业献出宝贵生命的革命烈士。

(王万春)

三、革命烈士

宦守钊

芜湖县埭南乡人，1904年出生，1938年参加工作，南芜地下党员，1942年在南陵县黄塘乡被反动地方武装杀害。

王明才

芜湖县埭南乡人，1918年出生，1943年参加工作，繁昌县保太区税收员，1943年5月被反共团在长江边杀害。

朱志洲

芜湖县天民乡人，1922年出生，1939年参加工作，繁昌县税务分局主任，1943年在繁昌横山被日军杀害。

陈昌松

芜湖县埭南乡人，1924年出生，1944年4月参加工作，南芜游击队战士，1945年9月年在白马山执行任务时被日军杀害。

张步良

芜湖县埭南乡人，1922年出生，1939年参加工作，地下交通站站长，1945年被汪伪军逮捕在牢中牺牲。

罗四维

芜湖县埭南乡人，1907年出生，1944年6月参加工作，南芜游击队战士，埭南乡乡长，1945年被大刀会杀害。

王茂雷

芜湖县埭南乡人，1923年出生，1943年参加工作，南芜游击队战士，1945年7月在南陵县与大刀会作战牺牲。

王金标

芜湖县埭南乡人，1920年出生，1942年参加工作，华东野战军排长，1946年在山东枣庄作战牺牲。

孙美富

芜湖县方村镇人，1919年出生，1944年参加工作，新四军七师战士，1946年在江苏涟水作战牺牲。

王昭鑫

芜湖县埭南乡人，1906年出生，1944年参加工作，南芜游击队战士，1946年在繁昌平沟铺被敌杀害。

罗兴汉

芜湖县埭南乡人，1926年出生，1945年参加工作，南芜游击队战士，1946年在繁昌新林铺被敌杀害。

伍少家

芜湖县天民乡人，1926年出生，1943年参加工作，南芜游击队战士，1947年4月在攻打连水的战斗中牺牲。

周以法

芜湖县埭南乡人，1922年出生，1947年参加工作，南芜游击队战士，1947年在本县三里亭被害。

江邦胜

芜湖县埭南乡人，1904年出生，1948年参加工作，南芜游击队战士，1948年在泾县蔡村坝被害。

胡炳元

芜湖县埭南乡人，1922年出生，1951年参加工作，解放军战士，在湾沚牺牲。

曹友忠

芜湖县埭南乡人，1930年出生，1947年参加工作，南芜游击队战士，1949年在解放战争中牺牲。

王德荣

芜湖县埭南乡人，1916年出生，1949年参加工作，南芜游击队战士，1949年在家被害。

王文忠

芜湖县埭南乡人，1926年出生，1949年参加工作，志愿军二十五师战士，1951年3月在朝鲜战场牺牲。

罗仁家

芜湖县埭南乡人，1922年出生，1949年参加工作，志愿军一〇九六部队战士，1951年4月在朝鲜四次战役中牺牲。

秦贤锁

芜湖县埭南乡人，1926年出生，农民，1951年防汛时牺牲，被追认为烈士。

汤功高

芜湖县方村镇人，1920年出生，1949年参加工作，志愿军炮兵七师战士，1952年在朝鲜牺牲。

张国政

芜湖县方村镇人，1923年出生，1940年参加工作，志愿军四十四师战士，1952年在朝鲜牺牲。

奚居连

芜湖县天民乡人，1931年出生，1944年参加工作，志愿军二〇一团班长，1953年在朝鲜三八线战斗中牺牲。

杨维保

芜湖县埭南乡人，1922年出生，1949年参加工作，志愿军一〇九六部队战士，

1953年在朝鲜牺牲。

张百忠

芜湖县方村乡人,1929年出生,1949年参加工作,原第三野战军战士,1959年在平息西藏叛乱中牺牲。

沈来好

芜湖县埭南乡人,1924年出生,农民,1954年防汛时牺牲,被追认为烈士。

（王万春）

四、专家名师

刘尚恒,芜湖县方村镇人,天津图书馆工作,研究馆员。

王永雁,芜湖县埭南乡人,复旦大学教授。

王益春,芜湖县埭南乡人,芜湖县医院主任医师。

罗兴柏,芜湖县埭南乡人,中国人民解放军石家庄军械学院弹药研究室教授。

关大彬,芜湖县埭南乡人,芜湖市第四人民医院主任医师。

周志俊,芜湖县方村镇人,安徽师范大学体育学院教授。

朱　群,芜湖县方村镇人,江苏省常州市建筑设计院,高级工程师、国家一级注册建筑师。

张先锋,芜湖县方村镇人,安徽科技工程学院教授。

刘剑锋,芜湖县方村镇人,山东枣庄学院教授。

张学忠,芜湖县方村镇人,复旦大学教授。

冯仕银,芜湖县方村镇人,芜湖5720厂高级工程师。

张国栋,芜湖县方村镇人,马鞍山商业学院教授。

罗兴林,芜湖县埭南乡人,安徽省公安厅副厅长。

陈恩长,芜湖县方村镇人,林业部政法司司长。

（王万春）

农耕索隐

◆ 农事综述

◆ 农　具

◆ 农活举例

◆ 捕鱼工具

一、农事综述

十二个月的农事

行春圩是芜湖地区最早建成的圩口之一。这里土地肥沃，阳光充足，雨水充沛，沟渠纵横，是个地地道道的“鱼米之乡”。千百年来，我们的先辈们在这片土地上辛勤地耕耘着，他们种植水稻、小麦以及五谷杂粮，尤以盛产水稻誉满长江中下游地区，每年均有大量的稻米运销芜湖、南京及周边县市，是“芜湖米市”货源的供应地之一。

行春圩建圩历史悠久，农耕源远流长，我们的先辈们在长期的生产实践中，积累了丰富的农业生产经验。他们根据地理环境、气候条件等，不失时机地把握住农业生产的每个重要环节，为夺取粮食丰收打下良好的基础。

“一年之计在于春”。春季是备耕的季节，也正是万物复苏的季节，当太阳移达黄经315度时，“立春”节气到来，春天即将开始。“立春”一般是在“五九”尾或“六九”头，可能在头年的腊月，也可能在第二年的正月里。“立春”日这一天的天气、风向、晴雨等都关乎新一年的年成好坏。所谓“春在前看春，年在前看年”“立春晴一日，四季雨水匀，立春雨淋淋，阴湿到清明”，说的就是这个道理。

正月里，举国上下欢度春节、元宵节。元宵节后，农民们开始备耕，主要是检查犁、耙、水耖、水车等重要农具是否需要维修，耕牛是否跌了膘。耕牛需要增加营养时，就将泡泥豆（一种豆类，在中稻田里套种，类似黄豆）打料包，用温水精心定时喂养。二月里天气乍暖还寒，经常发生倒春寒天气，所以有“老牛老马难过二月八”之说。旧时耕牛乃宝中宝、命根子，没有它，人们就难以生存。春日里，在天气晴好时，要晒一晒头年备下的种子，以提高其发芽率。阴雨天，男人们就在家里搓草绳，打草鞋，合（读gè）犁筋；女人们则忙着补衣纳鞋底。在田间湿度较大时，她们还要帮助清沟沥水、修搭田埂。正二月里，北地寒流经常来袭，气温常低至零度以下。“清明断雪，谷雨断霜”，正是长江流域二月天气的特征。这时地表经常上冻，经过冻后的土壤种农作物还是比较发旺的，所以本地就有“正月里做的田埂是金埂，二月里作埂是银埂，三四月里是铁埂”之说。正月十五过后，富裕人家雇用的长工、伙计准时上工，他们在正、二月里所做的农活，除上述这些小事情外，还要为东家砻稻舂米，为农忙准备好充足的粮食。有农船有劳力的农户，还要捞一些塘泥，谓之“春泥”，以便给午季作物做追肥。

当太阳移达黄经330度时，即“雨水”节气的开始。“雨水”节气一般在正月或二月里。这一时期冬去春来，气温回升，雨日增多，雨量也明显增加。由于雨水增多，午季作物要及时清沟沥水，防止涝渍，油菜小麦要进行中耕除草和培土施肥，促使油菜抽薹，小麦拔节。那时候，施肥主要是靠塘泥、苇草，草木灰，其次就是人畜粪等。随着“雨水”过去，“惊蛰”节气到来，蛰伏在泥土里的小动物出来活动，这时阳光普照，一片春意盎然。“九九”之后，备耕工作进入繁忙季节。“九九加一九，耕牛遍地走”。对选作育秧的田块翻耕耖晒，整理秧田，只待“春分”过后，就要进行沤泡绿肥田。当太阳移达黄经“0”度时，“春分”节气开始，此时日光直射地球赤道，昼夜几乎等长，故有“昼夜均寒暑平”的说法。“春分刮南风，麦子加三分”，说明在这个季节里，南风带来了暖湿气流，有利于小麦的拔节灌浆和油菜的开花结实。二月里天气好，午季丰收才有保障。二月下旬至三月初，当太阳移达黄经15度时，清明节气到来。这时气温继续回升，天气逐渐转暖，草木繁茂，空气清新明洁，正是午季作物迅猛生长的好季节。清明过后的一周左右，瓜果类、豆荚类作物开始陆续下土育苗，也就是人们常说的“谷雨前后，种瓜点豆”，秧田这时只等泡种育秧。行春这个地方，过去大多栽插一季稻，也就是中稻。过去的气温比现在低，霜冻来得早去得晚，所以都是“三月清明前泡种，二月清明后泡种”。由于二月里气温还很不稳定。有时秧苗在花针长时遇寒流，就会发生烂秧现象，这时人们就补泡稻种重新补种，这就是复秧。这种秧长成的稻子叶头长，产量低。

种子从下水浸泡到保温发芽需一周时间左右。但到谷雨节气前后，所有稻种都要抛撒完毕，故有“傍谷撒谷”之说。此时的农家以育秧为重点工作，“千犁万耙一棵秧”，说明育好秧苗是稻子丰收的有力保证。从谷雨到小满这段时期，午季作物正是灌浆乳熟期，田间基本上没有什么活计，只是进行一些田间管理工作，正是人们通常所称“歇菜籽凉”的时候，也正是人们养精蓄锐的时候。当太阳移达黄经45度时，“立夏”节气到来。这时暮春方去，新暑初回，到处呈现万物生长，欣欣向荣的景象。农历四月里，田间什么农活都有了，人们真是忙得来也匆匆，去也匆匆，大麦要收割了，秧苗处于重点管理期；“立夏三天连枷响”，午季作物即将陆续登场。小满前后，油菜开镰收割。还得及时翻晒田块，挑施塘泥。“芒种”前，所有小麦都要收割结束，即所谓的“芒种小麦刀下死”就是这个道理。此时的农家真是忙得不可开交，到处呈现出“小满不答话，芒种不回头”的繁忙景象。那时没有什么电机，水泵，栽插秧田的用水完全是靠水车车上来的。我们行春沟大水深，适合大型水车汲水。大型水车车身长的有一丈六尺长，用于干旱年份，短的一丈许，用于雨水充沛的年份。一般是四人上车，二人休息，休息一定时间后换两人下来休息，如此周而复始。在栽插季节，六个男劳力包括车水、犁田、拔秧栽秧在内，每天一人一亩田任务，所以他们必须在半夜就下田车水、犁田、拔秧，吃过早饭就去栽秧，否则就完不成任务。为了及早完成栽插任务，人们真是不分昼夜在田间劳作，劳累的程度可想而知。“小满栽田家把家，芒种栽田普天下”。芒种后栽田是分早晚的，早栽一天就给稻季的收成增添一份希望。

古语说得好，“五月里是端阳，黄鳝泥鳅一样长”。它指的是此时的农村，除地主外，什么富户、中层户和贫苦农民都一样下田干活，分不出谁穷谁富。贫富的区别则要到秋收之后，那时才是“黄鳝是黄鳝，泥鳅是泥鳅”了。

五六月里，正值梅雨季，行春地处青弋江和长江下游的交汇处（那时荆山湖、天城湖还未成圩），梅雨季节表现尤为突出。行春是四周高、中间低的锅底形圩口，雨水多的年份，经常发生内涝。风调雨顺的年份，土地高低，收成相差无几，若遇恶劣年份，圩心的农田很难全收。行春圩的人们总结了很多关于气候与农业关系的农谚，其中有这样一句：“恶时恶节，尽在五月。”意思是说，恶劣的天气大多在五六月里出现。因此，人们在吃过年饭后，就担心着来年的年成。特别是居住在圩心的人们，更是蒙上了一层“圩田好做，五月难过”的心理阴影。早年，行春是个独立的圩口，一旦遇上发水的年份，圩堤很难抵挡洪水的肆虐，一是怕内涝，二是怕青弋江洪峰和长江潮水，因为它们来势凶猛，真让人提心吊胆。早年间，历经几次破圩的老人，只要提起破圩的事，他们仍心有余悸。民国20年（1931）六月，长江水位陡涨，川水直泻而下，冲破长江堤防，麻、凤二圩先后溃破，行春圩“唇亡齿寒”，滔滔江水自麻、凤二圩经荆山滩，几十里风浪直逼行春圩。那天风大雨急，不到二三个时辰，东自竹元拐，西到张花园的西北一线圩堤全线崩溃，人们的生命财产遭受巨大损失。灾后据有关部门发布消息，圩内百分之九十房屋倒塌，死亡人数至少有几百人。其次是1954年大洪水，行春也是芜湖县所破圩口之一。那年雨季，青弋江上游暴雨不断，洪峰接踵而至，加之长江水位不断上涨，在山潮两凑的情况下，圩堤不断出现险情，人们自四月里开始防汛，一直持续到七月。由于当时圩堤矮小，经不起洪水长时间浸泡，最终在7月13日圩堤溃破。幸好当时天气晴好，风平浪静，全圩无一人伤亡。大水平定后，人们有的投亲，有的靠友，多数人搬上圩埂窝棚居住。那时国家还很贫穷，但是党和政府还是不断地赈济灾民，并组织劳力生产自救，使灾后重建工作顺利开展，人们的生活没有受到太大的影响。

当太阳移达黄经105度时就是小暑节气。小暑的到来标志着我国大部分地区进入一年中最炎热的时候。此时既是梅雨季节的尾声，又是暑天伏旱的开始。由于气温高，雨水充沛，农作物长得好长得快，但田间杂草也迅猛发展。为使杂草不影响水稻生长，农家人天天手拿乌头、刮子（薅草的工具），整日间在田间除草，人们谓之“头交田，小开秧”，农忙异常。农谚道：“稻薅七次猪无糠，棉锄七次白如霜”，锄草的次数多，田间无杂草，水稻、棉花就可以大幅度提高产量。

大暑时期是一年中最炎热的时期，也是喜温作物生长最快的时期。“小暑不发连夜发，大暑不莠连夜莠”，这时的田间管理仍然不能忽视。七月里虽已进入立秋节气，但这只是表示秋天开始，其实长江流域真正的秋天要比立秋迟一个半至两个月时间。立秋后预示着各种草木已开始结果孕子，水稻也不例外。秋季，有的年份三伏天还在秋里，暑气一时难消，往往还会出现“秋老虎”的高温天气。此时的水稻基本已成定势，但管理仍然不能放松。当太阳移达黄经150度时，处暑节气即已来临，这标志着炎热的暑天即将过去，气温也将继续下降，此时水稻及早秋作物已完全成熟，故有“处暑赶刀不认亲(青)”之说，也就是说，中稻这时就要全部开镰收割了，农忙又将开始。旧时，一切农活都靠人力劳动，割稻、脱粒、运稻无一不是。那时劳动力割稻也有定额，即每人每天要割一亩田稻，四个人包括割、掼、挑运要完成四亩田任务，其劳动强度也可想而知。稻子产量高的农户此时心中略有喜悦，收成不好的农户心中则不是滋味了。收成不好，主要是因为他们缺少大型农具(如耕牛、水车等)，又无充足的劳力。永业田户还不错，一般佃户，收的稻子除交租外所剩无几，“黄鳝是黄鳝，泥鳅是泥鳅”，此时方见分晓。“禾桶响，锅盖热，热热闹闹个把月”，这就是当时贫苦农民悲惨生活的写照。

当太阳移达黄经165度时，暑气基本已消，天气逐渐凉爽，晚上贴近地面的水气在草木上凝结成白色水珠，这便是“白露”节气来临。“白露田中一片空”，稻子除晚秋稻子外已全部割完，稻草也挑上来了，各家门口的场地上，堆满了大大小小的草堆垛。

趁着秋高气爽，天气晴好，大多农户把稻茬田翻耕过来进行晒垡，绵绵秋雨之后就可以轻松地理沟整畦，准备植播午季作物了。“寒露小麦霜降菜”，时令节气一点也不能贻误。如果是移栽的油菜，必须在秋分前后育苗，立冬前移栽完毕。秋分节气正处于90天的秋天两半分，太阳移达黄经180度时，日光又直射赤道。此时昼夜几乎等长，气温不高不低，清爽宜人。

九月里寒露、霜降来临，北半球气温继续下降，天气更凉，直播油菜和冬小麦都陆续下土，“三秋”大忙又开始了。

九月是“三秋”的农忙季节。“三秋”即秋收、秋耕、秋种。此时晚秋农作物成熟，要收割登场，而且要及时种上午季。“寒露小麦霜降菜”，农民收割晚秋作物后，要抓紧时间种上午季作物；中稻田也要待到这个时期才能种上小麦或油菜。

九月里的农活：割稻，掼稻，砍黄豆，脱粒扬场；耕牛犁畈田或耖晒田，斩田捞畦，打宕，浇底粪，下种，盖灰，平宕等。蚕豆在九月里一定要抓紧点上。俗话说：“八月里蚕豆四面花，九月里三面花，十月里两面花”，这说明种庄稼宜早不宜迟。

十月里的农事，除少数再生稻收割、拔泥豆、在泥豆田里栽菜外，主要是午季田间管理，十月里天短，只有梳头吃饭工，所以农民做活都是起早摸晚，有种远田的都是去不见日头来不见天。“行春圩长工打不得，又起早又摸黑，路又远，田埂窄，早中两餐田间吃。”这首歌谣就是当时长工们生活的真实写照。

这期间，午季田要及早挖沟沥水，早小麦、早油菜要锄草、铲沟；要捞塘泥，挑塘泥，散塘泥。冬畈田起过冬畈，冬闲田要深耕，俗话说：“冬耕深一寸，抵上一交粪。”

十一、十二月已进入寒冷的冬季了，主要农活还是午季田间管理。古话说：“人要三抬，麦要三踩，菜要三壅。”小麦冬天要锄三次草，铲三次沟，培三次土，不让它疯长，因为嫩了会被冻死，来年会减产。小麦到第二年二月里长势好产量才高。油菜锄三次草，铲三次沟，根土要壅得厚，风吹摇不动，菜瘟病少，产量才会高。

庄稼产量高低，管理上要占大半，所以田间管理非常重要。除此而外，肥料也是种田的头等大事。俗话说得好：“庄稼一枝花，全靠肥当家；田里无肥料，空在田里跳。”冬天是积肥施肥的有利时机，劳动力捞塘泥，施午季田。捞塘泥是十分辛苦的农活，特别是严寒的冬天捞泥，钉耙篙子一起水，马上结上一层冰。据说：有一家地主雇了两个长工，在冬天捞泥巴，因天冷他们使劲捞，一天捞了6船就收了工，老板认为歇工早了，不高兴，要他俩明天多捞一船才歇工。第二天，两伙计稍微放慢速度，捞了5船正好歇工，老板点点头感到很满意。第三天，他俩带捞带歇，到天黑歇工只捞了4船，老板也非常高兴，并要老板娘打水给他们洗澡。后来成了笑话叫“六船老早，五船正好，四船老板娘打水洗澡”。除捞塘泥和苇草作肥料外，种田就靠人畜粪。过去，凡种田的人家都有屎筐子和屎铲子，老人和小孩都拾猪粪、狗粪，“拾粪如拾金”。人畜粪倒在茅缸里，沤透了后用作追肥浇油菜或大小麦。厩肥和垃圾也是肥料的来源，如牛栏、猪圈也是好的农家肥料。腊月里追肥叫腊肥，比春天追施肥效果好。

冬季农家还有一件事很重视，就是确保耕牛安全过冬。古话说：“种田无牛空起早，多一交（次）犁头多一交（次）料（肥）。”由此可见，在无机械化耕种的年代，耕牛对种田是多么重要。老牛老马难过腊月八，寒冬腊月要把耕牛保养好，要让耕牛吃饱喝足，睡得暖。冬天把耕牛养肥了，开春后才能更好地投入生产。

腊月里，冬修也是一件主要大事。每20亩田一块牌，一块牌一个长夫，从十月底开始起圩，一直要挑圩到第二年二月底。古话说得好，“收多收少在于肥，有收无收在于水（圩）”。从古至今，政府和民众对修圩一直很重视，种水田就要修好圩，只有修好圩才能确保丰收和民众的生命财产安全，否则一切都是枉然。总之，在实现农业机械化、使用化肥农药之前，种田是很辛苦的，真是披星戴月，一年中空闲的时间很少。紧跟二十四节气，是农业生产的关键。“一寸光阴一寸金”，在抓住节气的前提下，靠管理，靠肥料，种田才能获得高产。

（张国钰）

家乡农业生产的二三事

车水:淀河两岸的田地都是老一辈开荒得来的。老一辈有一个口头禅:“买田看塘,娶媳妇看娘。”意思说种田要看好水利,娶儿媳要看儿媳母亲的品行。选在淀河畔种田就是依靠大淀河,干旱时将淀河的水引来灌溉,内涝时将田里的水往淀河里排。以前没有抽水机,全靠水车、牛水车、脚踏水车。那时候干旱较少,好对付,就是内涝较多,这就要把淀河埂加高加宽,把淀河当大水库,将水排进去。到了冬季外河水跌落时,再将水通过老斗门排向外河。长龙自然村位于淀河西岸,村里有两架牛车,一架放在吕风山处,一架放在王茂发处。牛车车箱是水车的2倍,效率是水车的4倍,牛鼻绳拴在将军柱上,牛绳长度固定,牛乖乖地围着将军柱转,带动牛车转动。在汪发长处有十几架水车,在老姚家门口有十几架水车,在关三宝家入门处有一架脚踏水车。淀河两岸有数十个自然村,配备的水车数大致与长龙自然村相似。两岸向淀河排水时,各种水车同时使用。有些年份淀河水暴满,为了抢救圩内的庄稼,就用数十架水车通过二盘、三盘,通过老人沟向外河排水。无论向淀河排水或向外河排水,场面都十分壮观。水车3人一组,脚踏水车5人左右。当时没有钟表,就以烧散香为据,一支散香烧完就换人休息。牛水车换牛不歇车。整个淀河歌声、号子声此起彼伏,马灯(照明用的防风灯)、四面镜子灯远望好像游龙,真是歌声动淀河,灯火亮夜空。

有一年干旱特别严重,外河水低于斗门,外河滩全部显现出来,人们沿河道挖一条2米深、1米多宽的沟渠通向垅塘角,因为那里河道低,数十架水车日夜奋战,从老斗门进水经老人沟流向淀河的沟沟渠渠。

捞塘泥。以往种田科技含量不高。“庄稼一枝花,全靠肥当家”,以前没有化肥,肥料全靠自己想办法。淀河两岸的田地,全靠淀河这个天然肥料仓库的塘泥。一般在冬季将塘泥捞上来,等它半干后,到春季全村男女老少齐动手,用筐将塘泥挑到田间地头,并用锹将塘泥散开,让太阳晒干后,通过牛耕将它混合到土壤里,种上庄稼肯定大丰收,因为塘泥里含有有机质,氮磷钾等元素较全面。当时长龙自然村有两条载重量3吨左右的木船,村里将整劳力编成号,用抽签的方式捞泥、出泥,具体安排是:1、2号村民捞泥,3、4号村民出泥。长龙自然村40个整劳力正好排成10班,10班排完再换顺序:1、2号改为出泥,3、4号改为捞泥。规定每天捞8船泥。捞泥、出泥非常辛苦,每天所得的报酬比正常劳力多半个工。在未捞泥之前,首先要选一块田头做泥窖,这泥窖要保证有塘泥覆盖周围的田。捞泥的人捞满二舱泥就将船驶向泥窖,把这船泥交给出泥人。捞泥人又驾着另一条空船到淀河捞泥。出泥人一人站在船板上往泥窖里出泥,另一人从泥窖里往田里出,等出完了一船泥,第二船泥又到了,捞泥的人又驾着空船去捞,这叫做捞泥的不出,出泥的不捞。因为淀河两岸的田不高,只需要一个泥窖就行了,不像老圩里要二盘泥窖甚至三盘泥窖。捞泥这活儿不但累,而且技术性很强。钉耙从手里抛出,两手一较劲,就满满一耙泥。第二耙抛出,既要捞到泥,又要稳住船。捞泥出水时,右腿往上一抬,与两手配合好,泥便轻而易举地进了船舱。出泥的学问也很深。会出泥的气沉丹田,脚固定不动,两腿有节奏地弯曲,泥掀里不存一点泥。吴云风大爷不管捞泥出泥,他身上很难沾上泥点。

搭田埂。水稻离不开水,田里存水靠田埂。如两家的田一高一低,高田人家替低田人家作田埂,就在低田里取土。取土仅限于一锹半土,取土在8寸宽以内。这近8寸宽要挖成鱼鳞锹,每锹必须5寸宽。用鱼鳞锹法搭田埂结实美观。搭田埂是讲究时间的,"正月里搭田埂是金埂,二月里搭田埂是银埂,三四月里搭田埂是铁埂",这说明正月里搭田埂最好。田埂是退着搭,一锹半土经过脚踩,搭在田埂上一拍即合。如果再用扁榔头拍一下,那真是天衣无缝。

插秧。"绿遍山原白满川,子规声里雨如烟。乡村四月闲人少,才了蚕桑又插田。"这首诗是宋朝诗人翁卷写的,符合方村一带的实际。宋朝又一大诗人杨万里到过行春圩,并写了三首诗。他的一首《插秧》诗是这样写的:"田夫抛秧田妇接,小儿拔秧大儿栽。笠是兜鍪蓑是甲,雨从头上湿到胛。唤渠朝餐歇半霎,低头折腰只不答。秧根未牢莳未匝,照管鹅儿与雏鸭。"他把雨中农夫一家栽秧的情景写得栩栩如生。俗话说:"千犁万耙一棵秧。"强调秧的重要性。栽秧时,胯裆里夹两棵秧,左右脚外各两棵秧,脚往后拖,拖脚印始终平行,秧自然栽好了。还要抬头看前面的三棵秧,并把它们当竖行看,照样子跟在后面栽第4棵,照此法栽下去,直到结束为止。栽秧口诀:"横行一根棍,直行不要问。"秧分扁担头栽法、双来坎栽法。扁担头就是,头一趟就是榜样,应顺着头一趟栽下去。后来拉秧绳栽,可以你从左栽到右,从右栽到左,左右交替,这叫双来坎。淀河畔的叶某,栽秧时长袖长裤,衣服上不沾一点泥。别人栽一趟他栽一趟半,从来不拉秧绳,遇到不成形的田叫他抛趟栽,他抛出的一行田用秧绳拉棵棵秧擦线。他心灵手巧,书画乐器样样在行。

冬修。俗话说:"圩田好种,五月难过。"说的是圩区就怕五月破圩。圩堤对于圩区至关重要,因此一定要重视圩堤的修护。修圩最好的季节是冬天。一是冬天水浅,便于施工;二是时值冬闲,便于集中劳力。这就叫"冬修"。但冬修也是一场艰苦战,攻坚战。以前冬修,基本上靠的是人海战术,上圩人数多,战线长,花费的时间也长。农业机械化水平提高以后,采取机械化作业,冬修时就只有少数机器在忙碌。

1968年冬围垦荆山滩,也是当时天民乡浓墨重彩的一笔。当时共有5个大队,根据公社党委的指令到达围垦现场。每两个生产队编为一队,六华里左右的圩堤被近百个纵队的民工包围着。这些纵队像条条长龙,浩浩荡荡,场面壮观动人。经过围垦,新增良田千亩,并经受了1983年特大洪水的考验。

(张先月)

渐行渐远的方村农耕文化

方村地处沿江江南，千余年来，一代又一代勤劳朴实的方村儿女在这片土地上辛苦劳作，形成了影响较大的本土文化。田、牛、犁，便是千百年来方村农耕文化的恒久主题。耕作，不仅是方村农民必备的生存过程，更是他们的人生希望。可是随着现代文明的渗透超越，朴实但显笨拙的牛耕技术渐渐淡出农村的历史舞台，古老的农耕文化，也越来越让90后的青少年们感到陌生和遥远。

农具与生活用具

种田的农具很多，犁、耙、耖、水车等，是耕种田地必不可少的东西。但还远远不够，还要有锄头、挖锹、插锹，薅草用的乌头、刮子，往田里挑粪、浇菜用的粪桶、粪瓢、粪筐、扁担等，涝塘泥、苇草用的钉耙、苇草耙和小木船等，哪一样少了也不行。

农家日常生活用具那就更多了，厨房里除了灶上的生铁锅和杉木做的锅盖，还有水桶、案板（方言：砧板）、菜刀、擀面杖（方言：擀面棍）、碗筷、水缸、火钳、铁叉等。

随便走进一个农户，可以看见屋檐下挂靠着农闲不用的犁、耙、耖、车筒、车头、车担脚；墙脚里靠的是大拦筛、扫帚、耙子、木杈和稻叉、锨木、风车等。再往屋内看，堂屋中间放着八仙桌，上面放着茶壶、茶杯和一些常用的什物；左边的穿枋上挂着木梯、挑绳（方言：挑索）、锯子；右边粮囤旁靠着竹扁（方言：窝扁）、筛子，粮囤上面放着稻箩，里面套着淘米箩（方言：筲箕）和簸箕（方言：粪箕）。镰刀、锯镰刀、斧子、锤子、柴刀（方言：铡刀）、磨刀砖等就放在大门边的鸡笼上，想用什么，随手拿起就走。

普通农户家里家外什物太多，显得十分杂乱、邋遢。一些大户人家房子多，便腾出一间或半间专门放农具、什物，这样就显得宽敞整洁。

做木匠、箍桶匠的家庭，少不了有各类锯子、锛子、凿子、刨子、大五尺、拐尺、墨斗、一刃斧、锉刀、手钻等工具；竹匠（方言：篾匠）少不了破篾刀、刮刀；瓦匠们更少不了瓦刀、粉刀、平水尺等。

以前，家庭妇女们都做针线活，小竹筐箩里的东西也很多：五色线、纳鞋底的粗针、夹板、锥子，缝衣服的二号针（方言：棉布针）、剪子、针钳儿、顶针箍样样要有，若少了一样还得到邻居家里去借。

一个七八十岁的老人一生中使用的工具，多得连自己也想不起来。从早上去沟、塘边或河下提水，到晚上上床睡觉，每一天都要干许多活，而每做一样不同的活，都要使用不同的工具。

然而，社会发展到了今天，许多农具已经被现代化的作业方式所淘汰。人们耕田种地，采用了更为便捷的机械化设备，既省力又省时，而使用了几千年的传统工具，大多数也就慢慢地变成了“文物”，专供后人们研习和遐想了。

石磨

乡村人的生活由原始到半原始，再到文明，这是全人类都走过的路。直到20世纪90年代之前，我们方村仍保留着一些半原始生活的痕迹，比如磨面就是。磨面将两扇很规则的圆形石磨合在一起，放在磨凳上，人工拉着磨转圈圈，粮食就变成了面粉。虽然笨重些，可已经延续了几千年。

过去，方村大多数农家都有石磨，一般安放在厨房，也有的就放在堂屋。石磨很简单，分上扇和下扇，石匠在磨芯上凿着不同的纹路，上扇有两个磨眼、中间一个磨脐，下扇只有一个磨轴，与上扇的磨脐儿套在一起，石磨就能转动。下盘磨是固定在磨凳上，转动的是上盘磨，因此上盘磨的磨沿一则腰间凿了一个小长方孔，安放木质固定栓（磨鼻儿，方言：磨腰子）。再用一个“上”字形的木质磨担子，“上”字小一横上安放一个金属轴，套在磨腰子上，“上”字的大一横的两端用绳子系在屋梁或穿枋上即可。磨面时一般需要两人（拉磨与添磨），拉磨人双手抓住磨担用力拉磨，作顺时针旋转，添磨人在前面，左手扶在磨担子上用力协助拉磨人，右手将需要磨的粮食往磨眼里一点一点地添，添进的粮食滑进转动的磨心，磨子用它的齿槽把粮食碾碎，被碾碎的粮食从磨盘上流淌到下面的窝扁或大盆内。

农村，磨面大多数是女人干的事。男人扛着农具下田了，女人就把淘净的粮食（大米、小麦、高粱、黄豆）等，放在磨子里辗。一般是年轻妇女拉磨，年老的添磨，没有老年人的就由小孩子代替。过去小孩子上学的少，辍学的多。磨面与做针线活儿一样，是妇女必上的一课。只有在雨天，男人才会帮她们拉磨。

20世纪七八十年代，农村就有了粮食加工和面粉加工的小钢磨，尤其是90年代初实行农网改造，电力更充足了，各村都有了粮食加工厂，在这里，一袋麦子半个小时就变成了面粉，花不到块把钱，省工省力，很是划算。村民们确信生活不会再倒退，便毅然废弃了石磨。

打谷场

农村的打谷场应该算是庄稼人农耕文化的表演舞台，每到收获季节，打谷场上就会热闹非凡，男男女女、老老少少都会在这个舞台上展现自己的风采，打谷场就成了乡村中劳动和欢乐的中心。

大集体年代，一个自然村（生产队）就有一个存放粮食的仓库（那时叫队屋），而队屋的门前都会修一个面积两亩多的大平场作为打谷场（方言：稻场）。平时，打谷场上除了召开社员大会（大集体时会议多）和孩子们玩耍之外，一般较冷清。到了夏收或秋收时节，全村人都集中到了这儿，打粮晒粮分粮，打谷场就变得热闹欢腾。

夏收时节，男女劳力起早贪黑下田割油菜割麦子。按照成熟的先后，割完油菜割麦子。割完后，男人们往打谷场上挑，女人们铺晒，然后上堆，放了忙假的孩子们也到田里拾麦穗。前后大约10多天之后，田里的油菜、小麦便集中到了谷场上。这时候，大部分男劳力开始犁田、人力抽水（用水车灌溉，后期改为水泵抽水）、挑塘泥、平整田块等，一部分男人协助女人们摊场晒麦，然后男女劳力面对面排成两排用连枷拍打小麦。拍打一遍后，女人们用木杈翻晒一会儿，然后再拍打。条件好的，会用牛套上绳索拉着石磙子（方言：石浪滚子）碾压麦子，这样省人力却费了牛劲儿。火辣辣的太阳下，牛拽着一个石磙子不停地转圈子，由一位老年男人手扯着撇绳掌控方向。有时候，牛要屙屎了，就赶紧喊人拿个木锨接着。谷场上有了牛，就引来许多牛虻，在人和牛面前飞来飞去。这时，会有专人拿着拍子打牛虻。后来有了拖拉机，牛就解放了。手扶拖拉机带着石滚子飞快地转圈儿，10来分钟就能碾一遍，速度明显翻了几番。

下午，日头西移时，人们把场上已脱粒的麦秸堆放在边拐处，把麦粒拥成一堆，清扫了谷场后，就开始用风车清理麦衣、杂质，这样速度较慢。如果正好赶上晚风吹来，就借着风扬麦子，速度就要快上好几倍。有技术的男人戴着草帽，铲一锨带衣和杂质的麦粒往天上一扬，收锨时划个弧度，锨里的麦就变成彩虹般在空中飞舞起来，飘走的是麦衣、杂质，落下的是麦子。女人也戴上草帽，不停地用竹扫帚轻轻地掠着没有飘完的麦衣、杂质。不一会儿，谷场上就慢慢出现了一个麦堆。

晚饭吃得很晚。晚饭前，男人们要把白天连枷拍打和石滚碾过的麦秸打成捆堆放起来，腾出场地以便第二天再铺碾第二场、第三场麦子……

这是生产队集体的粮食，先堆在仓库中，等待明天再碾一场后由会计过秤分下去。夜里会安排人看麦场。看麦场挑选那些思想好、素质高的男人。人们收工吃饭，看场的两个人坐在麦秸上面聊天。等家里人送了吃的来，囫囵吞枣地吃完后，就地而躺。

整个夏收，打谷场上便是大人小孩去得最多的地方。

打谷场的秋天更迷人。我们方村是江南水乡，以水稻生产为主，什么籼稻、粳稻、糯稻，还有后来培育的杂交稻等，加上豆子、玉米、高粱一起收，也全都弄到打谷场上来。稻子除了籼稻可以在田里用斛桶掼，其余都要用半机械的人工脚踏脱粒机，后来发展到用电动脱粒机。在这段时间里，谷场上干啥的都有，看似乱哄哄的，实际却分工明细，各干各的活。

晚上，谷场上灯火通明，会计拨拉着算盘，对照着花名册上各家各户的数字，让粮食保管员一家挨着一家地称粮食。粮食保管员手里掌着秤，称一次便向会计报一下数字，两个抬秤的男人便将称过的粮食倒进一户人家的稻箩或麻袋里。分完稻子，再分杂粮，一直分到后半夜。于是，从打谷场到农户，像蚂蚁搬家一样，大人小孩肩扛的，手提的，担挑的各自往回运粮食，村中的小路上，手电筒、蜡烛灯笼、马灯也一起上阵，演绎得江南水乡成了一幅流动的画卷。

农村打谷场，是农村人最欢乐的地方。春天，人们将种子投进了田地里，到了夏天与秋天，人们终于得到了回报，因此大家总是快乐的。有的人家，在外面工作的男人不在家，女人和孩子们会把分的粮食暂放在谷场边，慢慢地往回运。一些人手多的人很快运完了，就来给他们帮忙。看着壮劳力们挑起一担自己的粮食，她们心存感激，却埋怨着自己的男人怎么还不赶回来。

自从农村实行生产责任制后，大家各种各的地，各家的粮食都弄到自己的门前屋后，加上有了电动脱粒机，不再需要占用很多地方，特别是现在已经全部使用收割机，所以村里的打谷场便慢慢地闲置下来。对于曾经最具人气的打谷场的去留，于是就发生了争议。最后，经过举手表决，村里决定把它变成耕地，分给了新生儿或新来的媳妇，沸腾一时的打谷场从此就消失了。

（王万春）

二、农具

耕作农具:犁、耙、耖的制作与使用方法

方村行春圩是圩区,人们以种田为主要职业。在没有实现机械化耕作之前,田地耕翻、平整全靠牛力,牛力的配套农具就是犁、耙、耖。这三样农具是种田最基本、最重要的农具,而且只有牛才能使用,这就更加突出了耕牛的重要,所以说,“种田无牛空起早,耕牛是农家宝,种田少不了”。

首先介绍犁的制作:犁由犁底、犁梢、犁箭(一定要栗树做)、犁圆(树质要好)几个部件组成。犁圆前头用铁包的叫乌龟壳,犁箭下面靠犁底处,有个部件叫犁伴官,伴官上面即从犁箭连犁梢的铁件叫犁千斤,犁梢在插犁圆上一点有个小部件叫着手,又叫犁屌,乌龟壳处凿个眼,眼下面的横树料叫犁盘,用个铁件连接叫犁多罗。牛轭头是搁在牛颈上的曲木(有的是自生的杂树曲木,有的是穿成的曲木)。犁筋索两根,长6—7尺。犁底前头做成木犁头,木犁头上面开个口叫狮子口,这两样是备装生铁犁头所用。加上犁面(有两种,一种是生铁的,一种是熟铁的)等组合在一起叫犁。

其次介绍耙的制作:它的制作简单。先做个框子,长约五六尺,宽4寸,厚1寸多(一定要用木质好的树做,如桑树、栗树、檀树)。前、后耙梃子的两头叫耙枕头。耙枕头长约2.6尺,宽约1.6寸,厚约3寸多,分左右两个。将耙梃的两头在耙枕头上固定好。前后耙梃子下面都安上七八把铁耙齿。耙齿像弯尖刀形,长约6寸。耙枕头前头往上翘,里面安个小件,叫耙件,栓犁筋索之用。

第三介绍耖的制作:耖的制作更简单。用一块长6尺、宽4寸、厚2寸的杉木料做耖梃,下面装20把用桑树做成的耖齿。耖齿长4寸,弯刀形。耖梃子要用4道铁箍,防止耖梃子裂开。耖梃子两头丢1尺处的后面安两个耖件,拴犁筋索。耖梃中间的后面做一个长6寸、宽4寸的耖把。耖把中间打个眼,耖棍子就插在眼里。耖棍是打耖时转头用手提耖的把儿。

犁的作用:犁分两种,一种叫板犁,水旱田都能用;一种叫湖南犁,专门用于水田,如磨水田。新调的犁,一般不好用,应根据耕牛的体架大小来调整,犁田时犁掏

深，可以在犁箭销子下加垫子，如掏浅可以将犁箭销子眼向上移一点，也可以把犁筋索放长一点，但不能放太长，太长了田横头畦子太宽了。犁掏大，犁头偏左了；犁掏小，犁头偏右了，所以装犁头的人要内行，犁头尖子既不能挂下，也不能往上翘，犁头一般向左稍偏一点，只能掏点大犁才好使。不能掏小，掏小犁不到土。新调的犁最好让内行的人先用，如犁不好用，他能知道犁的毛病在哪里，能及时调整。

犁田用牛在种田里算是一种技术较高的农活，好多人不会用牛。犁田用牛的人既要有犁田的技能，又要掌握牛的特性。有的牛调皮，它看人，你弱它就不听你的使唤。古话说："善打长工，恶用牛。"对不听话的牛，第一次你要用鞭子抽痛它，它才乖乖地顺从你，听你使唤。

犁田难的是耕板田种午季，一要畦子直，二要宽窄一致，三要沟犁清朗。沟犁清朗，捞畦好捞。古话说"官司横打，弯田直耕"。现在如果用牛耕板田好耕，因为现在栽田都用绳子拉着栽，稻子收割后，稻茬都很直，沿着稻茬耕，耕好的畦子很直。起板田第一畦大约要耕一畦的四分之三宽，还要正好耕到田埂边才开拴。应左手靠畦子边的方向开拴，第一犁叫外开拴，回来第二犁叫里桃拴，是从第一犁外开拴的里边沿耕回来，第三犁沿第二犁的边耕叫里完拴，第四犁趁第一犁的外开拴边沿耕回来叫外完拴，第五犁趁第三犁的边沿耕去，第六犁从第一畦的外边耕回来，这都叫完拴，最后一犁叫了拴，了拴的一犁，深浅都要一致，要犁直，沟里的土要清朗，便于好捞畦，好沥水。一般一畦8犁，也有10犁的。抄田好耕，从畦沟边犁去，再从这条沟的另一畦边犁回来，然后从这畦两边拨，耕完为止。一般6犁耕完一畦。如果是种午季，最后一犁要直，深浅要一致。如果是栽秧田，就不需注意这些了。

午茬田好耕。午季收割后，如果来不及抄晒田，或因连续下雨无太阳晒田，就打水灌田，这种耕田叫拢田。按畦耕过后，再把新犁成的沟一边耕一犁，把新沟没掉，就能打耖栽田了。午茬田如果时间允许或有太阳晒田，将午茬田按畦子干耕过来，这叫抄田。稻茬田起板让太阳晒白了后，遇雨干了后用铁齿耙耙过，再按畦耕过来，也叫抄田。抄晒田灌水栽秧，用牛没畦子沟，一般一畦耕3犁，这叫拉窑。

没有起过板的田灌水后耕过来栽秧，和早稻茬田灌水耕过来栽双晚，最好用湖南犁耕。这种耕田叫磨田。因湖南犁身子小，轻巧，但犁头和犁面大，犁二犁抵板犁三犁，在旱田里牛的体力负荷太大了，受不了，所以湖南犁只能在水田里耕作。

耙的作用：耙是在稻茬田起板后，当田土被晒白遇雨后使用。方法是将土块耙碎，再用牛耖过来点午季。水田也有用耙的。田灌水耕过来后，土块板结，可以用耙耙碎。一般水田不宜打水耙，因打水耙死田。打耙的人两腿分开，站在前后耙梃子上要小心，不注意倒在耙框里危险。

耖的作用：耖只能在水田里操作，所以叫水耖。田灌水犁过后，就用耖打两次，第一次叫毛耖（毛耖有时要打两三次），第二次叫关耖。打耖田时，田里水的深浅要掌握适度。耖打过后，就可以栽秧了。

20世纪70年代初，人们从外地学来使用一种农具叫槽榔。槽榔形状像耙，但比耙短尺把。槽榔框子中间是一根直径约3寸的滚木，用木质好的杂树做成，打许多眼，眼与眼的间隔约2寸，眼的位置方向都不同，用约8寸长、1寸宽的竹篾做成齿安在眼里，两边出头一样长，滚木两头安在枕头木上，优点是既能把土块槽碎，又能把杂草扎入泥中。它比耖轻，有滚动性，人两脚站在前后梃子上舒服，但不能打瞌睡。木犁被改制成铁犁，用铁犁耕田少烦神。

过去，犁筋索是将乌青糯稻草用榔头锤熟（将稻草锤得毛软）后除掉枯叶，用草茎打成。一般每头牛一年要用3—4副犁筋索。打犁筋索是很有讲究的。

（刘达才）

灌溉农具

大车

大车又名脚踏车，据历史记载，东汉时期，我国劳动人民就发明了龙骨水车，到了唐代开始在浙江一带流行。方村约在宋、元时开始使用大车。

大车由车架、车身、车扦子组成。车身专用杉木制作，有两个对称底呈工字型架座，架座上装有凹型油槽，座边竖着一根木柱，中间生有两根横单相互连接，架座上放着大车头，车头中间粗，两端稍细并装有生铁铸造的凸圆形车头包，将车头放在车座的车槽上正好吻合；大车头中间装有车轴（俗称车大耖），车轴两侧一般分有两个踏车位，每位有四个车头锤子分别装在车贯脚上十分牢固；车架上配有一根粗细适中的毛竹车桁，车水人趴在车桁上操作。

车身长二丈、丈八、丈六，最短八尺，车筒是杉木制作，高约一尺四寸，两侧均匀地钉上数十根短柱般木条子，状如龙鳞，车筒中间有根比车身略短的车桥，供上层车辐停放，紧靠车桥的下方有两根关云刀（俗称车耳朵），上面装上车小轴（俗称小耖）。大车的车辐子（俗称车拨子），一般选桑树或楝树制作，车龙骨则要求榆树制作，键子也用结实木质制作。车扦子是两根杉木稍子或柳树木棍，长约丈二，中间系上绳子，车水时车身装在绳子上。

大车制好后，家主还设以简单祭品，点烛、焚香，祈求上苍，保佑风调雨顺、粮食满仓。还请先生为大车写车联，如“小小木龙治水，大大田亩堆金；转身处吸海吐江，展足时翻云覆雨”等，同时写上大车制作时间及车主名，号字结束后，涂上桐油。

大车车水前先做好车坞子，将土整平、夯实，开好龙口，然后将车架放稳，把车扦子插入水中，将车身架在车扦子绳子上，用车口的车牙紧紧固定在龙口上方的土上，用事先准备好的黏土将车腮、车底塞紧，拔下车龙骨上的一根车键子，将车龙骨的凹处在车轴的上凸处齿合，用手扳动车头锤子，看车辐子运行自如时即可车水。

大车车水时十分壮观，本来静止的车辐子开始汩汩转动，刹那辐影飞动，水花飞溅。大车一天雨露胸中出，万里风云足下生，车身宛若一条黄龙在饮洪施雨，两根车扦子象龙角直指天空；车小杪两个微露的不停转动圆孔正像龙眼圆睁；车辐刮水时激起的道道波纹像根根龙须在抖动；车口喷泻的水柱像狂飙的野马向田里猛扑，激起水花串串，水珠飞洒，顿时车前阵阵清凉袭人，空气中散发着带水藻的清香。干裂田土一见到水，不时冒着小气泡，久困在土下的黄鳝、泥鳅都争着向水源口嬉水；蚯蚓成群向高处蠕动；小鸟三三两两到田里寻找美味，它们快活地在跳动，这幕幕生机盎然的景象给车水的人无不带来欢乐，他们使劲踏着车头锤子，打起号子，嘹亮的歌声此起彼伏，在田野上空久久回荡。

用大车车水虽然很累，但也充满着欢乐。大忙时一家老少车水。记得我10岁那年就学会了车大车。我趴在最低横杆上，眼盯着脚下的车头锤子，有时脚踏空了，我急忙将身子悬起，父母见了就放慢了车速，让我见机踏车。经过几次踏空车的教训，我居然学会了车水，心里特别高兴。我一家人上完了一块又一块稻田的水，解决了旱情，其乐融融。

遇上全村集体排涝，大车的用场更大了，三五部大车一字排开，六人一组名叫“六人爬猴子”，车大车的人脚上穿脚板，踏着车头锤子发出滴答滴答清脆的声音，为掌握换番时间，还有人用毛笔在香上划上记号，当香烧到记号时打锣为号。车大车换番，上下车讲究身法灵活，如速度迟缓脚一踏空，人就要钓“黑鱼”了，这时会引起一阵哄笑。集体车水还比赛打号子，看谁的歌唱得好听。听老人说，我村有个名叫胡三宝的小伙子，家里很穷，但他嗓子好，他一唱，方圆几个号子的人都能听到。在车水期间，有位叫张二妹的姑娘爱上了他。大伙儿足足花了一周时间，内涝解决，田里的禾苗又显得生机勃勃，人们都说，今年能粮食丰收，大车为我们帮了大忙。

20世纪70年代起，随着各种水泵的出现，大车再没有用武之地了。但它为我国水稻抗灾、农业发展立下了汗马功劳，我们应该记住它。

（朱法仁）

手车水车

水是万物生长之本，任何动物和植物都离不开水，农田种的水稻更需要水。地处方村镇行春圩北边的利民圩（旧时叫外滩），这里能蓄水的大沟大塘少，过去三天不下雨就旱，雨下三天就淹。那些小沟小塘只能用手车车水，于是手车水车就应运而生。

手车（俗称摇车）水车大致可分车头、车尾、车筒、大夹板（安车头大葫芦用）、小夹板(安车尾小葫芦用)、龙骨、车幅、车摇把和一副车拐。车筒和车幅大多用阴干后的楝树锯成板加工制作,因为楝树干后比重比其他树轻。车头车尾的大小葫芦、大小夹板和龙骨多用枥树、檀树等硬树制作,因为这些部件是受力最大的地方。车拐是用篾板锯成长条安上把手制作而成。手车水车有长水车和短水车。沟里水深时用短水车,水浅时用长水车。水车一般有一百来斤重,短水车要轻些。制水车的工艺十分精细,用料很讲究。农户制水车都设法找手艺高明的木工师傅。有了好的材料,再有手艺好的木工师傅,制成的水车轻巧,车起水来又多又快,相对用力小,起到事半功倍的作用。

水车车水是个极其繁重的体力活。解放前,地主为了节省工钱,车水只用一个人从早车到晚,除了吃饭休息片刻,根本就没有休息的时间。遇到大涝大旱之年,车水的长工们只能在车舖上吃喝,有时不分昼夜,累得唉声叹气,苦不堪言。解放后农业实行集体化,手车车水一辆车用三个人,两人车一人轮换休息,这样车水虽然比过去要轻松些,但这种活既单调又枯燥。春天车水非常困人,夏天车水,骄阳似火,酷热难熬。人们为了解困驱热就哼起小调来,《手扶栏杆》《十八相送》《十月怀胎》这些民间小调当时十分流行。哪里有人车水,哪里就能听到悠扬动听的小调声。

解放前,外滩因为沟塘小,蓄水有限,每逢春耕插秧时或遭干之年水就紧张起来。这时各家各户都纷纷来抢水,有时为了抢水甚至动武。为了抢水,有的还从别的圩口请人借车来帮忙。圩心里车水声、小调声一片哗然。田埂上送饭送茶的人来来往往,络绎不绝,真是路上不断人,家里不断火(烧水做饭)。

若逢大旱之年,农户们就联合起来,家家户户出人出车,从外河盘水,各个村子都有十几部长短水车,一层接一层地架起来,将外河的水往圩里灌。大涝之年排涝,同样家家户户派人派车一齐上。排涝车水的人们都是披星戴月、废寝忘食、夜以继日地将圩里的水往外河排。可想而知,农民们为了抗旱排涝多打粮食是多么辛苦。古人道,“谁知盘中餐,粒粒皆辛苦”,就是这个道理。

解放后,农业集体化,采取人海战术,三个人车一辆车,但车水还是很辛苦,而且效率不高,往往是事倍功半。改革开放后,农村实现电网化,农民们抽水灌溉用电动水泵,电机一开不费吹灰之力,水就哗哗地流到田里了。圩堤边还建起电力排灌站,不论是大旱大涝,农田都不愁干不愁淹,真是旱涝无忧。

更有趣的是,大农活时代,手车、水车车水每辆车用三个人,生产队长派活时都是一男两女,男的负责扛水车、做车舖,两个女的多是大姑娘,这就为男女谈情说爱创造了条件。队长看到苗头,有时有意将一对男女安排在一辆水车上车水,这样一来二去日久生情,不少男女恋爱成功,有情人终成眷属。

随着农业机械化突飞猛进地发展,手车车水已成历史。

(朱宗灼)

牛车

“牛车”不是陆地上有轮子的运输工具，而是利用轮轴旋转带动水车，将水汲到田间灌溉庄稼的一种农具。“牛车”大致可分三部分：牛车盘（俗称喜鹊顶）、轴承与齿轮、水车。

牛车盘：牛车盘是一个直径约3米许的圆形的地盘，高约2.8米（顶部到地面高度），整个外观形状恰似一个蘑菇状的大凉亭。凉亭内部圆心是一根粗大的硬料埋入土中夯实、夯牢，围绕大柱子又有一个内直径约1.5米的磨盘状齿轮。圆顶上面是用6根硬料做成榫头架成，顶部覆盖稻草或茅草，以防日晒、雨淋。

轴承与齿轮：所谓轴承、齿轮都是用槲栎或榄树硬料做成榫头或楔揳牢固构成，没有钢材成分。轴承是在中心柱子上合适的位置上挖一圈凹槽，然后用硬料做一对半圆形合抱式轴承嵌在凹槽内，加点润滑油（一般用食用菜籽油），使轴承旋转灵活。磨盘式齿轮是用约50根硬料，做成长约20厘米、厚约10厘米的榫头，揳入磨盘边缘凸出10厘米处作为齿轮。

水车：水车轱辘（轮毂）是与牛车盘齿轮成直角的。这样牛围绕圆形走道，牛轭头加在牛脖子上，牛一走动便带动旋转驱动轮，驱动轮上的齿轮不断刮动水车上轮毂上的齿轮，这样就可将水车上来。

水车总长约7米，宽约40厘米，高约60厘米，是用薄板制成的正方形筒状物，车内设有链条状的车龙骨，车榑子。水车使用时，下端吃水约1尺来深，水车下端入水处两侧有两根4米许长的木棒，一头削成铅笔式尖端，插入泥土深处，以固定水车，这两根木料叫车扦子，两根车扦子用一根绳子连起来，绳子绕穿在水车底部，以确定水车吃水深浅及凭借扦子稳固水车。水车上端叫车头，车头有轴，轴上有车轱辘，车轱辘上安有轮毂及齿轮；车头下方有两根突出的部分，长约15厘米，牢牢嵌入土中，以固定牛车上端。

“牛车”在20世纪70年代前，还是一种比较先进的旧式农具，它用耕牛代替劳动力，出水率大而持久。20世纪70年代后，农村普遍使用水泵抽水，牛车、脚车（大车）、手车（手摇的摇车）都逐步绝迹。

（王茂越）

除草农具：“乌头”与“刮子”

古言道：“稻薅七次猪无糠，棉锄七次白如霜。”老中稻栽后10天左右，全部返青并开始发棵。然而，田里的各种杂草也开始萌生。常言道：“稻薅黄秧草薅芽。”农户都忙着薅田除草。在过去耕田靠牛，栽田前虽然用木耙、耖平整了一两次，但田里鹅

蛋似的土块仍然高低不平。不稠腻的土壤对秧苗的生长影响很大,所以,农户第一次除草都用乌头。其特点有三:

一是乌头下面有三排铁钉形的齿,它在稻苗的横行里来回推拉,大小的土块被拉碎,使土壤变得稠腻,促使秧苗生根发棵,各种杂草均被连根拔起。

二是薅田时,人站在侧面的稻行里,薅侧前面稻行的草,第二个人退后一点,也站在侧面的稻行里,薅第一人走过的稻行,就这样依次排列……所以乌头薅过的田没有脚印,稻田更加平整。

三是乌头薅草时,田里必须保持有3厘米左右的水,乌头在稻行里来回推拉,便于小土块溶化,同时被乌头拉起的杂草漂在水面上,被热水一烫,必死无疑。

有农谚说:"薅田的哥哥要唱歌,乌头薅田稻发棵。"薅完之后,大约时隔7至10天,农户就把稻田里的水放掉,第二次"刮子"除草开始了。刮子薅田(俗称抬田)时,人站在稻行的中间,一般薅6行稻直线向前,横行直行都要薅平,把杂草闭到泥浆中闷死。一般来说:稻田除草三到四次,如果少数田块杂草过多,除五六次的也有。稻田除草的次数越多,不但无杂草,稻的根系越发达,吸收养分的能力越强,稻秆健壮,抗倒伏,籽粒饱满,产量就高。由此可见,除草对增产增收也十分重要。

(王恩荣)

脱粒农具:斛桶

斛桶是从哪个朝代发明使用的,现已无法考证,但它是我们家乡水稻收割脱粒的一种古老的传统农具。木质材料制成,一般以桦树居多,正方成斗形,四角八耳,用于推拉,斛桶底有两根平行、两头微微上翘的枕木(俗称桶拖),以便田间滑行。

斛桶的一般构造:

桶拖长5尺2寸8分,宽、厚2寸6分,两头尖厚2寸2分。

桶底板长、宽3尺6寸8分,底板厚8分。

桶四边站板全长5尺零8分,中高1尺4寸6分,两头高1尺4寸,板厚1寸2分。

护耳站板高1尺3寸8分,厚2寸4分,上耳长3寸6分,下耳长2寸,站板斜6分(上宽下窄)。桶成功后总高度为1尺8寸,面宽3尺6寸,底内宽3尺4寸2分。

斛桶普遍使用至20世纪80年代。1978年之前,斛桶之类中型农具计划分配,凭证,按国家平价购买。之后,普遍使用脚踩打稻机;后来,有的农民使用电动打稻机;如今,普遍使用水稻收割脱粒机。

农民在收割期间,有些人家前一天或前两天将水稻割倒晒一晒,然后再来打稻,称为"铺晒把子"。也有的人家,天没亮就去割稻,割倒后回家吃早饭,吃过早饭就去打稻,这称为"活把子"。力气大的青壮年,用一根绳或抓一把草,一分为二,两边草头在一起打个结(捂子)往桶拖上一套,肩扛桶拖,俗称"现拖扛"。力气稍为小一点的则用一根扁担在桶内中斜挡,人在桶里面,肩扛扁担,戏称"乌龟壳",人被罩在桶里面,远远看上去就像一只硕大的蘑菇在移动。

劳动力多,但力气不大的人家,就两个人抬斛桶。抬时,前面的人力气稍大一点,等后面的人将桶沿档在肩上妥当后,前面的人才用手将桶拖托起架在肩上,向田间走去,走到田里,在事先准备好的一个空地方将桶放下。双手搂着一把稻,一人站一个角,侧身向上挥过头,用力对准桶板上甩打,"嘭"的一声,金黄的稻谷"刷拉拉"地落下来,边打边抖,俗语称:"抖一抖一杯酒",那声音犹如"大珠小珠落玉盘"般美妙。用禾桶脱粒净谷多,秕谷、稻叶很少。打光一段距离,桶就要向前移动(俗称拖桶)。打稻人一手拽住桶上耳,四个人都用力俯着身子向前拖拉,如看到一穗稻谷丢落在地,那只手赶紧将稻穗拾起,并不影响拖桶速度,称"拣一拣一支烟"。

因为桶拖两头微微上翘,桶移动时节省了不少力气。打光这一块时,待桶内有一担稻谷时就起桶。起桶时,一个人将桶内的杂草捞到稻篮子(又名篮筛)里,双手一筛,稻谷被筛下来,杂草被倒在桶外的空地上,然后用簸箕将稻谷扒到稻箩或口袋里。其余的人锁草把(方村一带称"扣草")。扣草:左手抓住草捂根部,右手抓住草头,将草把扶起来,飞快地将草头塞入捂中,用力一拉,草就扣好了,人从不抬头,也不回头,将草把旋开,草把便稳稳当当地摆成一排排的,远远看去就像一支训练有素的士兵,立正站立,听候首长的命令。

(王昭松)

粮食加工农具

旧时的稻米加工

民以食为天,吃饭是头等大事。人类自进入农耕社会时起,稻米及五谷杂粮,便是人们的主要食粮。特别是从水稻大面积种植以来,使长江流域及江南广大地区的人们,一日三餐均以稻米作为主食。

今天,我们食用的大米,都是由机器加工的,什么标一米、标二米、特制精米等,无不晶莹剔透,香气诱人。殊不知,旧时人们食用的大米,加工起来就不那么容易了。起初是以石磨、石碾、槌舂来加工,既费时又费力,加工出来的大米既破碎又粗糙,食用时难以下咽。经过漫长的岁月,人们终于发明了土砻和木砻,可是加工起来还是相当复杂的,而且要花很多劳动力才能加工而成。"谁知盘中餐,粒粒皆辛苦",真实地道出了人们从种粮到吃饭是何等的艰辛。

就木砻加工稻米而言,也是相当复杂的。能工巧匠将木砻做成一个直径约2尺的圆柱体，分上下两屜，高约4尺到4尺5寸，用结构细密的木材做成1分多厚的木片，以黄黏土为中心围成一个圆，上下口用竹篾编成的箍各绕两道，两屜啮合的表面，做成象磨齿一样的纹路，用约1厘米宽的竹片，嵌在两条木片之间。上下两屜做法一样，不过上屜开有进料口，下屜有三只脚支撑整个木砻，另配有一个用木棍做成的丁字形拉杆，人们通常叫作“砻担子”。用绳索将砻担子从梁上吊起，使用起来就像拉磨一样，按逆时针方向运转，这样就可以加工稻谷了。那时候，木砻一般是地主、富户、人口较多的大家庭才有，小户人家加工稻谷，一般是借用或租用。

农历七八月里，水稻收割完之后，人们趁秋高气爽的晴好天气，将稻谷晒干扬净装上仓。进入冬月之后，开始加工稻谷。据说“腊米”不生蛀虫(俗称扭子)，吃到第二年上半年都不坏不变质。旧时，无论做什么事情，都有劳动定额，就砻稻而言，一个劳动力一人一天要砻一个“作”(约8担稻谷)，并将米风干扬净筛好，做成半成品(糙米)，否则就算不上一个整工。要砻一个“作”的稻谷是很辛苦的，必须超前一天就把木砻调试好，以提高出糙率。一切准备就绪后，鸡叫头遍(约凌晨两点左右)，就要起床开砻，一个人自扒自拉，将8担稻谷砻完后，就开始过风车，扬去稻壳，就是粗糠。粗糠在过去也是好东西，冬天人们用它撮火取暖，也可以用风箱烧大锅、老虎灶，澡堂子也多用它做燃料。在完成第一道工序后，第二道工序就是用大筛筛除未砻净的稻谷。足有圆桌那么大，是用竹篾做成的，中间的筛眼可以将糙米漏下去，但也能将稻谷漏下去。操作前，先将竹筛四周用绳索固定，在作坊里用三根木棍或竹竿扎起一个三角支架，将竹筛用绳吊在其中，自己一人一手扶筛，一手用笆斗扒米倒入其中，动作既要快，又要灵敏，否则米和稻谷同时漏下去，就筛不干净了。

这个大竹筛，人们通常称它叫“金筛”，若不是多年砻过稻的老手，休想把金筛筛好。不会用的人会把米粒和稻粒都筛下去，会筛的人则能把筛里的米粒筛得团团转，把未砻净的稻谷去除掉，达到米里没有谷粒的目的。这功夫不是一日能练成的。至于断筛和麻筛，用起来相对而言就容易得多了。它只要筛去谷嘴和碎米粒就行了，但也要花很大工夫苦练才行。这些工序做完后，一个“作”的稻谷方算砻完成。通常一个“作”的稻谷，都是从夜里干到晚上的上灯时分才能收场。

关于伙计给东家砻稻，据说有这样一个小故事。有一天老板娘问老板，你一天到晚心事重重，默不作声，而小伙计是多么快乐，从夜里开始起来砻稻，嘴里总是哼唱不停，不知是什么原因。老板沉思许久，对妻子说，从明天起，我就叫他不哼不唱了，你信不信？第二天，小伙计依然夜里起来砻稻，果真就不哼不唱了。晚间老板告诉妻子，小伙计系单身一人，吃饱喝足，全家不饿，思想上无负担，又无经济能力置办田产，成家立业，当然没心事，所以很快乐。而今天为什么不哼不唱，表现如此忧愁呢，因为我昨天晚上在稻仓里藏了50块大洋，被他扒稻捡到了，他思想上有负担，所以表现很忧愁，是还给我呢，还是偷偷带回家？以致他怎么也乐不起来，所以不哼不唱了。第三天,经过一番激烈的思想斗争之后,小伙计把大洋还给了老板,砻稻干活时就又唱起来了。

稻谷粗加工成糙米后,还要进一步深加工,使之变成“熟”米,方可食用。加工“熟”米的工具是石臼。石臼用一块约一米见方的大青石制成,重约700斤,高约七八十厘米,为上大下小的方锥形,上面从中间开一个约50厘米的大圆孔,深亦约三四十厘米,能容一斛多糙米(约30—40斤),里面四周圆溜溜、光滑滑的,江南人谓之蒲臼,江北人称之为碓窝子。加工大米的时候,先将糙米倒在其中,喷上一小瓯子水,用手把它拌和均匀,约等5—10分钟,就可以开始加工了。加工时,一般是两个人操作(也有一个人操作的),用的是青石做成的榔头。榔头装上1米来长的木柄,江南人叫它“打头”,江北人称它“碓嘴”,约莫20—25斤重,两人每人手持一个,就像铁匠打铁一样,你一下我一下,往蒲臼里面舂。这个活计也是有讲究的,既要有力气,又要有经验,新手是不能轻举妄动的。舂米的时候,两个打头上下翻飞,但各人都要把“打头”向右偏一点,否则两个“打头”会发生碰撞,这是很危险的,一是可能将“打头”砸碎,二是可能将石臼口砸豁,甚至可能使人受伤致残。舂米时用力要均匀,打头落下时过重,米会从蒲臼里溅出,过轻时米一时舂不“熟”。至于米舂到什么程度才算“熟”,那要看各户人家的要求。普通人家,大约舂到300—360“打头”就可以食用了。地主富户一般要求舂到600“打头”。米舂熟后要过风车扬去米皮,就是人们通常说的细糠。这种细糠,一百斤大米只有六七斤,人们用它喂猪,是当时上好的饲料。用这种细糠喂养的猪,既长得快,又能长出好膘。

(张国钰)

风车

风车,是谷物脱后晒干,储存时需要清选谷物的农具,有300多年的历史。新砍伐的或潮湿的杉木均不能作风车材料,必须经过一至三年的冷热季节,原浆凝固,材质干燥,方是做风车的佳品,风车做好后,涂抹桐油、油漆,光滑、防水,美观耐用。

农家一般风车,两根长横梁于车下三分之一处,风车斗外边两根长柱脚落地,头有小横梁与风车斗平高。风车鼓外三分之一处有两根短柱,脚落地头部顶住两长横梁,风车鼓中心点两根短柱,柱下头楔入横梁中,上头做有横梁,面对风车,右边一个大扁圆形,俗称风车鼓,鼓内一根铁主轴穿入六边方形的长料中,六扇风叶分别有两根木料固定,木料一头楔入六边方形长料中,主轴外面架在中心柱楔入的铁圈内,轴对面部穿过中心柱的铁圈,超过中心柱的部分呈S形作为风车摇把,风车左上方有一个“斗”称风车斗,风车头上部长方形,底部板斜形,左上平斗顶,右下平斗底,并留有宽1寸、长8分的淌米口,斗下有挡米板,淌米口下有风车调子,风车调子外边在风车鼓上设有斜形的调子坎,一般6坎。斗上可装谷物30—50斤。视谷物精粗情况，在清选时，操作人右手摇动摇把而产生风力，左手执风车调子，视情况将调子担在调子坎上，斗上精细谷物即担第一坎，粗一点担第二坎，秕壳、茎叶、杂乱物可担五坎、六坎……经过风力的鼓动，饱满的谷从淌米口淌出，三分之一饱满的谷物从二口斗淌出，秕壳茎叶、细杂草从风车口(尾部)随风飘出。淌米口下盛谷物特制的箩筐(俗称稻箩)，谷满时再换一只，有两只满箩时即挑走。二口待结束时再清扫一遍，可加工成猪饲料。

粮食收购点(粮站)使用的风车是八叶风车，体积大，其余构造不变，只是宽、高变大，风力大，谷物半饱满，即进入二口，四分之一未饱满的谷子随稻壳飞到风车尾部外边去。

风车一般是几户人家合伙做的，一户用结束后，另一户需要用就要搬动，力气大一点的青壮年，按住风车鼓部位的横梁，侧着身用肩扛住横梁，一手扶住风车柱下部(风车脚)，可以将风车扛走。力气小一点的人，则需要两个人抬，前面的人背对风车，如果用左肩扛风车尾部横梁，后面的人就必须用右肩扛起风车鼓头部的横梁，一手扶住风车柱脚前行。

(王昭松)

三、农活举例

栽秧

古诗云："绿遍山原白满川，子规声里雨如烟。乡村四月闲人少，才了桑蚕又插田。"这里所说的"插田"就是插秧。

插秧，方村人称"栽田"，江北人叫"栽秧"。方村处于沿江水乡，三圩相连，约有5万多亩农田。这里沟渠纵横，田块如格，气候温和，雨水充沛，适合水稻种植，栽秧的活儿几乎每个成人都会。当然，会不等于栽得好，真正栽得好的人为数并不多。就像写字一样，虽然识字的人都会写字，但写一手好字的人毕竟是少数。

栽秧是一项劳动技术性强、体力消耗大、四肢配合灵巧、既累人但又很有乐趣的农事活动。以前，农村排灌设施落后，农业靠天收，大多只种一季稻。一般情况下，栽点早稻做接茬口粮，其余栽中稻和晚稻。中晚稻收割后，除高田种点午季外，其余闲田冬沤，待来年再栽早稻或中晚稻。就这样年复一年地耕作，产量低，收成少，到了春天往往断粮，遇到发水年份，往往稻子被淹，庄稼颗粒无收。后来，随着社会发展进步，水利设施得到了改善，排水灌溉能力不断增强，水稻种植逐渐改成一年两季，即一季早稻，一季双晚。这样，栽秧这门活儿就多了起来。

栽秧的第一天为"开秧门"。"开秧门"是指将秧苗从秧田里移栽到大田。很早以前，"开秧门"是需要祭祀的，即必须备齐香烛纸火、茶水饭食，对着秧苗祭拜，祈求风调雨顺、五谷丰登。祭祀后，下田拔一把秧算是"开秧门"。

栽秧首先就是拔秧。秧门一开，人们在噼噼啪啪的鞭炮声中一起下田了。拔秧非常讲究，要求很严，必须做到整齐、均匀、快速、干净。即，每把秧捆起来整齐不乱，秧把大小均匀一致，并且拔的速度要快，秧根部的泥土要洗干净。这样，挑起来不累，栽起来也好栽。

栽秧时节是非常繁忙的，常常是忙得两头不见天。每天天未亮就下田了，天黑才回家。整田、灌水、拔秧、挑秧处处需要人手，忙得不可开交。为了抢时间，饭菜往往送到田头，赶在一趟秧栽到头的间歇时间来吃饭、喝水。吸烟的人也只有趁一趟秧栽到头，利用转趟的时间点燃一根香烟过过瘾。

栽秧是门技术活，因此有很多讲究。一是速度要快，二要深度适中，三要分枝均匀，四要棵棵入泥，不能有漂棵。速度快，左右手要配合好。栽秧时，左手握一把秧，拇指和食指、中指负责要把秧苗从秧把中分捋出来，而且要分捋自如，枝数均匀，既不能放单枝，又不可一簇一簇地栽下去。否则影响发棵、分蘖，最后造成减产。

右手的拇指、食指和中指从左手中把分捋出的秧苗接过来，再用食指和中指将秧苗下部夹住。栽的时候，秧苗的梗子落在大拇指和食指相连的虎口里，由中指和食指迅速插入，民间称这为“二指条”。这样栽下去的秧才立得正，也容易成活。栽秧时秧根一定要顺。顺了，秧栽得才直，回棵也快。

右手栽的时候，左手同时又把下一棵要栽的秧苗分捋出来。就这样快速不止地栽着。一把秧栽完，随手捡起后面的秧把子，迅速解开捆秧把的草线，继续不停地栽着。栽得既好又快的人，往往左右手的配合达到了极致。左手分得快，右手栽得也快，左右手配合得天衣无缝，栽秧的动作也轻盈得如同蜻蜓点水。栽秧时那“嚓嚓”的落水声像音乐一样悦耳动听。

除了左右手要配合好外，栽秧的手和双腿也要协调。六棵秧一般是从左往右栽，栽左边时右腿往后挪，一行栽到头，另起一行向左栽时，左腿往后挪。就这样，按照一定的行距和株距，一行一行地栽。左右腿往后退，什么时候退，退哪条腿，退多远，都是有讲究的。一定要与用手栽秧的方向配合好，否则退步时腿无伦次，横踏竖踩，脚宕多，漂棵也多，结果，六棵秧七倒八歪不成行。

栽秧是季节性最强的农事。民间有两首农谚说得好：“小满栽秧普天下，芒种栽秧没几家。”“芒种芒种，该种就种，如果不种，秋后落空。”因此，小满到芒种这一段时间是早稻栽插的黄金时间，不能错失良机。另外，小满时节已是五月底六月初，立夏一过天气一天比一天热。晴朗的日子栽秧，必须得承受热辣辣的太阳，这时脚泡在水里，而脸上却挂满汗珠，脊背则更是晒得滚烫，汗流满面。尤其是栽双晚秧，在大暑前后盛夏时节，更是酷暑难当。尤其是午后下田，这时田里的水被烈日晒得滚烫，几天栽下来时，人们的手脚往往被田里的热水烫化了。但为了赶在立秋前完成任务，只有将溃破的手指套上指套，继续坚持着栽下去。

栽秧的季节往往雨天较多。以前雨天栽秧是头戴斗笠，身穿蓑衣。有一首古诗说：“田夫抛秧田妇插，小儿拔秧大儿插。笠是兜鍪（古代打仗时戴的盔）蓑是甲，雨从头上湿到胛。”这首古诗真实地再现了栽秧时的辛苦。一件蓑衣本身就有10来斤，雨一淋湿更增加了重量。但雨天栽的秧容易成活，返青也快。所以，下雨天也得栽。

笔者13岁开始学栽秧，初学时夹在两个大人之间，栽会了以后，还随着大人们到各地去栽。当时是“一平二调”的大跃进年代，栽秧没有报酬，只图个肚子饱。我曾连续栽过7天。大人们说：“小孩子栽秧腰不疼。”实际上小孩栽秧腰也疼，不过一夜睡来就好了。

栽秧很有乐趣，也很有意思：一趟秧从田这头栽到田那头，长田有几百米，都是倒退着到头的。使我联想到唐朝的时候，弥勒佛曾化身为一个布袋和尚，他时常背着袋子四处行慈化世。有一天跟农夫一起下田栽秧，歇间作诗一首："手把青秧插满田，低头便见水中天；六根清净方为道，退步原来是向前。"

栽秧是在退步，而这种退步又恰恰是向前。只有虚怀若谷地低下头来，才能认清自己的轨迹；低下头来，自有一番天地，明晃晃的就在这水田里。多有哲理、多有意境的禅诗啊！

（王言仓）

四、捕鱼工具

流水湾的抄网、蟹网

流水湾位于行春圩东边埂上青弋江西岸，离方村老街不到3华里。解放前全村150多户，有田地的不过十五六家，多数户都是租种田地。当时的租资是：包租的每亩田每年200斤稻，估租的每亩200斤左右，加上平时亦借米过活，借100斤米还300斤稻。当时产量低，收获时把租一交、债一还，剩下的就不多了。当时有这样的歌谣："斛桶响，锅盖热，热热闹闹个把月。锯镰刀一搁，家中粮食缺；要想填饱肚，河中捞蟹鳖。"他们的生活来源，一般都靠在河里捕鱼摸虾或打长工挣钱。

解放前，流水湾有四班抄网，每班抄网6个人，一班抄网每天下河的收入可买200斤大米上下，能养活五六家人；四班抄网共24人，就是能养20多家人。

抄网是较大的捕鱼工具。在很早以前，流水湾就用抄网捕鱼了。传说抄网是流水湾人发明的。因流水湾紧靠青弋江，而抄网又适合在水面大的河塘里捕鱼。抄网是用两只辽船，每条船由6幅网连在一起，网长12丈。若用一班网，只能以岸边作网站；用两班网，除岸边外，还可以河心作网站，即两班网对面抄，杀伤力就更大。

抄网的制作：一班抄网需用两条船，一大一小，载重量大约千把斤。大船长约3丈2尺，小船长约3丈，船头要蒙盖板。船前后要安3个桨印子(即划船插桨桩的)。

网的做法：用绩麻接成的纱纺线，每个网眼为插两三个手指头大小，每幅网起240个眼头，往下做420路，做好后泡水，经过加紧扣子，再装上下纲。纲长2丈。上纲，每隔1尺装1个木料做成的漂浮，漂浮长8寸，宽1寸，厚半寸。每个浮子肚里和肚外各装多少眼，根据浮子的多少来均分；下纲，每幅装4个用厚砖头磨成的长3寸，直径1.5寸的圆柱脚子，装好后用猪血或牛血，加少许桐油和鸡蛋白浣网。这样做的网沥水快，使用寿命长。网每用10天半个月就要浣一次，晾干用蒸子熏蒸后，将6幅网用麻线连在一起，两头做网头，即把网皱在一起，上下纲栓紧，缆绳头子拴一个三四尺长的子索，索头子拴一个大一点的坠子和网头连接就成了。缆绳有的用黄麻3股打成，也有的用糯稻草打成，比大拇指粗点。

下河捕鱼时，当船划到目的地后，大小船连在一起，大船在右，小船在左，网两船各分一半堆在船头上。6个人分工，即大船头一人用一把竹椅子，坐在大船头前，叫作大船头，一人在伙仓划桨，叫扒船夫，又叫老牛，因他除拉网外就是用力划船，最好是年轻力壮的人。后艄一人，叫大船艄，年纪大小不论，但一定要有经验，能选择网站和掌握下网的方向(即最有鱼的地方)。小船头一人，也用一把竹椅子坐在小船头前，叫小船头。这个人要活络。因小船最险，两只船并行时，小船头只能坐半边椅子，而且要用左脚蹬着大船头，随大船齐头并进。伙仓一人叫推船夫子，要有劲。这个人最苦，除帮助大船划船外，还要用力推船。后艄叫小船艄，是最舒服的，除开网外，不烦任何神，行船寻找网站时，高兴就用力划，否则只要把船贴在大船边就行了。到了该下网的地方，推船夫子就跳到小船上端起桨，抵在大船的扒栏上连用三把力，将船推开，大小船头同时将网三次推下水后再把缆绳放完，扒、推船夫子把缆绳头子用脚踩住，两只船朝着不同的方向使劲划去，等网纲都伸开，开成一大弧形后，两只船头逐渐围拢，这时大小船头用杆子即六七尺长的树棍子打水赶鱼，两船艄响板吓鱼，这时推船夫子和老牛收起桨。扯起缆绳，放在水仓里(即二仓)扯到坠子就到网头，这时两个船头用劲迅速扯直下纲，要扯快，下纲出水后推船夫子和老牛才能扯起上纲，根据下纲的快慢决定上纲的速度，上纲不能快于下纲，否则网兜小，网兜小了鱼就容易跑，下纲一起水，上纲就赶快起水，这时两船艄渐渐靠拢，4人再扯网衣，鱼如多，4人捉鱼，若鱼少，由两个船头捉，老牛和推船夫在大船上划船，寻找下一个网站。

抄网一般在农历七月底开始下河打鱼，暖水鱼一般打夜仗，夜里点把钟下河，打到吃早饭。至九月初、九月底，鱼能放到第二天不臭了，就开始打白仗了，一直打到开年三月里河里来花水，开始种田了才收网。流水湾解放前的四班抄网，两班一组，在大河里轮流一天打上水，一天打下水。上水从陶辛清凉渡开始向下河打；下水从沙河口，即谈港开始往下打，下水高兴打到哪里都行，一直可以打到青弋江出口十八桨，因为这段河属于姓张的，别处的人来此段河起鱼没有权利。王坝老屋基姓谈的有两班抄网，据说还是流水湾的人教的。姓谈的抄网在外河只能从沙河口谈港开始往下打，这段河是张谈两姓共有的，谈氏无权向上河起鱼。

解放前，圩内螃蟹很少，大河里野生的蟹则很多。青弋江河流，除高淳人来用竹篾编织的蟹篮捕蟹外，就是用蟹网捕蟹。若按米计算，一条蟹网一季能挣四五千斤大米，能养活不少人。

蟹网的制作，是用绩麻接成纱，纺成麻线，网眼是插三，即三个指头能插进去，起80个头往下做，做多长要根据河面来定，网衣做好后泡水后再紧扣子，上下装纲，上纲装木料做成的长约5寸、宽1寸、厚半寸的浮子，浮子里装7个眼，浮子外装7个眼，下面装铁脚子，脚子里装两个眼，7个脚子吊一挂兜，兜深125个眼，两头用砖头做成大坠子，装好后也用猪血和牛血，加少量的桐油和鸡蛋白浣网，晾干后用蒸子熏蒸后就能用了，用过10天或半个月就要浣一次，这样拦水小，网的寿命长，一般的网保管好能用三四年。

蟹网好张，埠子难选。应选一边深、一边浅、河底板沙平坦无绊头的河段。选好后在浅水岸边搭个棚子，搭个单铺架起锅灶，再做好网埠子，在网下水的地方向上游五六丈远的地方架一部绞车绞缆绳，放网时兜口向上水，用一只小船放网，放到最后要下一个大坠子，以防水把网冲走，然后放缆绳回到原来岸边，缆绳是大约有食指粗的三股黄麻绳。收网时，先用绞车绞缆绳，将网头绞到岸边，网就成了一个大弧形的网堂，这时就扯浮纲，把网全扯上岸，将蟹和鱼全逮掉后，再放网。每天的最后一网要洗网，洗干净后再搭在早已架好的架子上晾网，到傍晚的时候再下网。

捕蟹期是每年农历八月初至重阳后。因为这段时间蟹黄已长饱满，价格好，又好销。早了，蟹黄未长满，不值钱，也不好卖；重阳后蟹就越来越少。在捕蟹的最佳期，捕蟹比较舒服，每天上午睡觉，下午玩玩，到傍晚时才下网。那时没有钟表，就用片香烧计时，一根片香烧完就起一次网，一夜大约起网八至十次，一夜可捕百把斤蟹，还有鱼；特别稀少的鞋底鱼，只有用蟹网才能捕到。一班蟹网二至三人，一季收入按米计算，大约四五千斤大米，能供养十多人的一年生活。

随着社会的发展，捕鱼工具不断更新，抄网、蟹网逐渐淘汰，但抄网、蟹网曾经作出的贡献不可磨灭。

（刘达才）

乡风民俗

◆ 传统节日

◆ 婚丧习俗

◆ 日常习俗

◆ 迷信习俗

一、传统节日

春节

春节的由来：据史籍记载，春节在唐虞时叫“载”，夏代叫“岁”，商代叫“祀”，周代才叫“年”。“年”的本义指谷物生长周期，谷子一年一熟，所以春节一年只有一次，含有庆丰收的寓意。又传，春节起源于原始社会末期的“腊祭”，当时每逢腊尽春来，先民便杀猪宰羊，祭祀神鬼与祖灵，祈求新的一年风调雨顺，免去灾祸。他们用朱砂涂脸，身披鸟羽，唱跳宴乐，热闹非凡。至于互相拜年宴请，则源自汉初，对此《通典》有所记载。

新中国建立后，春节庆祝活动更为丰富多彩。不仅保留了过去的民间习俗，而且剔除了一些带有封建迷信的活动，增加了不少新的内容，使春节具有新的时代气息。1949年12月23日，中华人民共和国政务院规定每年春节放假三天。

中国是个多民族的国家，各民族过新年的时间、名称、形式各异，但各地的汉族人大体相同。我们方村街道与全国大多数地区基本相似，节前要做许多准备，如置办各种年货，除夕要全家吃团圆饭，张灯结彩，燃放鞭炮，并给孩子压岁钱，春节要互相拜年、祝福等。春节期间的庆祝活动丰富多彩，有耍龙灯的，穿马灯的，也有踩高跷、叠罗汉灯的，还有采茶灯、秧歌灯等。还有些地方的人们沿袭过去的祭祖敬神活动，祈求新的一年风调雨顺，五谷丰登，六畜兴旺。

备年货

1. 腌香菜：进入冬月，农家在腌咸菜时，把菜心掰下，切细片，断成寸半至两寸长，洗净晒干。再用食盐、辣椒、姜、蒜等佐料腌制后，装于坛内储存。食用时加香油或麻油即可。除了腌香菜，还要在季节内腌生姜、酱瓜、萝卜干之类，以便过年做待客茶点。

2. 刻团子：把籼米（粳米）糯米三七搭，浸泡一两天，磨成淀粉，滤水后，用模版制成扁圆的小粑粑，俗称“团子”，用蒸笼蒸熟后，晾干，装入缸内，加水储存，不时换水。食时方便，用青菜下团子，其味更佳。一般家庭，团子可吃到第二年栽秧时节。

20世纪80年代后，陆续改成了机制打年糕。

3.蒸阴米做糖：把糯米浸泡一两天后，用蒸笼蒸熟，再晒干成阴米。腊月下旬做糖时，先把阴米炒熟成炒米，掺入适当糖稀，分别加入炒熟的芝麻、花生等，加热后，放入糖箱内，用糖滚滚压，成方块形，再用快刀切成小方块即是农家制作的炒米糖、芝麻糖、花生糖等。

4.杀年猪：从农历十一月下旬至腊月下旬，农家就陆续开始杀年猪，一般农户杀猪，卖一部分肉，自己留一部分。贫苦人家除将花板油留下外，至少还要留下猪头，俗称"元宝头"。屠夫下猪头时，家里还要放鞭炮，以示庆贺。此外，咸猪肉、咸鱼、咸鸡、咸鹅、咸鸭等，这都是过年准备的腊货，有条件的人家，腊月二十七八还要宰羊、刻年糕等。

5.购年货：进入腊月，人们都忙于筹钱购年货。俗话说"腊月光蛋赛马跑"，指贫穷人家借债也要备年货。此时人们忙于购物，还要准备过年时的穿戴。随着春节的临近，大小集市也随着红火起来，南北干货、糖饵果品等农副产品充满市场。人们还纷纷购买应节的物品，如红纸、年画、爆竹、香烛、厨用佐料等。出门在外的人都相继回家，真所谓有钱无钱都要回家过年。

掸尘

腊月十七，有掸尘、打扫卫生的习俗。据《吕氏春秋》记载，我国在尧、舜时期就有春节扫尘的风俗。按民间的说法，因"尘"与"陈"谐音，扫尘有"除陈布新"的含义，其用意是要把一切穷运、晦气统统扫出门。这一习俗寄托着人们破旧立新的愿望和辞旧迎新的祈求。为了干干净净地过年，腊月十七为掸尘日，至今仍盛行。农家不光要将室内的灰尘掸掉，还要出牛笼、猪笼、鸡笼、羊圈，以及清阴沟泥、挑茅缸（厕所）粪，这些活一直持续到腊月底。

送灶

腊月二十三日送灶神，不得拖延。旧时凡建有烟囱灶的，不管双灶、单灶，其烟囱柜上都要砌一个约一尺见方的灶神庙，庙门两侧贴"上天奏好事，下地保平安"的红纸条（"奏"或作"言"，"地"或作"界"），灶庙下端（烟囱柜下面）写着"水星高照"。送灶神时，点燃香、烛，对着灶神作三辑，然后将和尚、道士散的灶疏及钱纸拿到外面焚烧，此即谓之送灶。送灶时，有的地区还要在灶神像前供上带有黏性的食品，意思是将灶神的嘴巴封住，不让他上天乱讲。

除夕

除夕即农历的最后一天（腊月三十或二十九日）。腊月二十七八，人们大多数已经忙完了，就到附近澡堂子(浴室)，痛痛快快地洗把澡(现在大多数人家都有太阳能热水器，此前只能这样)。同时，除夕前全家人都要剃头(理发)，除夕这天要换上新衣、新鞋。

1.除夕贴春联、年画：一般前后大门、房门、耳门(腰门)上贴条幅春联(俗称门对子)，门头上贴横幅或"福"字、"春"字(有的故意将"福"字、"春"字倒贴，寓意"福"到、"春"到)；在牛笼，鸡笼，猪笼圈上贴"六畜兴旺"；在堂屋柱子或穿方上贴"黄金万两""招财进宝""天地阴阳、百无禁忌"；在大门背面贴"开门大发"。一些农户把农业生产的农机具如船、斛桶、风车、犁、耙、水耖上都贴上"福"字、"春"字，还将红纸条贴到果树上、牛角上……有老人去世的人家，第一年春联用黄纸写，第二年用蓝纸写，第三年恢复用红纸，内容多是寄托对先人的哀思。

贴年画在民间很普遍。一般人家都要在堂屋杠划墙(隔间墙)上和房间内贴上年画。这些浓墨重彩的年画给千家万户平添了许多兴旺欢乐的喜庆气氛。年画是我国古老的民间艺术之一，反映了广大劳动人民朴素的愿望和信仰，寄托着他们对未来的憧憬。随着印刷术的发展，年画的内容已不限于"门神"之类单调的主题，变得更加丰富多彩，产生了《福禄寿三星图》《天官赐福》《五谷丰登》《六畜兴旺》《迎春接福》等经典彩色年画，以满足人们喜庆祈年的美好愿望。

2.吃年饭：年饭前先要祭祖宗。祭祖时，在堂屋上方(俗称香火上头)置一方桌(祭桌)，摆放四碗菜、四碗饭，将元宝头供在餐桌中间上端，摆好菜饭、杯、筷，斟上酒，然后点上蜡烛。家主开始焚香磕头，祈求祖宗保佑来年全家吉祥安康。然后全家依次磕头叩拜，接着到外面焚烧钱纸。有的人家祭祖后，还要把事先准备好的酒、菜、饭及纸钱、爆竹用篮子盛好，送到土地庙敬菩萨(土地神)。人们在春节间祭祀祖先，叩拜神灵，其实也是给祖先诸神拜年。在祭祖的同时，还要将一碗椒、酱、醋调和的水浇在事先烧红的生铁犁头上，趁热气未散时在屋内各个角落进行熏蒸(俗称打香腾)驱邪。

年饭一般在下午四时左右，上好丰富的菜肴后，开始燃放爆竹，接着全家老幼依次坐好，斟上酒，边吃边聊慢慢品尝。年饭要多煮一些(意思是年年有余)，还要将一块锅巴(谓之饭根)留下，卷好用绳子系挂在堂屋穿方或拉牵上，也有的置放在灶柜上(据老年人传说，隔年风干的锅巴能治小孩肚子痛)。其时家主要给孩子压岁钱，这是孩子们最开心的时刻。古话说"大人望种田，小孩盼过年"，大人们往往借此机会教育孩子：过年长一岁了，要听话，懂礼貌。饭后，家庭主妇在收拾好碗筷后，就开始煮五香蛋(又叫茶叶蛋)，还要准备好待客的茶点。狗、猫等家畜也会得到主人颇为丰盛的犒赏。

年饭后，孩子们可尽情玩耍，大多数以燃放爆竹(花炮)为乐。大人们以抹牌、打麻将、嗑瓜子、聊天等为乐。现在除以上活动外，多以看中央电视台的春节联欢晚会为主。

3. 守岁：除夕守岁是最重要的年俗活动之一，守岁之俗由来已久。最早记载见于西晋周处的《风土志》：除夕之夜，各相与赠送，称为“馈岁”；酒食相邀，称为“别岁”；长幼聚饮，祝颂完备，称为“分岁”；大家终夜不眠，以待天明，称曰“守岁”。有些地区，有的老人要连守三夜，即除夕夜、初一夜、初二夜。

“一夜连双岁，五更分二天”。除夕之夜，全家团聚在一起，吃过年夜饭，点起蜡烛或油灯（因过去无电灯），大人们围坐柴炉旁或草焐子里闲聊，等着辞旧迎新的时刻。通宵守岁，象征着把一切邪瘟、病疫驱走，期待着新的一年吉祥如意。又传，古时守岁有两种含义：年长者守岁为“辞旧岁”，有珍爱光阴的意思；年轻人守岁，是为延长父母寿命。这种守岁的习俗后来逐渐盛行，到唐朝初期，唐太宗李世民写有“守岁”诗：“寒辞去冬雪，暖带入春风。”直到今天，人们还普遍习惯在除夕之夜守岁迎新。

除夕之夜要灯火通明。过去，所有的房间都要点灯；现在，要将室内所有的电灯都开着。这叫“三十的火十五的灯”。

拜年

新年初一，清晨洗漱完，人们穿上新衣服，打扮得整整齐齐，准备出门走亲访友，相互拜年，恭祝新年大吉大利。初一早餐多以面条、五香蛋为主。早餐后，在饭桌上摆好茶点、香烟等，以接待来访和拜年的客人。初一拜年，一般是晚辈到附近祖父母，叔、伯父，舅父，姑、姨父等长辈家拜年，有人还捎上点礼物，见面互相说些祝福话、吉利话。孩子们给长辈磕头，长辈也要给孩子们“穿钱”（给红包）。

年初二，女婿到岳父母家拜年，要带上多样礼品。若是新婚回门，则要备上多份礼品，到女方所有亲长家一一拜年，女方家也要回赠礼品。

相互拜年一般要延续到初十左右。民间有一句俗话：“拜年拜到月半边，兜着屁股朝外掀。”（意思是不接受）过去，我们这一带从大年初一开始，贴财神的，颂春的，跑年的（讨饭的）络绎不绝。解放后，尤其是改革开放以后，由于社会经济飞跃发展，人们生活水平不断提高，国家优惠政策逐步落实，此类人员逐渐减少，目前已几乎绝迹。

穿灯

穿灯（玩灯），一般是在正月初三以后，各灯脚处（穿灯单位）的徒手们（负责人）就开始召开村民会议协商有关穿灯事宜，请道士发禊、设堂子（灯堂），随后就陆续开始穿灯。我们方村街道过去有几十堂灯，大体可分三大类：一是民间舞蹈类，如马灯、采茶灯、秧歌灯等；二是民间杂技类，如踩高跷（高跷灯）、叠罗汉（罗汉灯）等；三是民间信仰类，如老龙灯、滚灯等。穿灯队伍有敲锣鼓镲、扛高灯、玩灯演员（神家）、护灯等，一般都有几十人以上，大村达数百人，浩浩荡荡的穿灯队伍十分壮观，所到之处锣鼓声、鞭炮声和男女老幼的欢笑声交织在一起，真是热闹轰天。此外，与玩灯单位有亲戚关系的、要脸面的、图吉利的人家都要接灯。所以玩灯单位要请一些有头有脸的人“拎引灯”、打帖子（俗称刷报子），所以我们这里有“不看穿灯的，要看刷报子的”说法。穿灯，看灯，一般要持续到正月十五（元宵节）左右，之后灯堂陆续圆灯。

春节，顾名思义就是春天的节日。春天来临，万象更新，新一轮播种和收获季节又要开始。人们有足够的理由载歌载舞欢庆这个传统节日。宋代王安石作《元日》诗曰：“爆竹声中一岁除，春风送暖入屠苏；千门万户曈曈日，总把新桃换旧符。”

（王万春）

附1：除夕不杀鸡

在方村一带至今仍保留着除夕（三十晚上）不杀鸡的习俗。除夕杀鸡是数百年以来流传下来的习惯性的禁忌。为了避开杀鸡的忌日——除夕，一般人家都要预计春节期间需要食用几只鸡，并在除夕前的一两天将鸡杀好，以备春节享用。那么，为什么会留下这么一个习俗呢？

据说明朝末年，鲁王逃到舟山，辅佐鲁王的是舟山人张名振。张名振是东海抗清名将。1651年除夕，清兵趁张名振率兵远出作战之机，突袭定海城。清军逢人便杀，他们相约，一直杀到鸡叫为止。他们杀了舟山百姓1.8万人，最后只剩下六户人家。当清军杀到刘家岙时，忽然听到了鸡鸣之声，便停止了杀人。正是由于这一声鸡叫，才救了舟山最后的六户人家，舟山人才得以繁衍下来。为了纪念公鸡的救命恩德，舟山人从此除夕不杀鸡，这一习俗不仅流传下来，而且遍及周边诸省的农村。

（张玫瑰）

附2：正月不理发

方村至今流传着正月不理发的民俗，说“正月里不剃头，剃头死舅舅”。因此，每到腊月下旬，老人们都会叮嘱下人：“快过年了，还不快去剃个头。正月里不能剃头，剃头就要死舅舅。”这一习俗是从清朝初期逐步形成并流行的，据说，这与清王朝在征服南明时，采取的“留发不留头，留头不留发”的高压屠杀政策相联系的。

初入中原的清王朝，为了摧毁汉人的反抗意志，企图以满族的风俗同化汉民族，强迫汉人剃头系辫。这对认为“肤发受之父母，剃之不孝”的汉人来说，是无法忍受的。于是，江南一带的百姓，为反对清王朝的剃头政策进行了坚决的抵抗。尤其是一大批文人士大夫提出了“头可断，发不可剃”的口号，与清王朝进行了殊死的抵抗，成百万人死于清军的屠刀之下,诸如扬州屠城、嘉定十日等。

血流成河的教训,终于让人们屈服了,一些文人知道继续抵抗可能带来灭族的危险,于是不再高喊"头可断,发不可剃"的口号了,而是代之以"正月不剃头,剃头死舅舅"的口号进行软抗。其中的"死舅"与"思旧"谐音,表明对逝去的明王朝的思念之情。于是,这句口号在民间逐渐流传开来,并成了江南相当多的地区的一句民谚。方村地区毗邻苏吴,民间反清复明的意识多受其地影响,因此,这一民谚也传到了方村,并成为方村一带的民间习俗。

(张先月)

清明节

清明节是我国传统节日之一,始于周代,距今已有两千五百年的历史。清明节也是我国最重要的祭祀节日,它与七月十五中元节、十月朔的寒衣节(方村民间不信奉"十月朔"、只信奉"腊八节"即腊月初八)并称为中国三大著名"鬼节"。清明节源于寒食节,相传春秋战国时代,晋献公的妃子骊姬为了让自己的儿子奚齐继位,就设毒计谋害太子申生,申生被逼自杀。申生的弟弟重耳,为了躲避祸害,流亡出走。在流亡期间,重耳受尽了屈辱。原来跟着他一道出奔的臣子,大多陆陆续续地各奔出路去了。只剩下少数几个忠心耿耿的人,一直追随着他。其中一人叫介子推。有一次,重耳饿晕了过去。介子推为了救重耳,从自己腿上割下了一块肉,用火烤熟了就送给重耳吃。十九年后,重耳回国做了君主,就是著名春秋五霸之一晋文公。

晋文公执政后,对那些和他同甘共苦的臣子大加封赏,唯独忘了介子推。有人在晋文公面前为介子推叫屈。晋文公猛然忆起旧事,心中有愧,马上差人去请介子推上朝受赏封官。可是,差人去了几趟,介子推不来。晋文公只好亲自去请。可是,当晋文公来到介子推家时,只见大门紧闭。介子推不愿见他,已经背着老母躲进了绵山(今山西介休县东南)。晋文公便让他的御林军上绵山搜索,没有找到。于是,有人出了个主意说,不如放火烧山,三面点火,留下一方,大火起时介子推会自己走出来的。晋文公乃下令举火烧山,孰料大火烧了三天三夜,大火熄灭后,终究不见介子推出来。上山一看,介子推母子俩抱着一棵烧焦的大柳树已经死了。晋文公望着介子推的尸体哭拜一阵,然后安葬遗体,发现介子推脊梁堵着个柳树树洞,洞里好像有什么东西。掏出一看,原来是片衣襟,上面题了一首血诗:"割肉奉君尽丹心,但愿主公常清明。柳下作鬼终不见,强似伴君作谏臣。倘若主公心有我,忆我之时常自省。臣在九泉心无愧,勤政清明复清明。"晋文公将血书藏入袖中。然后把介子推和他的母亲分别安葬在那棵烧焦的大柳树下。为了纪念介子推,晋文公下令把绵山改为"介山",在山上建立祠堂,并把放火烧山的这一天定为寒食节,晓谕全国,每年这天禁忌烟火，只吃寒食。所以在周代寒食禁火、祭奠先人，早已成为习俗。唐代之后，寒食节逐渐式微，于清明扫墓、祭祖成了此后持续不断的节俗传统。宋代，朝廷就规定：寒食到清明三日，各地均需扫陵墓，以表示对死者的悼念。我们方村街道清明祭祀的习俗虽然与各地的习俗不尽相同，但祭祖扫墓、烧箱衣（烧包袱）、插柳与各地一样仍是清明节的主要活动。

祭祖扫墓：按照习俗，祭扫的顺序是首先要扫墓，就是将墓地杂草铲除，打扫干净。整修坟墓并培上新土，折几枝嫩绿的柳树新枝插在坟上，还要在上边挂些纸钱（用白纸剪成一串串的墓钱），让他人看了，知道此坟尚有后人。接着开始祭祖，这一程序是祭祖扫墓的关键，一是寄托哀思，二是与先人相感。所谓相感，就是过去我们这里都是木葬，挖坑将棺材埋在地下，挖坑谓之开山，所以先人无论葬在山上或圩区都叫“祖坟山”，旧的习俗认为山有灵而无主，先人有主而无灵，与先人相感可以更好地得到山川的灵气和风水，有利后代人丁、事业的兴旺发达。坟墓整修结束之后，在坟前的拜台上摆放祭品（鸡、鱼、肉、豆腐、水果类等）、碗筷、酒杯，点燃香烛，将酒斟入杯中。在点燃香烛之前或同时还要安排一份香烛在墓前一侧点燃，奉香给看管墓地的山神、土地，因为山神、土地是墓地的守护神。之后，一家大小依次轮流磕头祭拜，老人们在祭拜时口中还念念有词，无非是请祖宗保佑全家幸福安康之类的意愿。祭拜结束便开始焚烧钱纸（冥币）、金锭（用金色纸叠成的元宝），燃放鞭炮，祭祖扫墓结束。

烧箱衣（烧包袱）：是方村祭奠祖先的主要形式。一般是已故先人的女儿、侄女或外甥女（也有其他亲戚），在清明节置办几箱子春夏秋冬四季衣物烧给已故先人。所谓“箱衣”，亦作“包袱、包裹”的意思，是指孝属从阳世寄往“阴间”的邮包。过去，我们这里都有扎匠用芦苇秆扎成一个长四方形的箱框，用红纸糊在上面并为箱子。现在商家用硬纸板做成的红箱子非常精致美观，用各色纸张剪贴四季衣物放在里面，将箱盖封锁，箱盖上面印上梵文音译的《往生咒》，中间印一莲座牌位，用来写上区号亡人的名讳，如“已故某府君某某老大人”字样，既是邮件又是牌位，下面落款是某某敬奉。箱衣一般与钱纸、金锭同时焚烧。

清明插柳：古谚有“柳条青，雨蒙蒙；柳条干，晴了天”的说法。杨柳有强大的生命力，俗话说：“有心栽花花不发，无心插柳柳成荫。”柳条插土就活，插到哪里，活到哪里，年年插柳，处处成荫。所以，清明插柳也是方村民间一直以来的习俗。据老人们传说，清明节是鬼节之一，也是百鬼出没频频、索讨多多的时节。大概是受佛教的影响，观世音菩萨手持柳枝蘸水普度众生，人们便认为柳条有驱鬼辟邪的作用，把柳枝称为“鬼怖木”。北魏贾思勰《齐民要术》中写道：“取杨柳枝著户上，百鬼不入家。”所以，值此柳条发芽时节，人们便纷纷插柳、戴柳以辟邪了。笔者记忆中“戴柳”辟邪的习俗一直延续到20世纪50年代末。

清明节是中国最重要的传统节日之一。它不仅是人们祭奠祖先、缅怀先烈的节日,也是中华民族认祖归宗的纽带,更重要的是认识先辈,反思自己的不足,修正自己,带动后人感悟人生的价值。

（王万春）

附:张氏清明祭祀

清明是中国的传统节日之一,已有两三千年的历史。它是每年最重要的祭祀祖先的日子。祭祖是为了怀念祖先、纪念祖先、效法祖先、继承祖先的美德,遵守祖宗的教诲,励志光耀门楣。它能给社会带来淳厚的风俗,给民族带来安定的因素,使社会和谐,人民和睦。现在来谈一谈方村张氏清明是如何祭祀的。

张氏祠祭习俗:祠祭是指在族姓宗祠和祖堂奉祀族姓的共同祖先与最亲近的祖先、父母等,是非常正规化的祭祖仪式。祠堂祭祖的时间各地不同,有的地方是在每一季节举行,有的是每隔一定时期举行,有的逢年过节或初一、十五祭祖。方村张氏宗族每年(旧历)正月初一(春节)、清明、五月初五(端阳节)、七月十四(亡人节)都要到祠堂祭祀祖先。

根据祭祀群体的不同,张氏宗族的祠祭分房祭、族祭与联祭。

(1)房祭:房祭是以房为单位的祭祀。张氏宗族下分许多房派。同房共祖者通常逢年过节在老祖屋祭祀本房的开基祖和自己的列祖列宗祖先。房祭仪式比较复杂,现以张氏宗族“百忍堂”清明祭祖为例。

“百忍堂”是张姓堂号。据史书记载,唐代时,张艺九代同居,竟和和睦睦,相安无事,唐高宗甚是好奇便问其故,张艺取出一张纸写下了一百个“忍”字,唐高宗十分赞誉,便赐号“百忍堂”。从此,各地张姓大都以“百忍”为堂号,并列为祖训。

相传,张艺去世后,张氏后裔为纪念这位“忍、孝”治家的贤人,为他修建了“百忍堂”,永志纪念。嗣后,张氏后裔每年都要到“百忍堂”祭祀。张氏裔孙众多,祭祖时十分热闹。过去是集体祭祖,祭祖时先宣读祭文,众人合族祭祀。现在则以家庭为单位,每年清明一大早,各家就争相去祖屋祭祖。先到的先祭,后到的后祭。祭祖时不分男女,都可参加祭祀仪式。祭品有三牲、五珍、果品等。先敬天神,再祭祖先。敬天神和祭祖先可以用同一份供品。祭祖时,先点燃3—5支香,然后三鞠躬,心中默念“祖先保佑我们子孙平安”等祈祷语,等香烧成弯头状,就表明祖先已享用完供品。然后要给祖先烧包袱皮,包袱皮里有纸做的四季衣服、金香银香、金银首饰等。给谁的要在包袱皮上写上谁的名字,这样生活在阴间的祖先才能收到。“百忍堂”的张氏裔孙一般要给各代祖先烧包袱皮,因此往往一个家庭要烧二三十个包袱皮。有的子孙觉得太繁琐,就将程式简化,在一个包袱皮上写三个字“三代一”,表示烧给所有的祖先。“百忍堂”里还设有观音堂,供奉观音菩萨,其裔孙祭祖时也同时要祭观音菩萨，通常夫妻两人，男的祭祖先，女的祭观音菩萨，也可以祭完祖先再祭观音菩萨。因为观音吃斋，所以祭观音一定要用斋盘。

(2)族祭：族祭是以宗族为单位的祭祀。同一地域的同宗共祖者通常在年节时，在宗族祠堂祭祀本族开基祖和历代祖先。芜湖市火龙岗街道辖地白马山是张氏的总祠。据民国9年(1920)木活字本(卷一)纂修的张氏宗谱记载：张氏宗族每年正月十五(元宵节)在“百忍堂”合族祭祀祖先，祭祖礼仪由族长老主持，现在则由宗族理事会负责。宗族祭奠比较隆重，一到祭祖的时间，老老少少都沐浴更衣，争先恐后地赶往祠堂，以抢得头香。等族人到齐以后，在专人主持下，族人齐集行礼祭祖。

祭祖的供品有猪头、鱼、鸡、茶、酒、米、果等，祭品多的有几十酒坛甚至上百酒坛，还需用猪、羊、鸡三牲及五珍。所谓“五珍”，就是从山珍海味中，择五项作为祭品。

祭祀时用的三牲是很有讲究的，具体步骤为：先用刀将鸡杀死，用热水把鸡毛褪去，然后在靠近鸡屁股后边用刀剖开一点，把鸡肚子里的五脏掏出来洗干净，重放鸡肚，一起炖熟。猪肉必须是肥瘦连在一起的，整块肉与鸡一起炖。鱼，必须选择上好的大草鱼。然后将鸡、鱼、肉(三牲)分别装在盘子里，再配上五杯茶、五碗酒以及糖果、香烛、纸钱、鞭炮等，到祠堂里祭祖敬神。祭祖敬神有一定的规矩。先祭天神，因为天神比其他诸神和祖先大。然后用祭过天神的祭品祭祀土地伯公。祭完天神和土地伯公的祭品，才可以用来祭祖先。祭祖先的同时也要祭拜龙神、观音等神明。祭观音必须用斋盘。祭祀时，祭品摆放也有一定的规矩：鱼放左，肉放右，中间放鸡，顺序绝对不可以乱。祭拜完毕以后，将所祭过的祭品再烹调一下，然后分给家人吃，据说吃了可以祛邪降福。

祭毕，请有名望的族长讲话，主要是讲族谱，告知本族姓氏的渊源、世系与祖训。祭仪一般行三献礼，族中长者主祭，其余为余祭。祭祖仪式先宣读祭文，然后进行主祭献礼仪式。芜湖白马山一带的张氏宗族，每年清明在“百忍堂”合族祭祀祖先，族老主持，现在则由宗族理事会负责。仪式程序：祭祀开始，全体肃立，击鼓、奏乐。主祭裔孙就位，余祭裔孙各就位。行三鞠躬礼，同时鸣炮。

仪式结束后，在祠内设宴聚餐，共商族内有关事宜。参加聚餐者仅限于男性，而且根据年龄的不同，享受的待遇也有别。张氏宗族祭祖聚餐时规定：60岁以上的老人免费；60岁以下的人要交饭钱；考取进士等以上功名者称房下先生，不论辈分大小，一律上座；忙里忙外的女人不能入席，一般在灶堂吃饭或聚餐完毕后才吃饭。

祭祀完毕，举行庆祝活动。过去有闹八音、烧烟阶、放焰火、舞龙灯等活动。近年来，张氏宗族在元宵之夜通常高举“百忍堂”灯笼，在祠堂前玩十八罗汉灯、龙灯等，或者在祠堂门前搭台唱戏。解放初期，张氏祠堂原址在合心村谈港外滩，与沙河口隔河相对。

(3)联祭:张氏是个庞大的姓氏,也是个不断迁徙的族群。追宗、念祖的张氏族群,有强烈的寻根意识。因此,张家人除了祭祀本族祖先外,也不忘对起源之地祖先的祭拜。迁移至各地的宗族子孙一般都要回原乡联祭,其宗族联祭活动规模宏大,场面壮观。

作为原籍张氏东道主的白马山张氏后裔,准备了隆重的欢迎仪式和宴饮活动。众多子孙一早聚集于祠堂祭拜,人群涌动,只好分批联祭,一批人祭拜完毕,下一批人再祭拜。祭拜时祠堂外锣鼓声、鞭炮声不断。妇女们在厨房准备早餐粥。大家吃罢早餐,前往墓地祭拜,中午回祠堂吃午餐。晚上通常会请戏班唱戏,少则唱三五个晚上,多时会唱十个晚上。

张氏墓祭习俗:墓祭,又叫扫墓,也称祭扫。过去一般每年都要举行春秋二祭。春祭在清明节,秋祭在重阳节。重阳祭扫祖坟活动在境内并不普遍,且久已湮没无闻,只有清明节的祭墓普遍。每到清明日,境内家家户户都有人上山祭扫祖坟。祭祖者的态度十分诚敬。祭扫时,要清除祖坟周围的杂草。祖墓如有损坏,亦于是日整修。民间旧俗,祖墓之土平时不宜轻动,惟有清明、冬至祭扫时可以整修。坟墓周围打扫清净之后,就把"纸钱"压在祖坟前后左右,然后陈列供品,烧香祈祷,请祖先神灵出来享用。供品丰俭随意。扫墓结束,扫墓者必折一枝马尾松松枝,带回家插于门上,以表示这户人家没有忘记祖先,已经扫过墓了。张氏墓祭,时间在清明节前后三天。墓祭对象分为两类:近代祖先与远代祖先。与之对应,墓祭形式分为两种:家庭式的墓祭活动与家族式的墓祭活动。

家庭式的墓祭活动是以家庭为单位,每年由家长率家人扛锹带筐上山祭扫近祖墓坟。先挑土筑坟夯实,然后进行祭奠。祭礼比较简单,篮子提着三牲,还带些果品、糕点、香烛、纸帛等供品上山,摆在祖墓前,先由家长焚香祷告,敬酒献礼,然后家庭成员依次行三跪九拜之礼,最后烧冥币并燃放鞭炮。家庭式墓祭时间比较灵活,在正月里,寒食节、清明、端午、中元、中秋、重阳都可上山祭墓。解放前讲究风水,祖辈亡后,多选择山头下葬。这样,往往一家祭奠,需跑许多地方。譬如:曾祖父、祖父、父母葬在不同的山头,祭祀时往往要跑几座山。改革开放后,由于人们观念的变化,祭祀形式也有些变化,张氏子孙觉得每年上坟跑很多路太累,干脆把祖先请回祖屋,在祖屋祭祀。不过,大多数人还是到坟墓祭祀。

家族式的墓祭,是以家族为主体举行祭墓活动。祭祀对象一般为开基祖或有一定名望和作为的先祖。家族式的墓祭时间一般分为春秋两祭。

根据祭祀群体的不同,家族式墓祭可分为房祭、族祭与联祭。

(1)房祭:南宋绍兴年间(1131—1162),"百忍堂"张姓后裔有一支族人从和县鸡笼山迁到行春圩。这一支张氏族长与著名爱国词人张孝祥是嫡堂,他娶了两房夫人,前妻生七个儿子称上七房,后裔生活于方村梅村一带;后妻也生七个儿子称下七房，后裔生活于方村旗杆一带。方村张氏后裔每两年一次前往白马山祭祀。房祭，就是一个房下的子孙每年到祖先的墓地祭祀。两房后裔每年清明聚集一起，到祖先的坟上祭拜。每至清明，众裔孙都要去墓地祭扫，所备祭品和家族式祭品一样。

(2)族祭：芜湖张氏宗族的开基祖，其墓地在白马山，距芜湖市区只有20分钟的路程。每年4月份，张氏众裔孙都要到公墓上祭扫。基本上每个家庭都有一个代表，祭扫者往往达数百人。

祭扫墓地，张氏众裔孙每年还捐助祭祖资金，往往多的达数十万元。因而每年的张氏祭祀较为隆重，每个前去祭祀的裔孙可分得两元"丁钱"，祭祖完毕到祖堂聚餐，60岁以上的老人免费享用，60岁以下需交饭钱，房下先生免缴餐费。

(3)联祭：张氏每两年一次去白马山祭祀。祭祀活动由白马山张氏主办，届时发函邀请外地的张氏裔孙。以前，方村张氏每年都去，现改为每两年去一次。路远者，凌晨动身徒步，靠近公路的一般集体包车去。

每年清明各地子孙不远千里，或组团，或举家，或个人，络绎不绝前往上香敬拜，表达对祖先的敬仰之情。

清明祭祀是中华民族的传统习俗，形式隆重，世代相袭。张氏宗族自北宋至今，每到清明，都要举行大祭，既对上祖缅怀感恩，又祈祷祖宗保佑后代平安吉祥。

（张致松）

端午节

每年农历五月初五过端午节，这是中国人两千多年的传统习俗。由于地域大，民族众多，故事传说有很多种，于是产生了众多相异的节名，如端午节、五月节、端阳节、午日节、端午、重午、龙舟节、屈原日等，但是各地的习俗却不尽相同，其内容主要有悬挂蒲剑、艾叶，做香囊，包粽子，赛龙舟，荡秋千以及喝雄黄酒，吃五红，等等。时至今日，端午节仍是我国一个十分隆重的节日。

方村街道是一个古老的集镇，千余年来世世代代的方村人一直沿袭着这一重要传统习俗，每年都过这个节日。虽然细节上和全国各地的习俗有所不同，但是企盼平安、幸福、百病不侵的心境是一样的。至于过端午节的缘由，为什么过，从什么时候开始过，大多数的老一辈人也说不清楚，只知道是从祖辈那儿一代一代传下来的，一直就是这么过。

方村的端午节习俗主要有：插蒲剑，挂艾叶、香囊，涂雄黄酒。首先在农历四月底前，各家各户都要到菜园地或塘埂边带土挖来菖蒲、艾蒿、龙船花草若干，种植在瓦盆或已经损坏了的搪瓷洗脸盆内，置于门前的场基处精心浇灌使其生长茂盛。待到端午节上午八点前后开始"斩艾"（本地方言），就是将盆栽的艾蒿、菖蒲、龙船花草搬到大门前，燃放鞭炮后，用镰刀沿着盆土面将艾草、菖蒲、龙船花草割掉，根部连土倒在菜园地或塘埂边让其自然生长，下年可以继续挖用。接着用菖蒲叶做成蒲剑插在门窗屋檐下，用以辟邪。将艾蒿扎成草把挂在屋檐下晾干，留作家用。艾蒿可以驱除蚊蝇、虫蚁，净化空气，还有理气血、暖子宫、祛寒驱毒的功能。如果患了关节炎、风湿病或者皮肤不舒服，特别是妇女坐月子期间，就用晾干的艾草煮开水，之后进行熏蒸，确实有一定的效果。以前是因为贫穷看不起病，不得已用这个法子。现在作为一种土方子，亦或就是一种情结吧，用艾草煮水熏蒸依然在城乡很多居民家里沿用。龙船花草是表示赛龙舟和纪念屈原的意思。过去农村妇女讲究针线活，在端午节前，条件稍好的人家都要用各色花布做成鸡心形的香囊，把从药店买来的雄黄、朱砂、香药和晒干的艾叶放在里面，挂在孩子的胸前，用雄黄酒涂在孩子的额头和耳、鼻孔边，以求辟毒、辟邪和驱蚊虫叮咬。

包粽子。在端午节到来的前一天就要到田头或塘埂边的芦苇滩上采摘芦苇叶（作为包粽子的叶子，称之为粽叶）、割蔺草（方言轿草），如果自家没有芦苇还必须到别人家去讨要或到集市上去购买。回家之后将芦苇叶和蔺草放在锅内加水蒸煮，既是消毒，也使叶子变得柔软，增加韧劲。同时，将所需数量的糯米淘洗干净后放在淘米篮内沥干。一般在初四下午开始包粽子（方言裹粽子）。粽子的形状各异，有三角形、菱角形、斧头形等，粽子有纯糯米的，有拌赤豆的，还有用腊肉、蜜枣做馅的。晚饭后把包好的粽子五个或十个一串串好，集中放在大锅内加水将粽子淹没并开始煮，也有的是端午节当天起早进行蒸煮，确保端午节早餐享用。

吃五红。在方村，端午节除了吃粽子还要吃“五红”。“五红”是苋菜、腌鸭蛋、大虾（方言澡弓虾）、黄鳝、仔公鸡，据说吃“五红”是为了驱邪避“五毒”，即蛇、蜈蚣、蜘蛛、壁虎和蝎子。端午时节正是夏季疫病流行的季节，而过去人们的住宅多低矮，又是土墙草房，土墙的裂缝较多容易滋生“五毒”。而“五毒”按照民间的说法是惧怕红色，因而就衍生出用吃“五红”来驱除“五毒”的习俗。据说端午节吃了这“五红”，整个夏天就可以辟邪避暑了。民间还有这样一种传说。很久以前，玉帝宣布，天上的毒物要等春雷响第一声才可以到凡间去，所以人们都叫那个时候为惊蛰。不过有的毒物怕冷，于是，它们就约好到端午节天气暖和后再一起去为害人间。这五个毒物就是蛇、蜘蛛、蝎子、蜈蚣、壁虎。它们在端午的那一天来到了人间，刚到一户人家的门口，就听见这家里女主人在说：“快吃，这是红烧的五毒。”五个毒物大吃一惊，便隐蔽在门窗外面偷看，只见桌上五个大盘里有红红的五道菜，那女主人一边吃一边说“这五毒菜真好吃”。“五红菜”在五个毒物的眼里变成了它们的血，五个毒物吓得魂飞魄散，急忙从这户人家逃走，再也不敢去了。传说故事，无非是表达了人们的期盼，祈福平安。

现在，方村仍然保持着过端午节的习俗，但随着时代的发展进步，过节也在与时俱进，既有对老传统的坚守，也有简化和创新。比如，过端午节还是要包粽子、吃五红，还是要插蒲剑、挂艾草，其余的习俗在20世纪七八十年代就开始逐步简化和疏略了。在我的记忆里，儿时端午节的那份温馨，那些美好的画面，一幕一景依然清晰明朗，那份热切期盼过节的高涨兴致以及那份纯粹因为享受了美味佳肴而带给自己的欢愉情绪总也挥之不去，“物微意不浅，感动一沉吟”。如今，看着一个个包裹得精美而又清香可口的粽子，也许只有用心体验，拂去浮华，才能领会端午节带来的乐趣……

（王万春）

中秋节

农历八月十五中秋节，是中华民族四大传统节日之一，2008年被国务院批准为国家的法定节日。“中秋”一词，最早见于《周礼》。自周代起每逢中秋夜要举行迎寒和祭月，汉代已具有节日的雏形，定在立秋这一天。晋代时有中秋赏月之举，但还未形成习俗。至唐代，中秋赏月已经十分流行。北宋时确定八月十五为中秋节。据史籍记载，古代帝王祭月的日期已为八月十五，时值恰逢三秋之半，故名“中秋”。在中国的农历里，一年分为四季，每季又分为孟、仲、季三个部分，因而中秋也称仲秋。八月份，华夏上空的暖湿空气逐渐消退，而此时的西北风还很微弱，湿气也去，沙尘未起，空气显得格外清新，天空特别洁净。所以八月十五的月亮比其他几个月的满月更圆、更亮，所以又叫作“月夕”和“八月节”。此夜，人们仰望天空如玉如盘的朗朗明月，自然会期盼家人团聚。远在他乡的游子，也借此寄托自己对故乡和亲人的思念之情。所以，中秋节又称“团圆节”。

在方村，千余年来一直传承着八月十五过中秋节这一传统习俗。时至今日，中秋节仍是人们一年中的重大节日。主要习俗有吃粑粑、吃团圆饭、赏月。

中秋做粑粑（方言做“罗糊”），这是方村的特色。吃粑粑与赏月一样都是喻示全家团结幸福、吉祥如意。粑粑黏结成团，喻示全家和睦团结；粑粑的香甜，喻示着生活甜蜜幸福。粑粑做成圆形，喻示着人们有缘、喜庆、吉祥和团圆；吃着圆圆的粑粑就自然象征全家和和气气、团团圆圆、平平安安了。做粑粑是有讲究的，在中秋到来的前两天就要将糯米下水淘干净，放在大盆内浸泡到第二天下午，再次清洗干净放在桶里，用石磨（现在都是机械化，用小钢磨碾磨）将糯米磨成米浆。石磨一般需要两人，一人拉磨，一人添磨（将浸泡的糯米带水添到磨膛里）。石磨下面放一只可以沥水的竹箩或竹篮，先铺一层稻草，上面放一片白布（有的人家就用洗干净的被褥代替）。磨完后将竹篮抬放一边让其渗漏一夜，有的还在米浆上面用白布盖实，再加草木灰吸水，这样第二天清晨米浆干湿适度。接着开始将米浆从竹篮里掷起来放在蒸笼里进行蒸熟，放在竹匾（方言窝匾）里或方桌上面，稍微冷却后家庭主妇就开始做粑粑了。粑粑馅用事先准备好的豆沙或芝麻仁加白砂糖调和而成，现做的粑粑真是柔软润滑、香甜可口。方村街道中秋节的早餐家家户户都是吃粑粑，这是一代一代传承下来至今不变的习俗。

吃团圆饭。在方村，每逢中秋节，各家各户都要宰杀家禽，还要到集市购买鱼、虾、肉、时新蔬菜和瓜果，特别是月饼。中秋节这一天，在外地的人一般会争取机会或者提前请假做好安排，准时回家过节。俗话说“早端午、晚中秋”，家庭主妇通过一天的忙碌，在太阳快下山的时候，摆满了一桌丰盛的菜肴，一家人团聚在一起边吃边聊，其乐无穷。

赏月。一家人享用了团圆饭后就准备赏月，大约在晚上八点钟以后，月亮也冉冉升起数丈高的时候，家境富裕或者比较讲究的人家，就在自家的庭院或楼台亭阁上设香案、摆供桌，供桌上摆放月饼、西瓜，时新水果和糕点类，点燃蜡烛、烧大香，全家人以此拜月、祭月，后分食月饼，据说在外地工作不得回家的人，也要设法寄过去享用。大多数家庭赏月的仪式很简单，晚饭后将一个小方桌或茶几放在大门前的场基上，放上一个大月饼（一般是足斤的），摆上西瓜、大红菱角（俗称“暗里红”）、柿子，有条件的人家也买一些时令水果。拜月、祭月早先由家庭主妇主持并先拜，之后媳妇、女儿等女眷再拜，男子要回避不予祭拜，后来发展到不分男女依次祭拜。祭拜之后，家主开始将象征“团圆”的月饼切成块，切开的月饼露出了青、红丝，冰糖，核桃仁，花生、芝麻馅，真是香甜可口，大家一边享用一边闲聊。有的从“嫦娥奔月”“吴刚伐桂”“唐明皇游月宫”等神话故事聊起，也有的从我们当地一直流传甚广的“八月十五杀‘鞑子’”这一历史传说讲起。据说元朝统治者为防止百姓起来反抗，规定只能十家合用一把菜刀，每十家还要供养一个蒙古兵（蒙古达子）。这些蒙古鞑子胡作非为，无恶不作，人民切齿痛恨。元末，各地灾荒严重，灾民颠沛流离，啼饥号寒，实在活不下去了。一年中秋，红巾军（农民起义军）的头头们暗中串联，把写着“杀鞑子，灭元朝；八月十五，家家齐动手”“月光亮亮，齐齐排排，排到明朝好世界”等号召人们起来推翻元朝统治者的纸条，藏在月饼里，大家互相传送，互相联络。到了中秋晚上，家家吃月饼，见到了那纸条，齐心协力，一致行动，举行起义，很快就把元朝统治者推翻了。元朝灭亡了，但这吃月饼的习俗，却一直流传至今。大人们说得有鼻子有眼，小孩子们听得津津有味，不时还要打破砂锅问到底，直到明月当空他们还没有半点倦意。

（王万春）

二、婚丧习俗

婚俗

过去，方村一带的女子婚嫁时，一般都是奉父母之命，听媒妁之言，几乎没有自己做主的。那时，女子到了婚嫁年龄，男方父母先委托人到女方家提亲，如果女方家父母同意，男方家可请媒人正式到女方家谈亲。与此同时，女方家也请媒人出面。如果提亲时女方家未答应，此事就当没发生过。

随着时代的进步，采取这种婚嫁方式的成功率越来越低，婚嫁方式也随着社会的发展而演变改革。如今当地的婚姻习俗是：男女双方到了法定的结婚年龄，从恋爱到正式结婚，大概要经过如下几个主要环节：请媒人、正式谈亲、选日子、接亲、新女婿回门等。

(1)请媒人。男女双方自由恋爱后，先由男方请媒人到女方家提亲，如果女方家长同意，女方也请一位媒人，只有这样，双方才可进入下一步。

(2)说亲。一般应由男方邀请女方的长辈到自家做客，女方派出的则是本家族有一定名望的长辈或相关亲戚(本地俗称“看人家”)，男方家要给女方带来的小孩每人包一到两百元，并染红蛋若干个和糕一对给女方带回。同时男女双方要谈及眼前和今后要做的具体事情。其中最重要的是“压根”，而“压根”包括一项重要内容是礼金。办礼金时，一般应由男方陪同女方上街买一些衣服、首饰及化妆品等，而后由男方选一个吉日送到女方家。女方初次到男方家，男方的父母必须拿出几百元钱作为见面礼。

(3)选日子。在一段时间内，男女双方相处既顺利又亲密，各方关系都处理妥当且有父母同意，由男女双方选一个良辰吉日，再由男方请人用帖子的形式写出来，随同媒人一道送往女方家，如果女方家对择定的日子无异议，选日子便圆满结束。

(4)送水礼。水礼是指办婚宴时用的烟、酒、爆竹、鱼、肉等物品，由男方准备，一般在结婚前两天送到女方家。

(5)接亲。接亲(迎娶)是婚嫁过程的重要一环。结婚那天，男方要派出十几到二十几位年轻男子(人数必须要是双数)，采用当地通用的轿子接新娘。一般由四人抬着轿子，到达女方家门口要放窝匾，否则轿子一直抬着，据说这样做能避晦气。这时由媒人将“开门礼”“跑堂礼”之类“礼”送到位，女方家方开门，只有这时才能取出窝匾，让轿子放到窝匾上面，轿夫们才可以休息。现在多数人家改为用轿车接亲。

开门后，娶亲的人将受到贵宾般待遇。女方家请他们进屋喝茶，吃点心，并准备丰盛的午餐招待。娶亲的人要将各种嫁妆捆绑好，然后再安心地吃饭。饭桌上，如果有人拿你开玩笑，即使出了格，你也最好别生气，否则让人家抓住笑柄。

女子出嫁时，应由女方家兄弟或长辈将其送上轿。起轿时，女方家的人抬起窝匾从轿顶抛过去，据说抛得越高越好。轿夫们要抬着轿子向前走三步，再向后退三步，传说这样能留下财气。女方家由一大群人，护轿出村，到了三岔路口须落轿、交亲。这时娶亲的人和送亲的人各站一边。此后女方一切将由男方负责。

轿子到了男方家门口，由新郎抱着新娘进家门，接着拜天地、入洞房。

新婚满月时，女方家派三代人带着枣子、花生、蛋等前往男方家（俗称做满月）。到了第二年正月初二，女方家来人接这对新人回门拜年，所有拜到的人家，第二天要送鸡蛋给这对新人。此后一切又恢复正常。

（朱良海）

诞生礼俗

此习俗一直流传于民间，具体起始年代已不可考。新婚夫妇结婚半年后仍未怀孕的，家里长辈就会到和尚桥津梁古庵里的降福殿烧香磕头，或以各种“灯”仪式许愿以求生贵子，希望孩子快生快养，聪明可爱。

过去妇女在怀孕期间，老人根据孕妇的饮食嗜好来判断怀孕的男女性别（认为“酸男辣女”：孕妇喜吃酸性食物会生男孩，喜吃辣性食物就生女孩）。孕妇一边休息，一边在家为新生儿做衣服、鞋帽、尿布等备用。孕妇怀孕期间，娘家要备上箩窝（即摇篮）及桂圆、大枣、鸡蛋、红糖之类给女儿送去，叫“催生”，婆家办酒招待来的女客。同时为接生婆（助产士）送去礼物，使接生婆做好接生准备。娘家做箩窝的木料中必须有一根桃树料，说桃树辟邪，婴儿睡之安稳，现在已普遍购买钢制摇篮代替箩窝了。

临产时，接生婆带把用开水消毒的剪刀，产妇背靠丈夫坐着，用力生下孩子，下面用小盆接着，胞衣（胎盘）下来后，用剪刀剪断系好，包好小孩。胞衣一般用罐子装着，找一块空地深埋下去，表示永远扎根在此。产生时如在冬季，房间温度低就将热水倒在房间内增温。由于消毒不严，婴儿夭折多。产生中有难产的，有的人家用坛掼罐催产生，有的从庙里抬回晏公菩萨来家供奉催生。接生婆和家人烧香叩拜，对宽生娘娘（神）许愿。还愿时一般奉上100个鸡蛋，外加一些水果、香油、点心等。现在都去医院生产，这些做法就没有了。

孩子生下来后，首先要携红蛋（俗称喜蛋）向娘家报喜。第二天，旧法要给婴儿服三汤（用大黄、黄连、黄芪煎汤），用以泻淤积，祛肠热，清胎毒。孩子出生第三天叫“三朝”，第十二天叫“十二朝”。外婆家在十二朝这一天要将婴儿的衣服鞋帽、饰品连同鱼、肉、馒头、面等食品送到女儿家祝贺。这天要办面筵宴请邻里亲友，称“十二朝面”。过去在十二朝中午，家人要带上鸡蛋到屋外烧香、磕头，送宽生娘娘，叫作还愿。生孩子达一个月那天，产妇要整整睡一天，自家杀老母鸡给产妇吃，有的娘家要将整鸡炖好送给女儿吃，以祈产妇身体好，奶水好，孩子健康，这叫作“满月”。在产妇坐月子期间，亲友向产妇送鸡、鱼、肉、蛋和胡桃、芝麻、雪片糕等，给孩子送上衣服、鞋、帽等，叫作“送月子”，送月子的时间不能超过满月。产妇在产后一个星期内不能透风，这段日子叫作“坐腊”。过去农村，产妇一般都由接生婆接生，而接生婆的器械落后，使用时没有经过严格的消毒，没有严格护理，极容易感染病毒。到了第七天（有的地方是第九天或第十二天）举行“开荤”仪式，产妇开始吃肉、吃鱼来滋养身体。到了满月，必须备办丰盛酒菜宴请亲朋好友，叫作“满月酒”。满月时，第一次为孩子剃头，亲友赏给孩子百岁钱。

旧俗，给孩子取名要排八字，视八字中五行（金木水火土）缺哪一行而定，一般取所缺一行的偏旁字命名，如缺金就以金或以金作偏旁的“银”“钦”字为名字，缺木则以木或以木作偏旁的“林”“根”等字为名。旧时孩子生下后还有寄名的风俗，即找寄爷寄娘，一定要找生肖相合和多子女的人。小孩睡在箩窝里，无人照看时旁边系（靠）一把扫帚，以陪小孩睡觉（此习俗现在也基本废除）。

（朱良海）

抓周

方村从古到今，都存在抓周习俗。即在孩子刚满周岁那天，由外祖母买来笔墨纸砚、各类玩具、服饰胭脂、瓜果点心等物品，放在孩子面前，看看小孩抓取何物，以此预测其一生的性情志趣。这种由父母主导、外祖母花钱搭台的小孩周岁抓物仪式叫作“抓周”，又称“晬盘”“试儿”，这是我国的一种习俗，在方村一直流行至今。

此俗兴于魏晋南北朝。《颜氏家训·风操》记载：“江南风俗，儿生一期，为制新衣，洗浴装饰，男则用弓矢纸笔，女则用刀尺针缕，并加以饮食之物及珍宝玩物置之儿前，观其发意所取，以验贪、廉、愚、智，名之为试儿。”一期，即一周岁。按照这种试法，婴儿若抓了弓矢，则长大后心底贪婪或玩物丧志；女婴如抓刀尺针缕，长大后会女红娴熟，成为贤妻良母……《令女周岁》诗有句云“为死晬盘诗，悲忻其填给”。

唐宋时期，抓周这一风俗已很流行，民间十分重视，仪式也很隆重。《梦粱录·育子》篇中记载,南宋杭州俗话"至米岁得周,名曰周晬",其家罗列锦席于中堂,烧香秉烛,顿果儿饮食,及父母诰数,金银七宝,玩具、文房书籍,道释经卷,拜尺、刀剪、升斗等子,彩缎花朵,官诸钱陌,如针线,应用物件,置放周岁小儿座中,观其先拈者何物,以为传译谓之"拈周试晬"。由此可见,"抓周测儿"历史悠久。抓周那天,要办一桌席水招待孩子的外祖母和陪同而来的孩子阿姨、舅母等。如无外祖母,可由舅母或阿姨代替,也可以自家办理。

孩子出生来到世间,"人之初、性本善,性相近,习相远",他们的成长在于学校、家庭的教育和社会的影响,以及父母亲的引导。虽然"抓周、试儿"没有什么科学道理和依据,但在行、陶、周、政一带,对孩子抓周却一直很重视,从古一直流行至今。

(刘达才)

葬礼

生老病死乃是人生必经的过程。在中华民族绵延数千年的历史中,对人生最后的归宿——死亡,有着非同一般的认识,并赋予了内涵丰富的程式化的仪式。方村地区的丧葬仪式与其他地区大同小异。在进行了丧葬改革多年后的今天,其程式化的仪式有了很大的改变,相当多的形式已经被遗弃或改变,有些保存的也随着时代的变化有了不同的意义。然而,传统葬礼所蕴含的文化因素,还或多或少地存在于乡土民间,是地方民间习俗的重要组成部分。现将方村地区的传统葬礼仪式做以下记录,以图保存本地的乡土记忆。

(一)弥留之际的习俗内容与仪式

人生病到后期,即为谢世之前,死者亲属几乎全部到场,尤其是长子,必须守在亲人身边,全家亲朋都要为逝者后事做准备,主要工作是准备寿衣(俗称老衣)。寿衣必须选用蓝色或者白色,切忌用黑色,如果穿上黑色的意味着死了成为黑骨头。寿衣要五领三腰,所谓五领,就是外衣、衬衣、夹衣、棉衣、马夹(俗称领褂子)。贫穷人家购不起"五领",可用一假领子代替。所谓三腰就是:外裤、棉裤、衬裤。另外还要准备鞋一双,袜一双,帽一顶。再加上"罗裙"一条,腰带一根。

上述寿衣,有些是死者闺女在死者合材那天,与棺材内用的垫盖被一道送来,放在合好的棺材内备用。油尽灯灭逝者长辞,这时死者长子要为死者捧头,死者要及时换上老衣。死者左右手要各抓钱币于手心中,口中也要含一枚铜钱。人死后,要置于门板上,脸盖纸钱,身盖单被,上放芦苇秆一根,脚后点香油灯一盏,灯用竹篮子罩起,上放死者鞋子一双,这叫长生灯。死者在门板上躺着,俗称"遗尸"。

(二)开丧的习俗内容与形式

开丧前先要布置孝堂,棺材前面用竹竿,上挂麻布,将棺材隔起来。孝堂前放八仙桌,中间放挽亭一座,亭子两边挽联一副,一般写上“日落西山常见面,水归东海不回头”之类,两侧还可悬挂家中亲友所做的挽联。

挽亭前面,可放死者遗像,并放牌位,上书“某某故先考(妣)某某公(孺)某某(或某氏)之灵位”,牌位两侧挂招魂幡,牌位前放鸡一只(实际是一个鸡头加两只鸡脚代替整鸡),鱼(小鲫鱼)1条,倒头蛋1个(就是将一只白蛋放在一碗生米饭上,筷子分插在蛋两边),还要烧香。

开丧一般选在殡葬前一天下午,整个丧场由道士主持办理。先上香,按道士白天写好的死者亲属名单一一进行,上香三柱。所有上香者都要穿孝服,儿子要戴麻布帽,三灵冠,腰系左手搓的草绳,女子要戴白孝帽,孙子辈戴红帽,重孙以下着绿帽。上香时,长子自始至终在棺材左侧长跪还礼。上香后,女儿、媳妇为其死去的母亲(婆婆)做“罗么”,道士在接受正当钱币后,便唱出祈祷词,祝颂死者一路走好。最后,道士在锣鼓的伴奏声和死者儿女媳妇的哀泣声中,随着锣鼓点和砸板的敲击,唱起诸如《十月怀胎》之类的挽歌,细诉死者的功德与苦情。

这时,孝堂中挤满了前来吊唁的男女老幼,有些人家还在孝堂外面,请小戏班子唱戏,或者放两部电影,以圆老人们白喜之庆。

(三)吊唁、出殡、做七的习俗内容与形式

吊唁:农村在亡父或亡母火化后,与灵堂设一孝堂,又称“灵堂”。先将道士扎好的棺材亭子放在桌前,再供奉骨灰盒及死者的遗像。遗像前放一碗饭,中间一双筷子夹一个熟鸡蛋,谓之“倒头饭”;灵桌下面放一盏点亮的油灯,名腰灯,灯上倒扣一个菜篮上,上放一双死者的布鞋,寓意为死者照冥路。死于外地的,遗体不能从大门进入客堂,须由儿子或女婿从后门背入;年轻在外地死亡者不能进家门,只能在门外搭敞篷举丧吊唁,一般仪式从简。

父母去世,儿子须披麻戴孝,身穿白大褂孝衣,腰系稻草绳,头戴三灵冠。夫亡,妻子全身素白,布上扎麻,头扎白布头巾,脚穿白鞋。妻亡,夫不戴孝。亲戚斜挂或腰束白布带,头戴白布帽,长辈不戴。并分别戴白布红顶帽。红帽、绿帽区别孙子、曾孙、玄孙、弘孙等。孝鞋用白布或麻布蒙鞋面。亲朋吊唁一般以草纸为孝礼(现为毛毯、被面、花圈等)。儿女亲家要办祭,备猪头一个,鱼、鹅三牲及烟酒等一般设三抬,由乐队随从至丧家。凡来吊唁者,长子均于孝堂里外致礼。堂祭(出殡前一日晚)日晚,道士身着法衣登堂念诵,超度亡灵。诸亲孝服齐整,向灵堂遗像跪拜上香,仪式隆重。

出殡:俗称“送葬”。即将死者的骨灰盒按事先选好的地方埋葬或存放。在农村,诸亲穿着孝衣,长子披麻戴孝,手捧骨灰盒在前,他人鱼贯而行;吊唁者所送物品,由专人用长竹竿抬着随从而行;每到一处村口或三岔路口,都要燃放爆竹,乐队奏乐。哭丧人一路悲泣,中途停柩,抬重的人回家来净宅,意思是把死者房间里的邪气扫地出门,用簸箕、扫帚在房间内驱赶邪气并敲锣,人们还吆喝至塘边将簸箕和扫把一同甩掉。净宅后,启棺上路至墓地。然后将骨灰盒掩埋或用水泥罩将骨灰盒罩上。事毕,送葬人须从点燃的一堆稻草上越过,以驱晦气。基督教教徒殡葬时不允许家属啼哭,可用乐队,可播放哀乐,聚集送葬的教徒们,打着印有红十字的白旗,跪地念经祈祷,谓之“升天”。

做七:为纪念老年亡故者,死者亲属请道士写出七单,亡人七期还要按道士推算回丧时间。亡人回丧的推算,是根据死者断气时的时日推算的。到了回丧那天,要安排接送。回丧那天晚上,准备四样菜、两杯酒,接亡人的鬼魂回家享用,门半开,堂前点的灯昏暗,安排三个老人守夜,接回丧时要放爆竹,天不亮要送,送时也要放爆竹;送时还要准备一个用芦苇扎的梯子,多少天回丧就扎多少冠,还要挂一双草鞋。

每七天为一个七,自头七到七七,逢七祭奠。孝子在七期须蓄发、穿孝鞋。六七最隆重,出嫁的女儿家须筹备酒席谓之送“六七饭”。并于此日,将扎好的灵屋火化,以赠亡灵。灵屋设计颇为讲究,一般以两进两层的徽式建筑,内置纸扎的空调、电话、洗衣机、电视机、电冰箱、轿车等现代化设施。有的根据死者生前的爱好与身份,或置麻将、纸牌等娱乐品,或配纸扎的保镖、保姆,俨然是另一个世界极为森严和富有的大户。

(朱良海)

三、日常习俗

赛龙舟

农历六月初六赛龙舟，是行、陶、周、政乡村农民从古至今的一种娱乐形式。据传，这是为了纪念爱国诗人屈原。端午节裹粽子，也是为了祭奠屈原。虽然同是纪念屈原，但江北划的是龙舟，江南划的是龙船，而龙舟和龙船是有区别的。龙舟身长而窄，舱很浅，舟手上下舟是一对一对地同时上，否则舟要翻。桡子柄短而窄，划时以鼓点为节拍划桡，以锣声收桡，即一鼓一锣划一桡。棹很短，只有丈把长，只用来掌握舟航行的方向，比赛时棹始终不起水。龙船一般三丈六尺长，比龙舟要短些，但比龙舟宽。桡子比龙舟的桡又长又宽，棹一般和船身相等。龙船上的棹除掌握行船方向外，更重要的是赛棹时，棹应着鼓点，起水颠动，以助龙船前进。龙船上只用鼓，不用锣，行船和赛棹时，鼓手站在中舱(舱中用板子挡好)擂鼓领唱，以鼓点为节拍，即打一鼓划一桡，鼓手口唱民歌，船手们帮腔，第一遍帮腔的内容是“搔儿呢唉搔儿呢”，第二遍帮腔的内容是“哎嘀哎哟哎谈花香哟嘀嘀嗨”。“搔儿呢”是“快点”的意思，“哎嘀哎哟”是惊讶悲痛的意思。这样反复帮腔。

随着时间的推移，赛龙舟、龙船逐渐带有迷信色彩。龙船头配有扎成的龙头，船尾插上彩旗，龙头颜色根据姓氏房下的规定分为红、白、蓝、黄等各色。如果是白色龙头，船上所有人员都是白色着装，表明该船是白龙，黄色的就是黄龙等。并且请道士发禊，将龙头龙尾及船上的一切工具、物品都贴上神符，以求龙神保佑“人口平安、六畜兴旺、风调雨顺、五谷丰登”。

划龙船最重要的首先是选龙船。龙船有的是本村的人自己造的，有的是到外地租用的。龙船必须选船身硬朗，能载得住棹，长而窄，滚底吊拖，走水快的龙船。船选好后，开始对龙船进行装饰。先把龙船在水里翻过来洗刷干净后，摆在太阳下晒干，有的还刷清漆油，船舱装蹬脚棍，龙船手们划船时，脚蹬在棍子上好使劲，有的在岸上装好后下水，有的船在水上装。其次是扎龙头。一般龙头都是用篾扎，用纸或布糊，也有的用树木雕。木雕的龙头用各种色彩的油漆出来，能长久使用。还要打桡子配棹。桡子长短不一样，船头和船尾的桡子柄长一些，鼓仓柄最短，因划龙船两头翘。有的还把龙船两边用布从船头到船尾蒙起来,布的颜色根据龙头的颜色而定,龙船划起来,远看就像一条活龙在水面上遨游。

龙船手选配。龙船大的三丈六尺长,坐32对桡,龙船不足三丈六尺的坐28对桡,都是老中青的男子汉。龙头两边的一二三对桡,由身强力壮的中青年人坐镇;中舱即鼓船,站着打鼓手;后梢舱即最后一对桡叫官梢,应选有经验的老年人,辅助棹手掌管龙船航行方向;一名棹手要身高马大,由有经验的中老年人担任;一名坐棹手要有劲,赛棹时与拿棹手应鼓点起落棹。

划龙船日期。农历端午后开始准备。因过去都是栽一季稻,五月中下旬和六月初这段时间,秧已栽过,禾苗正发棵旺长,正是农民空闲、歇凉的时间。这时,准备划龙船,一是祈求龙神赐福,二是为了娱乐健身。五月二十至二十五,各村在门口水面较大的沟塘里练棹(即告棹);五月二十八、二十九两天为全圩龙船告棹。行春圩全圩告棹,多在方村老街的外河,有时在老街后面的大方塘。六月初一请神,即道士发禊,烧香求神,各家门口贴太平符,发禊结束后就出船。先到和尚桥老菩萨庙敬香拜佛,再来方村老街即河东与河西这段大河里赛棹。大划是初三、初四。初六上午到和尚桥老菩萨庙敬香拜佛后,请柬送福,即亲戚朋友下请柬,邀请到他们门口去划。但一般不去,除非特邀。龙船划一段时间后就不划了。租来或"偷"来的龙船都要送船了,送船时要包礼给船方,船方客气的都办酒席款待。每天赛棹时,龙船上都备有粽子,粽子一是用来祭奠屈原,第一天出船时先抛几个粽子至水中,表示祭奠,二是给船手们充饥接力。

行、陶、周、政四大圩口赛龙船都是在方村老街,即河东与河西相隔的这段大河上比赛。这段河东边水流快,西边水流慢,赛棹时,赛下水棹都想抢东边,赛上水棹时都想抢西边。划龙船常常打架,多因抢水路而起。划龙船要想取胜,龙船上四种人最重要,即:"头桡人要狠,调梢人要准;打鼓人要刁,拿棹人要稳。"狠,就是有劲,有力气用头桡将水分开,使船减少阻力;准,赛棹时不能走棹,方向要正;刁,即时机成熟,条件有利就起鼓,否则不起鼓;稳,即不随便乱起落棹,龙船正式启动后猛起落棹,有助于船前进,否则会给船带来副作用。

龙船出船时,鼓手都要唱吉利的歌词:"大鼓一打响咚咚,惊动村中多少人;惊动老者添福寿,惊动少壮添儿孙"或"打鼓咚咚龙船开,棹棹得胜转回来"。行船或赛棹时有鸣炮或挂红的要感谢人家;从别人村旁过,许多人来看热闹,鼓手都要唱大致相同的祝颂词。

划行时,鼓手领唱民歌,船手们帮腔。赛棹时,两船人员互相招手示意,等两船船头对齐时就起鼓。鼓手要三次跺脚。第一次跺脚示意船手们注意力集中;第二次跺脚,示意桡子插水深,起水快,身子向外倾斜用脚蹬棍,用力划,使船发动快;第三次跺脚赛棹开始,鼓手双槌击鼓,一鼓两跳,全船人员应鼓点高喊口号。胜者应先扬鼓，打碎鼓点“咚咚咚……”但不能胜得太多，就要扬鼓，胜负悬殊容易发生纠纷。人力强的村，往往将船棹一扳，船头直插对方船身，架就打起来了。过去旧政府在划龙船时也派人坐船维持秩序，不允许胜者过分。但往往无济于事，划龙船打恶架的事仍然经常发生。

流水湾是个古老的村庄，有150多户，500多人，过去几乎每年都划龙船。流水湾村子大，田地少，多数人家靠捕鱼摸虾和打长工生活，村里多数人家很穷，村中没有公共积累，每次划龙船，龙船都是“偷”或“抢”来的。因穷狠，一般龙船主和村子都不敢和流水湾斗。另外流水湾人捕鱼摸虾多，划船内行，肯吃苦，肯出力，与人赛棹胜多，所以有些船主愿意把自家的龙船租给流水湾划，以便使船出名。流水湾划的龙船虽然是“偷”或“抢”来的，但在送船时都回以重礼，客气的船主不仅不怪罪，反以好酒好菜招待。

流水湾划龙船时的一切开支，除礼钱收入外，主要是从外河放木排的排上搞来的。五月里青弋江水满，淌木排的多，流水湾的青年人往往利用夜晚，将木排的后半部分砍下来，变卖成现金，作为划龙船的开支，有剩余就散福，即请全村18岁以上的男人喝酒，这明显带有土匪的性质。

流水湾龙船是黄龙，桡子上面横写着“流水”两个字，中间竖写“黄龙得胜”四个字。每次看龙船赛时，人们都期待着流水湾的龙船来到。流水湾的龙船一到，两岸的爆竹响成一片，店家和亲友们挂红的应接不暇。

解放后，流水湾共划了两次龙船。第一次是1962年，船是巧弄来的，坐32对桡，划了不少胜棹。第二次是1997年7月1日迎接香港回归，流水湾划了一大一小两只龙船。

（刘达才）

方村民间饮食集萃

方村是一个古老的河埠小镇，前傍青弋江，后依行春圩。由于水路交通便捷，曾经繁华了一个多世纪。

行春圩是一个江南水乡的万亩大圩，历史比较久远（据《芜湖县志》记载，始建于三国时期），后来，“外滩”和“天城湖”相继开垦成熟，三圩相连，故名“三连圩”。三连圩内沟渠纵横，水网交织，水产丰富。圩内村庄密布，绿树簇拥。在这40多平方公里的范围内，居住着近3万人口。他们祖祖辈辈耕耘在这块土地上。旧时由于对外交通不便，人们很少走出去，上街赶集就在方村这个小镇上。

俗话说“民以食为天”。圩内人口的密集带来了小镇的繁华，使餐饮生意格外红火。小镇上的饮食店比比皆是，形成了具有本地特色的饮食文化。旧时的方村人由于受到经济条件的限制，在生活上没有过高的要求。他们自作自食，用自己种植的菜蔬和五谷以及家庭自养的三禽六畜，经过自己灵巧的双手，制作出各种营养丰富、风味独特的农家饮食。比如：香菜、咸菜、萝卜干、蒜子、腐乳、嫩姜瓣。这些都是非常鲜美可口的早餐小菜和茶料。还有香肠、腊肉、腌板鸭，熏鱼、炖膀、酱板等等。这些也都是农家和酒店餐馆所必备的美食菜肴。亲朋好友莅临时敬上几碟，以茶相待；酒毕饭来之时，随便端上几盘给客人开胃下饭，确实是一种美的享受。

这些家庭自制的腌制食品，均是农家的家常菜，食用起来既方便又美味。但在制作上都很有讲究。除了时令性强之外，在配料上也非常讲究。如香菜、咸菜、萝卜干的腌制在每年的小雪节气左右。这时已见白霜，正是腌制的好时机。地里的白菜、萝卜收获后，将白菜去叶，连心切成丝，萝卜切成条，晒至皮条干，拌少许食盐，轻揉去汁，再晒一至二日后，在菜丝中放入熟香油，加入五香粉、生姜米、熟芝麻等再进行揉拌。在萝卜干中加入五香粉、生姜末、辣椒粉同样进行揉拌。然后，香菜面封蒜泥扎罐封存，萝卜干装罐密封即可，回味后随食随取，香嫩可口。

咸菜俗称“十月菜”，见霜后即可铲倒，去根晒干后洗净，整棵放入缸内，一层菜一层盐（100斤菜约4斤盐），穿着草鞋（现多穿胶靴）登缸慢踩（旧时多为男人赤脚踩菜），直到将菜中水分挤出，溢出菜面后，用块石压实。待半月后再转坛（一种口小肚大的陶器）封存。食用时将菜棵清洗切碎后蒸或炒熟即可食用，味道鲜美。

腐乳的制作：先将做成的水豆腐压板切成小方块，垫草于箩筐内分层摆放（一层豆腐一层草），待发酵生霉后，以食盐、大胡椒、酱板等调匀，将豆腐块滚沾后，装入坛内扎口封存，月余可食，常年不坏。

常言道：日有三餐，年有四节。除了上述应备的常年小菜外，正月十五吃元宵，五月端午裹粽子，八月中秋做粑粑。这些都是应时节的传统饮食珍品，家家必做，人人必尝。到了年终腊月，家家户户开始腌腊肉，灌香肠。将屠宰的肥猪开边洗净后，取后腿（坐臀）或前肋（忌洗）；用适量食盐反复揉搓，腌透后纳入钵内，待转色稍晒，然后纳入经烧开而又冷却的盐卤里浸泡3—5天，谓之“回卤”，直至晒干后放于室内通风处。食时切成小块蒸熟后即可食用。灌香肠的用料，是取用半精半肥的猪肉，剁碎成肉末，加适量食盐、姜末、料酒和水，并调以五香粉、味精和葱末等佐料，将其灌入洗净的猪小肠内，用筷子塞紧（现系专业加工），扎两端风干即可。上述这些肉制食品民间家家都做。虽然市场也有出卖，但自制的香肠肉质好，配料实，干净卫生，吃起来味道鲜美，香而不腻，非常放心。

春节即将来临，民间俗称过年。这时家家户户忙得不亦乐乎：做豆腐、制熏鱼，炸圆子。旧时做豆腐是用石磨将浸泡过的黄豆磨碎，使之成为浆糊状。然后兑开水稀释，再把稀释过的浆糊装入布袋反复揉压，挤出浆汁再放入大锅烧开后，转入缸（或桶）内，稍冷片刻，加入石膏末搅拌均匀盖上缸盖，这时豆腐慢慢形成。豆腐的制作技术性很强，一则，烧开的豆浆人缸后要准确掌握好豆浆的温度，适时下膏。二则，要掌握好石膏的分量。这是最关键的两点。

熏鱼是将大鲤鱼或青草鱼，去鳞洗净切块，以酱油和糖拌后晾干，用香油炸透，骨肉皆酥，食之嫩甜可口。

圆子是以糯米饭和剁碎的瘦白肉，加葱、姜末、食盐、味精搅和，再掺豆粉和匀后搓成圆子，下油锅炸熟，香脆可口，久食不坏。农村婚嫁喜庆，这是筵席上的必备菜。民间有圆子是最后一道菜上席的习俗，以示圆席，这时主人即可斟酒敬客。另外，春节的年饭，餐桌上必备圆子这道菜，这是炎黄子孙延续至今仍很重要的年俗。除夕晚上一家老小欢聚酣饮，共享天伦之乐时，圆子表示全家团团圆圆。

方村特色的饮食文化，起源于三国，植根于民间，是人们在长期的生产和生活的实践中不断创造、积累和发展起来的民俗饮食。在生活水平低下、物质匮乏的旧时，农家用自己辛勤种植和养殖的农副产品做原料，精心制作出各种别有风味的乡土美食，极大地改善了百姓的生活质量。这些风味小吃，如今已遍及千家万户和各餐馆排挡的餐桌上，成为人们的美味佳肴。

（王言仓）

二月二

伟大的中华民族历史悠久，五千年文化底蕴丰厚，各地文化风俗各异，但丰富多彩。传说二月二是龙抬头的好日子，是我国城乡的一个传统节日。人们为求风调雨顺、五谷丰登、平安吉祥，在这天隆重地庆祝“龙头节”，以示敬龙祈雨，求老天保佑今年大丰收。二月二又传说是尧的诞辰日，还有传说是土地公公的生日，为给土地公公“暖寿”大家举办土地会，家家凑钱为土地公过生日，人们到土地庙烧香祭祀，敲锣打鼓，燃放鞭炮，很是热闹。

我们这里地处长江支流青弋江畔，时兴二月二早上家家下挂面吃，美其名曰吃“龙须”；中午吃米饭吃“龙子”。其他地方有的吃馄饨，说是吃“龙眼”；还有的地方吃饺子，说是吃“龙耳”；面条和馄饨一起煮叫“龙拿珠”；吃猪头称“食龙头”；吃葱饼叫撕龙皮。还有二月二“龙抬头吃猪头”的习惯，总之这些各种各样的比喻和说法就是想祈龙赐福，保佑人们平安幸福。

特别值得一提的是我们这里过去时兴二月二剪辫子，有的人家男孩少，娇生惯养，在孩子生下满月那天剃头时，特意将头上其他地方的头发全部剃掉，只在后脑勺处留下一处椭圆形的头发，让它长多年不剃，长长了再扎成辫子，这辫子一直留到十岁在二月二这天剪。因为二月二是龙抬头的好日子，这剪辫子借龙抬头之吉日，可保佑孩子健康成长，长大后出人头地，一生平安。一般人家在剪辫子这天顺便做十岁，这是人生中第一个大生日，家长十分重视。孩子的外婆家七大姑八大姨都要为孩子做衣服或送衣料，并奉上喜蛋、喜糕、长寿面，外加鞭炮。孩子家父母会杀猪宰羊操办酒席，喜迎各方宾客。同时将剪下的辫子，家长会小心翼翼地用红纸包起来供在香堂上，以保佑孩子四季平安，长命百岁。

二月二我们这里男人只要有了孙子就是三代以上的人或是虽未添孙子，但也是60岁以上的老人，都要在这天养胡须，说明已步入老年，老年应有老相，养了胡须的人自己的行为举止要谨慎，处人处事要拘小节，不得放任，否则会被人笑骂“不正经”，这样会受到晚辈的鄙视，在家庭没有威信，得不到应有的尊重。

我们这里有正月里不剃头的习俗，传说正月里剃头死舅舅，于是头发一直到二月二这天剃，适逢二月二是龙抬头的吉祥之日，人们认为这天剃头会使人红运当头，福星高照。儿童这天剃头叫“喜头”，借龙抬头之吉日保佑孩子茁壮成长，长大成材。大人剃头则寓意辞旧迎新，希望今年带来好兆头、好运气。坊间流传“二月二剃头，一年有精神头”。其实是古时正月里不剃头是“思旧”，缅怀传统，思念故人，后来以讹传讹说正月里剃头会“死舅”。

我们这里人家稀罕的孩子为了能托某人的“福气”，沾沾这人的光，会与此人结干亲，所谓结干亲，就是把孩子给那位有“福气”的人做干儿子或干女儿，认他们为义父义母。而结干亲也选二月二龙抬头这个好日子，希望儿女一生吉祥如意，健康富贵。结干亲也很讲究，孩子家长要打四件礼物送给义父义母，并置办酒席请义父义母为座上宾，接受义子义女的跪拜。同时还请老先生写上契约，承认义子义女。一般是写上孩子的生辰八字、姓名、性别，并用红纸叠上信封，把契约放进信封里，封面上还写上对联，上联是寿比南山，下联是福如东海，横批是长命富贵。义父义母要给孩子做衣服、打金锁或银锁给孩子挂在颈脖上，好让孩子顺利成长。过后逢年过节必给义父义母送礼。但是，干亲毕竟是干亲，俗话说“干亲是旱菜，不浇就要败”。这就警示人们干亲要常来常往，方能长久。

二月二是龙抬头的好日子，许多人家选这良辰吉日娶媳妇嫁姑娘，目的就是沾沾龙抬头这个吉祥之日的光，好让小夫妻白头偕老幸福一生。有的在这一天将龙灯请到家门口玩，为自家祈龙赐福；有的求子心切，也在这天请龙灯登门送子，总之二月二许多好事喜事都在这天操办，沾沾“龙气”。

自古以来传说二月二这天是龙抬头的好日子，各地纪念庆祝方式不一样。有的地方晚上放龙灯，即用芦苇或秸秆扎成小船，插上蜡烛或放上用萝卜挖成的小油碗到晚上点燃后放在河湾里为龙照路；有的地方二月二清晨村民早早起床，在地上画上一个圆圈，大套小，少则三圈，多则五圈，围单不围双，围好后，把家中的若干粮食虔诚地放在圈仓中间，还要撒些在仓外围，象征当年大丰收；有的地方沿用祭灶习俗，“二月二”灶日，主要是祭祀土地和聚在会饮，借敬神娱神而娱人；有的地方作兴正月姑娘不回门，过了正月正是二月二吉祥如意的好日子，这天各家各户接姑娘回家，尤其是身怀六甲的媳妇有将“龙气”带回娘家的说法；二月二是文昌诞辰日，文昌是主宰功名之神，儿童在二月二这天举行开笔礼，表明正式开始学习，而开笔礼是人生第一大礼。过去的读书人要行四个礼：开笔礼、进阶礼、感恩礼和状元礼。二月二这天忌讳妇女做针线活，因为龙这一天要抬头观天下，使用针会刺伤龙眼；有的这天妇女还停止洗衣，怕是伤了龙皮。

总之不论人们怎么说或怎么做，都是为了在二月二龙抬头这个吉祥的日子里沾沾龙气，企盼带来福气，将幸福寄希望于“龙”来施舍。这固然是迷信，传得多了，做得多了，经过长时间就约俗而成了传统节日。现在时代在发展，人们思想在进步，科学文化水平迅速提高，这些旧习俗的做法越来越少了，有的已成为过去。

（朱宗灼）

吃新

“吃新”是方村一带农村延续了千年的古老习俗。每年的农历七月一日至十五日是新稻成熟收割的时期，也是“吃新”的时节。在这半个月的时间里，各家都择日进行隆重的“吃新”，较为集中的是七月十五日这一天。

经过春耕夏耘，辛勤劳作，终于迎来了新稻收获的季节，将收获的新米，煮出喷香的新米饭，并将屋前地头自家种植的时令蔬菜，摘取一些清洗干净，宰杀一只小仔鸡，购些鱼、虾、肉等，备上一桌丰盛的菜肴，全家老小齐聚一堂，开始了“吃新”仪式。

首先要祭祖，祭祖要在下午进行。祭祖的方法：

将八仙桌按桌的纹路横放于堂屋中央，桌的四方各放一条长凳，桌上放着鸡、鱼、肉、豆腐四碗菜（方村一带姓张的八房用四碗鱼），盛八碗饭，斟八杯酒（少许），放八双筷。桌上前右角还要放一碗汤、一碗饭、一双筷、一杯酒，是给野祖食用的（“野祖”是家里没有后代）。祭祖时要烧些纸钱和冥币，野祖在外面另烧纸钱和冥币。全家人恭恭敬敬地按辈分逐一跪拜，以求祖先回来食用，并保佑全家老小平安，人丁兴旺，风调雨顺，五谷丰登。然后将酒倒在地上，将桌上每碗饭菜都拣一点放在汤碗里，倒在外面池塘边，最后燃放爆竹，祭祖完毕。再将八仙桌按纹路竖放，家中长辈居中而坐，一家人欢欢喜喜地品尝新米、时蔬，举杯同庆丰年降临。

在漫长的岁月里，方村一带的人们一直保持着“吃新”的习俗，即使是穷人家，没有条件举行像样的“吃新”仪式，但仍向较为富有的邻居租借新米，并尽量备些时蔬、酒肉等，也算是完成了“吃新”。

由于新稻收获的时间有早有迟，所以“吃新”也就没有确定的日子。因此在七月一日至十五日的半个月时间里，“吃新”在不同的村庄与家庭逐一进行。这半个月也成为当地老百姓会亲访友、进行亲情交流与沟通的日子。有的家庭在“吃新”时，还邀请同房亲戚来家相聚。人们通过“吃新”，不仅寄托了对丰年的期盼，对祖先神灵的敬畏与祈求，也密切了亲情与友情，加强了邻里与村落之间的交流，其情浓浓，其乐融融。

方村一带的“吃新”，是在农业社会的生产条件下逐步形成的一种古老的旧时习俗，它反映了劳动人民对丰收与美好生活的祈盼，也是人类在自然界巨大的能量与随时可能出现的不可抗拒的威胁面前获取人与自然、人与自我心灵和谐的一种慰藉方式，更是农耕社会人们追求家族兴旺、邻里和谐的一种形式。

今天的方村人与全国一样，已经步入到现代化的历史轨道，社会主义新农村建设也在快速推进。作为传统的时令习俗，方村人民并没有遗弃，每年农历七月一日至十五日，在外工作或打工的人们，都会陆续回到家中，与家中老小一道祭祖。这一年一度的“吃新”，有效地促进了社会和谐、家庭和睦和人们内心的平和。

（朱良海）

腊八节

腊八节的由来：腊月最主要的节日，是十二月初八，古代称为“腊日”，俗称“腊八节”。从先秦起，腊八节都是用来祭祀祖先和神灵，祈求丰收和吉祥。腊八节除祭祖敬神活动外，人们还要逐疫。这项活动来源于古代的傩(古代驱鬼避疫的仪式)。傩是史前时代的医疗方法之一，即驱鬼治疾。作为巫术活动的腊月击鼓逐疫之俗，现今有少数地区仍有存在。

据说，佛教创始人释迦牟尼的成道之日也是在十二月初八，因此腊八也是佛教徒的节日，又称“佛成道节”。

腊八节的习俗：腊八这一天有吃腊八粥的习俗，腊八粥也叫“七宝五味粥”。据说腊八粥传自印度。佛教的创始者释迦牟尼是古印度北部迦毗罗卫国(今尼泊尔境内)净饭王的儿子，他见众生受生老病死痛苦的折磨，又不满当时婆罗门的神权统治，舍弃王位，出家修道。初无收获，后经六年苦行，于腊月八日在菩提树下悟道成佛。在这六年苦行中，每日仅食一麻一米，后人不忘他所受的苦难，于每年腊月初八吃粥，以做纪念。

我国喝腊八粥的历史，已有一千多年。最早开始于宋代。每逢腊八这一天，不论是朝廷官府、寺院，还是黎民百姓家都要做腊八粥。到了清朝，喝腊八粥的风俗更是盛行。在宫廷皇帝、皇后、皇子等都要向文武大臣、侍从宫女赐腊八粥，并向各个寺院发放米、果等供僧侣食用。在民间家家户户也要做腊八粥，祭祀祖先，同时合家团聚在一起食用,馈赠亲朋好友。

中国各地腊八粥的花样争奇竞巧,品种繁多。掺在白米中的物品较多。如:红枣、莲子、核桃、栗子、杏仁、松子、桂圆、葡萄、白果、菱角、红豆、花生……总计二十多种。人们在腊月初七的晚上,就开始忙碌起来,洗米、泡果、剥皮、去核、精捡,然后在半夜时分开始煮,再用微火炖,一直炖到第二天的早晨,腊八粥才算熬好了。

腊八粥熬好之后,要先敬神祭祖,之后要赠送亲友,一定要在中午之前送出去。最后才是全家人食用。吃剩的腊八粥保存着,吃了几天还有剩下来的,却是个好兆头,取其“年年有余”的意义。如果把粥送给穷苦的人吃,那就是为自己积德。

腊八粥在民间还有巫术的作用,假如院子里种着花卉和果树也要在树干上涂一些腊八粥,相信来年多结果实。

腊八这一天除了祭祖敬神外,还有悼念亡国、寄托哀思的。

还有些地方吃什么腊八豆腐、腊八蒜、腊八面等。

方村地区一带黎民过腊八节的习俗:多数人家祭祈祖先和神灵。有的人家长辈去世已满三年后,原来木制棺材埋在土里或用稻草包扎露在地面上,经风吹雨淋,年头已久就要腐烂。下代的子、孙要请木匠师傅来家用木材做小棺材(俗称格筋盒子)或到棺材铺购买,刷上红漆,放在家里晾干,拣筋时使用。(拣筋就是将大棺材里人体未腐烂的骨头拣到小棺材里放好。)拣筋时要请村里年长的、认真细心的内行人。事先要准备一个陶瓷盆(方言缽子),用稻谷壳生成火,上面放一把篾筛,把大棺材里的骨头拣好用草纸擦干净,放在筛子上烘热后,按头到足的顺序摆放到小棺材里,小棺材里要垫上草纸,草纸上面再垫一张白纸做垫被,然后盖上盖钉牢。拣筋时骨头不能见阳光,必须用把大黑伞,遮住光线。拣好筋后,在事先选择好的一块坐北朝南、地势较高干燥的地块进行下葬。下葬时地上要垫些砖头,防止筋盒子受潮,然后用土覆盖,做成坟墓。讲究的人家,坟墓上面用土皮块做成帽形,坟身用草皮土铺盖拍牢,以防雨水流进坟墓。坟墓两旁栽上冬青、松柏树,坟前两边摆放一对石狮,中间立石碑一块。石碑中间刻上已故长辈姓名,石碑左下方刻上立碑人的子孙名单(男女不分)。

有的人家两位长辈只去世一个,另一个仍健在,需要立碑写名的,健在的应用红漆写,待百年合墓时再用黑漆把红的覆盖掉。

现今坟墓大多数是到市场上购买的石制的或水泥预制的棺套,亦有的人家用砖头水泥砌成的坟墓,盖上溜溜瓦,非常美观、大方、漂亮。

拣筋下葬完毕时,临别前要烧些冥币、钱纸、元宝等,所有下代磕头祈祷,燃放鞭炮。

有的大户人家,已故长辈较多或房下、村里甚至本姓下,要求集体统一归葬的,这就要认真推选房下,族下大公无私、德高望重、有领导指挥能力的长老出来领头,统一安排指挥归葬的有关事宜。要将所有筋盒子前面写上姓名,规定统一时间运送到归葬地点。有的人家,房下已故人员因自然灾害等多种原因失去的亡丁,要进行招魂归葬。招魂:就是用木材做一个小人像,写上姓名,要有亲属或房系亲属点血。(用针将指尖刺破,挤一点血滴在小木人上。)集体归葬的要按房下辈分、年龄从右至左由上至下按序摆放,统一发土覆盖,做成坟墓。四圩八乡亲朋好友前来庆贺,燃放鸣炮,热闹非凡,十分隆重。熏蒸阴米饭(糯米饭),给人们食用,并设酒席款待前来恭贺的亲朋好友。

还有的人家,已出嫁的姑娘,在腊八那天做几箱纸衣,购买些冥币、草纸、元宝等前往娘家长辈坟前去烧。愿已故长辈们在另一个世界有吃、有穿、有钱用,过得丰衣足食、平平安安。并祈求他们保佑下一代子孙兴旺发达,五谷丰登,健康成长。

另外,还有的地方视腊八节为良辰吉日,办婚嫁迎娶,喜结良缘。

尽管各处的习俗不同,但腊八的那天,各地的百姓都要进行一些有意义的活动。

(朱良海)

建房

方村街道建房多坐北朝南,一明两暗,对开窗,独户居住。宅基多选地势较高处,或偎埂就湾;有的就耕作之便,依田傍水建庐。多户居位形成自然村落。村落以村、墩、基、桥、埠、湾、坝、塘、埂、滩、涵、渡、埠、港、楼等字命名,如谈村、沈村、楼底村、陈墩、高基、石桥、秧埠、渭湾、坐坝、黄土溏、北埂、沙滩、中涵、渡一、云埠、新港、门楼、高屋基等。在圩堤上建房可防水灾。20世纪90年代起,农村逐步规划,多沿马路两侧建宅,扩大村庄规模,结构造型相对统一,并配有绿地、休闲场所,形成新农村格局。

旧时,农村多用土墙草顶三间满头脑作居室。土墙:即用水和泥踩熟,层搭层晒,干后竖柱盖草防雨,草房常遭暴雨大风困扰。民谚有:“不怕严公恶婆,就怕锅通屋漏。”后又发展到叉墙,即用碎草和泥踩熟,用叉子层叉层晒,干后再加满头脑屋面,叉墙房屋不易坍塌。20世纪70年代改用土坯(又称土基)垒墙。脱土基,即用木模装上黏土掼实,脱成长方形的土坯晒干。裁土基,即用平整后的水稻田,用牛拉石磙轧实,用裁刀按尺寸切线,再用铲子铲起堆晒,干后,用泥浆砌墙,改满头脑屋面为硬山屋面,先盖草再盖瓦,冬暖夏凉,既防漏又防风,民间戏称“杂交屋”。80年代起,农村普遍建砖瓦结构的平房,墙体四大壁,采用桁条、椽子盖瓦。90年代,农村以砖混结构做楼房,多做平顶,水泥预制层面。进入21世纪,农村楼房造型多中西合璧(民间称洋房),多预制顺水屋面(有些另设跃层,称假三层),再加盖草红色釉面瓦,光彩夺目。屋脊用双龙戏珠琉璃瓦装饰,改木制窗为塑钢窗,改靠大门为门面房。室内重设计，装潢豪华。70年代，城镇居民建房以钢筋水泥砖混结构为主。机关、学校建房多用框架结构。90年代机关、学校时兴楼群大院，注重配套设施，美化环境。私人建房，讲究阳台、客厅、卧室设计，注重前庭后院，其间点缀花木。21世纪，供电、邮电、银行、医院等单位始建高层建筑。

解放后，农村建房请风水先生择宅基、定门向的习俗已废，但仍有“大边（即东边）、小边（即西边）”之分，“左青龙右白虎”之说。东边谓之大边，多设灶房。相邻两家建房高矮要一致。大门不能面对大路、烟囱、大树、粪坑、坟冢。房屋前不栽楝（根苦）后不载桑（丧桑谐音）。

旧时，瓦房造型为上栋下宇式，排列穿枋、檐柱、屋脊及屋檐构成顶部斜面兽瓦。富户和店铺多为砖木结构的瓦房。有楼房者，一般高度为“天丈地九”（即上层高一丈，下层高九尺），寓言天长地久。也有前后进各三间，中间两包厢有天井的八间跑马转阁楼。分硬山式（又称徽式）和蒙头式，两方山墙均高出屋脊，称马头墙（即风火墙），留天沟泄水，窗小而高，以防火防盗，形似室匣，俗称“宝盒子房”。客堂后枋雕有“百子闲云霄”人物或戏文，地面装饰刻有花纹的方砖磨地，厢房隔有屏风，下墁地板，屋脊正中用石膏堆成浮雕，并用青瓦拼成双钱，寓意福寿双全。屋檐镶上垱瓦，称瓦头，用福禄寿组成花纹图案，面墙屋檐画有戏文或龙凤呈祥之物。整栋建筑融木雕、砖雕、石雕于一体，并具有防火、防盗之功能。

民居、行规、习俗：待匠，是指建房首先要设宴招待木瓦工。建房要先后设宴三次。一是开工酒，择定吉日，由领头师傅带木瓦工登门，木匠锯大梁一根，中柱一对，瓦匠下灰线、定门向。二是上梁酒。即为主柱上正梁。上梁前，夜间工地灯火通明，房主用蒸笼蒸糯米饭，表示日子蒸蒸向上；要准备红绿布糕一对，并给木瓦工师傅准备礼包。木工做一对木制大福禄锤，上写“荣华”“富贵”，并做小福禄锤若干个，用大红染好，以备次日上梁之用。上梁时大边是木工，小边是瓦工，用新做的福禄锤上梁，房主鸣炮。木瓦工师傅撒糖果和小福禄锤，房主设宴招待木瓦工师傅。三是竣工酒。新房落成，设宴酬谢工匠。少数房主苛刻怠慢师傅，匠人常用左道旁门作祟房主。相传有一富户没有给匠工师傅包礼，匠工师傅就用土捏两个小人和一个水车，将车头向外，寓意财源外流。也存在有的房主拖欠或不给工资，或出现“请匠人上门当客待，干起活来当牛待，讨要工钱当鳖待”的不良现象。

20世纪90年代，建砖瓦结构的楼房，以上最后一块预制板作为主柱上梁。主人待上完最后一块预制板，就燃放鞭炮，抛撒糖果、方片糕，将五香蛋分送给匠人及帮佣者，并设宴招待。90年代末，民间建房一改点工制（即按工时计算工资）为包工不包料或包工又包料的两种方法。包工不包料，即工匠只包工，建材由房主自备。包工，即由房主与工头师傅一次性议定建房工时工价，付款方式有分期付款和竣工验收后一次性付款等。有的房主中午贴中餐，供应茶水。包工包料，即由承建方按照建房图纸、要求和预算造价，与房主签订协议，自行购买建材，保证按期竣工。移民建镇和三峡移民建房均是如此。造房资金支付按协议办事，如有图纸变更，待竣工后另行决算。包工包料多用于机关事业单位建房，通过招标形式承包。进入21世纪，因政府统一规划管理，房屋多由开发商营建，购房户预交押金，待竣工后，一手交房，一手付款。有的开发商为牟暴利，偷工减料，质量不过关，面积不足数，配套设施不到位等，因此常出现打官司现象。

（朱法仁）

货郎

货郎，方村一带俗称“货郎子”，是旧时货物流通送货上门的职业人员。在20世纪70年代，仍有货郎身背货郎架（类似小食品厨子一样），手摇货郎鼓，发出“扑咚、扑咚咚”清脆悦耳的声音。别看一个小小的货郎架，其实就是一个流动的小杂货铺，那里面有妇女针线活所用的针头线脑，鞋底、鞋样，缠花（绣花）的花样；有日常生活用品，毛巾、手帕，牙刷、牙膏、牙粉，香皂、蛤蜊油（俗称瓦壳油）；有孩子们爱吃的水果糖、小麻饼，以及五颜六色的《三国演义》《水浒传》画片和蛋弹子。货郎每到一处，只要把货郎架一放，货郎鼓一摇，不管隆冬酷暑，全村的老幼妇孺总是匆匆赶来围成一大圈，争先恐后地选购自己的所需品。在有的地区，货郎是挑着一副杂货担子，俗称“货郎担子”。在交通不便、物资匮乏、商店很少、物流不畅的年代，货郎与货郎担子发挥了特殊的作用，做出了特殊的贡献。

货郎不仅仅是货物流通、方便群众的一种行业，同时也是我党地下工作者开展宣传和地下交通的极好行当。如方村老街的地下老党员邢光铨是南芜县委方村地区的地下交通员，在抗日战争和解放战争时期，他就是利用货郎的身份，常年奔走在方村至澛港、白马山一带，为地下党和游击队提供信息，传递情报，为抗日战争和解放战争的胜利做出了一定的贡献。

（王万春）

草焐子

草焐子（俗称草窝子），最早流传于镜湖区方村街道行春圩。行春圩位于芜湖市区东南三十里处，该处属长江中下游地区，季风气候显著，土地肥沃，空气湿润，降水丰沛，日照时间长，有利于粮、油、棉多种农作物生长，是典型的江南鱼米之乡。行春圩历史悠久，早在东汉建安五年（200）起，就有北方流民和由徽州山区迁徙而来的山越人开始围湖开荒造田。到三国东吴黄武年间（222—228）就已围成百余个大小圩坝。为了提高抗洪能力，确保人民的生命财产安全，赤乌二年(239)开始将百余个小圩坝连成一个数万亩面积的大圩即行春圩。

行春圩是原芜湖县最早的圩口之一，由南北方人侨置与土著人结合，形成了多元化生产、生活习俗，促进了农业、渔业、手工业技术的发展。草焐子就是当时农民为了冬天保暖驱寒，自己创造的一种既经济又实惠的取暖工具。草焐子的发明创造，给百姓带来了福音，是一些体弱的老年人和小孩冬天不可缺少的御寒工具。草焐子是民众贫穷的产物。天冷需御寒，穷苦民众无钱购买木炭等取暖，就只能想办法动脑筋，就地取材，采取土办法。

草焐子的编织技术始于明清时期，流传于大江南北及周边诸省。目前能从艺(会编织的)的人员一般在60岁以上。草焐子在方村地区，特别是在行春圩，过去家家拥有，直到实行改革开放的80年代末，仍有不少农户继续使用。这期间也有用木质代替的，如小孩子的木质站桶，老年人的木质靠背火桶等。但是，草焐子仍占十之八九。从90年代起，随着农村水电的广泛使用和电网的逐步改造，民间的空调、电炉、电热焐子、电热毯等逐渐替代了旧时的取暖工具。目前，草焐子基本绝迹。

草焐子的编织工艺流程：

1. 备料：一般分取材、选材、储存、加工、编扎等。秋季，在中、晚稻收割后，选取双晚农粳或一种叫乌嘴子的糯稻草(此草质地柔软细长，韧性好，不易折断)晒干，储存。

2. 加工：冬闲，将草捋去枯叶留草秆，再捆成捆，用木榔头捶熟直至柔软为好。

3. 编制：编制时，首先考虑烘火人多寡，以确定直径大小，一般最大不超过70厘米，最小不小于50厘米。然后按周长编成扁辫围成圆圈，再用5—7根草扎成一撮做筋子，再用一小束草分把填芯。这样边扎边均匀布满横筋子，层层扎紧，并编扎成上边略小于下边的圆筒状，高度一般不超过60厘米。收口时，再用填芯的编成扁辫，绕口一周扎紧。收口时，可用麻绳与下层连扎。编好后用剪刀剪去里外龇出的草即成。造型可因人的喜好而定，如有的编成椭圆形并织有靠背，两头设座位，供老年人靠着烘火。

用草焐子烘火取暖，过去在方村一带普遍使用。它取暖性能好，材料易取，操作程序简单，易学易掌握。根据草焐子编织体积的大小，一般大的要两天，小的一天即可完工。

(王万春)

喊火烛

我国古人早就有了防火意识。据《周礼》记载，仲春二月，当天上的火星即将出现时，宫廷中负责掌握用火的官员要敲着木铎走街串巷，做好防火的宣传工作，这就是我国喊火烛的来历。“喊火烛”一般通称“打更”。打更的主要作用是提醒人们注意防火防盗，同时兼有报时作用（让人们知道是几更天）。

自西周开始，历经春秋战国，秦、汉、唐、宋、元、明、清2000多年以来，民间喊火烛经久不衰，每到冬天向晚，街上就会传来一阵阵“笃笃笃”的木铎声和“寒冬腊月，火烛小心，水缸满满，灶间清清”的喊声。这时，人们都会去看一看灶门口有没有火种，并将柴草清除干净。古时没有钟表计时，人们把一昼夜分成十二个时辰，每个时辰二个小时，又把一夜分成五更天，并有专人按时辰报更喊火烛，以敲打竹制的响器发出信号。

古时方村民间就有打更喊火烛这个风俗，时间从腊月初一开始，至除夕夜止。以流水湾为例，上（旗门、旗杆）下（谈村、新屋）等三四个村，腊月初一就开始打更喊火烛，各村都有专人负责，按户头（孤寡老人户不算）安排，每2—4户一夜，轮流值班。每天从黄昏时开始，更夫伴着“哐哐”的敲锣声和“打更打更，火烛小心，水缸满满，灶间清清，铁叉靠靠，扫把扫扫”的呼喊声，走遍全村的拐拐角角。听到打更声，老人就要家里人去灶底下看一看，并嘱咐将铁叉靠起来，把灶底下扫干净。每隔半小时打一次，直到天亮。

流水湾是个古老的大村庄。解放前，全村150多户。村子穷得出名，除两家瓦房外，全是草屋，居住又密，所以每年都有人家遭天难（就是失火）。听父母说，在我六岁那年，家里一年就失三次火，都是邻居家带连的。第三次是腊月里，奶奶娘家的侄儿，名叫张朝汉，50多岁还是个单身汉，身居两间小茅屋。一天晚上，他靠在床上抽黄烟，抽过后，将点烟用的粗麻秸随手在土墙上磨灭了，放在床头边。那晚西北风很大，谁知粗麻秸未磨灭，经大门缝里透过来的风，将粗麻秸吹着了，把床头上的床垫草和被子都烧着了。当时张朝汉睡得正香，等火烧到他的头发，他才醒。这时火已上屋。我家草屋紧挨着他的屋，火上了他的屋，就扑到我家的屋上。还是打更的发现得早，鸣锣报警，全村人及时赶来救火。虽经及时扑救，还是烧掉了七八家，我家全被烧光。失火后，这几家的生活苦似黄连。

冬天，因柴草干枯，物体干燥，有时长久未雨，地上的灰尘点火都能烧着，加上老人小孩取暖烘火，特别是晚上床上用火罐暖被窝，这些都是引发火灾的主要因素。另外，腊月里做团子、熬糖、做豆腐等，火烧得长，发生火灾的机会就多，所以腊月要特别小心火烛。

随着社会的发展，百姓的房屋结构发生变化，居住条件大为改善，大约在70年代以后，打更喊火烛就几乎停止了。如今综合治理，夜间巡逻、防火防盗这根弦仍然绷得很紧。

（刘达才）

忌讳

孩子忌食鱼子和开锅饭——认为吃了会“笨”和好哭。忌女人衣裤横街或在人行道上晾晒——意思是人从下面过会倒霉。断线风筝忌落在人家屋面上——说是要失火(指过去农村都是草房)。夫妻忌在亲戚家留宿同房——意思是给人家招来晦气(过去有“宁可给人家开丧,不给人家成双”的说法)。主人不打招呼——客人忌入房内。客人来了忌泼水——有不欢迎之嫌。忌来客在主人家号啕大哭——会带来厄运。孕妇忌吃牛肉——否则会延长孕期。孕妇忌在娘家生孩子——在娘家滴血,娘家不兴旺。孕妇忌跨绳索——犯忌会生怪胎(有生蛇胎之说)。妇女忌跨扁担——否则会生“扁担疮”。孕妇忌吃甲鱼——传说产生时不顺利(还有伸头、缩头之说)。孕妇忌吃狗肉——否则小孩出生后好伸舌头。寡妇忌入产房——否则产妇会倒霉。产妇在月子内忌串门子——否则血身会冲动门神(给别人家带来不幸)。忌生人晚上进产房——这样会将邪气带进房(使小孩不好养甚至夭折)。产妇在月子内——忌晚上来人串门或叫门(会带来鬼邪,孩子会夭折)。孕妇忌入孝堂——会犯冲不吉利(孝堂也指灵堂,是人死后举丧的房子)。忌女人打男人嘴巴、耳光——说是被打者不吉利,会倒霉。妇女吃饭时忌捧着饭碗靠在门框上与人搭话——犯讨饭之嫌。忌蹲在门槛上与人闲聊——不雅。妇女忌早上蓬头垢面串门——会给别人家带来晦气。忌将中药渣倒到别人家门口——有害人之嫌。忌戴长白孝入邻居家门——否则会带去晦气,不死即病。忌家蛇出现或家蛇盘鼠于梁上——有“蛇盘鼠伤家主”之说(过去民居一般都是土墙草房,鼠洞多,蛇以鼠洞居住又以捕幼鼠为食,常年不见风雨、阳光,色橙黄,故称之为家蛇)。戴帽子忌压于眉——有“帽子压在眉,不是强盗就是贼”之说。吃饭时忌将筷子直插在碗之中——避“倒头饭之嫌”(倒头饭就是灵堂桌子上的供饭)。春节最忌妇孺说不吉利的话——会给家庭或家人带来不吉利。祖坟后忌有道路——有“不怕坟前千人过,就怕坟后一条路”之说(认为坟后有路会踩到“龙脉”,对后代不利)。忌新坟归葬在老坟一起——否则犯冲(新坟必须在三年后才可归葬到老坟一处)。忌家里举丧又生产——有血冲丧,不吉利之说。催生打箩窝(亦称摇篮)要有一根桃木作料——说桃树能辟邪驱灾。婴儿熟睡时需靠扫帚于箩窝旁——说是“避邪”(空箩窝子上面需放一条小板凳谓之不空箩)。新婚嫁妆木制品材料,须有“柏,梓,桐,椿”四种树木——以示“百子同春”之意(今嫁妆多购于家具店,此俗已淡化)。民间独户住房忌将厕所建于左前边(青龙)头上,厨房设在右前边(白虎)头上——晦气、不吉利(农村住家最忌讳的是青龙头上一个坑,白虎头上一路烟)。择基建房忌大门对准直线大路——说路有路箭,会家门不兴(此习俗今仍存在)。民间并列建房,忌左高于右,更忌右高于左——屋脊要求高度一致，否则矮房人家会遭灾或不兴（有“左青龙右白虎”或“宁愿青龙头上高一丈，不许白虎头上高一尺”之说）。新娘进门，家人要避让一下——冲了热脸将来有口舌之争。嫁姑娘、迎新娘，忌寡妇在场——有对新娘不吉利之说。忌春节期间有口无心地说对方“你倒霉”的话——否则对方这一年没好运。民间穿各种灯发禊时，忌女人在场——若冲动神灵，穿灯时会出岔子。忌用扫帚打人——扫帚有撵鬼之说。姑娘出嫁忌自己走出门，必须由兄或弟抱出门交亲——脚落地会带走娘家财气。忌大门前有坑——否则家人轻则生病，重则必死。忌住家屋后有坟冢——人丁会不兴旺（意思是屋前有坟冢是人撵鬼，屋后有坟冢是鬼撵人）。门前忌栽楝树，屋后忌栽桑树——楝树根苦，“桑”与“丧”谐音，多不吉利（此俗仍流行）。插秧时忌互相直接秧把——否则手腕会窝气（俗称“秧气”，今仍有此俗）。忌用牛说“使牛”——因为“死”“使”“屎”谐音，否则牛不出活。船民忌讳“盛饭”而称“添饭”——因“盛”与“沉”谐音，含有沉船之意。船民喝酒忌将酒瓶倒干——寓意船无水则无生意之意。吃鱼忌将鱼翻身——有“好汉不吃翻身鱼”之语（此俗在船民中尚存）。民间有忌讳的字词——单、三、灰、丑、乌龟、绿帽子、乌鸦等。忌小孩换乳牙乱扔，一般上牙要扔在屋顶上，下牙扔在床底下。忌夜晚吹口哨，吹口哨会遇到鬼邪。忌红白喜事打破器物（杯、瓶、碗、匙）等，如果偶尔打破要说“打发”，不能说“打破”或“打碎”。

（张玫瑰）

抽阄

抽阄又叫抓阄、拈阄，是农村中常用的一种比较公平、合理的民主方式。俗话：“好汉就在阄上死。”如：分承包责任田时，生产队的田，有高有低，有远有近，有好有差，如何分得均，怎么分，社员意见不一，只好用抽阄的方法，确定顺序，使群众没有意见。又如集体的公益事情需要派工派劳，亦只有抽阄决定。过去有的大户人家兄弟多，分家时就将房产、土地、物资等分成若干份，采取抽阄的方式来确定。

抽阄的做法：首先要推选一名大公无私、比较正派的人做阄，即将纸条写上号码，拧成小纸团，放进竹筒（米筒）或铁筒里，摇晃几下，逐人拿筷子挟出纸团，拆开里面号码，按号码执行。这种抽阄的方法能防止顾念乡土人情，克服营私舞弊和宗派主义等倾向，使村民消除疑虑，增强团结，从而使集体、家族的事情能顺利办成。但这种做法不宜在机关、学校、企事业单位和国家工作人员中采用。

（朱良海）

四、迷信习俗

竖水问

旧时方村民间有以筷子作工具“占卜”的方法叫“竖水问”。八九十岁的女性老人几乎个个都会此术。一般是在家人生病时，常常以为是在外面撞见了鬼或有鬼魅入宅作祟，于是就采用“竖水问”的方法来占卜。此术大多由家庭主妇或年长的女性老人主持进行。方法是：先拿一只盛满水的碗放在病人身旁的桌子或茶几上，再拿来三支吃饭的筷子，比齐后在病人的头上绕三圈，将筷子并拢，两头占水。之后，大头在下小头在上放在碗底中间垂直于碗中，左手扶筷子，右手在碗内抄水从筷子的上头往下淋，一般抄水两至三次。与此同时，口中默默念道鬼名，如：“冥界的朋友，拦了你的马路，撞了你的桥头，不管你病死、饿死、吊死、淹死、烧死……无意冲撞，不要见怪，既然找到我家人，我们贫穷本分人家，就献给你一点水饭，请放过我的家人吧！”当念到某个鬼名时，三根筷子正好稳稳地站立在水碗中，松手而筷子不倒，就说明的确是遇上冥界的朋友了。

然后再第二次“竖筷”，看是哪一路鬼。这要依据病人的症状来推断。比如全身发抖、冷，就说明是淹死鬼；如果全身发烧，就说明是烧死鬼；如果感觉到特别饿，就说明是饿死鬼。这时就将筷子从碗中取出，重新用左手扶于碗中，右手抄水自上往下淋，口中默念：“如果你是如何如何死的……那就请你再站立一次给我看！”如果筷子站了松手不倒，说明找准了。

接着第三次“竖筷”，主要是进一步确认并用水饭送走它。方法还是用左手扶着筷子，右手抄水从上往下淋，口中默念：“如果你真是如何如何死的，那就请你再站立一次，让我明白的确是你！”这时松开筷子不倒，你就准备一点饭倒在水碗里或用手抓一把米向水碗和筷子撒去，同时口中默念：“阳间的水饭，扫你到三千门外！”在向碗中倒饭和撒米时筷子会倒下，这时要注意筷子倒的方向，如果是倒向家门的方向，说明它走了；如果不是门的方向，说明它不是来要饭的，就要立即烧点钱纸给它。还要注意献完水饭后，要将水饭倒在外面的僻静处，倒水饭的方法是从肩头向身后倒出，不要回头看。

此术在旧时缺医少药的贫困农村，常被用来治一些病症，往往起到一种精神疗法作用。此俗在改革开放之后逐渐消失，现已基本绝迹。

（王万春）

叫黑

过去方村交通闭塞，经济发展滞后，文化生活极其单调，只能在春节期间看上几场灯，平常几乎没有任何娱乐活动。记得在我童年的时候，偶然能听到本村老年人讲一些迷信、神鬼故事，类似“聊斋”里的情节。说得有板有眼，有时听得毛骨悚然，还是舍不得离开。此外，就是一群孩子聚在一起到处疯玩瞎逛，什么田野、沟边，荒滩、坟地，一些人迹罕至的荒郊野外，捉迷藏、抢羊羊、老鹰抓小鸡等等，胡乱嬉闹。疯玩久了，一些身体弱的孩子难免有些不适或偶感风寒，回家后身体不舒服，显得精神恍惚、厌食，萎靡不振。

这时，老一辈就叫这些孩子的亲长，最好是孩子的奶奶或姑奶奶，为孩子“叫黑（吓）”。如果没有奶奶和姑奶奶，就由孩子的亲生母亲叫。“叫黑”的方法是：到小孩子玩过的地方，或是一些僻静的村尾路头大声地叫喊：“小三子哎，天黑了早点回家啊！”或叫：“小五子哎，别吓着了啊，奶奶（姑奶奶、妈妈）叫你家来哦！”声音悠长，充满了疼爱。就这样边喊叫边往回走，直到进屋关门后，“叫黑”的程序就算完成。这种“叫黑”大多在傍晚的时候，声音传得很远，邻家一听就知道是谁家的老人在给孩子“叫黑”，并趁这个机会教育自家的孩子，以后不要再到外面瞎疯了……

世界上本来就不存在什么鬼神、灵魂的东西，但是人们的精神和心理作用是有的。虽然这种“叫黑”的方法根本没有任何科学依据，可往往通过“叫黑”，有的孩子第二天就恢复了平日的活泼可爱。所以在老一辈的心理上，总是认为孩子在外面疯玩，把魂丢在外面了。这种民间慈爱的“叫黑”，也就成为老人们表达爱心和驱邪、治病的方式，并衍生出民间世代流传的习俗。这种习俗现已基本绝迹。

（王万春）

非遗文化

- ◆ 娱乐类
- ◆ 杂技类
- ◆ 文艺类

一、娱乐类

合心北斗秧歌灯

流传在行春圩东北角合心北斗门一带的秧歌灯，是劳动人民在庆贺五谷丰登、太平盛世时自娱自乐的一种群众娱乐形式，它融歌舞演唱为一体，自编、自导、自演的一些故事、传说、言情、说爱等小段子，深受广大群众之喜爱。特别是青年男女更是青睐无比。它所说唱的，都是一些身边的事，都是下层社会老百姓中间发生的事，人们看得懂，听得懂，耳熟能详。七八十年来，它经久不衰，每每和老人们谈及秧歌灯时，大多数仍是激情高昂，不时吟唱几句，让他们仿佛又回到了年轻时代，唤起了他们对当年穿灯时热闹场景的追忆。

20世纪40年代，中国大地在日寇铁蹄的蹂躏下，人们生活在水深火热之中，我们行春圩也是重灾区之一。1945年日本无条件投降，抗日战争取得了伟大胜利，人们生活较之以前有所安定。为了在精神文化生活上得到一点提高，于是一些有血气的青年，决心为家乡办一点有益的事。前辈青年中的钱朝南、王恩彪等人，于是组织十几个热心青年，前往凤林圩王茂村拜师学艺，当年就组成一支秧歌队，取名为北斗秧歌灯，于当年腊月彩排成功，得到行春圩东北角广大老百姓的大力支持，特别是青年男女，无不拍手叫好。

由于千百年来的封建思想，在人们心目中已根深蒂固，所以北斗秧歌灯仍然以“送子神灯”的名义进行巡回演出。腊月里在农闲时将演员配备好，说、唱、舞蹈动作全部校正完毕之后，一般在正月初四这天开始发禊，请道士立“佐”，也就是供奉各路神仙的牌位，杀鸡滴血，画符。秧歌灯敲锣打鼓，到所属这一片区的人家朝香火，贴门符；第二天便开始到各地去穿灯。秧歌灯表演形式以唱和舞蹈为主，一般清早起灯出门，晚间收灯回来，夜间一般不演出。晴好天气一直穿到正月十五，过了元宵节方可圆灯。圆灯还要请道士来，撤牌位，送神；这一天和发禊一样，全部剧目都要演给父老乡亲们观看，有的人家提前把家住在远处的亲朋好友也请来观灯。收灯这一天，所有参加穿灯的人员，无论是“神家”还是勤杂人员，全部集体开一餐伙，谓之“散福”，标志这一年穿灯圆满结束。来年穿灯与否，要到年底视年成好坏再行定夺。

秧歌灯所有演出剧目，不是整本整台戏，而是一些小段子、小章节。绝大多数的情节来源于民间的小故事、笑话、传说，或是由地方戏的某一段落改编而成。秧歌灯每一出灯，都是两位或两位以上演员同台演出，一唱一和，表达一个完整的故事，给人们以一个警示，一种启迪，一个向往，构建一个"真、善、美"的和睦、友好的社会氛围。整个秧歌灯，大约有二三十个剧目，其中最具代表性的有《榔桥担水》《老先生讨学俸》《大补缸》《金瞎子算命》《十送》《打补丁》《点大麦》等，这些剧目最为群众喜闻乐见。

《榔桥担水》说的是一位书生去京城赶考，路过桥头凉亭歇息时，遇见一位少女挑了一担水从凉亭经过，二人对视后顿生爱慕之情，相互倾诉衷肠，约定京城考中后就前来提亲。最终如愿以偿，终结百年之好。

《老先生讨学俸》这出戏，和庐剧的传统剧目《老先生讨学钱》大同小异。故事的梗概是，老先生在陈大娘子家教书三年，吃没好吃的，喝没好喝的，而且教的那小子又十分顽皮，三年书教下来，在结算工钱时，陈大娘指责老先生教书无方法，错字连篇，小孩不仅没教好，反而教坏了，最终老先生一分工钱未讨到，只好悻悻回家了。

《大补缸》这一段子，讲的是一个补缸匠人在给一女主人家补缸时，不小心把缸敲碎了，女主人找他赔缸，补缸人自认倒霉，决定买一口新缸来赔偿。可是女主人就是不答应，她说新缸没有旧缸光，闹得不可开交。最后赔了一口新缸，可是补缸人的担子还是被砸了个稀巴烂。

《金瞎子算命》这一小段子，讲的是春暖花开的一天，金瞎子走乡串户去算命，在给一位农妇算命时，他信口雌黄，讲的完全驴头不对马嘴，因而引起农妇的忿怒。金瞎子不但没有拿到算命钱，反而被农妇掐着颈脖子推出门外。

《十送》这个剧目，是从传统剧目《梁山伯与祝英台》里面节录的，故事梗概和传统剧目基本吻合，只不过表现的形式、唱词、唱腔采用的是秧歌灯的表现手法，其中也掺杂一些搞笑的内容，能逗得观众开怀大笑。

《打补丁》讲的是一位年轻妇人，其夫常年在外经商，她独守空房，不甘寂寞，与一个穷书生私通。一日穷书生要去赴宴，因衣衫褴褛，不能前往，二人在互诉衷肠时，妇人一边安慰书生，一边为其修补褴衫的情形。

《点大麦》讲的是一对青年男女，原本好吃懒做，男的又是个赌徒，在败完家业之后，穷困潦倒，经过一段时间的反思，终于改邪归正，一心一意要走正道，在农家所有午季作物下种之后，他们二人便想到种点大麦，等来年若有个好收成，以便度过春荒，日子也会逐渐好起来。

纵观秧歌灯的内容，无一不是规劝人们多做善事，少做恶事，激励人们对新的生活的向往，歌颂盛世太平，社会和谐，人们安居乐业，祈盼年年有个好收成。老一辈的秧歌灯爱好者，都是从这一点出发，精心创作编导。随着时间的推移，上辈人多已作古，而年轻一代又一年到头在外奔波，秧歌灯这一古老的民间娱乐文化形式，几乎被人们淡忘。

（张国钰）

南埂采茶灯

“采茶灯”顾名思义就是山区采茶人采茶时唱的一种小调，后经加工演变成采茶灯。南埂采茶灯起源于山里潘村，由南埂刘达钊、胡克华移植到水乡南埂，距今已有近百年的历史。南埂采茶灯的领头人和组织者当然就是刘达钊和胡克华，胡克华还担任师傅。逢到过年和喜庆的日子，南埂采茶灯便以它独特的风格穿越于乡村，在当时农村文化生活十分贫乏的年代，倍受人们喜爱。

南埂采茶灯由南埂东、南埂西和刘基3个自然村共同组织，主要角色从3个自然村选拔优秀的青少年扮演。主要角色由2个童子，8位小姑娘，8位大姑娘，2位丑角，1位书生和关公组成。乐器有二胡、笛子、锣。每当出灯时，前面彩旗招展，锣鼓开道，中间角色衣着华丽，绚丽多姿，后由锣鼓和护灯人压阵，一路上锣鼓喧天，浩浩荡荡，每到一村，鞭炮齐鸣，热烈欢迎。听到鞭炮锣鼓声，村子里老老少少、男男女女不约而同地从四面八方赶来，自然地围成一圈观看。随着悦耳的笛声，首先出场的是8位小姑娘，她们共同唱着十二月采茶歌，接着大姑娘一一登场，她们一边唱着悦耳的小调，一边扭着优美的舞姿，并时而有小丑跳入和姑娘对唱，那风趣的谈情说爱的小调，引起在场的人不时捧腹大笑。书生进场，采茶灯进入高潮。在动听的二胡伴奏下，书生悦耳的清唱，博得在场观众的阵阵喝彩。接着书生和大姑娘的对唱，更是锦上添花。最后在热烈的掌声和喝彩声中，人们尊敬的英雄关云长手握青龙偃月刀环绕全场一周。全场采茶灯结束后，人们还依依不舍地目送采茶灯出村。

南埂采茶灯经由几代人的努力，在乡村活跃了几十年。随着人们精神文化生活的丰富，采茶灯近二十几年没有穿了，南埂采茶灯最后一次活动是20世纪80年代。由于几十年没有活动，加上有些老人相继过世，人们对采茶灯逐渐遗忘了，后人连灯的台词及唱词都记不清了。尽管调查走访了许多人，但因多数人没有文化，又无文字记载，所以只零星地搜集到部分唱词，且不够准确。南埂采茶灯唱词中有《十二月采茶》（有大采茶和小采茶）、《胡老二补缸》、《看相》、《蓝桥担水》（书生和大姑娘对唱）、《小放牛》、《点大麦》、《小娄磨豆腐》、《金瞎子算命》、《货郎子卖货》、《锄棉歌》、《探风船》、《十不全》等。丑角打岔词有《秦始皇数马》《看岳母》《三十二张牌九》《十不全》等。现摘录部分唱词如下。

小姑娘唱词《十二月采茶》：

正月采茶是新年，姐捧茶盘进茶园。

茶树种下十二亩,喜迎茶叶丰收年。
二月采茶茶发芽,郎扳茶树姐采茶。
姐采茶多郎采少,二人共采四两茶。
三月采茶茶叶青,姐在家中绣手巾。
两头绣的桃花朵,中间绣的采茶郎。
四月采茶茶叶黄,姐在家中乱忙忙。
家中忙忙蚕要老,外面忙忙麦要黄。
五月采茶茶叶团,姐在家中绣龙船,
二边绣的英雄汉,中间绣的采茶郎。
六月采茶热难当,多栽柳树少栽桑。
少栽黄桑有人采,多栽杨柳姐乘凉。
七月采茶秋风凉,风吹茶花满园香。
大姐回头问二姐,头茶二茶哪个香。
八月采茶是中秋,隋朝皇帝下扬州。
一心想把茶花看,万里江山一趟丢。
九月采茶是重阳,糯米做酒自来酿。
人家做酒把客请,姐家做酒请茶郎。
十月采茶过大溪,蒙蒙小雨湿郎衣。
左手给郎撑开伞,右手给郎招起衣。
冬月采茶过大江,脚踏船板喜洋洋。
大江一过滔滔传,小江一过回家乡。
腊月采茶过大冬,十担茶篮九担空。
留担茶篮春三月,茶树底下再相逢。

大姑娘唱词《蓝桥担水》:

太阳落山遍地黄,玉娣子担水煮夜饭。人人都说当家好,玉娣子当家时时难。每天开门七个字,油盐柴米酱醋茶。两手拣起双木桶,玉娣子扁担担上肩。用手带关两扇门,双镄小锁插中间。男孩子出门表书名,女孩子出门表花名。男孩子不把书名表,回到书房读五卷。女孩子不把花名表,回到绣楼绣彩云。

书生唱词:

天子重英豪,文章教尔曹;万般皆下品,唯有读书高。

今日歇无事,来到凉亭前走起;先走三步拜孔子,后退三步拜先生。

大小学友勤学礼,少陪师母好动身。出学堂来出学堂,学堂门前粉白墙。粉白墙边梧桐树,梧桐树上歇凤凰。凤凰对你高声叫,口口叫得状元郎。有朝一日高官做,封你乌雀为大王。人人都说花山好,我在花山过几春。

走到家处人问我，不知花山什么样。一走一里阳光路，二步来到独木桥。
三走三步桃花亭，四里来到杏花村。五走五里出猛虎，六里封榜两盏灯。
七走七里穿北斗，八报庄村问行人。九走十里来得快，花山就在你跟前。
上山石头赛猛虎，下山竹笋赛蛟龙。山上青松山下花，花骂青松不如她。
有朝有日寒霜打，只见青松不见花。山上景色逛不尽，身背书箱下山来。
人人都说蓝桥好，我到蓝桥走一程。一走二步阳关道，三走四里杏花村。
五走六里出猛虎，七走八里过庄村。九走十里来得快，蓝桥就在我跟前。
人说蓝桥造得好，话不出语果当真。两头都有石狮子，当中还有张文道。
虽说蓝桥造得好，就怕老龙拖断桥。

小丑打岔词：

十六个姑娘你歇一番，让我三花脸打一岔。东一岔，西一岔，一岔岔到老里坝。老里坝有一家，通墙倒壁破篱笆，猫子出来三条腿，狗子出来没尾巴，大儿子冬瓜相，二儿子像冬瓜，要数三儿子生得好，活像一只跳虱虾，扛把挖锹去捞缺，两只鹭鸶撵到家，人家问他什么事，鹭鸶要吃跳虱虾。大媳妇眨巴眼，二媳妇一脸疤，要数三媳妇生得好，眼睛有个萝上花，她到花园去看花，两个蜜蜂叮到家，人家问她什么事，她说蜜蜂采我萝卜花，萝卜花。

（刘达财）

流水湾马灯

“流水湾马灯”流传于今芜湖市和芜湖县的方村、荆山、陶辛、六郎等地，蕴涵着祈福驱邪避灾的民间习俗。它始于清朝末叶，距今已有100多年历史。“流水湾马灯”是道教仪式与民俗文化相结合的产物，它将民间老百姓耳熟能详、广为推崇的中国历代英雄人物加以神化，以期护佑；体现了当地人民群众传承历史文化、崇尚民族英雄的积极价值取向。

流水湾村是方村的一个自然村，地处青弋江下游沿江水网地区，属典型的圩田农业区。长期以来，方村以及这一带的人民以自己的聪明才智与勤劳勇敢，在江湖水泽的滩涂中，发明了“围湖造田”的圩田法，将这一片低洼的滩涂改造成万亩良田，使之成为远近闻名的“鱼米之乡”；哺育了一代代黎民百姓。然而，大自然的无情与威力也曾无数次地将灾难突然地降临这里，洪涝灾害在百姓的心头留下了挥之不去的阴影。

史载，北宋治平二年（1065），“郡国十八大水，江、浙、汉、沔间所在泛人庐舍，流徙者皆以万计，宣（城）池（州）之间，圩之沉者千余区”。（当时此处属宣州。）据当地老百姓回忆，最近一次水灾是民国20年（1931）的一场大水，使这里成了一片泽国，死者无数,生者失所。在科学技术落后的农耕社会,每次天灾都不可避免地伴随着人祸,大灾之后必有瘟疫,也使这里的百姓雪上加霜。

特别是清朝末年的太平天国起义,芜湖地区是太平军与清军争夺的主要战场之一。清江南大营就曾驻扎在湾沚至江苏溧水一线,太平天国为打破清江南大营对天京的威胁,于1858年12月猛攻清军驻湾沚的邓绍良部,歼敌万余,毙总兵戴文金。1860年以后,太平天国走向衰落。曾国藩的湘军与太平军激烈争夺皖南,以控制太平天国之粮道、困厄天京。这里更是深受战火之涂炭,百姓流离、经济凋敝。同治初年(1862),曾国藩在上奏朝廷的折子里记载了这一带的悲惨景象:“皖南宁国各属,市人肉相食,或数十里野无耕种,村无炊烟。”(太平天国历史博物馆编:《太平天国资料汇编》第2册下,中华书局1979年版,第959页)

面对天灾人祸频发、苛政战乱侵扰的当地百姓,将对灾难的恐惧与现实中的无助,转为对神灵的祈求,和虚拟世界中戏剧化的善恶对决、依附神灵对妖魔鬼怪的驱逐,以获取心理的平安和精神上的胜利。于是,便产生了穿马灯这种民间习俗形式。每当农闲之时或大灾之后,尤其是春节期间,村社的年轻人在老师傅的组织、安排下,举行穿马灯仪式,为村社、邻里、家族祈愿风调雨顺,天下太平,五谷丰登,六畜兴旺,表现了当地人民顽强的生存意识及处逆境而不馁的乐观精神。

流水湾穿马灯的习俗,据传始自清朝末叶,但具体是由何人于何时传入此地却无从考证。不过,从皖南一带民间的马灯传言与形式来看,其源应是出自相同的时间与相同的群体,即19世纪末少数散落在芜湖乡村的太平军将士。太平天国失败后,一些祖籍湘赣的太平军将士流落到芜湖的乡村中,为逃避清廷的追杀并生存下去,他们选择了隐姓埋名,以民间宗教的外衣来掩护自己,并以自己家乡的民间驱鬼与道教法事相结合的方式作为谋生手段。而战乱之后的芜湖乡村多灾多难,各种苦难折磨着在贫困中挣扎的人们。现实的无助、物资的匮乏、肉体的艰辛,使人们渴望着精神的解脱与心灵的慰藉。于是,这些流落在民间的太平军战士的谋生手段与当地百姓的心理需求结合起来,诞生了穿马灯这一独特的民间习俗形式。(据茆耕茹先生在宣城、芜湖等地的乡村调查所述,各地的马灯老人都提到最早的传人是一个姓王的先生,他是太平军余党,祖籍江西。)

据少数健在的老年人回忆,解放前流水湾村穿过的最后一次马灯是在1943年。而随着参与了那次穿马灯的几位老师傅相继逝世,流水湾穿马灯的习俗几乎失传。直至1967年春节,流水湾才在当时社会上出现“穿灯热”的情况下,由张定来等老人带领,开始恢复穿马灯。

改革开放以后,随着当地人民物质生活的不断提高,人们对精神、文化方面的需求也不断高涨。穿马灯作为当地一项传统民间习俗,得到了人们的重视与喜爱。为传承穿马灯民俗,流水湾人刘达才经过老师傅的传授,从邻近各村马灯老人的叙述中，发掘传统马灯逐渐绝迹的灯形、灯技，并对马灯的灯形、灯技加以整理、记录、充实、完善，形成了一套较为完整的“流水湾马灯灯谱”。并于每年的春节组织本村的年轻人开展穿马灯活动，成为旗杆村一大地方文化特色，丰富了当地百姓的节庆生活。

流水湾穿马灯的仪式大致可分为“发檄”和“穿灯”两个部分。

“发檄”的日期一般选在春节过后。“发檄”的当天，全村男性青年都要沐浴，洁净身体。“发檄”开始后，要请道士到场，选择房子大、门前有操场、家里干净的人家设立“堂子”。而“堂子”选好后，要先由年轻人立正站好，从“见鸡”（即溅有鸡血）的“玉泉山得道马明大王之神位”或“天上关圣帝之神位”等牌位请回“堂子”，再由道士用一张方桌、一张长桌、一张椅子叠起来，布置成“堂子”。“堂子”里所有妇女均不得进入。“堂子”的每层都需摆满牌位。“堂子”布置完毕，即敲锣打鼓开始“发檄”，由道士穿法衣唱经、“点光”“升疏”“开判”——即请天上的各路神仙和玩灯的神家，以及属于“下五路”的“阴兵阴将”一齐出来显灵。

道士“发檄”完毕即可“出灯”。出灯时，所有的神家和头手等，均会擎着高灯，从老坟岗“起灯”，然后，再按照事前的安排，敲着锣鼓，抬着铁锅、烧着烈炭，一边“转村”，一边在村内打“香铜”，为各家张贴象征扫除村中的一切牛鬼蛇神、求得全村平安无事的门符。在转过村以后，所有的神家和头手等，又会以同样的阵势到别的村子里去穿灯。而他们只要是来到了某个接灯的村子，这个村子就得摆起龙门阵，就得分单、双两排接受香火，就得奉上一定的礼金请他们玩灯。至于灯玩到什么程度，那得由玩灯的师傅根据接灯的村子出手是否大方，以及观灯的人数多少来决定。每当看到玩灯的师傅把令旗一挥，人们便能看到“丑角”出来推车挖灯、关公出来破车扫场等，意即把该村的牛鬼蛇神一扫而光。

待“穿灯”结束，“发檄”的道士还要原灯散福，各家要请亲戚朋友来观灯，神家要为各家各户进香火，在村中把所有的灯都穿一遍。待夜幕降临，道士唱罢经文，神家将所有的牌位由装灯的人各捧一个，敲锣打鼓、前呼后应地送至村外偏僻处，一边烧香，一边焚化，然后，整个仪式宣告结束。

凡是穿了灯的村子，在穿灯以后的三天以内都得保证不再有锣鼓声响，这样，才意味着一场穿马灯活动功德圆满。

穿马灯的阵势、灯型十分丰富而复杂，有方形、圆形、几何形，更有反映农村生活的箢网形、灯笼形等。流水湾马灯的第三代师傅、现年70多岁的刘达才整理印制了流水湾马灯灯谱，为保存这一非物质文化遗产做出了重要贡献。

具有100多年历史的流水湾马灯，有着重要的民俗文化价值。它是芜湖水乡民俗文化的重要载体，也是当地人民群众自我教育的重要形式。流水湾马灯通过扬善抑恶、尊崇民族英雄的仪式，传承着积极的传统价值观，对年轻一代起到了潜移默化的教育与影响。同时,流水湾马灯作为一种民间艺术形式,在节庆之日、闲暇之时,是当地老百姓集体自娱自乐的方式,对于活跃群众的文化生活和促进村际、邻里交流具有不可替代的积极作用。而在人类仍然面临着许多不可抗拒的灾难和突如其来、无法解释的不祥之兆的今天,流水湾马灯作为蕴涵着驱邪避灾的民间祈福形式,仍然具有积极的社会心理暗示和集体心理抚慰的作用。

(刘达才)

龙灯

龙灯是民间祈福纳祥的艺术,它是融合了文化、艺术、娱乐、健身为一体的古老的、淳朴的、群众喜闻乐见的露天广场健身活动,是一朵难得的民间艺术奇葩。

(一)寻根溯源话龙灯

"龙"字在《现代汉语词典》中是这样注释的:①我国古代传说中的神异动物,能兴云降雨。②封建时代用龙作为帝王的象征,也把龙字用在帝王使用的东西上:龙袍、龙床……

在我国现代汉语中用龙字构成的词语、成语也不胜枚举,如:龙飞凤舞、龙盘虎踞、龙潭虎穴、龙腾虎跃……可见龙是中国人心目中一种根深蒂固的文化,一种神圣的图腾形象,传说炎黄子孙是龙的传人。

谨就王氏龙灯的起源及传承概况作一简介。王氏前辈华一公,大约于明朝洪武年间(太祖朱元璋)迁徙至埭南中村,距今640多年,其间从王氏廷字辈(树大分丫)有一房迁址现王埂自然村(估算康熙中期约1690年)距今已有300多年历史。据史料记载,王氏前辈文化底蕴深厚,几百年来,文化、艺术、技术各类人才辈出,每逢新年春节或盛大喜庆的日子,都有舞龙灯的习俗(除战乱与灾荒外)。年轻的小伙子们身着彩服,一个个精神抖擞、英姿勃发,百板灯一字展开,足有一里之遥,舞起来那真是龙腾虎跃,气势非凡。栩栩如生的龙灯,一会儿玉龙盘柱,一会儿金龙戏珠,一会儿飞龙腾空……让人眼花缭乱、目不暇接。单龙头就使人惊叹不已:龙眼忽明忽灭,龙嘴一张一翕,龙舌一伸一缩,使人流连忘返,遐想绵绵。鞭炮齐鸣,锣鼓喧天,欢声笑语,为喜庆增添了无限的光鲜与生机。

(二)龙灯的构造与民间习俗

1. 龙灯制作材料

主要有三:

(1)木板:木板约长2.5米,宽约20厘米,厚约4厘米。木版两端距端部约20厘米处，各用窝凿凿一个圆形的洞，直径约4厘米，用于连接各板之间的轴心。

（2）竹篾：主要用于裱糊装饰龙灯的骨架。

（3）纸：白纸、红纸或其他颜色的纸，也有的用白绸布、红绸布来裱糊装饰龙灯。

2.龙灯的结构

主要有三部分：龙头、龙身、龙尾

（1）龙头：龙头由龙须、龙眼、龙角、龙嘴、龙舌等构成。

（2）龙身：龙身由龙骨架、龙刺、龙鳍构成，有的写上“风调雨顺”“国泰民安”“五谷丰登”“四季平安”等字样，有的画上云霞、花卉等图案。

（3）龙尾：龙尾形如一条大鱼的尾巴，呈扁圆扇形。图案多由制作者想象而定。龙尾板钩用木料或树料制作，用于钩住尾部，便于操作。有“龙头摆一摆，龙尾跑下海”之说，意思是说明龙头动一下，龙尾部的人不知跑多少步才能跟得上。

3.龙灯的民间习俗

龙、神、佛，民间许多人对此十分虔诚，所以龙灯在玩舞之前一定要请道士发禊。道士发禊时先到庙前烧香念经，其时村中各板灯都要连接起来，盘在村中大稻场上。广场上张灯结彩，放爆竹，敲锣打鼓，每板灯里都要点燃蜡烛。道士将一只大公鸡划破喉咙，将鸡血鸡毛沾在每一节龙灯上。这时小伙子们各就各位，将自己身边的灯板提起，整条龙灯随着龙头在广场上绕几圈，这称曰“活龙”。还要请村里有一定威信的老人主管灯堂里的香案等诸事。每天出灯前和出灯结束都要活龙；活龙后，方能拆卸开每板灯，各自扛在肩上，供在自家的八仙桌上，不得让动物、女人在灯板上跨越。

出灯前由村里长者们确定一天的路线。这时，提香灯笼的、记账的、刷报子的都要到场。刷报子的先按照这一天的路线，将报子超龙灯前送到所玩的村居，报帖上写着“××村老龙送子，吉祥丰稔”等字样。

每到一村先箍村，然后到某广场玩灯。若有亲眷关系，先与提香灯笼人联系，由提香灯笼的人领着龙灯到某家，某家事前摆放香案、糕点、香烟等供品，玩龙灯的人将龙头在某家大门前上下左右摆动几下，持门灯者站立某家大门两侧。若有要求老龙送子者，也按上述操作方式操作，也有进室的。

（王茂越）

罗塘村龙灯

罗塘村位于行春圩东边埂上，青弋江西岸，现属方村街道旗杆行政村罗塘自然村。经过多方调查，并与《张氏宗谱》记载的年代查询，该村很古以前就是马灯脚子。大约在1908年，那年罗塘发瘟疫，村中不少人染上此病身亡。正好那年发洪水时，河里由上水漂来一条龙灯，从头到尾都连在一起未拆盘，漂在菖蒲潭外河湾子不走了。数日后，有菖蒲潭人把此龙灯打捞起来，晒干后架在张氏宗祠里。

到了当年的腊月里，谈港、门楼等村靠近祠堂的人家，夜间老是听见祠堂门前的广场有穿灯的锣鼓声，开门出来看，隐隐约约还有灯笼火把，跑去看又没有，几次这样，这情况传到张氏人武先生的耳中，就到晏公庙找菩萨开沙问这事，开沙师爷根据沙盘里的图案解释说："这是一条神龙，是从行龙山上下来，顺水而下，想到长江得江水成神，结果被菖蒲潭圩堤旁的鱼灵庙中的将军拦住，不准下江，此龙想在此落脚，所以出现这种情况。"

张氏的先生们听到这样叙述后，就商议要菖蒲潭过年把这条龙灯穿起来，可是菖蒲潭村子小，劳动力少，龙灯还有这个规矩，子盘只能增加，不能减少，此龙从龙头到龙尾共三十九盘，人力不够，穿不起来。罗塘村的张登灼是当时的秀才，又能写一笔好字，张氏祠堂里一般需要用文字操作的事情都离不开他。他说话很能算数，是张氏当时的一位德高望重的老先生。他对菖蒲潭的人说："你们村子小，穿不起来，别急，我来想办法安排。"

张登灼老先生回到罗塘村，就把神灯的情况向村里人介绍说：我们罗塘村子大，菖蒲潭村子小，穿不起来，再加上我们和菖蒲潭都是本家，我罗塘马灯已经失传多年，也没有人能做师父了，不如我罗塘就把这条神龙接来穿个太平灯，好去去村中的晦气，以求人口平安、六畜兴旺。这个提议得到全村人的赞同，于是全村就推选老先生的大儿子张朝兴先生为首，因为老先生已经八十多岁了。张朝兴、张朝旺弟兄二人各有四个儿子，在村里人力物力都很丰厚。张朝兴在村里是个大孝子，说话做事都很公道，又有父亲和弟子在后面支持他，于是就带领村中人敲锣打鼓把神龙接到罗塘村。从此，龙灯在罗塘就延续下来至今。菖蒲潭是罗塘龙灯的娘家至今。

初次玩龙灯，从扎灯到玩灯都陌生，于是就派村中比较聪明的张朝举、张定文两人去求师访友后，回来就将龙头、龙尾、子盘拆开，龙头龙尾的盘子上果然有"行龙山神龙"的字样，只是没有村名。于是罗塘就去人到行龙山查此龙灯的落脚点，但未查着。于是罗塘人就照着旧的样式扎龙灯，练灯时用绳子在张氏宗祠里利用柱子练灯，有时把碗款在桌子上用麻线练五盏灯、七盏灯等灯。他俩刻苦学习、认真钻研，掌握了扎灯的技术和领灯的本领。张朝举、张定文既能扎龙头龙尾，又能带灯领灯，所以他俩就成为罗塘龙灯的第一代师父。第二代师父是张定高、张定治，第三代师父是张定金、张国根。解放后培养的人就更多了，如张定坤、张定富、张定钊、张国兵、张国玉、张致祥、张国栋等。现在既能扎龙头龙尾、又能领灯的是张国枝。

至1948年为止，罗塘龙灯穿了很多次。1949年到1962年，罗塘龙灯开始复兴。此龙灯除龙头和龙尾外，子盘37盘，从头到尾盘子都是桦树做成的，因桦树干了后轻巧。龙头盘子长9尺8寸；龙尾盘子长8尺；子盘长7尺6寸，都是吉利数字；宽都是4寸，厚都是2寸。龙头龙身都是以盘子为基础，用篾扎纸糊。龙头在盘子一半开始插篾扎，另外超过盘子3—4尺，高4—5尺，龙嘴下巴用白布蒙，龙嘴里都安了巧线，龙嘴和龙腮拉巧线都能张口，龙嘴里安个小红灯笼，巧线一拉，龙嘴一张开，吐出一个小红灯笼，名叫龙吐珠，非常精彩。龙头龙尾由师父专人在灯堂子里扎，子盘由灯堂子发篾、发纸、发染料，扎、糊、画、装配由各家自理。龙头和二盘是绳子相连，称作龙筋，每个子盘两头都打个眼，用杂树棍子插在眼里；从第二盘开始，直至龙尾，连成一条龙。杂树棍子要选材质好的树，上面带有杈的，玩灯时用手好提，此棍叫作龙棍。除龙棍连接子盘外，还用龙筋（即绳子）连接，并在相接处用绳打个环，备龙灯行路时套在胳膊上好提。龙筋的目的是防止玩龙灯时龙棍断掉脱盘。

龙灯人员的配备：龙头配5—7人（即师父和副手）；行走时用其2人（即扛龙头1人和扶龙头1人）；玩灯时要3人，添一个牵龙须的，即师父；穿什么灯都由牵龙须的做主，龙头做各种姿势就靠扶龙灯头的人的技巧。如果玩龙吐珠的灯时，还要增加两三个拉巧线，龙尾要配3—5人；正常行走要1人，玩灯时要2—3人吊龙尾，否则，灯穿起来不紧实，后面的子盘跑都跟不上，这样就把灯穿散了；子盘除二盘4人以外，余下的都配2人（因要轮换，一人受不了）；高灯笼一对（罗塘高灯上的字为“罗塘村”，另一面是“百忍堂”）；小引灯也是同样的，高灯一对配4人（轮换），小引灯4人（轮换），前后两套响器配12人（轮换），坐堂鼓2—3人；曲子若干，龙旗若干，铳手1人。龙头和龙尾除师父外，人员都由灯堂选派，子盘都是按门户劳力确定，以古时按门户分配的方法为基础加以调整。

龙灯每次玩过后，龙头龙尾都架在房子大的人家，不能轻易挪动，龙身下下来后就不能再架上去，否则村中不太平。每次玩灯，一般在农历腊月初几里先有青年人哄，年纪大的都劝阻，制止别哄，因穿灯麻烦。在制止不下来的情况下，青年人首先把龙头龙尾下下来，村里只好选头手来主持，一般7—9人组成，负责穿灯的全过程。头手们选好落实后，由头手们落实灯堂子，把龙头和龙尾请到落实好的灯堂子里供起来，再请师父们出来扎龙头和龙尾，再分配子盘。因罗塘龙灯的兴起，张朝兴有功，所以第二盘灯不抽阄，赏赐给张朝兴家穿，他的下代一直享受至今不变。其余的子盘（即三十六盘）用抽阄的方法落实到户到人。

玩龙灯的宗旨是：求龙神保天下太平，人口平安；风调雨顺、五谷丰登、六畜兴旺；其次是群众性的文体活动，能锻炼身体，增强体质；同时使青年人少参加赌博，正月里少闹事，欢欢喜喜过新年，快快乐乐度人生。在腊月二十几一切准备就绪，一般年初二就请道士发禊。灯堂子里用两张方桌垛起来后，再加上一条长桌，长桌上再放一把椅子，每层道士都写了许多神道的牌位供在上面；下面方桌底上设下五路，用兵碗款着；牌位前面再摆两张方桌，摆放香烛纸马、猪头三牲，供放龙头、龙尾；在下午点把钟开始，鸣锣开道，鸣炮，道士穿法袍唱经，请龙神和各路神仙；杀鸡见血、点光，子盘用筋连着（即绳）在灯堂子门口的两边摆成龙门阵；道士画了许多符，从龙头到龙尾都贴上见血的符。穿灯用的各种道具都贴上见血的符，龙头架在灯堂子门口一张方桌上张开嘴，小孩们可以从龙嘴里过关，即由师父从龙嘴的左边投进龙口，从右边出。发禊完毕后，龙灯转村，前面打着高灯，锣鼓等打着走马阵的敲法。再后面是抬着烧着的烈炭和生铁的大铁锅，挨家挨户的门口打香铜贴门符，意思是把全村各门各户一切妖魔鬼怪和一切不吉利的东西都赶走，使村中太平。灯堂子里从发禊开始点香油灯至圆灯，日夜有人守灯堂，每天出灯回来后，龙头、龙尾都摆在灯堂子里。

龙灯把村转完后，就出灯。每天出灯之前，头手们商议灯玩哪些地方后，都要派人先刷报子后玩灯。每次穿灯，头一天都是先到旗杆头起灯，因旗杆头是行春圩张氏第一代的老祖坟所在地。然后往下穿，到谈港玩后，就去张氏祠堂玩一下就收灯。这是玩灯的第一天的老规矩，不能改变。

龙灯到一地方玩灯的时间长短，玩多少册灯，这是根据各村包礼的轻重和观灯的人多少由师父做主决定。假如礼包得轻，但观灯的人很多，龙灯也可以多玩几册灯给大家看；有时在街上或大场子没有人包礼，为什么也玩很长时间灯呢？就是因为人多，玩灯是为了正月里过新年娱乐嘛。亲戚朋友接灯，都全条龙进家，并放铳，表示洁净人家。铳是铁匠用长20厘米、直径3厘米的铁管子焊在一起，下面堵死，焊一根长25厘米的铁柄。每根管子钻一个插引火的小孔，装火药，用树棒塞紧，点着外边的引火线即发，声音很大，惊天动地，坐力也不小，用来烘托气氛、驱赶妖魔鬼怪的，但它也能伤人，所以只许专人保管使用（一般玩大灯和龙吐珠及亲戚朋友接灯进家时才放铳，不随便用）。龙灯打此经过，人家客气放挂鞭炮的，灯都要套个剪子环，表示感谢人家。有的村子客气，下请柬到该村吃酒或有来往账的，一般都吃晚饭，因龙灯上烛穿才好看，所以都在下午三四点钟才出灯。在谁处吃酒，就在谁处起灯，大玩一场后再按刷报子的路径去穿。龙灯一般不在外面吃饭，因人多，不麻烦人家。龙灯晚上一般要玩到夜里十一二点钟才收灯；到远处玩，也有在外面宿堂子的。回村后，在堂子门口拆盘，龙头龙尾摆放在灯堂子里，子盘由各人带回家去摆在家中桌子上，并上烛过夜。龙灯每天出灯时，人都要在村外跨烟火，以洁净每个玩灯人的身体，到外面玩灯图个顺利。回来未进村时也跨烟火，不把外面的污秽带进村。

玩灯结束的那天，要圆灯。各家可把亲戚、朋友请来观灯。因那天龙灯在村里大玩，把能穿出来的灯都穿出来给大家看，以表示向接灯破费的亲戚朋友感谢。先转村朝香火，象发禊的那天一样，前后打锣敲鼓，但不再打香铜了，想进家的就包礼摆香案全龙进家，不想进家的就在家门口套个剪子环。香火朝过之后就开始穿灯，玩到下午四五点就不玩了。龙头龙尾再进灯堂子，发禊的道士唱经，撒茶叶米送神后，拆开灯盘，每盘派人扛灯盘回家，每盘留一人在堂子里捧牌位，排成一队打着高灯，前后各打锣如前面打“歹、歹、歹歹歹”，后面接着打“乓、乓、乓乓乓”，前后呼应，浩浩荡荡送出村。在偏僻处，焚化钱纸和牌位后各自回家。圆灯后村中三天不能响锣鼓，以防神道送不清。子盘归玩灯户保管，下次穿灯再用，如坏掉再换新的；龙头和龙尾由村里派人架在房子高大的人家，全村做了一场大福事，一场玩灯圆满结束。

罗塘龙灯兴起时，罗塘和泉湾连在一起，又都是一个房下，当时罗塘能穿灯的人员不太充足，原马灯是和泉湾合穿的，所以龙灯也是两村合穿的。除罗塘和泉湾合穿外，谈港张坝张国庆家要一盘灯去了，菖蒲潭张定发家要一盘去了，1962 年穿灯时，谈港和菖蒲潭这两盘灯就没有再穿了。因罗塘和泉湾两村人口的发展，此灯盘数不够派了，泉湾村想改马灯，于 1997 年以后就没有参加了，由罗塘一个村继承下来至今。

罗塘历次玩灯，龙头龙尾都扎得很漂亮。龙头扎得就像活的似的，张口吐珠、舌头伸出来卷珠，吞珠就像真的一样；龙尾很特别，和别的村龙尾不一样，除螺丝旋以外，还扎一条小龙趴在龙尾上，表示小龙望娘。扎小龙趴在龙尾上有一个来历：在兴灯的第二年腊月里，十二三岁的小孩子们用草绳作小龙灯玩，在村里转非常吵人，有些老年人很厌烦地说：“你们穿的龙灯不发禊，整天在村里哄闹，吵死人，如发禊，我们接你们的灯，别哄了。”有孩子王张定杭，就是张登灼老先生的长孙，在他的带领下，大人们穿龙灯，十二三岁的小家伙的家长真替他们扎了小龙灯，与参加大人们玩的龙灯一道发禊，跟大人们一道出灯。大龙灯穿灯，小龙灯就送子；玩了两年，第三年穿灯时，玩到旗门村，一个小孩名叫张国治，也就十二三岁，因小龙灯扎得好看，花花绿绿，他就随手在小龙上摘了一朵花，不知被谁发现，就兜起一拳打在脸上，打得鼻子和嘴巴鲜血直喷，灯堂子里花钱给他医治和调养，费了很大周折，花了很多钱才解决了。玩小龙灯的孩子们因小不听话，常闯祸好闹事，后来玩灯时就不给小龙灯穿了，但又怕不玩小龙，小孩子们不平安，所以扎灯时就扎条小龙趴在龙尾上一道玩，并扎了一条小龙曲子代替送子。

任何灯报子内容都这样写的：右边上方写“今日到”，中间写“送子神灯”，左边写“某某村某某灯堂”。结婚多年不生孩子，就请神灯送子，把小龙请进房间，自家用碗装一碗米，放个鸡蛋，握小龙曲子的人在碗上插一面小红旗，旗上写有“神灯送子”的字样，并包礼给小龙。如果当年开怀生小孩子，该龙灯下次穿灯来到时要给龙灯换一槽烛，大约一百支蜡烛。客气的买大的，困难的买小一点的。或吃子茶（即五香蛋），表示感谢神龙送子。

穿龙灯要记住以下要领：“穿龙灯并不难，花钱少好装扮。龙头难扎要细心，龙尾扎法不平凡。玩灯时候别偷懒，师父领灯后跟上，上烛以后要注意，距离拉开别碰撞。前后兼顾用心玩，龙尾再难能承担。同心合意来玩灯，福音充满全罗塘。”

（刘达才）

二、杂技类

罗汉灯

(一)传说与由来

相传,古时候有一班强盗,功夫十分了得。个个能飞檐走壁,力大无比,尤其是其中的八大金刚,个个天生的神力,单臂能举千斤鼎。他们打家劫舍,甚至有时还杀人放火。先是在上下几村、几乡,后来发展到几县、几省,周围的群众,人人闻风丧胆,无不害怕。官府虽多次派人捕捉,但也无法除掉他们。

有一回,他们抢了一家,得了不少金银财宝,还有马匹牲畜,尤其是粮食,十几马车,便急急忙忙地向自家匪巢运去。其中一头大白马拉的一挂车,车上装的全是布匹及金银财宝。一直走了十八里,大白马突然停下来不走了。任凭强盗怎么打,也不挪半步。

天开始大亮了。有一个强盗不知道从哪弄来一把锥子,使劲往马屁股上扎,马仍然纹丝不动。强盗们个个急得像热锅上的蚂蚁,不知所措。就在这时,白马开口说话了:"因为我前世白穿了你们家一双草鞋(没花钱),今世我给你们拉车送货十八里。"强盗们听到这话,一下子炸开了锅,个个惊得目瞪口呆,站立不稳,半天都回不过神来。后来还是强盗头回过神来命令诸位强盗,将所有抢来的东西,一样不少,原封不动地送回去。这时白马却开始走路了。强盗头并招呼大伙儿:从今往后再也不干打家劫舍的事了,不准任何人再干一点伤天害理、损人利己的事了,好好地改过自新。如果哪个再干坏事,我们大家就惩罚他,那时别怪我不客气,不讲义气。

在往后的岁月里,这伙强盗,果然放下屠刀、立地成佛,再也没做一点坏事。后来统统结为异姓兄弟,走南闯北,凭借各自的绝技本领,搭桥铺路、惩恶扬善。他们的所作所为不仅感动了父老乡亲,并且感动了上苍玉皇大帝,封他们为罗汉菩萨。

又在后来的年代里,人们为了纪念他们,特意编创了罗汉灯。在每年的正月十五六前,在锣鼓声中,在鞭炮声中,走村串户地表演,情景十分壮观。

(二)人数与挑选

罗汉灯主要由18人组成。他们是:4黑、4黄、4绿、4白及2位周岁左右的男童。4黑、4黄,这8个人是成年人,个个膀阔魁梧,力大如牛,是主角儿。4绿、4白都是七八岁以上、十五岁以下的男童,最好也都很有力气,而且力气越大越好。

(三)穿着与装扮

罗汉灯里的所谓4黑人员,是指上身穿的是双排扣黑色的布衫,头扎黑色头巾。4黄人员,是指上身穿的是双排扣黄色的布衫,头扎黄色头巾。4绿人员,是指上身穿的是双排扣绿色的布衫,头扎红色头巾。4白人员,是指上身穿的是双排扣白色的布衫,头扎红色头巾。这18个人下身都穿红色灯笼裤,脚上都穿彩绣布鞋。至于2个周岁左右的童子,穿衣可随便些,当然打扮得越漂亮越好。这18人必须每人拿一把云帚。

(四)奏乐与场景

罗汉灯在开始排练时的锣鼓声是“咚咚呛咚呛”,参练的罗汉人员手拿云帚,围着一张八仙桌子,套着剪子环不停地舞动。然后在护灯人员的帮助下造型玩耍。造型好了开始行走时的锣鼓是“咚咚呛”,撤灯时的锣鼓声是“呛咚呛咚呛”,在这个过程中鞭炮声络绎不绝。

(五)造型与变化

叠罗汉造型的名称有“双龙戏珠、麒麟送子、神猴摘月、倒挂金钩、双金花、伞金花、黑金花、黄金花、老菩萨帽”等,一切都是根据表演者的演练水平和演练技巧的高低进行不同的造型而命名的。

一切艺术都离不开创新。叠罗汉也是一种艺术,同样离不开创新。只有大胆地创新,才能使罗汉灯的造型、变化越来越精彩。

(王永江)

谈港高跷灯

行春圩是芜湖南乡最早建立的圩口之一。相传三国时期的吴大帝孙权就已派大员来此围湖造田,距今已有1800多年的历史。这里地处青弋江下游,土地肥沃,气候宜人,雨水充沛,盛产稻米和水产品,自古就有“鱼米之乡”之美誉。先人们在这片广袤的土地上休养生息,繁衍子孙,生活得无忧无虑,其乐融融。

早年的行春圩也是一个交通不发达的地区之一。欲与外埠交往，大多靠青弋江这条黄金水道。明清时期，行春张、谈等大姓也常有商贾赴江浙沪一带漕运经商，间或也有人去外埠拜师学艺。20世纪40年代末，当时的谈港村有一少年名叫张定奇的，自小天资聪慧，且一表人才，又有天生的一副好嗓子。只因家境贫寒，供学不起，一心只想学唱戏，于是在亲朋的引荐下，背井离乡，只身来到大上海拜师学唱戏，历经千辛万苦，几年后在上海滩梨园界刀马旦中已小有名气。那时的上海滩鱼龙混杂，良莠不分，生活异常艰难，加之当时唱戏的人被人们称为“戏子”，属“下九流”之类。大姓氏家族是绝不允许族下子孙唱戏的，张姓也不例外。此时张定奇悄悄回到了阔别多年的家乡，带来了“踩高跷”这一民间艺术。回到谈港村后，决心将这门民间娱乐艺术形式传授给村里的年轻人。大家对这个新鲜事情很感兴趣，全力支持，于是他在村里挑选了一二十名相貌端庄、身材姣好且又机警灵活的男性青年参加训练(那时女人是不能参与此类活动的)。首先得让这帮人学会踩高跷。当时的高跷有4尺8寸高(后来缩短了一些)，用结实的木棍制成，用绳索固定在膝盖以下的小腿部位，然后将其扶起来，要不停地走动，如若不然那是要跌倒的。于是张定奇派人在大稻场四周栽上木柱，扎上毛竹，让练习者在站不稳的紧急情况下用来扶一把。这样经过一个秋冬的训练，大多数人都能离开扶手自如地行走于场地之上。这时的张定奇信心倍增，他重新在练习者中精选了11人作为主演，其余为后备力量。他精心创作了现存的7个传统剧目，夜以继日地教授每一出戏里的人物造型、舞蹈形式和表现手法。因为高跷灯不同于周边地区穿的“马灯”“滚灯”“秧歌灯”，它们都有自己的固定套路和说词唱段，而高跷灯是集哑剧、舞蹈和杂耍于一身的多种表现形式，且双腿下的功夫更是高出一筹。眼看时机成熟，张定奇便游说村民、族长、富户，力劝出资扶持，自己也倾出多年积蓄，专程赴苏州置办行头、道具以及锣鼓乐器。此时这个灯正式命名为“百忍堂谈港高跷灯”。这堂高跷灯穿起来，包括11名神家和所有出灯人员约需百十人，行走起来有几条田埂长。最前面一对“百忍堂”高灯高擎，十几对大小红灯(俗名出子)随后紧跟，一条长龙浩浩荡荡，前后两套鼓乐击打出铿锵有力的悦耳声响，使人们精神为之大振，心潮澎湃，万分愉悦。是年腊月，一切工作准备就绪，张定奇喜不自胜，一套自编、自导，自己还饰一名神家的“高跷灯”就要在元宵节前奉献给父老乡亲们了。这堂高跷灯的11位神家分别饰为4女7男，演出时全部由肢体动作、面部表情来完成。整堂灯由“七册”(出)组成，内容多为民间喜闻乐见的故事、传说、笑话等。

第一册(出)名曰《荷花出水》，这是开场首选剧目。11位神家第一次登台亮相，呈现出笑逐颜开、欢乐无比的形象，意为喜迎新春，祈求天下太平，风调雨顺，人们生活美满，安居乐业。

第二册(出)名曰《断桥》，取材于民间故事《白蛇传》中的一节，全册灯由许仙、小青和白娘子3人于断桥相遇的情节,展现出爱情之中错综复杂的情节,与传统戏曲"白蛇传"的故事情节大同小异。

第三册(出)名曰《孙猴子捉拿金钱豹》,出演神家为2人,一为孙猴子,一为金钱豹。系根据《西游记》故事中的情节改编。意为妖孽危害人民,生活不得安宁,但愿有一个像孙猴子这样的英雄为民除害,使民众过上太平盛世的日子。全剧呈武打形式,两个人在高跷上奔跑自如,不停地使用兵器相互追逐,在紧锣密鼓声中高潮迭起,使观众神经紧绷,有心悬一线之感。

第四册(出)名曰《小尼姑下山》,两位神家登台,一男为小和尚,一女为小尼姑。二人同在一座寺庙出家,天长日久,互生爱慕之情,苦于遁入空门,无法解脱。但凡人总有七情六欲,因受佛门之禁锢,却是无可奈何。全册表现了二人内心的复杂情感和精神上的痛苦。只有冲出这佛家牢笼,下山还俗,方能遂二人心愿,但愿有情人终成眷属。

第五册(出)名曰《打渔发家》,整册灯出场神家为3人,老渔翁夫妇2人,瓦壳精1人(女)。情节梗概为:一对老渔翁夫妇,一生以捕鱼为业,常年和江、河、湖、海打交道,生活过得异常艰难。一次在大海里撒下渔网,拉上来的不是鱼,而是一个大瓦壳,重约百十斤。两人惊恐万分,不知如何是好。就在这时,瓦壳自动张开,从里面走出一位水灵灵的少女来。她神情表现怒不可遏,要和渔翁夫妇二人理论,渔翁夫妇双双向少女哭诉,二人以渔为生,日子过得艰难无比,祈求少女息怒,因此感动了这位神秘少女,愿意做渔翁夫妇的女儿,并和他们永远生活在一起。原来这个瓦壳精不是别人,正是东海龙王的小女儿。自此三人每天出海捕鱼,都有好收获,日子过得幸福甜蜜。

第六册(出)名为《荡风船》。在这册灯里,出场的神家有艄公1人,丑角1人。船上坐着4位美少女神家,在风平浪静的湖面上摇船游玩,心情非常愉快,玩得十分开心,却在此时遇上了一个纨绔无赖子,欲调戏4位少女,他不停地做出各种下流动作,或挡住船头,或拉扯少女。少女们不甘侮辱,于是便和无赖子发生了动手打斗的场景。

第七册(出)为压轴戏,名曰《黄胡蜂叮瘌痢》,这是一册全体神家都上场的灯,立于场地中央的是一个小丑(瘌痢),其余神家围着小丑绕场转,大家不停地用手戳打瘌痢头,使其无还手之能,逗得观众乐不可支,捧腹大笑,最后在紧锣密鼓声中收场,急急再往下一个村子去穿。实际上在每一个村庄串灯,也只能穿二三册或三四册,倘若在哪个村庄吃灯饭,才会多穿几册。每一册灯都要穿半个小时以上。如果想看全册灯,只能在发禊和圆灯那两天才能看到,因此许多爱看高跷灯的青年男女,废寝忘食,乐此不疲地整天跟在高跷灯队伍后面跑。

高跷灯的青年神家,个个扮相俊美,动作灵活,又能在4尺多高的空中行走自如,翩翩起舞,还有几个小青年居然还能翻筋斗,使人叹为观止。据滕学全老人回忆,在高跷灯的几代传人中,就因为技艺高超,吸引了不少年轻姑娘,先后有3位小伙子和看灯的外村大姑娘结为终身伴侣。

在封建社会里,人们深受封建迷信思想的影响,无论穿什么灯,都和神、鬼、妖分不开,高跷灯也未能跳出这个窠臼,在穿灯前也要设坛、请神、立牌位。穿马灯要请神,穿罗汉灯要请神,而高跷灯请的却是独脚大仙(俗称独脚五郎)。发禊那天即是起灯开始,需请道士在坛中作法事,祈求神仙下界,保佑灯事圆满,神家平安。当天要到所有参加穿灯的门户(据说是一个社的)朝香火。圆灯这天也同样到各户朝香火,尔后送神仙归位。在临近圆灯时,首事们根据本年穿灯的财务收支盈亏情况,需在圆灯这一天摆上几桌或几十桌酒席,邀请部分亲戚代表和办了灯酒的村民,连同本村各户都要派员前来参加这一顿丰盛的圆灯酒,并观看全册高跷灯穿演的壮观。这一天即所谓"散福",要将所有穿灯的服装、道具交由专人保管,只待来年风调雨顺,年成好,再次穿灯时则起手便是。若有多余钱物,除奖励神家一部分外,其余留作来年穿灯的备用基金。

谈港高跷灯自张定奇创办以来,历经70余年,其中除战争、水患和饥荒外,正常年景都要穿。一来是丰富农村文化娱乐生活,而更重要的是将本村村民的心凝聚在一起,同心协力办事情。穿灯也是最容易发生暴力冲突事件的。如果遇到两堂灯碰头或穿到一个村庄时,首事们倘若不在事先协商好,就很可能发生群殴现象。年轻人脾气火爆,性情刚烈,动不动就会发生流血事件。而谈港高跷灯几十年来从未和别的灯闹过事。有人说谈港人忠厚,老实,素质好一些,也有人说他们在所有灯会中,占有绝对优势,人多不说,单凭几十副高跷灯拐子,就可供六七十人人手一根,为此别的灯也不敢轻举妄动。20世纪60年代末,有一年穿高跷灯,上级领导曾一度制止串灯,派来一位部长(姓戴)带领十几个民兵来到谈港灯灯坛,准备砸坛子,毁牌位。当他看到了坛子里的牌位排到屋顶,香灯昏暗,烟雾缭绕,阴森可怕,叫谁动手砸谁都不敢,最后没有办法,找来一个"四类分子",硬逼着他动手,他坚决不肯,并大声说:"你今天枪毙了我,我也不砸。"无奈之下,这位部长只好带着他的基干民兵悄悄地离开了。后来高跷灯仍然连续穿了几年。近几年来因外出务工人员多,人口流动性大,如果想把这堂再穿起来,是有一定难度的。但愿高跷灯这一朵古老民间艺术的奇葩,在方村这片土地上永远传承下去,开得更加绚丽多彩。

(张国钰)

方家村高跷灯

"高跷灯"又叫"踩高跷",也有称之为杂技哑剧,在很早以前还叫"独角戏",说法不一。高跷在传说中是"姜子牙斩将封神",所封的是"高跷五郎大仙"。明代中期,由徽州府龙门县方姓人，集民间各种艺术精华，编排成“高跷灯”。后由芜湖县埭南乡方家村子嗣在寻宗问祖时传承过来，到现在已有300余年历史了。经过历代传人的改进、提高，有了更新的发展。

所谓杂技“哑剧”，因它的表演技巧、动作、形态像杂技一样惊人；而内容又丰富多彩，动作灵活多变，使观众看了惊心触目；它不言不语，用各式各样的动作代替语言，使观众看了很快理解出内中的含义。因此，人们称之为“杂技哑剧”。所谓“独角戏”，传说有一曲艺艺人，不慎将腿跌断，不能再出门演唱，非常痛苦，后在睡梦中有一仙人点化他，用木棍安接来代替，口中念念有词，果然有效。这样人们又能听到他演唱，人们称之为“独脚戏”。他的后人不断改创，直至改成“高跷灯”。刚传入时，木拐只有3尺来长，后经历代传人对技术提高，技艺更新，目前这代传人能登上5尺余高的木拐，这是技艺上的一个很大创举。

该灯总编成五则灯。11个扮演者（这是固定数）外加一个领灯人（师傅），它的一切表演内容全靠动作展示，故称哑剧，使人看了意味深长，情意浓浓，发人深省。在表演时有一定格律：能蹦能跳，打圆场，使刀弄棒，抛钢叉，使人看了不但惊心触目，也为表演者捏了一把汗。例如，在第一则灯里，“孙悟空捉拿金钱豹”，他的表演手法是：猴子先圆场，不断地追逐豹子，打呀，斗呀，用各种办法来征服它。可豹子也不示弱，用钢叉不停地刺杀对方，这样进行了一场触目惊心的抛叉，场面精彩极了。让人们观后，领悟出孙悟空是“替天行道”，为民除害。另四则灯，如“大头和尚嬉柳菁”，它表明和尚以出家的面孔伪装慈善，其实他是一个披着羊皮的狼。“许子林拜塔”这则灯，是讲许仙和白娘子相爱，遭到法海的镇压被压在塔下，其子许子林中状元后救母，使父母重新团聚。第四则灯里“武松杀嫂”，武松在得知嫂嫂在和西门庆通奸并杀害兄长武大郎后，气愤之极，杀死嫂嫂，大义灭亲，后上梁山，走上“替天行道”一途。最后一则灯“渔翁打蛤壳精”，表演出渔翁各式各样的动作、形态，经过多次捕捉，终于把蛤壳精打上来了。奇怪的是他们还相爱。在这则灯里，它所展示的一切动作都非常灵巧，真是变化多端，很有吸引力。同时也反映出穷人、富人相爱之情。总之，各则灯中的扮演者，他们在表演时，都是互相密切配合才能使技艺更加精湛。

玩“高跷灯”和玩“龙灯”“罗汉灯”，习俗上大致一样。要逢节日，特别是春节期间最为盛行，一般玩到元宵节圆灯。但有时也玩到二月二。它能玩的区域不定，原则上是在附近乡里各村各户玩，由同族、异族、亲朋好友放鞭炮接灯；也有异族人相互送灯、同族邀请等，以示和睦。高跷灯由于稀奇，受人特邀最多。

“高跷灯”由徽州府方门传入到芜湖县方姓（埭南方家村）已有300多年历史，通过历代在技艺上不断改进、创新，使表演色彩日新月异。据笔者采访了解到，几代传人中，“昌字辈”（十七世）有方昌坤，“元字辈”（十八世）有方元登，“良字辈”（十九世）有方良钺、方良谦；“祖字辈”（二十世）有方祖芹、祖胜等；“德字辈”（二十一世）

有方德坤、德乾、德年;"肇字辈"(二十二世)有方肇平、肇龙。在几代传人中,二十二世传人方肇平具有代表性。他的化妆形象动作表演和技艺展示最为生动活泼。他扮演的猴子,在形象上和电视剧中的孙猴子模样不相上下。他不但蹦跳自如,还能独脚行走,技艺的高超堪比明星。

该灯也和其他灯一样带有一点迷信色彩,如请道士发禊画符、杀鸡见血等,否则人家不接灯,更不能进村入户表演。扮演者不能和妇女讲话,更不能开玩笑,吃住在灯堂之内。其实这只不过是对表演者的一种约束。它告诫表演者应严肃认真,不能马虎,要一心一意玩好灯。发禊是对表演者心理慰藉,意思是,发了禊就成了神仙,有菩萨保佑。可事实并非如此,玩时不小心,也照常摔倒,甚至跌伤。

该灯在装饰、道具、乐器方面和其他灯一样,只不过它是在高空中操作。它进行戏剧性化妆,什么角色装什么模样,非常逼真。如猴子手拿金箍棒,豹子手握钢叉,渔翁身背渔网等,总之玩时不空手,还要配锣鼓等乐器。一切动作受锣鼓支配。玩灯的人数不定,一般有五六十人出场即可,大部分人都是帮忙人。如打锣鼓的,打梆子的,打旗子门灯的等。

"高跷灯"之所以引人注目,是由于它具有特殊的技能,展示着非凡的表演色彩,说它是戏不动嘴,说它是杂技却到处有相似之处,故称之为"杂技哑剧"。它的木拐上,下端直径只有2—3厘米,在这细小的木拐上表演爬坡、下坡真不是一般人所能想象的。"冰冻三尺非一日之寒",该村5%的人都能玩,他们是子承父,父教子,从小磨炼。现在这代传人表示:他们还要不断地深化改革,变故更新,在技艺上精益求精,在非物质文化浪潮中,使该灯走向历史的巅峰。

高跷灯已有传承惯例,一般由子承父,父教子,从小磨炼,还要不断地深化改革,变故更新,在技艺上精益求精。

在芜湖县办灯会时,方家村高跷灯的表演者登上5尺高的木拐子,从湾沚火车站开始,走遍了湾沚镇的大街小巷,吸引了成千上万的观众,在这次灯会中独占鳌头,受到县政府的特别嘉奖。最突出的是在"九二菊花节"时,芜湖市政府举办的"台商引资博览会"期间,高跷灯又被特邀参加,11个表演者登上5尺4寸的木拐,从中江桥南甩脚甩手走上桥顶,又从桥上走下来,沿着九华山路、黄山西路、中山路、北京路走到新市口,行程10余公里,沿途一切车辆靠边让道,观众达数万人。在会场表演时,惊呆外商,摄影师拍下了无数镜头。这次表演受到市政府通报表彰,特别嘉奖,受奖旗一面,奖金万元。

(方良能)

滚灯

民间传说,滚灯是纪念泾河龙王的一种灯,居龙灯、罗汉灯、马灯、高跷灯、秧歌灯、采茶灯等诸灯之首。

滚灯的构造:

分龙头、龙身、龙尾三部分。

龙头自成一板,长约8尺,用篾箍成骨架,然后用绸子布裱糊装饰而成,有龙眼、龙须、龙刺、龙耳、龙嘴、龙角等,看上去栩栩如生、活灵活现。

龙身有5板,每板长2米,也是用绸布裱糊点缀,外表画上祥云、栗果、龙爪等吉祥物图案,背脊上有龙刺若干,每节灯内有烛台1枚,每天出灯(晚上)都将蜡烛点明。

龙尾不足2尺长,一根长把足有2米多长,主要用于玩时便于操作灵活(远看像一个圆筒瓜)。

滚灯的玩法:

滚灯总共有7板,共7人(中间5板5人,头尾各1人)。虽然灯不长,人也少,但也非常认真、虔诚。首先必请道士发禊。当天晚上全村张灯结彩,男女老少笑逐颜开,敲锣打鼓,两男士抬着一口大锅,里面燃烧着烈炭,上有烧红烙铁,挨家挨户朝香火。每到一家,由专人往烙铁上浇半瓶醋,顿时一股浓烈醋味四溢(古人用此法驱邪魔,避灾难,现经科学证明,热醋确实能对呼吸道传染菌有抑制与杀灭作用)。

全村各户香火朝毕,亦设灯堂,由本村有威信的两三位老人看灯堂,灯堂必须昼夜通明,香火不灭。7位神角身着彩服,向灯堂牌位虔诚祈告,祈求佛祖保佑天下太平,国泰民安,百业兴旺,五谷丰稔。

晚上即安排第二天出灯路线,彼时刷报子的,玩云的,打旗的,打锣鼓的,护灯的,搞后勤的,各自明白自己的任务,准时出灯。

滚灯玩时最亮人眼球的是金龙盘柱:一张八仙桌放在大稻场中间,7位神角全部走到八仙桌上,只见龙头左右摆动,龙身旋转滚动。持龙尾的人必须眼疾手快,不断旋转手中把柄,以调整方位,调换位置与龙体紧紧衔接,此时让人目不暇接,观众不时发出热烈的掌声和欢呼声。

滚灯第二看点是“旱地行舟”。据说这是隋朝(581—618)隋炀帝想人工挖掘京杭运河,昏庸无道,民不聊生。为了象征性寻求快乐,他将三四十青年男女赤身裸体,在宫前广场上背一条画舫前行,广场上撒一层黄豆,隋炀帝端坐在画舫上方观看,正在青年男女使劲背纤时,隋炀帝叫侍从突然截断纤绳,三四十青年男女陡然失控,猛然向前倾倒,堆成一团,隋炀帝开怀大笑。这个“插曲”在有些书上也有记载。

“旱地行舟”演员3人,1人扮老人(男)丑角,手持一把扇子,头戴草帽;1人扮老人(女媒婆),头上扎一条黑毛巾,手持一把桨;另一个扮姑娘,身着漂亮服饰,站在一条似船似轿的中央,双手各持船两侧横木,一前一后有节奏地运动。

"旱地行舟"也有唱词。唱词大意是:小小姑娘十八九哟,我把你姑娘介绍走。(姑娘)唱:老大伯伯你把我哪家介绍呀?(老伯)唱:我把你介绍种田家。不提种田倒还罢,提起种田真不差。他在田里把田种,我在家中啊洗衣又浮汤。唱词颂扬多个行业,词意通俗易懂,散发出泥土气味,真可谓浓郁的下里巴人梦想的乡土文化。

(王茂越)

三、文艺类

记忆中的乡村文艺

我上小学时，正赶上大跃进、大办钢铁，农村大多数男女青壮劳动力都进城、进工厂，家里剩下的都是老幼妇孺，农村文艺生活基本上为零。偶尔，学校组织小学高年级学生排练一些小节目到包产大队进行巡回演出，当时笔者也在其中，每场演出都是客满。

60年代初，家乡实行责任田，不少男女青壮年都纷纷借故返回家乡，耕种责任田，生活逐步有了改善。农闲时，各村的一些青壮年自发地组织业余文艺队，开展自娱自乐活动。在落户天民的江北人的影响下，我们这里主要是演出庐剧（俗称倒七戏），也有演黄梅戏的。一般演出的剧目是《天仙配》《梁山伯与祝英台》《秦香莲》等。别看这些草台班子，每次演出时，生产队打谷场上的观众都是挤得满满的。

“文革”期间，为了宣传“文化大革命”和战无不胜的毛泽东思想，城里的红卫兵纷纷组建起文艺宣传队（也称毛泽东思想宣传队），先在城里表演，再向乡下扩展，让农村人也一饱眼福。

大概是受城里人的影响，农村也纷纷效仿，组织类似的文艺宣传队，多数以大队为单位，文艺队演出人员少则十几人，多则二三十人。但农村不同于城市，农民不种田就收不到粮食，收不到粮食就没有饭吃，所以排练时间只能利用农闲季节，一般选择在夏收夏种（双抢）后和春节前。排练演出内容一般以短小精干的快板书、数来宝、三句半、表演唱和秧歌舞等为主，也有时髦的“革命样板戏”。记得那年我们合心大队就排演过全本的《智取威虎山》。剧本确定后，就开始挑选演员、准备道具和戏服等。合心大队有14个生产队，2600多人，可谓人才济济。饰演杨子荣的是周坝生产队社员胡之祥，中等身材，国字脸，符合正面人物的形象。扮演小常宝的是东连的洪荷花，不光扮相好，声音也甜美圆润，为全本戏增色不少。扮演座山雕的是北陡生产队的社员徐景胜，高个驴脸，面向严厉，扮演起来真有点像个土匪头子模样。其余各个角色都由各生产队里挑选出来的精英扮演。道具就地取材，或自行制作，或利用旧物，有的服装（如少剑波等的军装）则是向退伍军人借用的。

经过紧张的排练，深秋的一个晚上，明月高悬，如同白昼，《智取威虎山》终于和广大社员群众见面了。在生产队的打谷场上，搭了一个简易的戏台，两支200瓦电灯泡，发出耀眼的光芒，人山人海的观众早就翘首以盼。当紫红色的布幕徐徐拉开后，坐在台后的乐队锣鼓齐鸣，二胡、笛子高高奏起开场序曲，这时，场中爆发出一阵阵雷鸣般的掌声。由于排练时间短，又没有什么专业人员指导，再加上演员们大多数都是第一次登台演出，多少都有点怯场，一些台词较多的演员难免会出现忘词冷台现象，这时躲在幕后的提词人就赶紧提醒，尽管这样有时还会出现错唱、错说的现象，但观众们给予的是包容，因为有的演员只上过几年小学，有的还是文盲，能上台演出已实属不易。

70年代期间，我们这里不仅物质生活匮乏，而且文化生活也很单调。难得一场露天电影，放映员下午早早就用两根长茅竹加横杆将银幕高高挂起，25瓦的高音喇叭不厌其烦地播放有关预报和通知。天还未黑，孩童们就迫不及待地从家中搬去竹椅板凳占上一个好位子，下地干活忙碌了一天的大人们也匆匆忙忙地吃了晚饭，甚至连锅碗都来不及洗刷就直奔放映场，去迟了，就只能站在偏远处观看。每次放映，场中的观众总是黑压压的一片，尤其是一些新的影片，会吸引周边四乡八邻，少则数百人，多则超千人。就这样简易的露天电影，人们总是乐此不疲，有些电影迷甚至对同一部电影要连续跟踪看上多场。

那时，方村公社将50年代在街后建筑的老礼堂（因多年失修已将倒塌，不能继续使用）拆迁到新埂湾公社办公室西侧圩埂上重新建筑一幢小礼堂，大约可容纳七八百人。尽管很简陋，但这并不是每个公社都有，也不是每一个群众都能享受到，因为大礼堂一般用于召开较大规模的会议。那个时候会议比较多，而且会议又是一竿子到底，什么传达中央文件、全体党员大会、三级干部会（公社、大队、生产队）等等。有时也接纳一些剧团演出，组织电影放映。可是那要收费，票也很难买，可以说供不应求，室内秩序也很难维持，经常出现打架斗殴。再说有一些子女多的社员年年超支，甚至温饱都未解决，又哪来的钱看戏看电影呢？

党的十一届三中全会后，家庭联产承包责任制取代了“大呼隆”式的集体生产劳动，千家万户忙于自家责任田的耕作，因此农村文艺宣传队也就基本不复存在，但一度被称之为“封资修”的龙灯、滚灯、马灯、高跷灯以及秧歌灯等民间传统文艺形式得到了不同程度的恢复。在春节期间，一支支浩浩荡荡的表演（出灯）队伍，这边刚演罢那边又登场，极大地丰富了农村的业余文化生活。

伴随着改革开放的逐步深入，农村劳动力尤其是青壮年大量转移到乡镇工业和外地劳务市场，“重阳”（老年人）、“六一”（留守儿童）现象不同程度的显现，农村的业余文化生活也发生了较大变化，电视、网络等新媒体陆续进入了寻常百姓家，农民自发组织的业余文艺表演队伍已基本绝迹，民间龙灯、滚灯、马灯、高跷灯及秧歌灯等传统文艺形式已逐步减少，到了春节期间会让人有一种冷清的感觉。在物质生活丰富后，追求文化生活是社会发展的必然趋势。近年来，富裕的农民，已不光满足于在家上网、看电视，还时不时到附近的健身场所去活动活动筋骨，城里人爱跳的健身舞在乡下也开始流行。晚饭后，中老年妇女们三三两两汇合到新农村建设的小区广场上，伴随着健身舞音乐翩翩起舞。

我非常热爱现在流行、新兴多元的文艺表演形式，但依然怀念那些曾给我们带来快乐、欢笑，富有地方特色而且接地气的乡土文艺。

（张玫瑰）

方村民间流行的庐剧

庐剧是我省的一个地方剧种，民间俗称“倒七戏”。它是以民歌为基础，吸收了山歌、秧歌、民间舞蹈等艺术形式，发展成一个有影响的地方剧种，具有浓厚的生活气息和强烈的地方色彩。早先流行在江北一带，尤其在庐州（合肥）、庐江、含山、和县、无为等地甚为流行。而庐州（合肥）是庐剧之源。民间家喻户晓的“蔡鸣凤辞店”故事就发生在肥西的古镇三河。

据有关史料记载，“倒七戏”于清代传入芜湖。1955年正式称为庐剧。解放后，庐剧发展迅速，形成西路、中路、东路三种不同流派。流传至本地的庐剧则是以芜湖为中心的东路流派。传统剧目有《休丁香》《秦学梅》《孟姜女》。小戏有《打芦花》《花园扎枪》等。

方村的天城湖以及外滩的西万、合义、马厂一带的百姓（除少数本地人之外），多是由江北迁居的。因此，也盛唱庐剧小调。本地人调侃“江北佬子不成器，出门就是倒七戏”。确实，人们在行走的路上，劳动的间歇，甚至劳动之中，都要亮着嗓门唱上一段，以消除劳累和寂寞。庐剧小调在生活中无处不在。

庐剧多为悲情剧、调情剧。有的悲调如“端公”“寒腔”和真实生活中的伤悲哭诉相近。像《秦学梅》《十月怀胎》《孟姜女》等戏，往往唱得潸然泪下。唱者悲天恸地，观者也擦眼抹泪。特别是那些感情脆弱的中老年妇女们，她们最容易被剧中的悲情所感动。另外，“公子落难、小姐讨饭”之类的故事，在庐剧中也较常见，感染力很强。能把那些青男少妇们身临其境地带入到剧情之中，感情随着剧情的起伏而起伏。

20世纪50年代左右，农村的文化生活仍然十分贫乏，而庐剧在方村民间却很流行。开始，几个喜唱庐剧的人，兴趣相投，便自发地聚到一起，合演一个剧目。那时谈不上乐队，也没有服装道具，演员们简妆素着，水词清唱。由于当时解放不久，广大农村的文化教育还十分落后，这些人大多不识字，因此只能脱离剧本唱水词。所谓水词,即演员在了解剧情和剧中人物的基础上,自己临场编凑,即兴发挥。就这样,前村后庄的人们往往也看得很聚神。这些庐剧业余爱唱者们遍及三村两圩,如东埂村的周守圣、王杜生、周尔全、朱正英、余宏芳;棋盘村的左木生、周可水;马厂村的沈成汉、陈仕福;西万村的薛维能、薛光早、鲁先玉等等。这些人,每到年过正月或秋忙后,总是凑到一起准备演出几场。他们在选定剧目后,由主要人把戏中的剧情作一介绍,然后各分角色。再稍作对词,便登台演出。当时的舞台实际上就是一块场地。晚上演出时,吊两张马灯。为了便于演员进出场,场地选在一户门口前,下场进门,上场则出门。

在这些民间庐剧爱唱者们当中,还有些人在每年春节期间,提着锣鼓背着琴,走门串户跑百家唱门歌。他们每到一户人家门口,便敲起锣鼓拉起琴,唱上一段庐调或民间小调。他们一般两人一组合,也有的单人独马。唱门歌不受剧情约束,可以断章取节,根据情况即兴发挥。有时,根据主人家的家庭状况,见眼生情地编凑一些吉利词或恭贺语填入庐剧小调或民间小曲里,唱给主人听。十几分钟唱完,主人给点钱物,然后离开,再跑一户,半天下来,也收获匪浅。

60年代初期,三年自然灾害刚过,农村实行责任田承包到户,市场开放繁荣,人们安居乐业。在生活得到改善的同时,农村的文化繁荣起来。此期间,芜湖县文化部门每年要组织一次业余文化汇报演出。由此带来了农村文化生活的空前活跃。业余剧团、业余文化演出小分队比比皆是,遍地开花。而方村的天城、外滩更为甚者。当时最有规模的是天城湖的东埂业余庐剧团。黄青山、高基发两位老同志曾先后担任过该剧团的负责人。全团演职员工30多人。剧团在业务上曾经得到了芜湖县文化馆和芜湖县庐剧团的支持,他们也无偿给了一些道具。如:长短枪支、服装、乐器等有数十件。另外,根据需要还可以随时借用,大大提高了演出效果。同时剧团自己也因陋就简自制了一些道具。这个时期剧团的演出不是水词清唱,而是一词、一曲以剧本为准。演员需要背词练唱,另外,有乐队伴唱助演,敲打弹拉基本俱全。外出演出时几十人上路,阵容庞大可观。60年代后期,曾自编自演了许多歌颂本地新人新事新面貌的庐剧小品。同时在县庐剧团的指导下,曾精心排练了由京剧改编为庐剧的大型剧目《智取威虎山》《沙家浜》《红灯记》等。这些庐剧先后在陶辛、荆山化工厂,利丰窑厂、万春剧场、方村大礼堂、市弋江剧场、皖南大戏院等处作过多场演出。同时根据群众要求,在本地多次巡回演出。这在当时极大地丰富和活跃了农村的业余文化生活。

如今,经过30多年的改革开放,社会面貌发生了显著变化,百姓的生活彻底改善了。人们在物质生活水平提高之后,对精神文化的需求越来越高,庐剧更加成为百姓生活不可缺少的一部分。但那种传统的演出效果和观赏形式,已不被人们所喜爱。百姓接受的不再是那简陋的舞台和站在场地上翘首立足地观看。如今,随着生活水平的提高，庐剧进入了千家万户，人们足不出户就能欣赏到更多的精彩剧目。许多中老年朋友，还在散步的路上、休闲广场、劳动的田间地头带着“随身听”，随时随地都能欣赏到庐剧。庐剧在方村无处不有，庐剧给人们带来了无限的乐趣。

（王言仓）

耄耋老人的雕刻梦

“枯根雕百态，朽木刻千姿”，这副对联用来概括雕刻艺人张先仁老人，是最适合不过了。今年87岁的“草根”雕刻艺人张先仁，家住方村街道五星村后四村民组。他自幼爱好画画，青年时拜师访友，学了一套精湛的木匠手艺，他打造的木器，造型精致，外形美观，在四邻八乡中享有较好的声誉。

并非科班出身的他，痴迷于雕刻艺术40余年，出自其手的作品不计其数，个个栩栩如生。他的根雕不仅可以做装饰品，还很实用：大件的根雕可做桌椅板凳，小件的复合多用、造型奇特。

他与根雕结缘，是个偶然的机会。有一次，他路过一个地方，发现一块造型奇特的树根，便把它带回家，仔仔细细、反反复复地琢磨。“当时，我只觉得这个东西好，一定要把它做出一个东西来。”出于这样的好奇和好胜心，他开动了脑筋，拿起了刻刀，在稍加雕饰后，朽木竟变幻出了精美的造型。从那时起，张先仁便迷上了这门艺术，一有空便到村前、林间搜寻树根。每寻找到一根“好料”，他都兴奋异常，赶紧抱着跑回家，饭也不吃就开始构思雕刻。

在一阵兴头过后，张先仁发现自己虽喜爱根雕，但真正的根雕技艺他一点不懂，“我从小没进过学堂门，凭着自己的悟性，识了一些字。因为那时没有机会与外界接触，也没从书本和市场上看过真正的根雕，纯粹凭着想象在做雕刻。”张老默默回忆道。当时，听人说大城市有根雕展，有各种各样的根雕艺术品，为了开阔眼界和增长知识，他便自费到外地观摩学习。就这样，他通过走出去看根雕展，回家看书上的图案，终于掌握了雕刻艺术。

如今，张老的家仿佛就是一个小小的根雕展厅，大至餐桌、茶几、板凳，小到笔筒、笔架，翩翩起舞的仙鹤、憨态可掬的熊猫，每件东西都泛着金黄色的光芒。透过油漆，可以清晰地看到树根的原始纹路。目前，他已创作出数百件作品，基本没卖过，很多都送给了亲戚朋友。他希望，在保持兴趣爱好的同时，也能够向后生们推广根雕这门艺术。

为了让大大小小的根雕作品更显古朴自然，张老经常带着干粮，出入山林，攀爬悬崖。有时看中的树根太重，他还会花钱雇人搬运。“经过一段时间风吹雨蚀的枯木才是好材料，”张老告诉笔者：“根雕，根雕，七分自然三分雕。”将树根原有的“质感”

和“根味”表现出来，才是根雕艺术的根本表现所在，“如果把根劈得花里胡哨或者是胡乱添枝散叶，就不是根雕了”。

张老认为：给树根“相面”很重要，动刀时要慎之又慎。“给树根‘相面’是个复杂、长久的事情，有时，几个月都想不出要给根定个什么‘型’。”张老边说边拿着刻刀，小心翼翼地雕着手里那块差不多有一百多年历史的树根。在张老看来，每个树根都可以雕刻出多种不同的形态，但是要为了保留材料原形的天趣，必须尊重自然、顺其自然，才能赋予它的生命。“为了构思作品，就是半夜来了灵感，都得起床打磨，要尽量根据树根和枝条的造型、走向和纹理来创作。”由于张老是半路出家，无师自学根艺，他一直秉持着一颗本真、崇尚自然的心，在做根艺，寻求树根的“根味”。

几十年来，张老对根艺的痴迷和追求，丝毫没有松懈，一直在圆自己的根雕梦。如今的张老虽是耄耋之年，满头银丝，但仍身体健康，精神矍铄，说话吐词清晰，举止行动自如。从他的老年生活中，人们真正感受到了“无迹方知流光逝，有梦不觉人生憾”。

（张致松）

宗教建筑

◆ 寺 庙

◆ 殿 庵

一、寺庙

古城寺

寻访遗址

2011年四月初十，笔者受方村街道老年学校校长王万春的委托，专程赶行春圩寻访名刹“古城寺”遗址。

笔者首先赶到邢光金先生家，并与邢邀合心村老年学校校长张先政一同前往宝刹遗址。据说，此地在明清时期隶属行春圩西褡连坝（即今合心村陶屋基自然村），如今古寺早已不复存在，原来寺基多为民房所占。经过现场考察分析，初步认定一处约10米见方的较高的土丘，现为陶屋基土地庙地基处，当是古城寺遗址。

古寺解放前为木结构房屋二进（实为三进，一进被日寇焚毁），供奉有三尊大佛、观音大士以及十八罗汉塑像，正前山门两旁各竖石碑一块，右边一块镌刻着古寺建造概况，左边一块则刻着捐资者的姓名等。解放后僧人还俗，古寺被改建为一所小学。1954年长江大水，行春圩溃破，圩内所有房屋被毁。次年，政府决定将古城寺、张家祠堂等庙堂木石材料，拆后运抵太平坝建造一所小学，即太平小学（系五星小学前身）。

邢老告诉我们，据其先府君生前说，古城寺菩萨十分神灵，八方香客前来祈福真是有求必应。据说十八罗汉更为神奇。古寺告竣时，罗汉不知从何处借来铜钟一口，运至寺前正值凌晨，主持圣僧只听山门大响，开门过迟，铜钟撞落东面大潭，此后未曾捞起。后来庙内一位僧人历尽艰辛，从保丰圩南坝寺借来铁钟一口，重约千余斤，一直用到解放后古寺被拆时。据王万春校长介绍，此钟后来由本地民间业余文艺队负责人滕立志为首，将其敲碎变卖现金200余元，用来购买道具和服装。

据邢老回忆，古寺被拆时，两块石碑侧翻在寺基前。碑有一人高，重千余斤，其中一块被一村民抬去做草堆垛，另一块在几年前被村领导发现，存放在合心牛奶厂大院内。我们在院内杂草丛中找到了这块石碑。经过清理，见碑身高约200厘米，宽约80厘米，足有1000多斤重。同时还见到了两块石刻横匾，长约100厘米，宽约

50厘米，由两组画面组成，左为狮子滚绣球，右为鲤鱼跳龙门。

碑文：碑首刻着"重修古城寺"5个大字，碑文620多个字。根据碑文记述，略知该寺唐代已有，后历经五朝，在明万历年间（1453—1620）已初具规模，香火鼎盛200多年。自太平军占领行春圩后，古寺毁于兵火。太平军败亡后，居民陆续重归故里，常发思怀古寺之幽情。经张公锦玉自发为首捐款，并邀请诸乡绅耆辈参与，旋经张琛先生承其志，于光绪十九年（1893）重建古城寺。重建之寺为屋三进，大殿供奉佛像，并有厨房、卧室、水井等生活设施。合心村章传法书记表示，一定要尽力保护好古城寺遗址，并认真寻找被遗失的那块石碑。

古寺兴衰

根据邢光金老师和陶屋基原队长杜兆子老人回忆，古城寺最早造在行春圩褡裢坝北埂上。在唐高宗乾封元年（666），有位蜀僧云游至此，认为这里恰似一只凤凰展翅，实在是一个好地方，因此久久不忍离去。村民们见他不愿走，就替他盖了两间茅草屋，取名叫"古城院"，后来也有其他和尚来此修行。到了明万历年间（1573—1620），经过古城院僧人募捐筹措，兴建了一座三进八间的土木结构的草房，改名为"古城寺"。鼎盛时期的古城寺，有僧众四五十人。清咸丰年间（1851—1861），古城寺在战火中焚毁殆尽。光绪初年（1875），以乡绅名士张锦玉为首，集资重新构筑草房三间，取名曰"绀园"。经过十几年的休养生息，仍由张锦玉带头捐资，准备重建古城寺。张锦玉仙逝后，由其子五品教谕岁贡生张琛与董沐仰承先志，于光绪十九年（1894）建成为屋三进的砖木结构寺庙。寺庙坐北朝南，粉墙青瓦，寺庙前一条大路宛如凤凰头颈，门头正上方镌刻着"古城寺"三个镏金大字，两旁各有一个拴马石。月洞门两旁，石刻一副柳体楹联曰："古寺钟声扬万里，城楼佛像赫千秋。"两边马头墙围成一个小院，院内左边支一面大鼓，直径足有五尺，右边吊一口大铁钟，足有一千多斤，钟鼓一敲，方圆十里路都能听得到。院内正厅可容百十人做佛事。正面山墙上面有一对石刻横匾，左边一块是"狮子滚绣球"，右边一块为"鲤鱼跳龙门"，下面竖两块碑，左边一块镌刻着古城寺的兴衰起落，右边一块镌刻着重修古寺的为首人和捐资人的名姓和银两。前进南面供奉关帝圣君，面北供奉观世音菩萨，后进大殿供奉三尊大佛，对面是四大金刚，两边厢房供十八罗汉及一些小罗汉。左壁间墙上刻有"十殿图"，右壁间供奉了"回头佛"。据传说，寺庙建成时，东边埂上泉湾村一位姓张的要求将所有菩萨由他家出资装金，但未得到主事人的允许，因为古城寺是全行春圩的，不可能由个人装金。后在他百般虔诚的恳求下，由他家塑了一个"回头佛"金身。说来也巧，其后他家生了一个男孩，长大后居然还当上了民国时期安徽涡阳县的县长。

一座巍峨肃穆的三进头粉墙青瓦的古城寺，屹立在行春圩北埂之上，与行春圩南面的河上硚(和尚桥)、老菩萨庙(降福殿),以及北面天城湖心的娘娘殿,恰恰成为三点一线。寺院竣工后,辅助设施一应俱全,厨灶井汲,寮房丈室都安排停当。之后的六七十年间,古城寺一直香灯不熄,不少名山高僧也慕名而来。1939年日本鬼子入侵行春圩时,放火烧了最后一进。鬼子投降后,全圩准备把后进重建起来,并且将建材都准备好了,但不知什么原因没有建成。

据八十来岁的老年人回忆,重建后的古城寺,短短的几十年间,出了不少有名的和尚。他们中有会武功的,有会五音乐器的,而且大多数和尚都精通文墨书画。其中较有名气的有广明、广朗二位法师。他们在做道场时,能将刀、叉、铙、钹之类的器物抛向数丈高空,随手可接,绝无差错。广朗一人还同时能敲打七样乐器,其音响效果把你一会儿带进翻江倒海之意境,一会把你带进潺潺流水之幽情中。二位法师的文笔、字画功底也颇深。一位小和尚来富法师也身手不凡,武功非同一般,玩火把、钻火圈、裸身滚钉板等轻功样样皆会,尤其是他的两条腿走起路来如疾风一般,人们说他是神行太保转世。民国32年(1943)他被行春大刀会会长谈志和召做常备队员,后任师爷,在与陶刚东保安队的一次决战中,于清水大桥头不幸阵亡,时年不足三十岁。其后广明广朗也相继圆寂。

解放前夕,南陵寺庙一位韦姓和尚来到古城寺,法号一典,不到一年时间,芜湖就解放了,古城寺的和尚,有的投奔到其他寺庙去了,有的还了俗。韦一典后来定居在陶屋基村,经人介绍娶了一位寡妇为妻,并生有一男一女。广明、广朗在世时收留的最后一个徒孙名叫春发,是一个十一二岁的孩童,还俗后,在附近的一个农户家放了两年牛,后来被他父亲接回南陵老家去了。1950年以后,古城寺改为小学堂,学校只有一位老师,名叫张定枝,合心村黑鱼坝人,是原行政保保长,国民党党员,因为他没有什么恶劣行径,老百姓口碑较好,解放后就把他安排在古城寺当老师。寺庙改作校舍非常简陋,学生自带桌凳,老师伙食由学生挨家供餐,工钱由乡里支付。1954年发大水,行春圩被洪水冲破(决堤),张老师偶感风寒,痨病复发,于八月病逝时年仅36岁。接着乡政府又从别处调来一位叫盛英瑞的老师继续教学,直到1955年该校拆毁,学生们都转到重建的太平小学读书去了。

(张国钰)

洪门寺

"洪门"即是"洪帮","寺"就是"庙"。它是明末清初的产物。

明朝覆亡,清兵长驱入关,明代遗臣们,不甘败亡,秘密结社,企图恢复旧朝,反清复明,由此创立了"洪帮"。

洪门的起源,据传是在明崇祯四年(1631)清兵南犯时,明进士洪英偕门下弟子,南投扬州督师史可法,可这时史可法已在和清军作战时兵败殉难。这样,洪英只好再联络反清志士顾炎武、王夫之、黄梨洲等人,投奔到明将黄德功麾下,后与清军决战于淮阴,黄德功兵败自刎,洪英也被清军追至离芜湖60里的三叉河诛杀。他的儿子和他的弟子收集残兵败将两万余众,分布在江南各地,建庙安身(因清朝皇帝信佛,故对建庙宇、出家信佛者不加干涉〉,暗地里招兵买马,希望东山再起。洪英门下弟子聚议,推戴洪英为始祖,取庙名为"洪门寺",联络暗号为"三八二十一",即"洪"字拆开的笔画。根据有关资料推算,埭南"洪门寺"创建于明末清初,距今已有300余年。

洪门寺,坐落在方村街道西南隅,与弋江区善瑞毗连,也是青弋江和漳河的汇集点,绿水环抱,环境优美,是真正的"芜湖米市、鱼米之乡"的缩影。该寺建筑规模宏伟。它南起原埭南乡政府大楼处(地名为庙前),北至秧埠村上殿(也有人说北至弋江区善瑞圩),总长近五华里;宽有两华里,占地面积千余亩(因当时埭南圩尚未开发,周围是一片荒滩),大小庙宇有几十座,正大殿十几进。据说当时有和尚千余人,一日三餐用膳都敲打铜锣为号。它的前庙、后庙、正庙正殿坐落在现在的什么地方呢?据调查走访了解到,前庙在现在的庙前(即原埭南乡政府所在地);正庙正殿在新屋基、罗祠一带;后庙在秧埠上殿,笔者小时候还去过,并看到遗留下来的残垣。正殿下的暗道已成了圹,叫"老婆圹"。

当时,洪门寺这么多和尚怎样生存呢?根据清政府律条,对寺庙既不支持,也不反对、不干涉,所以和尚主要靠自力更生来养活自己。他们除了每日早念经晚拜佛外,其余时间就种田种地,养猪羊马和鸡鹅鸭等。故民间有"猪坝养猪,马坝养马,鸡坊里养鸡"等传说。还有一些和尚外出化缘,给富人家做佛事。

洪门寺的和尚为了得到更多的香火钱,不惜挖空心思虚弄假象。传说有位老和尚得了一种怪病,按现在医学说应该就是高血压、高血脂造成老年痴呆病,全身浮肿。和尚们就拿其大做手脚,将他供在大殿之上,将其脸上贴金纸,头戴五色帽,身披大红袈裟。有一香客来敬香,发现该菩萨眼睛直眨,身体微动,出去后就对别人讲述见闻,一传十、十传百,都说洪门寺菩萨是活菩萨。问其称谓,曰:此乃珈公菩萨也。故此,方圆百十里地求神问卜的香客络绎不绝,真是"香烟缭绕半天空,原是珈公在显灵",从此,香客不断,影响范围日广,连周边太平、宣州、池州等府的香民也来此敬香,求神问卜。

洪门寺在创办初期,庙规是非常严格的,因此受到人们的拥戴和信任。由于清朝政府的统治地位不断巩固,反清复明无望,到了乾隆时期(1736—1795)洪门寺就逐渐腐败、堕落,步入歧途。外出化缘的和尚钱款不如数上交,有的在外嫖娼;有的干起土匪勾当,拦路抢劫。更重要的是,一些妇女来大殿敬香时,只要被看上有几分姿色,和尚就踩动机关,让人掉进暗道,供他们玩乐(大殿下面是挖空的地下室和暗道，上面用木板铺就，安有各种机关），使人无法查找。受害户报官无证据，加之官府与和尚互相勾结，以致喊天天不应，叫地地无门。

和尚无道，天地不容。受害人度日如年。就在申冤无望的情况下，人们打听到八府巡按彭文正大人将来江南各府县察访，了解民情，惩处贪官污吏。受害人父母、兄弟暗暗打听消息。功夫不负有心人，终于得以向彭公陈述冤情。彭公对他们说："千万不可泄露消息，更不能惊动外人。"

彭大人身穿微服，装成一个摇晃货郎鼓的人，专卖女人用品来到洪门寺，竟然有侍女叫住他，说要买丝线花针和胭脂花粉等。彭公愕然了：寺庙乃是清净之佛地，哪有女人居住？他立即返回住处，又经多方调查，发现那些和尚不吃素而吃荤，养猪、养鸡、养牛羊马等，觉得民众状告属实，即写奏本上报朝廷。乾隆帝闻奏大怒，立即调动官兵三千围剿洪门寺，一切由彭公指挥，来个突然袭击，据说当场打死和尚百余人，活捉数十人，逃跑一些人，救出被害妇女20余人，最后彭公叫人搬来干柴焚烧洪门寺。据说烧了七天七夜，洪门寺瓦砾遍地，暗道也成了现在的老婆圹。过了数年，勤劳的人民在这块废墟上开垦种植，建立村庄。现在的庙前、墩上、罗祠、新屋、秧埠、小村、上殿、曹埂、红墩等村庄都是建在庙址上。洪门寺从建造到成为废墟计有130余年，历经四代皇帝。

随着社会的发展，历史的变革，洪门寺的故事一代一代地流传下来，既说它的兴起，又说它的腐败。到了民国20年（1931）左右，人们一再要求重建洪门寺。后来，在埭南绅士王葆箐、方良佐、朱有余、罗思维、毕文汉、束少凯等人倡导下进行重建。当时采取有钱出钱，无钱出工，自带伙食，另请在外做官的人捐款捐物，洪门寺很快建成。重建的洪门寺规模较小，庙址选在原后庙的旧址上，也就是现在上殿村的圩埂上，并改洪门寺为延寿寺。1954年，该寺被洪水摧毁，仅留下残垣。

20世纪末，人们又着手重建洪门寺。1998年，以埭南方家村（原秧埠村）汪贤标父子为首，倡导各自然村村民捐款，并得到在外工作人员赞助，仅花几个月时间，在原延寿寺旧址又建庙两间。洪门寺从创建到现在已有300余年了，老人们常说，"先有洪门寺，后有埭南圩"。

（方良能）

降福禅寺

降福禅寺原名降福殿，最早称"津梁古庵"，坐落于方村街道行春村河桥自然村，与陶辛镇老村隔河相望，距今已有900多年历史。它始建于南宋隆兴年间（1163—1164），清咸丰年间衰落，同治光绪年间复兴。解放后破除迷信，佛像全被烧毁，1954年遭大水，行春圩漫破，庙宇倒塌。1955年春，行春乡政府利用废寺的部分材料，在原地重建平房五间办河桥小学。

降福殿是为了纪念唐朝的守城英雄张巡而兴建的。该殿由三殿七间房屋构成：天曹殿三间，光帝殿一间，大雄宝殿三间；另有下屋五间，供和尚食宿。三殿的四周是青砖围墙，围墙的正门两边有一副“行陶两圩沾恩泽，津梁三殿显威灵”的对联，横幅是“降福殿”三个大字。

“天曹殿”是三殿中的主殿，老百姓称为“老菩萨殿”。这位“老菩萨”就是唐代的守城英雄张巡。大殿中央供奉张巡巨幅神像。每逢闰月年，必请老菩萨出巡。是时，将老菩萨的前半身塑像换穿彩红龙袍，乘坐龙辇皇轿，轿前有圆形旗龙伞，文武大臣前拥后护，正月十五巡游行春圩一周，十六巡游陶辛圩一周。在老菩萨前半身出巡的两天中，由老菩萨的后半身在殿中掌管一切事务。巨像前是大香炉和烛台，烛台前是凶神下五路的五个神像。下五路的东边有四大金刚中的尚高清、雷万春两个神像，西边是狄秀云、安纪云两个神像。殿门东边是白令官神像，西边是回头佛神像。大殿内东西两边悬吊着一副巨联：在昔守孤城就天道说人伦贼乱那知君父事，如今翻旧卷看诚仁见取义先生会读圣贤书。东联的前面有太子神像，药王神像，文判官，十二属神像六个。走进殿门，东侧有铁链悬吊大钟一口，西侧安放直径一米之多的大鼓一面。

中间是“光帝殿”，殿中挺立着红面晏公菩萨神像。神像前是大香炉和烛台。殿内东边悬吊大钟一口，西面安放大鼓一面。

西边是“大雄宝殿”。二十四孝神像和十八罗汉神像分列两边。殿内置大钟一口，大鼓一面，中间安放大香炉和烛台。

民国20年(1931)，芜湖地区遭受特大洪灾，三殿被洪水冲得一干二净。数年后，由行春圩的张非白、陶辛圩的奚仲周为首，筹集资金，重建了降福殿的天曹、光帝、大雄三殿。

日本侵占芜湖时，三殿被鬼子全部烧光。日本投降后，又由张非白、朱兆东、奚仲周、陈柏如等为首，重建了三间天曹殿(即老菩萨庙)。

改革开放以后，党的宗教政策得到落实。2006年，王玉平、应婷居士及十信众筹资300多万元重建大雄宝殿，于2006年8月破土动工，2008年底竣工。2009年5月，王、应居士等至广东四会六祖寺，礼请该寺上大下愿法师来该寺住持。2010年7月29日、30日，上大下愿法师主持开光法会大典，光复降福禅寺。

降福禅寺大雄宝殿现供奉着释迦牟尼大佛及众多神佛，每逢农历初一、十五及一年一次法会，香客游人齐聚，香火旺盛。

“降福殿”古称“津梁古庵”，有一个很神奇的故事。在南宋隆兴年间(1163—1164)，有一年洪水泛滥，从上游冲来一棵有好几个人联手都抱不过来的大红杨木，停在后来建“津梁古庵”的殿基地旁。有人用竹竿、木杠将其推开，想让洪水将其冲走，但几次推开后，又被洪水冲了回来。这时有的住户拿来锯子、斧头，试图将其破碎，可一动锯子或斧头，动的人就头疼难忍。就在大家不知所措时，正好有位云游法师从此经过。经过云游法师祈祷做法，对大家说：这是一根神木，是张巡老菩萨显灵，要在此落座登尊。于是村民们纷纷行动起来，留下云游法师，开始张罗筹资、出力，建设津梁古庵。庙殿落成，主殿天曹殿供奉的就是张巡老菩萨。开光大典后，周边方圆百里的村民都来此敬香。和尚桥建成后，加上定期的庙会，这一带更加热闹繁华。

（王恩荣　张致万）

天城龙王庙

青弋江从上游顺流而下，由南向北流经方村，到了最北端的棋盘拐，有一条小河和它交汇。小河像一条龙，尾西头东地横伏在独山圩和天城湖的接壤处，将两圩一隔南北，头枕交汇口，张着倾盆大嘴，像是要随时吞噬河里来的水妖和恶兽。

由于无数年来水流的冲积，在交汇口形成了一片一万多平方米的滩涂，酷似巨龙嘴里的一根舌条，故名为“舌条滩”。龙王庙就建在这舌条滩的北侧。

青弋江再由此往下一千米，便与水阳江汇合，形成了一个“T”字形的三叉河。向西是青弋江的最下游段，从芜湖穿城而过，流入长江；向东则是水阳江。青弋江从上游下来的山洪与从长江倒流进来的江水在这三叉河段交汇后，形成了清浊分明的奇观，招来一些慕名观赏的游客。

由于这一带水域浅滩广阔，水草丰盛，适宜鱼类繁殖、戏留。因此，外地一些散落的渔民从四面八方聚集到这里，常年以捕捞谋生。本地也有一些半农半渔的农民，季节性地在河面上捕捞鱼虾，以渔补农，贴补家用。也就在这一段河域，上至湾沚，下到澛港约70里河段，在历史上有着许多神秘的传说：

相传在清朝年间，这一带常有水妖作祟。这水妖据说是水魔王的第三个儿子，由于厌腻魔王宫里的生活，经常出来逍遥乐世。它长相怪异，脾气暴躁。身长90尺，能呼风唤雨。发怒时，嘴喷三丈水，尾搅百尺浪。每年的春夏之交，它常来这里作恶。当渔民们正在捕鱼时，突然间狂风骤起，暴雨如注，接着，洪水狂漫。许多渔民和过往船只船翻人亡。两岸的庄稼和农田也连年被淹，人们惶惶不可终日。无奈，人们只得向苍天祈祷。

后来，东海龙王得知此事，派“祥龙七子”来此平妖除害。从此以后，这一带才逐渐安宁起来。为了祭祀龙王，祈祷平安，人们在舌条滩上建了一座庙宇，名叫龙王庙。庙前栽有一棵香元树。据说，这香元树能驱妖避邪，水魔恶怪在百里之外就能被这大树的灵气冲倒。打这以后，这一带水域风平浪静，渔民们捕鱼时吉祥平安，两岸的农民也不再为洪水漫淹农田而犯愁。在雨多水大、洪水泛滥时,这里却水涨地升。人们称这一带是“木排地”,也有人说是“荷叶地”。

渔民和当地的农民,每年的三月初三都来此处聚会;每月的初一和十五两天,也常有渔民来此烧香祈祷。直到20世纪50年代,原庙才被废毁。后来人们又用砖石砌了一个简易的小庙,仍继续来此烧香叩拜,直到前些年被大水毁没。

(王言仓)

埭南龙王庙

龙王庙始建于明正德元年春(1505),坐落在小坝埂堤上,坐北朝南;东南方有易永庵(茅草庵),西南方有王氏宗祠;沿着埂身小路蜿蜒而下,有草滩数十顷,为近邻牛羊放牧之场。

庙门前左右各立一尊飞奔式石雕龙驹马,庙内立一尊石刻龙王爷全身巨像。龙王两眼正视前方,左立金童,右立玉女;左下方一员牛头大将,手执利斧,听候龙王号令。

庙门上方书“龙王庙”三个大字,两边对联云:“风调雨顺民安乐,海晏河清世太平。”左右侧墙面各绘八卦阴阳鱼,以示国泰民安,丰衣足食。

庙门前正中置放一个长方形四脚石雕香炉,两横头各有一个手提把子,重298市斤,寓意“儿久发”。香炉前面刻有“富贵”二字,富不封顶,贵无底限。后面(对庙)刻有“福寿”二字,两边横头面刻着双龙等吉祥物。

农历正月初一刚近子时,前来烧香求福、求财的人便络绎不绝,鞭炮之声响彻云霄。

二月初二龙抬头之日,少妇前来求子,香客主要来自芜湖、南陵两县。

七月初五是龙王诞生吉日,附近村民纷纷前来放鞭炮,烧香,烧纸,庆祝龙王生日。

庙的东北侧有一棵大柏树,高数丈,两人合抱,枝繁叶茂,根深蒂固。

传说日本鬼子侵占方村时,有一天,两尊石雕龙驹马和一个石雕香炉,被鬼子的一个中队长打碎,当另一个鬼子将龙王爷的左鼻孔翼用刀砍掉一块时,忽然大风顿起,霎时天昏地暗。第二天,这两个鬼子都跌到小坝角潭里淹死了。

龙王庙于1957年拆毁。

(王昭松)

晏公庙

晏公原是春秋战国时期齐国的相国,为了齐国的大事出使楚国,因身材矮小,楚国君王看不起他,三次侮辱他。晏公为了国家的安危,把自己的荣辱置之度外,三次驳斥了楚国的君王,以理服人,为齐国赢得了尊严,故留下《晏子使楚》这个典故。晏子逝世以后，人们称晏子为晏公。为了纪念晏子英勇无畏的爱国精神，到处建立晏公庙宇，备受民间香火。

行春圩的晏公庙，位于行春东边圩堤旁的泉湾村东北角，据说这是块风水宝地。

此庙建于何时不详。据老人们回忆，该庙坐北朝南，为正八间砖瓦结构。大门楼上刻着“晏公显灵”四个大字；两边风火墙头为拱形；大门前面广场西边，矗立着一块“功德千秋”青石大碑，上刻建立此庙的时间及资助人员名单。此碑在扫“四旧”时被打碎。

此庙的前三间被鬼子放火烧掉，菩萨被烧毁，后由张、谈、钱三姓以谈港张先镇为首，在1945年重建假八间，外框未动，前三间改成两间长包厢，中间天井，东西开了腰门，后进三间正屋。

重建后，前进两个包厢，东边是下五路和阎十殿，牛头马面、黑白无常；西边是子孙堂，送子观音，麒麟送子；中间是露天通道；天井处东边包厢是食堂，西边包厢是餐厅；东腰门通道是鼓架，架上放一面大鼓，西腰门通道是钟架，架上挂着一口紫铜大钟；正屋中间前面是一尊大肚佛；后面正位是赤面晏公佛像，两边大小菩萨很多；东边一间前面是斋公卧室，后面正位是牛王菩萨，两边是十八罗汉，西边一间前面是开沙室，后面正位是华佗佛像，两边大小菩萨也不少。

建立此庙的旨意是，保天下太平，人口平安，佑五谷丰登，六畜兴旺。晏公每年正月十五出位。出位时由道士从庙门口开始按下兵碗，每隔约20米按一个，一直按到罗塘村前的大坟茔里，意思是把行春圩内的牛鬼蛇神、妖魔鬼怪都按在兵碗下；之后由4个小伙子抬着晏公佛像鸣锣开道出位，顺大圩堤向上跑，逢到兵碗，由道士抓起掼碎，意味着有晏公将妖魔鬼怪都收走，确保行春圩内的百姓一年平安。晏公还能保难产的妇女平安。因晏公生前有一次遇到强敌追杀，为了逃命，他窜到一家房中，适逢这家妇女正在生产。晏公一头钻到产妇床底下，产妇的血把晏公的脸全喷红了，从此晏公的脸变成紫红色。产妇救了晏公的命，晏公决心报答产妇的救命之恩。从此，晏公产房不忌，难产妇女，只要把晏公佛像供在堂中，便能使妇婴平安。

牛王菩萨每年二月初二出位，也由4个小伙子抬着佛像，前引后拥，敲锣打鼓，吹着唢呐转半个圩，意思是察看民情，救苦救难，确保百姓这一年人口平安，六畜兴旺，风调雨顺，五谷丰登。

华佗菩萨是仙医，能医治百病。他主要以开沙为主。病人来到庙中，先焚香敬奉各位菩萨，然后求取“仙丹”。大病需要开沙的，由师爷张定根、张定顶、谈永汉、张先荣等人主持。两人手托笼当（像拉磨的笼当一样，但很小，一尺来长），在沙盘里移动，根据移动的图形，由师爷张定根报出病情和中草药名，由录笔师张先荣记录并向病人说明治疗方案。病好了要给庙中菩萨上灯油或丢香钱。除开沙外，还可将华佗佛像请至家中供在堂中。传说华佗当时非常威灵，治好了不少病人，覆盖面达行、陶、周、政。

庙中的斋公是一个单身汉，姓范，据说因在江北某地杀了人而逃到江南，跟人学了点管理庙宇的方法，便在晏公庙看庙。他的生活来源除香钱外，还有散春司、送端符、送灶司以及过年时送自制的茶菜散给各村各户，收取施主给予的酬劳。平时还可以外出化缘。斋公一直住在庙里，1954年发洪水破圩，庙被洪水浸倒，老斋公爬到水中自尽，由政府将其收殓埋葬。

1952年，晏公庙改作学校，由韩光正任教。1953年学校扩大，改称芜湖县罗谈小学，教师有韩光正、郑大毅、翟朗轩。1954年破圩，大水冲倒庙宇。大水退了之后，在原址重新盖起了5间校舍，开设一至四年级两个复试班，由郑大毅、翟朗轩两人任教，直到1966年罗谈小学撤销。

（刘达才）

杨泗庙

位于旗杆村旗门自然村的杨泗庙始建于宣统三年冬，即1911年12月。当年夏天发大水时，从上游漂来一尊二尺来长、右手握一把斧子的武将金身。该塑像漂流在旗门外河湾子处，有人将其推走，但几天后又漂了回来，反复几次都如此。这时，村中的张登梅老人说："此尊金身漂不走必有缘故，如果再把它推走，可能会把福气推走，村中要出差头（祸事）。"于是就派人把金身从水中打捞起来，在村中的一块空地上用芦席窝了一个小棚子，将金身供在里面，直到农历十月。

旗门自然村属张氏大四房。适逢大四房做十月朝，一些亲戚朋友来吃酒，张登梅乘此机会提出是否给金身盖座庙，此建议得到大家的赞同。于是便由大四房公堂出钱，村民出人工，造了一座约30平方米的庙宇，供奉金身。经过认识佛像的人鉴别，认定此金身是杨泗菩萨，故将庙宇取名杨泗庙。

民国24年（1935），杨泗菩萨附神本村张定林为马童，并开口自报身世。经他口述，杨泗菩萨是北宋杨敬业的第四个儿子杨延辉即杨四郎，因腾云从旗门村上空经过，看到此处地势好，就选择在此打坐。从此，每年五月间杨泗菩萨都要出位。就在附神张定林的第二年，菩萨又神附了一个马童，名叫张定楷。张定楷在开金口时，述说自己是位神道，名叫徐芳，是北宋临潼关总兵，也是腾云从旗门村上空经过，看到杨四郎在此打坐，便落云降下。原来，在宋代徐杨两家是亲戚，徐大将军称杨四郎为四表弟，此次与四表弟不期相遇，正好了却自己协同四将军一同救苦救难、挽救子民的夙愿。于是旗门又给徐大将军塑了金身，坐在四将军右边（即小边）。为什么表兄反而在小边呢？因为杨四郎是北国萧太后的女婿，即驸马，萧太后曾封杨四郎为王，所以杨四郎在大边。这个位置是两个菩萨通过马童的口述自己确定的。杨四郎右手握斧，属武将；徐大将军右手握笔，是文臣。

此庙在1939年被鬼子烧掉。三年后由德意公领头重建。1951年破除迷信，将庙中的两尊佛像销毁，在此庙办了小学，由翟大毅任教。1953年学校迁至罗塘即晏公庙。1954年破圩，杨泗庙倒塌。2009年，旗门村又兴建了新庙。新庙建在旗门新村庄北头二环路马路旁，由张致荣设计，为两层仿古四角亭，每角和屋檐都安了彩灯，大门楼上面写了“杨泗庙”三个大字，两边对联是：泗将军施神威祛邪扶正，徐大将赐灵威福泽万民。里面后墙正面横联是“心同日月，普照四方”，两边对联是“物华天宝，人杰地灵”。庙门前竖一杆钢管旗杆，亭子的二层周围都有彩旗座子。建庙费用由旗门村的人自愿赞助，赞助最多的是在常州开沙站的张贵宝。

（刘达才）

将军庙

在埭南之西南，南陵县之东，甘坝之北隅，王翦将军庙巍立其间。

将军庙始建于始皇帝政年间（前239），坐西北，朝东南，地下三尺，地上三尺，均为青石长条用糯米稀粘住，地上部分用砖和石灰砌成，内部木质结构，两进，中间戏台，门前各立石狮子一对，石柱栏杆上雕刻葫芦、麒麟等吉祥物。

前进为八级台阶，后进为十级台阶，两边各立大旗杆一根。庙左栽60棵松树，右栽80棵柏树，后面90棵桂花树，90棵白果树。庙前有数顷草地，绿草茸茸。

前进正门上方刻有“威震华夏”四个镏金大字。正门两边的对联为：忠义著神威耿耿丹心贯日，春秋尊正统巍巍峻德参天。

大厅中杠梁四扇，面阔三间，进深七丈，边扇六丈，门口为华表亭，用如意门烘托。层层出挑，以承托层檐，上方“昭显侯天”四个镏金大字，匾额两边，雕刻凌云喷雾、舞爪奋身立体青龙。大厅内右正面，各立七尺高、三尺六寸宽的元帅王翦、先锋官王贲石雕巨像，巨像上方青石横匾上刻有“大义贯青天”五个大字。巨像两边的长方形石柱上刻有：将显神光昭日月，军灵宝座镇乾坤。

大厅内右正面的青石板上雕刻《将军庙传记》，两侧镏金对联更为醒目：拜斯人，便思学斯人，莫混账磕了头去；入此地，须要出此地，当仔细扪着心来。

《传记》记述了王翦的生平事迹与秦楚大战的概况。王翦，频阳东乡人。秦王政二十四年（前223），秦王派王翦为元帅，王贲为先锋官，率领60万大军攻打楚国。六月二十日灭楚。八月十五日追杀残余逃窜的楚军路过埭南，见百姓尸横遍野，没有死的人也骨瘦如柴。王翦问明原因，获知系楚国官兵荒淫无道所致，立即下令先锋官王贲按每人两斛米赈济。离开时，有识字者见帅旗上大书“王”字，便叩问元帅、先锋官的大名，士兵告知元帅王翦、先锋官王贲，说完便走了。

秦朝统一中国后，人民安居乐业，埭南人民为报王翦、王贲的救命之恩，议决建造一座将军庙永久供奉。他们请来画师画像，从18个村中每村选出1人，集中在李村，依次向画师描述元帅王翦、先锋官王贲的身高、体重、相貌、面貌特征，由画师根据18人的回忆勾勒出两个人的画像，画一张传出一张，让代表们观看、辨认，到了第九天，传出第120幅画像时，代表们异口同声地说这就是元帅和先锋官的像。于是依据画像雕像。经商量决定：每户出米四斛，富裕家庭包底五斛，上不封顶，18至40岁男丁，每丁出工10天。庙历时两年竣工。

庙的两进之间设有戏台，又谓雨台。每年八月十五开始唱戏。台前两柱无联，待每年唱戏时张贴新联。台顶装配大小彩色磁质圆球灯，台前左走马灯，台前右鹿形灯，台后为万字脚灯，屋上为彩色弧形琉璃瓦。台前大院能容纳千余人，两厢走廊上有观戏楼。

正厅高二丈四尺，宽七丈，进深三丈，能陈列酒筵40余席。正门上方有“志在春秋”四个镏金大字。联曰：圣德服天下大节共山河不变，英明镇古今精忠同日月常明。

大厅上方有“国泰民安”四个镏金大字。联曰：天下太平，文官不爱钱，武官不惜死；乾坤正气，在下为河岳，在上为日星。

厅后屏风柱上有联：北斗在当头，帘箔开时应挂斗；南山来对面，春秋阅罢且看山。

两边墙上嵌着四块宽四尺、高六尺的青石大碑，碑上劲书“忠、孝、节、义”各一字。厅后是寝宫，寝宫侧面有厨房三间。

公元36年，柏树林中第一块功德碑竖立，对联为：将军称大树，元老祝长春。

功德碑上篆刻了王景、王祥、王通、王安石、王冕、王夫之等人的生平事迹以及赞颂他们的楹联。

王景，东汉水利家。字仲通，琅玡不其（山东即墨）人。少学易，通天文术学，多技艺，善治水。显宗时修浚仪渠，清除水害。平帝时，黄河决口，他与王吴率领数十万人治理黄河，使黄河在以后的800多年中没有大改道。景以功封河堤谒者。后任庐江太守，兴修孙叔敖后起的芍陂，推广牛耕，境内丰给。著有《大衍玄荃》。

对联曰：威名高北斗，勋业寿南山。

王祥，（于242年私人出资维修将军庙）西晋臣，字修徵，琅玡临沂（属山东）人。《晋书》载其“性至孝”，早丧亲，事后母，“笃孝纯至”。有卧冰求鲤的故事。汉末，隐居庐江（安徽舒城）30余年。后任温令，累迁大司农，司空，太尉。晋代魏，官至太保。

联曰：帐上祝九五福寿，胸中具百万甲兵。

王通，584年出生，隋哲学家。字仲淹，门人秘谥曰“文中子”，绛州龙门（今山西河津）人。主张儒、佛、道三教合一，基本立足点则为儒学。著有《中学》，亦称《文中子》。

王安石，1021年出生，北宋政治家、文学家、思想家，字介甫，号半山。江西临川（今江西抚州）人，世称临川先生。庆历进士，神宗熙宁二年（1069）出任参知政事，次年复拜相。复相后不能把改革继续推行下去，于熙宁九年第二次辞相，从此闲住江宁府。封荆国公，世称荆公。在哲学思想方面是传统的朴素的辩证法思想，《洪范传》《老子注》是他在这方面的主要著作。文章以论说见长，列于唐宋八大家。诗歌方面写了不少反映社会现实的诗篇。《临川集》《临川拾遗》《周官新义》等。

1078年，个人捐资修缮将军庙。对联曰：早岁请长缨，果断功立；良辰酌大计，允矣年高。

王冕，1287年出生，元画家、诗人。字元章，号煮石山农、食中翁、会稽外史、梅花屋主等。会稽（浙江绍兴）人。出身农家，幼时曾牧牛，劳动之余读书习画，年轻时曾热衷功名，屡次名落孙山，遂绝意仕途，浪迹江湖，游历大江南北。擅竹石、篆刻，尤工墨梅，师法仲仁和尚、杨无咎并加以发展，其梅枝干遒劲，花或疏或密，蕊萼错落分布，花朵或圈或点，皆以水墨为之，得梅花之韵致风骨。有《墨梅图》《南枝早春图》；著《梅谱》，阐述画梅理论；善诗，多表现人民生活疾苦，揭露权贵的腐化与骄奢，以及追求清高，不逐世俗等。著《竹斋诗集》四卷。

1330年，著名画家捐资修缮庙宇。联曰：威震边庭勋业重，功铭钟鼎寿龄高。

王夫之，1619年出生，明清之际思想家。字而农，号薑斋，学者称船山先生。湖南衡阳人。曾积极组织抗清斗争，失败后到南明桂王的政权中任职。南明亡后，更名隐居，潜心著述，学术成就很大，对天文、数学、地理、历法都有所研究，尤精于经学、史学、文学，在中国思想史上具有重要地位。主要著作有《张子正蒙注》《读四书大全说》《周易外传》《尚书引义》《读通鉴论》等。

1669年，捐资修缮将军庙。联曰：龙马精神威扬海甸，岳嵩钟毓秀挺蓬莱。

道光二十八、二十九年（1849、1850），两年洪水使将军庙后进倒塌，前进损坏较多。咸丰三年（1853），由18个村共同修缮，将前进维修复原，戏台也油漆一新。八月十五开始唱戏，王绳栋老先生撰联曰“旷心将江海齐远，宏量与宇宙同宽”，横匾是“丹心照日”。

至咸丰十年（1860），庙被红巾军焚拆一光。王绳栋老先生带领两个儿子，于同治二年（1863）在碎砖、石块中找到王翦将军的半身石雕像，将其立在原来座位处，并用碎石块砌成一个石屋。

（王昭松）

六姑娘庙

六姑娘庙位于行春圩西北马元村东圩堤旁一块高地上，占地约2000平方米，由当地士绅筹款约在明清时建造。八间庙宇宏伟，飞檐翘角，分前殿，后殿，庙内雕梁画栋，十八尊神像肃穆。

六姑娘庙北有娘娘殿，东有古城寺，三庙呈鼎足之势，相距约三华里。相传六姑娘是行春圩东边埂上人，自小天资聪明，知书达礼。有一天，皇帝微服私访到太平州，游览荆山寒壁，泛舟荆山湖，上岸来到行春圩，欣赏“两渠水夹一堤宽，个是东皇大御园”美景。那日天气晴朗，皇帝经过半天的行走，这时觉得口渴腹饥。他见圩旁有户农家，便去要点水喝，这户人家环境清幽，屋舍洁净，六姑娘父亲见来人气宇轩昂，便上前施礼，询问贵干，听来人说要点水喝，忙呼小女给客人奉茶。六姑娘连忙给客人倒茶并双手奉上，还道了万福。皇帝见小女孩不仅长得如花似玉，而且非常懂得礼节，年小却像大家闺秀那样文雅庄重，不觉十分喜爱。他对六姑娘父亲说：“有这样一位好姑娘真是福气。”六姑娘父亲连声说：“过奖，过奖。”便留这位客人吃午饭。饭后，客人自称是自京城来此做生意，家有五个儿子，正缺少姑娘，想要主人把女儿结给他做干女儿。因姑娘排行老六，遂称六姑娘。客人将随身携带的一枚玉雕作为给干女儿的礼物。自此这位姑娘便称为六姑娘。六姑娘常看玉雕，思念这位干父，终身未嫁。

六姑娘庙香火很旺，香客求财、祈福络绎不绝。据老年人介绍，每当水稻遭到地火，即发生白叶枯病时，只要由八个男人推着六姑娘“菩萨”在发生地火的稻田一巡游，只需几天，稻田的地火就消失了。

六姑娘庙在1947年重建。1954年因特大洪水，庙被毁坏。后有少数相信佛教的人搭建了一所简易庙，仍有人常来叩拜。“文化大革命”期间，红卫兵扫“四旧”，把庙里的十尊佛像全部烧毁。

（朱法仁）

鱼鳞庙

鱼鳞庙，位于竹园拐东南向100米处的原鱼鳞庙圩埂上(现在的大河心)。鱼鳞庙的名讳和供奉的神位在全国也属罕见(无三面佛、十八罗汉)，庙宇简陋，建造于何年何月更无法考证。传说鱼鳞庙坐北朝南五间古式徽派建筑，3间大殿，正中间大门楼上悬挂一块“鱼鳞庙”金丝牌匾；进门是正殿，靠北离照面墙三米处用青条石垒砌一座长一丈二尺、厚三尺、高五尺的长型平台，上面竖立一块丈许见方的白石板，白石板上雕刻一尾金色鲤鱼，在一群龟、蟹、鱼、虾等水族类的簇拥下，漫游在湖泊水藻中，真是活灵活现，栩栩如生。湖面上方雕刻一片斗大的金色鲤鱼鳞片，在湖面雾气的烘托下，发出耀眼的光芒。紧挨着条石平台的南面放一张长型供桌，上面摆放着香炉与贡品，贡桌的下面放着一排蒲团，供祭祀香客跪拜之用。大殿四周墙壁上挂满了文人墨客的字画，内容是龙宫龙王、虾兵蟹将、龟丞相等传奇轶事的描述。东间是香客问询和饮茶休息处，西间是庙内两个僧人日常生活和下榻处。

古老的鱼鳞庙是行春圩最早建成的庙宇，流传着这样一个故事。很久以前，竹园拐的东、北两面全是一望无际的湖泊滩头，自古以来都是靠山吃山、靠水吃水。竹园拐和北埂一带的村民一般都是农忙种田，农闲就下湖捕鱼；有的是北方避战乱逃难到这里落户的村民，因无土地只能帮工或常年以捕鱼为生。当时捕鱼的条件很差，一般都用箍桶匠箍的木质划盆（俗称摸鱼盆子）只能乘坐一人，少数农户用木质小船（俗称小划子）可乘坐两人以上。竹园拐和北埂一带捕鱼的方法与渔具主要是钩钓、卡钓、麻网（俗称麻滚），还有璇网、照网、搭网、拖网等。由于捕鱼工具原始、落后，所以捕鱼的数量也很少，这一带有一句渔谚叫“鱼死不闭眼，寻（赚）钱不到晚”，意思是捕一天鱼难以维持一家老小的生活。所以当时的农民，特别是渔民的生活非常贫穷。北圩门有一户姓金的老夫妇以捕鱼为生，膝下只有一女刚满五岁，一家三口生活虽过得十分清贫，但也觉得幸福美满。这一年三月的一天，天气特别晴朗，湖水清澈无波，正是捕鱼的好日子。老金和往常一样，晨起后吃了点早饭，就匆匆忙忙提着划盆网具下湖捕鱼。说也奇怪，这一天许多渔友都获得了丰收，一个个都喜气洋洋地陆续回家。可是，老金从清晨到日头快要下山了连鱼腥也没有闻到，真是气恼之极。尽管这样老金也不泄气，一直坚持着，直到日落西山夜幕降临，在竹园拐对面的沙滩咀处收最后一条网，终于发现上了一条大鱼。老金小心翼翼地将麻网的上下杆抄起来慢慢地收网，最后发现一条十余斤的金色红鲤冒出水面，老金喜出望外并左手牵着网，右手在身后盆内拿出抄网，将鱼抄入网内提出水面放进鱼花桶里，然后收拾网具高高兴兴地回家。一到门口女儿就迎了出来，嗲嗲（爸爸）回来了！嗲嗲回来了！老伴也跟在后面说：“老头子，怎么到现在才回来，累坏了吧？”老金很爽快的回答：“一点都不累，高兴着呢，你看我今天捕到一条很大的金色鲤鱼，该卖个大价钱吧。”女儿和老伴一听就立即伸头向桶内一看，一条金光闪闪的红色鲤鱼蜷缩在桶内一动不动，老伴心想桶这么小又没有水，这样鲤鱼很快就会脱水憋死的，快把它放到大水缸里吧。老金听了老伴的话立即将鲤鱼从桶内捧起来放进水缸里，仍是一点不动，估计脱水的时间长了晕过去了。过了一会儿，只见它在水缸里慢慢地翻了几下后才冒出水星开始游动起来，一家人见鲤鱼已经活了，这才放心回到堂屋。这时老金觉得很饿，老伴立即端上饭菜，老金饱食了一顿，饭后老伴收拾完碗筷便拿来了针线活边做边和老金聊天，女儿早已入睡，老金也觉得很疲倦就提前上床睡了，一会儿就进入梦乡……隐约中他看到一红衣女子飘然而至，站在床边向他倾诉：“三百前我本是东海龙宫一侍女，因不慎打坏了东海龙王心爱之物御赐九龙玉杯，龙王大发雷霆，喝令立即将我推出斩首。在众姐妹的苦苦哀求下龙王才收回成命，并大声宣布：‘死罪暂免，活罪不能少！重责之后发配到内湖戴罪修炼三百年，以观后效。’昨日正好是三百年期满，我想在回归东海之前，把故地再重游一遍且误入了你的网阵被擒，您老看在我三百年重新修炼之苦，放我一条生路吧，我将永远记住你的功德。今晚我将自残鳞片一枚，希望你好好保管，若遇大难并请出鳞片向东焚香告知，之后将鳞片焚化，我将竭力援助之。”说完转身飘然而去。老金好像被一阵清风吹醒，回想刚才的一幕好像历历在目、十分真切，睁眼向窗外一看，东方大白，天也将明。正好老伴起床准备做早饭，老金把夜间的梦况一五一十地告诉老伴，老伴本来也是心地善良之人，听老金这么一说，认定这是一条神鲤，既然它托梦给你求救，可不得马虎。俗话说得好，救人一命胜造七级浮屠，何况是救一条神鲤，岂不是功德无量。就这样老两口一合计决定放生，老金立即起床洗漱之后，将鲤鱼从水缸里捧出来放入桶内背起来顺着圩埂（北蓼埂）直奔竹园拐大河边，将金色鲤鱼从桶内捧出放入河水中。就在金色鲤鱼脱离他的手进入水里的时候，并没有马上离开，先是摇头摆尾地向前游了几尺，然后居然转回头游到老金蹲着放它下水的地方又转了好几圈后才转身慢慢游去。老金回到家中将水缸里水倒尽，果见一枚比铜钞还大的鳞片沉在缸底，他小心翼翼地将鳞片拣起洗净擦干，用一块红绸布包好放在衣柜的抽屉里。打这以后，老金每天下河捕鱼总是比别人捕的多，小日子过得很好，最使老金高兴的是第二年春已经五十岁的老伴又给他添了一个胖小子，真是喜从天降，邻居们都来贺喜，老金也倾尽家私置办酒席热情地招待邻居好友。席间老金乘酒兴把自己如何捕到神鲤，如何行善放生，神鲤托梦，近年的好运都是神鲤所赐等等都一五一十地告诉了大家，大家听了都觉得神奇。这个消息很快就传遍全圩，成为全圩百姓的美谈，也确实有不少人效仿老金开始行善放生或做好事，也有不少是灵验的，估计这都是巧合罢了。

就在老金儿子满三岁的这一年江南大旱，从春末到仲秋一百多天没下一滴雨，整个湖水断流，圩内沟塘见底，庄稼颗粒无收，百姓想尽法子请神求雨都无济于事。老金是靠捕鱼为生，大湖全干无处捕捞，一家四口只能以糠菜充饥。有一天，老金拉开衣柜抽屉找东西，无意中发现了红绸布包的神鲤鳞片，打开一看仍是闪闪发光。突然，老金想起神鲤说过的话“若遇大难时她会尽力援助”，如今江南大旱，农民颗粒无收，这不正是大难之时吗？想到这里老金就不假思索地跑到村长家，把几年前捕神鲤，神鲤托梦，自己行善放生一应事宜都和盘托出，村长听后觉得可以一试，当即召集本村以及邻村的长老们齐集老金家的大门口。这时老金请出包神鲤鳞片的红绸包，放在临时摆设的香案祭桌上，打开红绸包，只见神鲤鳞片发出耀眼的光芒。大家态度严肃、虔诚，立即朝着正东方向跪下，双手作揖，默默祈祷：“善良的东海神鲤，今年我们江南大旱，庄家颗粒无收，请求施舍甘露，以度百姓苦难。”祈祷完毕，大家各自散去，等候佳音。

当日下午，就见天上乌云密布，傍晚就开始风雷大作，顷刻大雨普降，次日湖满、沟平，一阵清风吹过，天气晴朗，大地恢复了生机，百姓个个喜出望外，欢呼雀跃。当年，乃至之后连续多年都风调雨顺，百姓的生活一天天地好起来。自此，神鲤的故事传得更加神乎其神，有不少年长的老者出面提议造庙，让神鲤常年接受民间香火，感谢她的功德。这一提议得到了行春圩的绅士们的赞同和支持，接着在行春乡乡长的允许和统筹安排下，全圩以村为单位开始逐户募捐和绅士们捐赠，很快就筹足了资金，立即动工在竹园拐东南向凸出处开工建庙。在建庙前，就庙名进行了广泛的讨论，都认为以神鲤的鳞片求得甘露，救得一方百姓，此庙就叫“鱼鳞庙”。鱼鳞庙建成后，人们为了祈求风调雨顺，五谷丰登、六畜兴旺，每逢初一、十五，人来人往，香火不断。

据北斗门村渔民钱朝南（20世纪60年代已故）生前介绍，鱼鳞庙在明末清初的战火中被毁，庙宇被拆，雕刻神鲤图像、鳞片的白石板被推倒摔碎，大部分碎砖瓦砾被历年的洪水冲走。后来在民国期间有几个年长的老人（我爷爷也在其中），自发地组织起来拣了一些砖块瓦砾，搭建一个简易的小庙（和土地庙相似），找到了几块碎白石板贡在庙内代替神鲤图像。随着行春圩的庙宇庵堂的增多，特别是天城湖东北拐建了龙王庙，一般民间祭祀求雨都往那里去了。再加上原鱼鳞庙埂与竹园拐连接处被洪水冲断，仅剩下原庙址四五十米长的一个独立的高墩子，四周经洪水浸泡洗刷都成了陡坡，想上去也确实很困难，所以鱼鳞庙的香火在民国期间也基本断绝，鱼鳞庙的名声也随着香火的断绝而被人们所遗忘。

1955年的上半年，我和几个放牛娃出于好奇心一道爬到高墩子上面，只见蒿草丛生，杂树、棘刺、藤蔓将鱼鳞小庙遮得严严实实，从杂草缝隙向庙的方向一看漆黑一片，阴森可怕，大家只好扫兴而归。直到1969年7月，皖南山区普降大雨，一天夜间突来山洪将高墩子和鱼鳞庙一起冲走，至此鱼鳞庙就结束了它的历史。又几十年过去了，在人们心目中只知道有鱼鳞庙圩埂，而神奇的鱼鳞庙已鲜为人知了。

（王万春）

二、殿庵

娘娘殿

民国八年(1919)《芜湖县志·庙祀志》载:娘娘殿“在天城湖中。相传,施氏女配宋端宗,未婚,闻端宗崩,殉节于此。嗣由帝昺追封为天花圣姥娘娘。又白马山娘娘殿亦祀天花圣姥娘娘。今按《宋史》:后妃传于显、昰、昺均未言及立妃,施氏于时非巨族,焉得册配皇子?且昰死崖州,年仅十一,施女不过数岁,岂知殉节?昺困崖山,草草赴海,又何暇追封昰之未婚妃,即封矣亦何致用此不经之号。乡民迷信,每多无稽之祀,惟士人亦引为故实,则不得不辨明之也”。

对于施女因为端宗殉节而被帝昺追封为天花圣姥娘娘,《宋史》与民国八年《芜湖县志》都认为是无稽之谈,但天城湖与白马山又确实建有奉祀天花圣姥娘娘的娘娘殿,也总该有其一定的来历。

笔者带着质疑,在民间进行了大量走访。初步推定,天城湖娘娘殿当始建于清同治年间(1862—1874)之前。娘娘与娘娘殿的来历,实与明朝(1368年正月建都南京)的开国皇帝朱元璋有关(详见民间故事《娘娘殿传说》一文)。故作为民间传说记录此节,供他人进一步探究之参考。

(张先月)

观音庵

1955年前,从方村老街顺大堤往北走,约三华里处的流水湾自然村旁有座观音庵。观音庵始建于何时不详。只知道约在1934年左右,因圩堤不断加高培厚,原观音庵在圩堤下方,香客出入不方便,再加上原来的庙宇矮小简陋,便在圩堤上面重建了一座坐北向南的正八间庵堂。

新建的庵堂分前后两进,中间两个包厢加天井。正面墙很高,两边是两个半圆形的风火墙,四拐都起角。开两扇向南的大门,外墙用石灰粉刷,屋上盖的是小瓦,檐口用琉璃下垂的缸瓦,从外表上看,当时在圩区算得上高大壮丽的庙宇。

室内装潢精巧雅致、严谨有条，墙上画上了各种飞禽走兽，风景山水。柱子上雕成龙盘柱，柁梁上都有浮雕。前进三间，中间看梁上悬挂一块“佛光普照”的大匾。堂心塑一尊高大的面向外的大肚佛。大肚佛背后是一尊面向里的高大回头佛。两边是通道。

东边，前半间是鼓室，鼓架上横放着一面长1.5米，直径1米的大鼓。后半间是年王菩萨等的神位，神位前面是拜台。西边间，前半间是钟室，钟架上吊着一口长约1.5米，直径1米的青铜大响钟，钟体重约100公斤。后半间分两层，上层是子孙堂，下层是阎十殿，前面是敬拜台。

天井由青石板铺成，天篷是透明玻璃，东边厢房是厨房，西边厢房是斋公房间。后进三间前面未砌墙，用雕花栅栏作屏风，堂中上面悬挂着一块“大显威灵”的大匾。中间前面是客厅，后面半间是三尊三面大佛神像，神像面前是拜台。东间后面是云长的巨大牌位，旁边是大将周仓等巨大神像，前面拜台。前半间是休息活动室。西间后面正中是观音菩萨巨像，两旁是文殊菩萨等巨像，观音菩萨面前是求签拜台，文殊菩萨面前的拜台是香客求神看病问事解难处。西间前半间是文殊菩萨开沙室，室内摆一张方桌，方桌上放了一个二尺见方的沙盘，盘内装有二寸厚的细沙。沙盘里放了一个形状像拉磨的笼当子的小笼当，两边放了两张条桌，还有椅子、凳子等，供开沙问事时之用。

庵堂斋公最先是谁不详。只知道沈斋公(名字不详)死了后是一个叫朱克康的朱斋公。斋公每天不等天亮就起来敲钟擂鼓，打扫卫生，做早课。生活来源，除香客丢香钱之外，每年春天散春司图，端午散端午图画，腊月散灶司图来换取钱粮。春司、端午、灶司等图画，都是买纸自印的(庵堂里有印板)。特别是在过年边，以独特的腊花菜腌制的茶菜(即香菜)，一是味道好，二是佛赐吃了免灾祸，散一点到各家各户，换点钱粮、团子等。另外，庵堂里还有十几亩田执租。每隔几年，庵堂都要装修出新一次，菩萨塑像装金，除有钱人赞助外，都是庵堂里自理。

庵堂里平时求神问事的香客络绎不绝，特别是每月的初一、十五焚香问事的更多，庵堂里整天灯火辉煌，香烟弥漫。传说该庵菩萨威灵得很，香客们只要有真心诚意，有求必应，求男有男，要女有女，小灾小病，香到病除，特别是大灾大病或家庭出了大事情，都来求文殊菩萨开沙问事。师爷谈永汉(五星谈小屋基的)、张定根(旗杆泉湾村的)、谈朝谓(旗杆谈村的)，由两人手托小笼当，小笼当自动在沙盘里画出图案或药名字样，由有文化的人如流水村的张先辉、谈港的张国恩等录笔师在旁边的条桌上用纸记下药名事项，然后由师爷将药名给病人抓药治病或按记录的事项解难。

传说很早以前，因观音庵菩萨大显威灵，肯为子民排忧解难，救苦救难，这些神灵的行动感动了玉皇大帝，玉帝决定以赐神钟作为褒奖，并托梦给庵堂里的斋公，告知某月某日夜晚赐神钟给观音庵。到了那天晚上，斋公半信半疑地摆下了香案，守候神钟，到了深夜仍未见动静。因斋公守候时间长了，人辛苦了，便打起了瞌睡。正在这时神钟飞来，见大门未开，就在屋顶上盘旋，并伴有很大的风声。斋公被风声惊醒，赶快开门观看。不料就在斋公开门时，只见一道霞光射向流水湾村中而消失。后来又托梦于斋公，说因庵堂大门紧关，神钟在屋顶上盘旋时碰到屋拐翘起的角上，掉在流水湾村中的沙塘里了，但流水湾村中的沙塘不能干，若要干，沙塘村就要被天难（即烧房子）。因有这种传说，一直到解放后，这口塘都未干过。

解放后破除迷信，于1950年将庵堂里的菩萨全部毁掉，斋公还俗到旗杆村干儿子小开家养老至死。房子当时被三连圩水利委员会暂做办公室至1953年。到1955年，因在天民大拐兴建农中，由钱仁龙带队将观音庵全部拆掉，将房料运到大拐做校舍，一块“流芳百世”的大青石碑在“文化大革命”时被敲碎。

（刘达才）

易永庵

埭南之南，奎湖之东的三嘴滩北隅，易永庵耸立其间。

易永庵，始建于明朝洪武年间（1368—1398）。坐北朝南，前有草滩数十顷。弋江之水绕草滩，经小坝角畅流竹港河而下达长江。

易永庵为三进两厢，进深12丈6尺，宽8丈，前进六级台阶，二进八级台阶，后进十二级台阶。门前各有石狮子一对，石雕栏杆，栏杆柱头雕刻吉祥物，栩栩如生，栏杆中青石板上雕刻万字脚或阴阳鱼，东边侧墙上刻有“南无阿弥陀佛”字样。是一座木结构架和石柱、砖墙混合结构的建筑。屋檐高二丈，以大红木为金柱，立在宝瓶形基础石上。屋顶上盖金黄色的琉璃瓦，屋角层层出挑，呈龙角状，二龙抢珠的屋脊装饰，着色大胆，泼辣，大红、大绿、大黄等各色俱全，显出江南特色。屋檐下挂着六个长明灯笼。后面有树林一片，占地面积10亩，栽种柳树、榆树、四季青树及桂花树等。东厢房有厨房，小院内有水井，水井边雕塑石刻“云龙”，全身金鳞，熠熠发光，下雨天水从龙头喷出，使人顿感清新幽静。厨房内设有灶间、洗菜间、切菜配菜间，另外三间为就餐厅。西厢房为寝宫。僧侣众多，来自芜湖、无为、和县、繁昌、南陵、青阳、泾县等地。

楼上设立经堂，大厅联曰：经纶涵万物，磊落冠群英。

左边壁联一曰：修道定当尊益友，诚身敢不敬严师。二曰：度是春风常长物，心如清水不沾尘。

右边壁联一曰：怀若竹虚临曲水，气同兰静在春风。二曰：洞悉世事胸襟阔，阅尽人情眼界宽。

前进大厅设天王殿，天王巨像六尺高，三尺宽，是镇庵之神灵。对联曰：南征北战功不朽，春去秋来名永留。

左间内正面兴善堂，是僧侣第一次上课的地方。联曰：金炉承道诀，宝案读仙书。

右间内正面清一堂，是存放经书的场所。联曰：经文千卷誉中外，净土百年识古今。

中进大厅白莲堂。内竖立南海观世音菩萨石雕像。一曰：杨柳枝头甘露洒，莲花座上慧风生。二曰：女冠女官红𫞩女，子瞻子规韩非子。

农历三月十九日，从四面八方赶来的马车、大轿，有少妇求子，也有千金择婿，堂内香烟缭绕，络绎不绝的人群，从天明至傍晚才渐散去。

左间内药师堂，制造中成药。联曰：铁杆铜条耸碧霄，千万不朽；锅烧汞炼点丹药，一匕回春。

右间内澄心堂。联曰：七重宝树团金界，一片冰心在玉壶。

后进大厅，佛祖堂。正面三尺高，台阶上供奉如来佛石雕像。联曰：道陵道观道尊至，佛印佛影佛生来。

左间内积善堂。内设立柜三组，分别记载捐献财物公益事业、因公受伤、遇难、见义勇为、助人为乐人员基本情况。一曰：教子教孙须教义，积善积德胜积钱。二曰：玉种蓝田征合璧，树栽碧海喜交柯。

右间内百子堂，是求子得子之人还愿处。联曰：一门绕五福，四代庆同堂

庵建成后僧侣汇集，亦读亦耕，香烟缭绕，暮鼓晨钟。聘琅先生作诗曰：易永晓钟

更深漏尽睡方浓，易永间敲向晓钟；清响频教清梦破，日光犹被白云封。

萧斋余火还吟我，野老催耕忽唤侬；曙色渐分声渐杳，戛然一磬日初红。

明成化年间(1465—1487)的那一年，大约是二月初二，易永庵突然起火，众僧侣及附近村民都看到火光上有一条巨龙升天。随即雷声大作，倾盆大雨直泻而下。庙宇被焚毁。这时，地方长老带领村民跪地祷告，祈求火龙王升天后保佑平安，并承诺筹集银两，重修庵堂。

地方长老指派18名壮丁，分赴各村庄下帖，僧侣们分别到南陵、青阳、泾县、繁昌、和县、无为、当涂等地化缘集资，维修庵堂。大约在弘治年间(1488—1505)，重新建成“茅草庵”，另建一大间诵经堂。

诵经堂正面联曰：业精于勤，勤而能奋；行成于思，思则必学。左侧联曰：黄卷催吾朝起早，青灯陪我夜眠迟。右侧联曰：静理禅机翻贝叶，闻中妙句咏梅花。

前进大厅天王殿。天王神像上方横批：功高盖世。联曰：天怀长城河山不变，功称大树风雨惊秋。

中进大厅百莲堂，观世菩萨。一曰：纤手佛云开，紫盖山中骑鹤羽；闲怀邀月共，玉清殿上舞霓裳。二曰：心平气和千佳骈集，意粗性躁一事无成。

左间内药师堂。一曰：借地万国九州药，救我呻吟痛苦人。二曰：明察脏腑除劫患者苦痛，巧理肌骨夺得病人春回。

右间内澄心堂。联曰：一念回光化爱河，而成净土；六根返本变苦海，以作莲池。

后进大厅佛主堂。联曰:秉正嫉邪,一方恒资保障;降魔卫道,千万永镇玄门。

左间内积善堂,内设立柜三组,记载:内容同上所述。一曰:处世无奇,唯忠唯恕;治家有道,克俭克勤。二曰:万事必求其所以,居心不可有然而。

日寇侵芜时,放火烧掉庵堂。

（王昭松）

会龙庵

北宋政和年间(1111—1117),在方村圩埂脚下(原方村文化馆附近)有一座斗门,主要是用于引进青弋江水灌溉农田,后因太平军误以清军残部躲在斗门洞里,就将斗门堵死,所以斗门被废,后来人们为保佑方村和行春圩风调雨顺,五谷丰登,人口平安,就在斗门上建了个庵庙,叫"小斗门庵"。由于香火鼎盛,民国初更名为"会龙庵",这是一种传说。

还有一种传说,方村是一条弯弯曲曲的长蛇形街道。地理先生也说方村的确是一块"蛇地"。蛇在属相中称"小龙",方村自然是一块风水宝地。

方村是一个水旱码头,街面上的人行道全是青条石平铺,各种商店、饭店、旅社、澡堂等样样俱全。买卖的来往行人络绎不绝,成天热闹非凡。久而久之,方村镇上的胡、刘、梅、汪、张等五大家便成为方圆百里的大富翁了。

天有不测风云,据说有一年瘟神开了一条船,沿着青弋江顺流而下,沿途的土地神都不给停靠,阴船开到方村刘咀的凸子处停靠了一会儿,两个月后,方村瘟疫开始了,刘咀开始死人了,方村人急忙跑到和尚桥庙里去躲避瘟疫。

瘟疫平息了,人们的恐惧心理还一时难以平复,外面的人也不敢到方村来,商店成天关门。方村的五大富翁看在眼里,急在心里。于是他们出面,召集有关人士商量集资造庙。恐惧的人们听说要造庙保平安,免遭瘟疫,十分高兴。所以集资造庙工作一帆风顺。很快,一个美观大方的新庙落成了。因为方村是一块小龙地,所以庙名定为"会龙庵",以示方村今后会汇集更多的龙神,确保方村人杰地灵。

会龙庵三间,包厢两个,均为小砖小瓦建成的四合院。包厢供僧人和来往香客食宿;两个包厢的中间是一个大院,院中放着香炉、烛台;正庵中供三面大佛神像,右供晏公神像,左供华佗神像。三面大佛神像的前面各安放香炉一个。大门内的右边吊大钟一口,左边安放大鼓一面。大门楼上"会龙庵"三个大金字金光灿烂,耀眼夺目。庵内有斋公(尼姑)三个,主持是张朝秀。为确保庵中人员的生活及费用开支,特划给会龙庵六亩多田,名为"庵公田"。

会龙庵的规模虽不宏大,但是建造的工艺十分精美,特别是泥塑装金的几尊佛像正合民意,所以每逢初一、十五来庵中求子求福、问病求医的人络绎不绝。庵中神威最大的是“开沙”。据说有一年芜湖地区遭遇大旱，田野禾苗半枯焦，农户们心急如焚，于是有个机灵的老者前来庵中“开沙”问雨。斋公捧出沙盘，放在大厅中央，便叫来求雨的人跪在菩萨面前说明来意，斋公也跪诵经文求助。片刻之后，斋公揭开沙盘，只见平坦的沙面上呈现出两行清晰的文字曰：“你求我，我求天，玉皇打我四十鞭，要想小雨月月有，要想大雨到明年。”这真是神也！奇也！

会龙庵不但来求神拜佛的人多，而且每年周边划龙船的、穿灯的都来敬香拜佛，祈求平安。附近旗杆村龙船的龙头每年都存放在庵中，祈求保佑下年划龙船旗开得胜。

解放后，由于种种原因，各种神像均被毁掉，随之庙被拆。后来，芜湖县就将第一个文化馆建在会龙庵的遗址上，会龙庵从此就永远消失了。

（王恩荣　张致松）

镇龙庵

青弋江横穿古老的方村小镇，将这个小小的集镇分割为河东、河西两街，是一条渡船将两岸街道连成了一体。就如同一颗璀璨的珍珠掰开来，镶嵌在江畔两岸，显得格外光彩。在这座古集镇上，古建筑很多，传说也很多，河东街的“镇龙庵”就是其中之一。“镇龙庵”建造于乾隆年间（1736—1795），有23间殿堂，当时颇为壮观。

据说建造这个“镇龙庵”，还有一个神奇的传说。相传，咸保圩是个古老的圩口，吴赤乌二年（公元239）就围垦造田，粮桑并举。在这个圩西北隅晏公庙南一里多远的圩埂边，有一棵大桑树，是唐朝时期“野生”的树种，到了清乾隆年间，算起来已有千年了。俗话说：“人无十全，树无九杈”。而这棵桑树与众不同，独长九个大杈，树身有禾桶那么粗，四五个人手拉手都抱不过来，树高五丈余，树梢上还有笸箩球大的蜘蛛王在爬窜，还不时地放出夺目的霞光。听上了年纪的老人说，这颗“珠（蛛）王”，人得到了，可升天堂；龙得到了，可增加道行法术。说来也怪，过路的人只要谁在这棵树上摘一片叶子，便会头痛发烧。这样一来，住在附近的人谁也不敢碰这棵大桑树。但也有一些财迷心窍的人，不要命，见树这么粗，想偷着砍伐。当偷树者斧砍树时，树脂凝如血而止。偷者见状，吓得魂不在身，一溜烟地溜走了。这一消息不胫而走，乡里人疑有神祀。

记得有一年夏天的午后，天气骤变，乌云密布，昏天黑地，狂风大作，飞沙走石。咸保圩鸠兹港（大沟）里的一条乌虬龙擅自起身了，飘飘荡荡地来吃那颗蜘蛛王。谁知，政和圩大港里的一条黄虬龙对此蜘蛛王早已垂涎三尺，见乌虬龙正要张开血盆大口吞噬这只蜘蛛王。说时迟，那时快，黄虬龙立即腾云驾雾猛扑了过来。两条小虬龙一番“二龙戏珠（蛛）”，厮打起来，谁也不肯相让。此时，半空中忽然一个炸雷，惊天动地的一声巨响，而后一阵龙卷风横扫过来，那棵古桑树“咔嚓”一声被折断，只留下一个大树根，树身炸得粉碎。桑树头夹着一个大火球（蜘蛛王）在天空翻滚起来，飓风刮起，大火球（蜘蛛王）越刮越远，最后在方村河东政和圩的五房村（今属六郎镇政和片孙庄村）落下了。后来，人们把那棵折断留下的古桑树根的地方叫"桑树根"（今属六郎镇咸保片新社村），仍依稀可见桑树根虬曲土中。桑树头炸飞降落的地方叫"桑树头"，又名五房村。

就在那乌虬龙、黄虬龙斗得不可开交难分胜负之时，天空仍旧雷电交作，风雨肆虐。这一带的老百姓的生命财产可遭殃啦，房屋、庄稼、树木遭受到了严重浩劫，损失惨重，目不忍睹。玉皇大帝得知，立即下令二郎神去降伏这两条虬龙。二郎神带着神犬，手持宝剑，即刻遵命执行。他把蜘蛛王收服上交天庭，又把两条虬龙降伏，用大铁链将这两条幼龙锁在政和乡大港里。二郎神驾起云头，纵目四望，发现方村河东下街头是龙脉抬头之地，并丢下一道镇妖符，造了一个"镇龙庵"来压住它俩，叫它俩悔过自新，为民造福。二郎神降龙的地方，后人称之为"二郎桥"（今属六郎镇政和片钱村）。

时隔不知多少年的一天，住在政和大港附近的两位农夫，一天驾船摇桨来到港里捞塘泥，捞着，捞着，却捞到了一条长铁链。于是，就将铁链往船舱里拽，铁链装满了整个船舱，还不见链尾，就在两位农夫继续拽铁链时，万没料到，天空霎时乌云翻滚，狂风大作。整个天空就像被一口锅盖住，黑漆一片。两位捞泥农夫吓得魂不附体，只好将船舱里的铁链放回港里。

再说，二郎神降伏了两条幼龙，回天庭复命。玉帝念其两条虬龙年幼无知，当时也只是从宽发落，在镇龙庵整整关押了一百年，到咸丰年间庵毁特赦，两条龙才上得天庭修行，但久久没被放回。政和圩的百姓为祈求风调雨顺，盼龙归来，就在光绪年间，重建了"镇龙庵"以志纪念，又与行春圩合作，在方村河西回龙巷建造了一座"会龙庵"，盼两条龙早日归来，保佑这方土地平安。

光绪三十三年(1907)，芜湖县葛挺芳等6人筹建了当时全县第一所规模最大的公立县办学校，名为"务本高等小学"。民国初期，由王家祠迁入方村河东"镇龙庵"内，当时学生有500多人，大部分学生来自全县各地，也有少数学生来自当涂、繁昌、南陵等县。1957年，该校更名为方村中心小学，移迁方村河西街续办，成绩斐然，被列为华东地区重点小学，赢得了本县和周围县的好评，被称之为"华东地区办学的一颗明珠""江南水乡的人才摇篮"。1958年"镇龙庵"改建政和供销社。"会龙庵"改建成文化站，后改为镇文化馆。

清末至建国初期，每年五月端午、六月六赛龙舟，来自行春、陶辛、周皋、政和、保丰、保沙、麻风等老圩里的龙船，都要习惯地来到"镇龙庵""会龙庵"朝拜一下，以祈保佑龙舟竞赛旗开得胜、年年五谷丰登。

（张致松）

民间故事

- 地名故事
- 人物故事
- 帝王故事
- 神话故事

一、地名故事

和尚桥的传说

行春圩与陶辛圩隔河相望。古时候,两岸百姓相处和睦,自筹资金在行春圩南埂(即现在的河桥自然村)修建了一座庙宇,取名“降福殿”(又称天官殿)。庙里整天香火不断,做佛事的和尚有十来个,前来进香的人络绎不绝。

有一年,陶辛圩一富人家的老板突然病死了,家里只留下一个寡妇。寡妇也有点福气,儿子刚成人,就金榜题名,出去做大官了。

这寡妇虽是抱孙子的人了,但因家境富足,茶饭吃得好,所以姿色仍不减当年。如今,要她独守空房,简直是活受罪。她天天怨怪自己:“怕是前世造孽,隔世里得报应!”她诚信佛,时常做斋。对河的和尚经常过来为她家做佛事。日子一长,有一个和尚不守佛门戒规,摸到了寡妇房里。正好,一个喊补锅,一个锅要补。寡妇家里没什么人碍手碍脚,这样和尚和寡妇就常来常往。

和尚每次来寡妇家,寡妇都要问和尚是怎么过来的?和尚说是划水过来的。寡妇心理就咯噔一下,很是担心。她心里想,要是有朝一日,和尚掉河里淹死了,不造孽吗?她不知想过多少次,决心要成全和尚。

有一天,寡妇坐在房里,她看看雕龙画凤偌大的房子,翻翻柜子里那几千亩田契,心一横:“舍不得金弹子,打不了巧鸳鸯。造桥!”

但话又说回来,古时候妇女遵从三从四德,信守“出嫁从夫、夫亡从子”的教条,这万贯家产虽是自己守着的,但总归是属于儿子的。

她主意拿定了,儿子要是不肯造桥,就拿老命拼!谁知,这寡妇的儿子是个孝子,二话没说就答应了。造桥的喜讯很快传开了,但寡妇与和尚偷情的风也刮到了寡妇儿子的耳朵里。他后悔莫及,越想越伤心,这怎么能对得起九泉之下的父亲?真是忠孝难两全哪!他立即去拜访他的老先生。果然,生姜还是老的辣!老先生给他出了一个两全其美的点子:“造桥随母意,杀僧报父恩!”寡妇的儿子遵照母亲的意思,很快造了一座大石桥,待母亲死后,也遵循先生的嘱咐,寻机杀死了和尚。

和尚暂时得到方便,后来断送了性命,两岸百姓倒是受益了千百年。后人为了纪念这件事,刻下两块石碑竖在桥头,碑文曰:“造桥随母意,杀僧报父恩。”

人们称这座石桥叫和尚桥,千百年来当地民间一直流传着这个故事。

(刘达财)

骡子坟传说

埭南楼底村东面马塘的对面,有一块向水塘突出的地方叫骡子坟。这儿葬着耀南太公的坐骑:一头因救护主人而累死的骡子。

相传在清朝初年,楼底村富甲芜湖,有良田万顷的庄主耀南太公乐善好施,但性情刚烈,眼睛里揉不得沙子。那时在芜湖地界有许多叫花子要饭,他们结成帮派,势力很大,每到逢年过节或者是大户人家做红白喜事,他们就成群结队地上门大吃大喝,酒足饭饱后胡言乱语,根本不把主人放在眼里,在芜湖地界包括南陵、繁昌的许多大户人家,谁也不敢带头站出来得罪叫花子。

埭南楼底村耀南太公历来与叫花子相安无事。叫花子多次来楼底村吃吃喝喝,也都不敢放肆。耀南太公也省事,对叫花子也客客气气。有一年下半年,耀南太公家娶媳妇,大摆酒席,招待亲朋好友。叫花子照样来了许多。耀南太公好酒好菜招待了叫花子几天,喜事做下来后,叫花子们高高兴兴地离开楼底村,朝行春圩方向走了。叫花子们一路有说有笑,有的还唱上两句,快活得不得了。到行春圩张家花园的时候,村里的大户张福贵不敢得罪叫花子,赶紧把他们请到家里吃酒。张福贵客气地问叫花子从哪里喝酒来。一个叫花子随口讲了一句“从男妮(儿子)家喝酒来”,其他叫花子都跟着“打葫芦锤”(随声附和),讲“从儿子孙子家喝酒来”。叫花子的这些话恰好被楼底村的一个亲戚听到了。这些话很快传到耀南太公的耳朵里。耀南太公开始不相信。后来派家丁到张家花园去打探,果然有这回事。耀南太公大怒,觉得这还得了,欺到老太公头上来了,不把点颜色给他们看看,这般孽畜要上天了!耀南太公吩咐家丁在埭南圩各路口立下石碑。碑上刻着:叫花子一律不准进入埭南,一进埭南圩就乱棍打死。从此,耀南太公就与叫花子结了怨。后来叫花子只在其他地界吃吃喝喝,再也不敢到埭南圩来了。你想想这些叫花子对耀南太公肯定恨得不得了。耀南太公也晓得叫花子肯定要害他。一连好几年,耀南太公出门都带许多家丁保护,从来没遇到叫花子找麻烦。后来耀南太公就马虎了,出门时一般只带几个家丁,那就该当免不了要出事了。

那年秋天,耀南太公带了两个家丁到芜湖办事,在南关口被上百个叫花子围住了。耀南太公骑在骡子上想:这下不讨好了,要遭难了。低头对骡子讲:“骡子啊骡子!今朝能不能活命就看你的了!”骡子好像看懂了主人的心事,一声长啸,冲出了叫花子的包围圈直奔五里亭。叫花子有的骑马,有的骑骡,跟在耀南太公后头追,只要追到，耀南太公肯定不能活命。耀南太公骑在骡子上，逢山过山，逢水过水，从孤山脚下过来，划水过了龙塘湖。叫花子仍在后面紧追不放，耀南太公又骑着骡子穿过了黑沙湖，上了圩埂。后面的叫花子已追到了圩埂脚下，危险得不得了。耀南太公的骡子冲下圩埂，划水过河到了埭南。此时，耀南太公骑的骡子已经站立不稳了。回头看，叫花子的骡子和马下了河。耀南太公一声长叹："哎！骡子啊骡子，看来咱俩该应的都不能活命了。"话音未落，骡子一声大叫冲下圩埂，一口气跑到了楼底村。骡子砰的一声倒了，耀南太公大叫一声"我的骡子啊"，也昏死过去……

耀南太公在床上病了许多天，醒的时候，呆呆地念叨骡子。有时候在梦里大声哭着："我的骡子我的骡子啊！"全村人都知道耀南太公不忘骡子的护主之功、救命之恩。管家王理财征得耀南太公的同意，着手操办骡子的丧事，还到白马寺和茅草庵请了上百个和尚尼姑到村里来念经，为骡子超度亡魂。耀南太公不顾生病，亲自为骡子选了一块墓地，把他的骡子葬在了楼底村的大边（东边），取名骡子坟。耀南太公要提醒他的子孙记住骡子的护主功德。

（王永汁）

二、人物故事

花园村张天官的传说

“九代天官你不做，一代天官不到头，削职为民造甘露”，这句民谣流传于方村一带已有数百年了，说的是花园村张天官的故事。张天官原名张一如，为方村行春圩花园村张氏后人，曾是方村一带远近闻名的状元郎，生于何时已无从考证，但他的一生却颇多传奇。

北风吹海螺

话说，张一如出生之前，张家发生了一件大事。说的是其父准备重新安葬老祖，为了寻找一块风水宝地，特地请了一位风水先生。这风水先生四处观看，最终在张家村南头的坝田里看中了一块地，此地形若乌龟，前面连接着一条小埂，状如乌龟的脖子，所以人们称之为乌龟颈子。

张家对这块地也颇为满意，盛宴招待风水先生，同时商议安葬之事。席间，一如的父亲问道：“先生为我家大事劳神费心，我应该付给你多少钱呢？”风水先生笑着说道：“钱暂时不说，我有两个要求望请照办。一是下葬三日后，你家坟前必定长出9根竹笋，第三天上午，你家需用铜钱堆成与九根竹笋一样高，这些堆起来的钱便是我的报酬。二是你家的祖坟安葬后一年，我的两眼肯定会瞎，我将成为残疾人，所以你家必须为我养老送终。”一如父亲听后，一口应允。风水先生看到这张家人倒也实诚，于是选了一个黄道吉日，掘土挖坑、制作碑文，并举行了隆重的下葬仪式。当棺材入土时，风水先生要求张家将坟头朝北，在场的众人都目瞪口呆，其中有快嘴之人说道：“老祖坟哪有向北的？”风水先生听言告诉大家：“此地乃是乌龟地，坟向必须朝北，这叫作‘北风吹海螺’”。众人听先生这么一说，也就照此办理了。

祖坟安葬后的第一天，一如母亲独自在家暗暗思量：“用铜钱堆成九根竹笋高得多少钱呀，我家怎么付得起呢。”于是，第三日清晨，当鸡鸣三更时，她悄悄地来到了坟地看看情况。谁知这不看不知道，一看吓一跳，只见坟前齐刷刷地长出了九根嫩绿粗壮的竹笋，足有一尺多高。一如母亲慌了神，伸手将前面的八根竹笋齐土扳掉了，最后一根也扳去了一半。

是日早饭后，一如父亲陪同风水先生来到了坟地，只见那九根竹笋已经残缺不全，风水先生大吃一惊，摇头叹道："你家九代天官你不做，一代天官都不到头。"时过一年，风水先生果然在张家两眼全瞎了，吃饭要人盛，行走要人牵。一天，一如家一只鸡掉进了粪坑淹死了，一如母亲怎舍得扔掉。于是，她将鸡打捞上来，清洗干净，烧好了做菜。当天晚饭后，张家一个小放牛的在和风水先生聊天时说："先生今天吃鸡了吗?""是的，你吃了吗?"先生答道。小放牛的说："我没吃。这是酱鸡，怎么能吃!"先生一听说吃的是酱鸡，气得一头恼火，前思后想，觉得这一家人不但欠福、缺德，而且无情无义；这样下去，等我老了，他家又怎会为我养老送终呢。不如，毁了他家的宝地，换回我失明的眼睛。

第二天，风水先生把一如的父亲叫到了跟前："你家的坟地确实是一块宝地，今后肯定能出大人物。只可惜，前面的那条埂挡住了活水，最好你找几个人把坟前的埂挖了。"一如父母闻言甚是高兴，立即找来几个人去挖埂。可是，这条埂土太硬，怎么挖也挖不动。于是，一如的父亲就去请教先生，先生说："你让他们先回来吃饭，离开时，将铁锹钎在土中，下午再去，肯定可以挖好。"大家按照风水先生的说法照办了。饭后，众人回到了坟前，只见铁锹插入的土地里溢出了鲜艳的血，拔起铁锹后，铁锹上也满是鲜血。大家你看我、我看你，满脸惊恐，却也不敢乱言，只是默默地低头挖埂。果然，此时的土已经很软，不一会儿，那条小埂便给挖断，水通了过来。不久，风水先生的双眼竟然莫名其妙地好了，随后便离开张家不知所踪。

时过多日，挖埂时的怪异现象总是萦绕在一如父亲的心头，使他内心惶恐。一天，周围人家也请来风水先生看地准备安葬祖坟。他也借机把先生请到了自家坟地，并将挖埂出血的情况告诉风水先生。先生听他这么一说，在他家祖坟仔细看了看，随后摇头说："这块坟地确为乌龟地，是块宝地。可惜，不知那位先生为什么要害你家。他让你们挖掉的不是埂，而是乌龟的颈子。乌龟的颈子被你们挖断了，乌龟不也就死了吗。好好的一块宝地就这样毁了，实在可惜!"

一代天官不到头

自从张家祖坟风水被毁之后，张家家境一落千丈，资财尽失。一年后，张家添人进口得了一个胖小子，长得是眉清目秀、白白嫩嫩。张家上下好生欢喜，房下先生按族谱取名一如。这一如自幼聪慧，乖巧玲珑，深得家人宠爱。无奈家中贫寒，直到一如九岁尚无钱延聘先生。一日，家住施家村的舅舅来张家做客，酒席间，谈到一如念书一事，其父黯然神伤。舅舅对机灵可爱的外甥早就心存喜欢，见状连忙安慰道："目前你家中困难，我看你们可否让一如到我家去。我们村有一位老先生，学富五车、德高望重，我儿子已在他处学习。让一如也一起去读书，一来有个伴，二来一如也可以有个前程。吃住在我家,学费也不用你们管。妹夫意下如何?”夫妻二人听了十分感谢,叫一如叩谢舅舅,并叮嘱他要好好读书,不要辜负了舅舅的一片苦心。

一如自从进了施家学堂后,心无二用、发愤读书,加上其天生聪明,进步飞快,很快便成为学堂十八个学子中的佼佼者。学堂的老先生看在眼里、喜在心头,觉得这孩子今后必定会出人头地。于是,对一如格外重视,一如也不负老师栽培。数年后,一如已是出口成章、满腹经纶,远近乡邻无不夸奖。

日月飞转,又到了京师开科取士的时候。老先生召集学堂弟子的家长共同商量赴京赶考一事。大家约定三日后一起租船赴京,途中也有个照料。可是,当天晚上,施家村的十七位学子的家长秘密聚会商量,觉得一如是他们中最具威胁的竞争对手,决定丢下一如,提前出发。到了第三天清晨,一如与家人准备好上路,却发现其他学子已经离开了村庄。一如家中无钱雇不起船,无奈,父亲只得陪着儿子步行赴京赶考。父子二人风尘仆仆、日夜兼程,数日后来到了大江边的一个小镇。眼看天色已暗,父子二人找了一个廉价小旅馆住下。晚饭时,二人向店老板讨了碗水,就着随身携带的干粮坐在店堂的一角无声地吃着。这一老一少的举动引起了店里几个客人的注意,一位年长的客官走过去问道:“二位是何方人氏? 此去何处?”一如父亲连忙起身:“小民乃芜湖张家村人,此去京城陪我儿前往参加科举考试。因家中贫寒,无钱雇船,所以只能匆忙步行赶路。哎,还不知能否赶上考试。”老者闻言,默默打量了一旁的一如,只见其身着布衫虽已破旧,举止却不失大方,文质彬彬,眉宇之间透着一股英气,不觉肃然起敬:“你父子二人不必发愁,我们的船正好要去京城,明天,你们可以乘坐我们的船一同去京城便是。”父子二人感激涕零,老父亲连忙要下跪致谢,那客官赶紧扶住:“不敢、不敢。在外之人都有不便,互相帮忙,理所当然,何必多礼!”

次日,父子二人随客官上了船,只见这艘大帆船,乘风破浪、日夜兼行,很快便到了京师。距离开科考试的日子还有几天,那船主也是好人做到底,将父子二人安排在一家小客栈住下,等待开考。两天后,施家村的考生也到了京师,见一如早已到了,十分诧异,听闻一如的巧遇,不觉感叹:真是天助其成功也。不日,考试如期举行,一如信心满满地走进考场。

时过月余,揭榜的日子到了,张一如的大名高居榜首。消息传到张家村,张氏一族喜出望外,大摆筵席,举村庆贺。再说,一日,皇帝召见当朝进士,见新科状元张一如相貌堂堂、气宇轩昂,甚是欢喜;遂召其上前,咨以朝政。那张一如字正腔圆、应答如流。皇帝龙心大悦:“朕命你前去丞相府,协助丞相办理朝政,你务必忠心耿耿、尽职尽责,不得懈怠!”

张一如自从进了丞相府,兢兢业业,勤勉有为,对老丞相也是尊敬有加,固深得丞相欣赏。对各位同僚大臣,一如也是彬彬有礼、处之有度,一时朝野赞誉之声不断。对此,皇帝是耳闻目睹,意欲重用。一日,皇帝早朝,面对众臣下旨:“张一如自入朝至今已有十载,其助丞相辅理朝政,忠心尽责,劳苦功高。朕今封他为天官,在其家乡建造天官府,以示褒奖!”并令营造司负责此事。

退朝后,众大臣皆来恭贺,却也难为了建造天官府的营造司官员。那张家村距离京城路途遥远,沿途需经过一些险关危道,难免不会遇到匪寇,造天官府的金银如何才能安全地送达?于是,他们想了一个方法,将金银装进72个大花盆,在金银上装满土,上面栽上各种花草,途中再有精壮护卫押运。经过长途跋涉,金银安全到达花园村。几个月后,天官府建造完工,在天官府的后面造了个大花园,72个大花盆错落有致地布置在花园里,花园里花团锦簇、香味扑鼻。于是,张家村也改名为“花园村”。后来也有人称它为“张花园”。

这天官府规模宏大、雕梁画栋、富丽堂皇。其前后九进三十六间,后又有一座大花园。行春圩和尚桥的老和尚每年三月十九外出游春,路过花园村,必定在此停下,面向天官府的方向打坐一番。从而应了“老菩萨拜天官”的传说。

然而,俗话说:“人在家中坐,祸从天上来。”天官府竣工后,监造官回京复旨说:“天官府建造得宏伟壮丽,不亚于我主的金銮殿。”皇帝闻言,勃然大怒,拍案骂道:“好一个张一如,朕对你如此厚爱,你却蓄意篡位,真是狼心狗肺!”随即下旨捉拿张一如。于是,御林军大队人马浩浩荡荡奔向花园村。

张一如在京城的一位仆人闻讯,快马狂奔赶至花园村禀告:“大人,万岁爷已派大军前来捉拿你,请大人快快避难吧。”张一如大惊失色,转身带了几个心腹匆匆逃难去了。主仆几人,夜行昼宿,不敢走官道,尽寻那山野小路,几日下来已是人疲马乏。这一日,他们来到了一个荒山下,四处荒凉、不见人烟。只有那西下夕阳,洒下了满目的苍凉,张一如心中惆怅,不知前路何在,感叹人生无常。正值此时,一如抬头向着前方的山头看去,隐隐约约见那山头上有一座小庙,真是天无绝人之路啊!张一如等人上了山进了庙,见庙中有一位老道士在打坐,连忙上前施礼,并说明来意。老道士合十还礼道:“施主请便。”于是,主仆几人入庙住下,随从几人,又累又饿,很快便呼呼大睡。可张一如却翻来覆去无法入睡。他起身走进大殿,见老道士仍在打坐,便叩首道:“仙师在上,小生今日有难,烦请仙师开示。”老道士双目微闭:“人生皆有定数,如今,贫道送你两句话,请施主细细思量——世事明如镜,前程暗如漆。”一如听后,叹声离去。这就应了当年那位风水先生所言的“一代天官不到头”。

削职为民造甘露

话说,御林军大批人马将花园村天官府围了个水泄不通,却未见张一如家中一人,遂一把火烧了天官府,回京复旨了。皇帝听了奏报,叹道:“朕念他在朝有功,免他一死,削职为民,随他去吧。”

张一如在庙中歇了几日，得知皇帝已有口谕，知道自己死罪已免，便叩谢了老道士，带着随从回到了家乡。只见那富丽堂皇的天官府已是一片瓦砾、满地断壁残垣，心中甚是悲凉。他想起老道士的话，自知此乃天命。有感于大难临头之时，得到了菩萨的保佑，因此，他立下宏愿，以行善为本，化缘建寺，皈依佛祖，在花园村建造一座佛寺，供奉三宝。于是，他四处游说，拜见当地乡绅与富豪。大家已经知道当今皇上已经赦免了张一如的死罪，也就给他面子，加之捐款建寺乃是积德行善之事，都积极响应，有钱出钱、有力出力，万事俱备后，便请来风水先生勘察选址。经风水先生查看，选中了花园村北边军坝埂外的一块地。先生告诉大家："此地乃金鸡地，地的中间有一小块，冬天不管下多大的雪，这块地上始终不会积雪，因为那是金鸡的窝。"

庙基定下后，又选定了一个黄道吉日开工建设。半年后，大庙建成。庙门坐西北向东南，黄墙黛瓦，前后两座大殿，中间是天井，天井的两边是包厢，为僧人食宿之处。前殿供奉三面大佛，右吊大钟一口，左设大鼓一面。后殿供奉北海观音，左供牛头、右供马面。大庙正中建一座天官塔，塔高两米多。

庙宇落成，众人商议为此庙取一寺名。大家议论纷纷，众说纷纭，难以确定。张一如沉思片刻，说：古时有名甘露者，十二岁为丞相，一生为官清廉、才智过人；我看此庙就叫甘露寺吧。接着，他又提笔写下一副对联，上联曰：孔夫子、关夫子，二位夫子，下联曰：著春秋、看春秋，一部春秋。对联可以挂在大殿的两边大柱上。众人听了，异口同声地赞道："不愧为状元郎，这名与联俱佳，何人能够为之？"

此庙庄严肃默、静雅典致，吸引了四方高僧来此主持，一时间，香火旺盛、远近闻名。那张一如也是潜心研读佛法，每逢初一、十五都到甘露寺焚香礼佛，十分虔诚，终成大德居士。

（王恩荣）

秀才的学问

古时候，方村镇河东街上有一位老汉，家有两个女儿。大女儿嫁给河西街上的一位秀才，二女儿嫁给附近一位庄稼汉。老汉一生专爱巴结富户，对秀才女婿非常敬重，却瞧不起种田的二女婿。

有一年，老汉过生日，秀才女婿送来很多寿礼，小女婿因家中贫寒，没有送像样的礼物。老汉很不高兴，又不好直说，想来想去，忽然想出"两全其美"的好办法。正当两位女婿举杯贺寿，老汉开口了："今天是老夫寿日，为了给宴席增添乐趣，给大家长长见识，我想出几道题考考二位女婿，答对了，请喝酒；答错了，请退席。"秀才女婿一听，高兴极了，这正是在众人面前显露自己才华的好机会，他斜视了一下正在为难的连襟，得意地说道：“小婿不才，愿老丈人赐教。”老汉听到秀才女婿满口文采，不觉喜上心头。他看到桌上放着的苹果，就以苹果为题，脱口而出：“为什么苹果一边红，一边绿。”秀才女婿不假思索地答道：“朝阳者必红，朝阴者必绿。”二女婿听到这半懂半不懂的文言，想了好半天，才小心翼翼地说：“照大姐夫这么说，西瓜内的红瓤子是给晒出来的啰。”一句话问得秀才满脸通红。老汉也给难住了，他气得将一块啃光了的肉骨头朝门外一扔，正好砸在鹅身上，鹅受惊高叫。老汉转忧为喜，心想，这愣小子就知道地里种的东西，我何不以此为题？于是又问道：“为什么鹅叫得声音那么高？”秀才刚受到讥讽，生怕又答错了，便认真地想了想，然后说道：“长颈者音必高。”二女婿扑哧一笑，忙问：“按照大姐夫这么说，青蛙该有多长的颈子？”老丈人一听，觉得这种田的汉子还真不简单。他手按胡须，摇头晃脑，一时也不知道说什么好。忽然，老汉像发现了新大陆，慢悠悠地说：“为什么我长了这么多胡须。”秀才再也不敢贸然回答，经过仔细琢磨后说：“老者必有须。”二女婿一听，慢条斯理地反问道：“刚生下来的小羊，嘴边就长有胡须，请问这该是什么原因？”秀才一听，气得直翻白眼，只好灰溜溜地退席了。

（周世福口述　王万春整理）

三、帝王故事

娘娘殿传说

据民国8年版《芜湖县志》记载:“娘娘殿在天城湖中。相传,施氏女配宋端宗,未婚,闻端宗崩,殉节于此。嗣由帝昺追封为天花圣姥娘娘。又白马山娘娘殿亦祀天花圣姥娘娘。今按《宋史》后妃传于显、昰、昺均未言及立妃,施氏于时非巨族,焉得册配皇子?且昰死在崖州,年仅十一,施女不过数岁,岂知殉节?昺困崖山,草草赴海,又何暇追封之未婚妃,即封焉亦何致用此不经之号。乡民迷信,每多无稽之祀,惟士人亦别为故实,故不得不辨明之也。”

从这篇县志的记载,不难看出编纂者对施氏女配宋端宗持否定态度。从“今按《宋史》……”到“……不得不辨明之也。”仅110个字的这段话中,编者就有六点质疑。质疑一:按《宋史》后妃传记载来看,从端宗至接替端宗的帝昺,都未有立妃之事。质疑二:施氏女当时并非贵族,怎么能册配皇子?质疑三:端宗死崖州时年仅十一岁,施氏女不过几岁,怎么知道殉节?质疑四:接替端宗的帝昺被元军围困在崖山(今广东的新会南),后崖山被攻破,陆秀夫背着帝昺投海自尽,帝昺在大难来临之际不可能有心思有时间为端宗追封未婚的施氏女为妃。质疑五:即使追封也不能封天花圣姥娘娘。“姥”通常称年老的女辈,一个几岁的小姑娘称“圣姥”也是不合情理的,就是帝昺不懂,左右大臣也会进言。质疑六:乡民迷信进行无根据的祭祀,而士大夫确认为有此事,因此编者也无法辨明真假。

笔者带着这些质疑,走遍了老天民的各个村落和淀河两岸各户人家,访问了百余名老人和知情者,对施氏女配宋端宗之事一无所知。在深入民间走访调查期间,获悉马厂村北拐自然村王光红老汉家的屋侧边,有一块重建娘娘殿的石碑。我立即赶到现场,看见确有遗留的重建娘娘殿的石碑上半截,下半截据说被1954年的特大洪水冲走了。娘娘殿的遗址就在旁边的龙潭里(现在叫三叉塘)。好在这仅存的上半截石碑是整个碑文的主题,碑文的小序明晰地写着:“非人力所为是神力相助……”碑上共载七位娘娘,姓氏按“周、杭、殷、王、高、施、宋”顺序排列。碑的背面刻满捐款人的名单和所捐银两数,碑文落款时间是大清光绪六年(1880)。我们知道,清朝同治年间(1862—1874),大臣张之洞和同僚刘坤一上书变法三疏中就有“行银元”一节,就是说主张流通银元,这比使用散银方便。据此推测,重建娘娘殿的时间当在同治之前,至于究竟是何年何月就无法考证了。

依据民国8年《芜湖县志》记载、民间传说以及遗留的重建碑文,娘娘殿的实际存在,这是不争的事实。那么,不是施氏女配端宗,娘娘殿又是怎么产生的呢?其实在方村民间自古广为流传的不是几岁小姑娘被封为娘娘,而是七位貌似天仙的成年娘娘,而且和明朝开国皇帝朱元璋有着直接的渊源。

相传朱元璋灭掉陈友谅、打败张士诚后,定都南京,建国号为明。在刘伯温、徐达等一批文臣武将的辅助下,经过几年的励精图治,民富国强,政通人和,天下太平,朱元璋甚感欣慰,并于洪武某年的元宵节带了两个贴身侍卫和文房四宝,乔装打扮后,私访于闹市中。元宵的南京城流光溢彩,各式各样的灯笼应有尽有,灯笼上灯谜无数,看灯猜谜的人山人海。朱元璋虽是马上皇帝,且幼时家贫,没念过几天书,但他天资聪明,喜欢舞文弄墨,诗、词、赋、灯谜无一不精。当朱元璋走到一个大彩灯下时,目瞪口呆,只见大彩灯上画着一个大脚女人,怀里抱着一个大西瓜扭动着身子,画的右侧是灯谜,灯谜是这样写的:“女子又并肩,人挑肩担,月去耳边。”这个灯谜不是明写着“淮西妇女,好双大脚吗?”朱元璋暗骂道:你们这帮不识好歹的家伙,老子叫你们享受太平,你们却找死来了,丑化娘娘,就是对朕的大不敬,犯了欺君罔上之罪。他叫两个侍卫各带笔墨,到凡是制作花灯灯谜的人家墙壁上各写一个小“福”字。第二天凌晨,朱元璋让两个侍卫带一万御林军把花灯一条街团团围住,这时候有很多人还在梦乡,那些墙壁上有小“福”字的人家被杀得鸡犬不留,这次血洗南京花灯一条街,使朝野震惊,百姓恐怖。马娘娘知道事情原委后怪朱元璋滥杀无辜。她说:“做灯谜的人并没有大错啊,我是淮西人啊!我马大脚又不是红纸包着,绿纸裹着,我这双大脚谁人不知谁人不晓,陪你南征北战打下大明江山……”

朱元璋当时也非常气愤,心想:“你这个半老徐娘,我护着你,你却不领情,你经常在文武大臣面前顶撞我,使我下不了台,有朝一日将你打入冷宫,废了你,另立新娘娘。”约有二个月时间,朱元璋不理睬马娘娘,马娘娘是个开朗的人,并没有把这事放在心上,也不当回事。

俗话说:“蜜蜂叫,春心跳。”特别是年轻人或者有权势的人,每到春光烂漫时情欲蠢蠢欲动。朱元璋想乘着这个时光寻花问柳,顺便物色一个新娘娘带回来。人们常说三月三水上滩,也是清明节,他又带上两个侍卫,扮成教书先生模样,乘着一叶小舟顺风到江心洲踏青赏景。无巧不成书,仅和现方村镇一河之隔的凤林圩周家村的周老员外的小姐周月英,被江心洲畔张家村张员外之子张文义前一天接到江心洲去了,张的父亲系周月英的舅舅。古时只要门当户对多是表兄妹联姻,以便亲上加亲。由于江心洲特殊的地理位置,每年清明前后,文人墨客、才子佳人到这里吟诗作画、放风筝,尽情地呼吸新鲜空气。第二天,也就是清明节那天,张文义又邀了同窗好友汪青山、吴开荷、邓奇宝同游江心洲,四学友和周月英见江心洲被江水四周环绕,且水天共色,江面上白帆片片,白鹭和洲上鸟儿时起时落,仿佛和游人相乐,他们被这桃红柳绿、鸟语花香的场景陶醉了。吴开荷情不自禁地说:我等不吟出一首好诗也对不住江心洲这大好的春色。邓奇宝喊:文义,你是老大,你先来吧!四学友在一起为表示亲切,按年龄习惯老大、老二、老三、老四称呼。张文义看了看江心洲,略沉思一下,说道:"心洲好像大秤砣。"大家仔细一看,江心洲的确像个大秤砣,老二汪青山抓耳挠腮,续不下来,老三吴开荷干着急,老四邓奇宝也没办法,他们嘴里不约而同地念着"心洲好像大秤砣",虽反复念叨却无法续下去,而朱元璋已尾随他们多时,见他们这般模样,便走上前来问明情况,笑道:"起句不俗啊!这首诗能不能这样做?"只见他嘴里喃喃念道:"心洲好像大秤砣,长江作杆月做钩。老夫举起擎天手,称我江山重几多。"众人鼓掌齐说:"好诗!有气魄!老先生真是才高八斗!"朱元璋和他们一一见过面,问过姓名,当走到周月英面前时,一下子被她的美貌和气质惊呆了。朱元璋说:"小姐,你有闭月羞花之貌,落雁沉鱼之美,如果吴王夫差在世的话,见到你肯定废掉西施,封你为娘娘侍驾左右。"周月英笑盈盈地说:"我有那么美吗?我们凤林圩七姐妹被称为七仙女,我是其中最丑陋的一个。"朱元璋详细地问这七仙女名姓以及详细的地址后连声说:"地灵人杰!地灵人杰!"最活泼的老四邓奇宝问朱元璋:"老先生贵姓。"朱元璋说:"免贵姓水,名共伍,也就是和水做伴的意思。"邓奇宝又说:"水老先生,明年清明节欢迎你再游江心洲,我们向你讨教诗文。到那时候周月英小姐是我们名正言顺的大嫂,她也不拘礼了,我们一起谈诗论词,弹琴下棋。对了,水老先生,我忘记告诉你:今年腊月十八我们的老大就要和周小姐成亲了,我们十分盼望水老先生来参加他们的婚礼,为他们写诗作词,以示纪念,也算给江心洲留一段千古佳话啊!"朱元璋说:"到时候一定来!一定来!"

朱元璋回到南京,没有心思治理朝政,睁眼闭眼尽是周月英的倩影,还有那樱桃似的小嘴,从小嘴里发出脆生生甜丝丝的柔声细语萦耳不绝。朱元璋自言自语地说:"她不算美!其他六位全超过她周月英,这还了得,这个凤林圩不就成了美人窝了吗!咦!我出生在安徽凤阳县,她们出生在安徽凤林圩,人们称皇帝为万岁、娘娘称千岁,地名相差一级,旗鼓相当,般配。我把她们选进宫,再叫人把凤林圩改成凤阴圩,'阳'对'阴'嘛。"朱元璋魂魄颠倒,嘴里念念有词:"度日如年哪!度日如年哪!"俗话说:"圩田好做,五月难过。"朱元璋暗拟了一道圣旨,暗地里叫太监送给太平府知府,让他会同芜湖县县令直接到辖区凤林圩周家村、杭家村、殷家村、王家村、高家村、施家村、宋家村叫七位老员外接旨听封。圣旨大意是:这七位小姐全部封为妃子,到南京后以才貌顺序听封。办事不力者,抗旨不遵者,灭门九族,时限五日,误期以抗旨论处。七村老员外接旨后呆若木鸡,真是洒向人间都是怨,整个凤林圩哭声一片。这七村员外的小姐都花容月貌,饱读诗书,气质不凡,追随者可想而知,实际上她们都已心有所属。再说周月英见到自称水共伍老先生时感到纳闷,为什么这位老先生对凤林圩七姐妹这么感兴趣,而且刨根究底。张文义四学友仔细琢磨这个水老先生的诗作有帝王气息,从水共伍三个字推敲,这不是洪武两字吗?这不就是朱元璋皇帝吗?再从朱元璋与周月英的对话和他色眯眯的眼神,张文义一拍大腿大叫一声:“不好了,古人说‘伴君如伴虎’,周月英和我难逃此劫。”仅过两个月这事得到了验证。人们传说朱元璋是历史上众多的皇帝中最丑陋的一个,此人生得凶恶,尖嘴缩腮,面如病鬼,骨瘦如柴。最使人谈虎色变的是血洗南京花灯一条街,谁人不知谁人不晓,何况南京和江心洲近在咫尺,张文义和周月英目睹朱元璋丑陋的面孔,耳闻他蛇蝎心肠,周月英哭成泪人。张文义知道哭也无用,反抗也无用,弄不好要灭门九族,只好用好言安慰周月英。周月英要表哥放心,生为张家的人,死为张家鬼。凤林圩这七大家本来就来往比较密切,家家都有一个如花似玉的小姐,而且她们志趣又相同,坐小轿串门是常有的事情,然而这次她们同时选为妃子,也就是把他们的命运拴在一起,平时她们尊称周月英为姐姐,这次她们表示愿意听姐姐的。周月英说:“我们宁作玉碎,不作瓦全,朱元璋太贪心了,他明知道我腊月十八成亲,却夺人妻供自己荒淫,我们叫他竹篮打水一场空。”五天不知不觉地过去了,到了傍晚,七位小姐被迫登上一艘大木船,太监和二十名兵丁护送着这艘大木船朝南京方向驶去。这时候南风大作,人们常说“五月南风发大水”,逆水行船不能挂帆,风急浪高,船头船尾的灯笼相继吹灭,唯有中舱的布帘挂得严严实实的,从外面看灯笼依稀亮着微弱的灯光。周月英和众小姐拿起早已准备好的锋利凿子在船底挖起来,不一会儿船底通了,船一下子沉没了。在伸手不见五指的夜晚,风助浪威,就是神仙也难逃此劫。说来也怪,全船的二十几具男尸不知去向,这七位小姐的尸体却集体浮漂在娘娘殿原址的沙滩上,看的人真是人山人海,消息很快传到凤林圩,七家老员外和家人急忙过河一看究竟,那种悲痛欲绝的场面就不用说了。张文义也到了现场。老百姓从七家员外及家人的哭词中获知,这七位美女选中作贵妃娘娘的。不知谁提议:“找一个画家把这七位娘娘的遗像画下来,用上等的檀香木雕刻下来,再盖一个娘娘殿,把七位娘娘请进去供我们祭拜,求保一方平安!”这时候张文义站出来说:“不用找画家,我能画!”实际上张文义是丹青高手,他强忍着悲痛,把七位小姐的遗像画好了。七家员外出资,采购上等的香檀木盖了殿宇,请了名雕刻家以画像为参考,雕出她们生前模样,陈列在殿里享受人间香火。朱元璋很快知道七位娘娘溺水而死,心想我戏言自己叫“水共伍”,哪知道你们和“水共伍”呢,莫不是我金口不能戏言。他密令太平府知府书写《娘娘殿宇》四个镏金大字做成牌匾放在娘娘殿上方,以示七女子生是朱家人,死是朱家鬼。后来马娘娘知道了朱元璋背地里干的好事,也没少给他颜色看。朱元璋自知理亏,只好装聋作哑让着她。

自从娘娘殿建成后，香客络绎不绝，祈福者不计其数，有祈求生贵子的，有祈求消灾的，有祈求升官发财的，有干旱祈求下雨的，汛期祈求保住圩堤的，真是五花八门，无所不包。说来也怪，有的还真灵验，因此娘娘殿名声越来越大，传得越来越远，香炉里的香烟日夜缭绕，供桌上的供品总是满满的，这事不知怎么被东海龙王知道了。龙王起先不以为然，后来听说，芜湖地区所有的龙王庙无人问津，而娘娘殿的七位娘娘居然管起干旱下雨的事来了，那要我们龙王干什么？是可忍孰不可忍，我非要教训教训这七个下贱的女人不可！机会终于来了。明历某年夏天，阴风怒号，雷鸣电闪，倾盆大雨仿佛从天上倒下来一样，水位猛涨。东海龙王乘着水势从上海入长江经南京，直奔娘娘殿，借着夜色的掩护，猛吸一口水对着娘娘殿使劲一喷，使娘娘殿葬身于深不见底的龙潭里，心满意足地游回东海。东海龙王这一折腾，让百姓的生命财产遭受了很大损失，南京到至芜湖一片汪洋。七位娘娘商议，决定到天庭状告东海龙王，她们决定先找王母娘娘，争取得到她的支持，再到玉帝面前告倒东海龙王老儿。这天王母娘娘正在瑶池散步，同时也在反省自己。拆散牛郎织女，干涉了七仙女和董永的婚事……凡天庭上男女之事她都插一杆子，想想感到内疚。这时候她突然听到："冤枉呐！申冤啦！"王母娘娘从沉思中惊醒过来，定睛一看，是人间的七位娘娘齐刷刷地跪在自己面前，高喊"冤枉！申冤！"王母娘娘问："你们不在道场里享受人间的香火，跑到这里做什么？"七位娘娘把事情的来龙去脉讲给王母娘娘听，王母娘娘一听怒火万丈，大骂东海龙王心怀不轨，一定是贪恋你们的美色，于凡间的人命财产不顾。我带你们到玉帝面前告倒东海龙王老儿，把他千刀万剐。王母娘娘带着七位娘娘面见玉帝，玉帝见状赔笑说："娘娘有什么事情启奏？"王母娘娘道："东海龙王色胆包天，乘着水势来到娘娘殿调戏七位娘娘，娘娘们不从，他口吐洪水把娘娘殿冲毁，使娘娘们无处安身，不能享受人间香火，使芜湖至南京一片汪洋，百姓的生命财产损失不计其数。"七位娘娘明知道奏本有出入，也不出来更正。娘娘们心想，你不仁也别怪我们不义。玉帝听了王母娘娘的片面之词大发雷霆，命太白金星速到东海传旨，要东海龙王到天宫受审。太白金星说明来意，东海龙王叫苦不迭，跟着太白金星觐见玉帝。玉帝把王母娘娘奏本重复了一遍。龙王一听大喊："冤枉！我没有调戏七位娘娘。这七位娘娘不把我们龙王放在眼里，把我们干的差事全干了，管起旱涝下雨的事来了，我们龙王庙里一点香火都没有。"玉帝听了把桌子一拍说："没香火你活该！你言而无信尽扯皮。我现问你：连凡夫俗子都知道芜湖地区不是你的势力范围，是黄海龙王的辖区，你睁开狗眼看看地图吧！你不是对七位娘娘心怀不轨是什么？来人啊！把东海龙王推出去斩首。"太白金星、太上老君、托塔李天王等人齐跪下来替东海龙王求情。齐奏道："龙王镇东海有功，追随陛下忠心不二，望陛下手下留情。"玉帝一想：也是呀！我每次出格的事东海龙王也没少参加。有碍王母娘娘的面子，加上想在七位娘娘面前表示公正，玉帝又一拍桌子，厉声说：

"东海龙王你听着，念老臣们为你求情，死罪饶过，活罪难免，现拔去你东海龙王身上的鳞甲七片，以摆平七位娘娘的怨气。如下次再有类似情况定斩不饶。"四大天王行刑，拔去了东海龙王的七片龙鳞，东海龙王把天庭滚了个遍，惨不忍睹。东海龙王的事处理完毕，七位娘娘又跪在玉帝面前奏道："陛下圣明，我等七人无家可归，无法受人间香火，请陛下明示。"玉帝手捻胡须笑道："你等在下界做了许多好事，只要你们坚持下去，我想重建娘娘殿是有希望的，在不远的将来你们的殿宇可能更气派，香客更加源源不断。我知道你们的忠魂在淀河畔遗址转来转去不忍离去，我何尝不想帮你们！如果我派神灵替你们建殿宇，天、地二界怎么说我呢！人言可畏啊！因为没有先例啊。孩子们：只要你们积点功德，人们会给你们树碑建殿的。"七位娘娘一起跪地道："谢谢陛下的金玉良言，我们一定牢记。"

东海龙王这一折腾，芜湖至南京一带一片汪洋，庄稼颗粒无收，洪水之后又发生大疫，到第二年春天，人们过着挖野菜、吃榆叶、吃观音土的悲惨生活，连麻雀、老鼠、蛇等能吃的东西几乎都吃光了，甚至发生了人吃人的现象。七位娘娘看到此情此景，心里十分难受。她们牢记玉帝"积点功德"的教导，望着空空荡荡的淀河发呆，因为发大水将藕全部淹死了。七位娘娘商议，决定去求王母娘娘，将天河的藕移栽到淀河，让老百姓当年能受益。七位娘娘飘飘荡荡找到王母娘娘说明来意，王母听了深受感动，她说："玉帝和我当时还没有认识到问题这么严重，东海龙王死一千遍也不冤枉。送佛送到西，你们到天河各移一棵藕种到淀河分段去栽，以解决老百姓的燃眉之急。"七位娘娘将天河的藕种移到淀河去栽，淀河的荷花开得到处都是，真是"接天莲叶无穷碧，映日荷花别样红"。灾民来挖藕的不计其数。这种藕藕节稀疏，藕条特别长，生吃好像放冰糖一样甜脆；如果熟吃，只要水一开锅就烂透了。芜湖县及周边邻县的部分灾民靠这种藕度过了荒年。老百姓感激娘娘们的功德，在娘娘殿旧址旁重建了殿宇。殿宇修得金碧辉煌，娘娘殿的香火还是那么红火，直到1954年娘娘殿被洪水冲毁，但这个传奇的故事仍在民间广为流传。

（张先月）

乾隆皇帝下江南

乾隆皇帝微服私访江南，途径行春圩张花园村天色已晚，便传谕在村中找一合适的庄户人家借宿一宵。随从在村中找了好几家都不如意，最后来到村南一个姓白的庄户人家，见内外整洁干净，觉得还可以。当时白家只有一位中年妇人在家。随从将来意告知那位妇人，妇人满口答应，立即安排一空闲的厢房给来人住下，自己则转身到厨房准备晚餐。乾隆一行人等在厢房住下，开始洗脸、喝茶，妇人将烧好了的四碗家常菜，以及酒、碗筷等全部摆到桌子上，请客人就座用餐。乾隆坐在首席看了桌子上的四碗菜特新鲜,吃起来味道又特别好,但不知菜名。于是乾隆就叫随从把那烧菜的妇人叫来问道:“这四碗菜叫什么菜?怎么这么好吃?你是怎么烧的?”那妇人指着菜道:“这一碗是青丝白玉板(豆腐),这一碗是龙须菜(蘅丝根),这一碗是红嘴绿恩冠(菠菜),这一碗是状元红(红大椒),这些菜都是用龙骨(龙骨蓼子)作燃料烧成的。”

乾隆听后十分高兴。他想:“朕山珍海味不知吃了多少,就是没有这四个菜名及菜的味道,要是每天都能吃到这些菜,龙体一定更佳!”

数日后,乾隆回京。第二天早朝,众位大臣到齐后,又宣来朝中的许多厨师,要他们每天烧像行春张花园白家的四个菜吃。厨师们听了都目瞪口呆,个个都吓得全身发抖。正在不知所措、危机万分之时,旁边走出一位大臣奏道:“万岁息怒,看样子这些厨师不才,这四个菜一时是烧不好的,以臣之见,只有万岁下旨招来张花园白家的那位妇人专为万岁烧菜,以保万岁龙体更佳!”

乾隆听后大悦,立即下旨:“备玉碑一块,丝绸数匹,一路上锣鼓相随,朕要与众大臣亲自去请。”时隔不久,大队人马已快接近张花园。近处百姓看到大路上大队人马浩浩荡荡,锣鼓喧天地直奔张花园。有一个好心人抄近道来到张花园村报信说:“你们张花园村不知犯了什么法,后面京城来了大队人马,是不是来抄你们的家?”村里人听了吓得魂不在身,要跑也来不及了,姓白的人听了更急,便将白姓人家全部改为姓陆。人马来到花园村,一问没有姓白的,更找不到原来借宿的那庄户人家。乾隆听后,龙颜大怒,跺脚骂道:“好一个姓白的,全家俱绝,就是剩下毛须根个把!”一气之下将玉碑扔到村中的杨塘里去了。据说现在陆家(原来姓白)从张花园出去的也的确只有户把了。

(王恩荣)

四、神话故事

十八把锦扇下南京的传说

相传明清时期,行春圩东南角地界高基村居住着刘胡两大家族。那一年为选地葬坟,各自找一位风水先生谋地。不知怎的,两位风水先生都选定了同一地点,此地位于方村老街上街头与刘嘴交界处,都说此地是一块风水宝地。为争这块风水宝地,两家都说自家先谋此地,互不相让,于是都把对方告上了县衙,几经过堂,毫无结果。县老爷十分烦恼,无奈之下,想出一条苦肉计,开口说道:“你们刘胡两家都说自家先谋此地,证据不足,无法判定,为了结此案,本官在大堂之上准备了一双铁绣花鞋,谁先穿了这双绣花鞋,此地归谁所有。”所谓穿铁绣花鞋,是一种极其残忍的刑具,即把两只犁地用的铁犁头,用火加热发红,把双脚伸进去。老爷语出,顿时大堂鸦雀无声,众人听罢,不寒而栗,刘胡两大家族无人应答。少时,刘氏家族中有位老太公脱口而出,表示愿穿这双绣花鞋。此时,大家都被这位为了家族利益而甘作牺牲的壮举所惊呆,只见她毫不犹豫地走向大堂之上,把双脚伸进烤红的铁绣花鞋内,只听扑哧一声,刘老太公应声倒下。县老爷当即宣判,此地归刘氏家族所有。为此,刘胡两家结下了深仇大恨,并发誓:“刘胡不开亲,开亲断子绝孙。”

再说,刘老太公以自己的生命为刘氏家族赢得了这块风水宝地,家族决定厚葬刘老太公。是日,刘氏家族选派几十名刘家子孙,在风水先生的指导下,挖了一个方圆几十米的墓坑。挖时,忽见一块一米见方的大石板,风水先生便要大家暂停,吃过午饭再来动工,并提出选一人看管墓地,不准他人动这块石板。这时,有一中年男子自告奋勇地表示愿意看管墓地。但此人好奇心极强,他一心想看一看这石板底下到底有什么秘密。他趁大家离去之时,独自一人将石板撬开,只见一缕青烟从洞中冲出。少时许,只见一窝小金龟在洞底蠕动。此人见状,高兴之极,便下洞将小金龟一一装入衣兜内。午后,刘家子孙又齐聚墓地,准备下葬。这时,风水先生环顾墓地四周,来到墓穴中央石板旁,说此石板好像有人撬动过。此时,大家你望望我,我瞧瞧你,谁也不敢说话。忽然,大家把目光都投向了看守墓地的人。此人见状,低头不语,战战兢兢,在众人的威逼下,便把他下洞取宝的事一一道来,说着就把衣兜内的小金龟一个一个取出，放在地上，一数正好十八个，但为时已晚，小金龟一个也不动了。此时风水先生开口道：“此乃天意，刘门福浅。”说完，就把这十八只死金龟放入洞中，无奈道：“下葬吧。”此时，大家气愤之极，责令偷宝人跪在墓地旁直至下葬完毕。数年后，刘氏家族出了十八个聪明伶俐、文采出众的少年。那年南京城放考，十八少年相约，每人手执一把锦扇，一道去南京赴考。结果，状元一个也没有考到，但“顶子”却取了不少。有一言为证：“菜篮提顶子。”由此可见，考上官位的人很多。

此事已过数百年，在茶余饭后的闲聊中，刘氏家族的后辈们还津津乐道地谈论当年十八把锦扇下南京赶考的乐事。

（刘邦淮）

神力与武力

民国期间，行春圩民间组织大刀会与咸保圩的保安队曾多次发生冲突。这两个组织成立时，都自称是维护地方治安的。据说，大刀会的师爷张朝举有神仙“姜子牙”附体，他的神功非凡，操练时发起功来，如巫婆上马一样，口念咒语，全身发抖，行动起来身轻如燕，健步如飞。大刀会与外界搏斗，主要以神功为依托，有刀枪不入之功力。咸保圩的保安队，中队长叫陶刚东，他们手中有枪支弹药，当地群众都叫他们“黑头鬼子”。他们无所不为，到处耀武扬威。大刀会人员对此看在眼里、气在心里。有一次，他们看到对河的保安队又在耀武扬威，横行乡里，便隔着河放开嗓门大声喊：“喂！你们这些王八孙子，凭着自己有武器到处欺压百姓，这算什么本领？有本事就冲着咱大刀会来。”保安队长一听就恼了火，随即命令队伍架起枪向对岸大刀会扫射。大刀会师爷早有准备，他带领两名手提花篮的（据说她们是师爷身边的侍女，也有神功）及其他会员，立刻发起功来。他们个个口念咒语向河滩上猛冲。因为有神力的帮助，保安队的枪果真打不响。会员们个个威风凛凛，势不可挡，吓得保安队节节败退。由于这次战斗的胜利，师爷张朝举在会员中威信倍增。时间一久，师爷就居功骄傲起来，他不管大刀会的会规，竟和两个侍女发生了不正当的关系。而对河保安队为了复仇，再次与大刀会发生冲突时，由于师爷和两个侍女有染，神仙姜子牙就离开了他。这次较量，师爷张朝举信口说道：“你们的子弹打我个鸟。”话音刚落，保安队的子弹果真打中了师爷的睾丸根，于是败下阵来。从此，师爷的发功就不灵了。老师爷被废除后，神仙姜子牙又附了北埂古城寺的小和尚，小和尚成了第二任大刀会师爷。

有一次，大刀会与保安队再次发生冲突。小和尚亲自督阵，带领大刀会与保安队打起来。他们把保安队从中桥一带一直赶到清水河。当时小和尚有神力附身，再加上年轻气盛，他跑得非常快，超出本队人员几百米。这时，保安队员回头一看，看到只有师爷一人冲在前头，觉得时机有利，其中的十几个队员回转头来，把小和尚团团围住，用枪托活活地将小和尚砸死。从此，行春圩的大刀会便解散了。

（张先德）

苦鸹鸟的传说

苦鸹鸟属于鹤形目秧鸡科。它的别名很多，古人称它为“姑恶”和“苦鸟”，北方人称它为“苦哇鸟”，南方人称它为“苦恶鸟”，本地人称其为“苦鸹鸟”，大多离不开一个“苦”字。

苦鸹鸟是一种水鸟，平时不大容易见到，这是因为它不喜欢高飞，一般藏于水塘边或潮湿低洼处的草丛中，也喜欢栖息在水稻田里。虽然它喜欢“苦哇、苦哇”不停地叫着，但是只要听到一点其他的声音就会寂然贴伏在草丛或稻田里一动不动。它喜欢在夜间啼叫，声音单调迟缓，“苦哇——苦哇”声声悲切，有时整夜叫个不停。苦鸹鸟在中国民间的传说很多。我小时候就听母亲讲了这样一个传说故事。

古老的行春圩，圩心里有一户包姓人家，夫妻俩是从北方逃荒到此落户的。丈夫高个、大块头、力气大，为人忠厚老实，干活很卖力，心眼很灵活。虽然是北方人，可南方的农活一学就会，什么栽秧割稻、犁耙水秒、捞塘泥等，样样在行。所以这一带的老百姓都很喜欢他，谁家有农活有重活都请他去帮忙。就这样，他夫妻俩就在此长期落户，在乡亲们的帮助下盖了三间土墙满头茅草房。有一个自己的窝（住的地方），这是当时农民最向往的。一晃十多年过去了，夫妻俩的日子过得倒也很好，最不理想的事就是膝下无一男半女，这是他俩最不舒心的一件事。所以他们在生活基本能过的前提下，只要有一点积蓄，就到处求神、拜佛，期盼能给老包家留一根血脉。说来也很奇怪，就在老包快满50岁的时候，媳妇杨氏却怀孕了，不久就给老包家添了个男孩。这真是天大的喜事，夫妻俩高兴之极，老包又给儿子取名叫包大成。

儿子包大成刚满三岁的那年秋天，老包和往常一样去人家帮工。这一天和一个姓李的长工为一班捞塘泥，大约在10点钟左右，姓李的家里来人说孩子突然生病发烧，要他赶快回家设法请医生治疗。姓李的有点犹豫，老包就主动催他快回去.姓李的走后不久，老包不知怎的，一不小心脚踩偏了。他笨重的身躯使泥船突然侧翻，老包也掉入水中，因为不会水而导致溺水身亡。

妻子杨氏听说老包溺水身亡，哭得死去活来，真想跟着老包一块走，可是又一想，儿子怎么办，这可是老包家的血脉啊。不管怎么说也要把儿子养大成人，再找老包也不迟。于是在乡亲们的帮助下将老包安葬入土。她带着三岁的儿子为丈夫守孝三年。老包在世时，家里也没有什么积蓄，如今守孝三年，这日子怎么过呀。好心的乡亲们了解他们家的情况，一个个都主动予以接济，有时杨氏也托人揽一点针线活做做，总算挨过了三年。这时杨氏守孝期已满，可以给人家帮工养家糊口了。为了把儿子抚养成人，什么脏活、累活她都拼命去做。她帮工的这一家姓白(据说是行春乡的第一任啬夫的第九代耳孙叫白志成)，白老庄主是这一带的大户，也是一个大好人，他看到杨氏干活这么卖力，非常满意，看到她的儿子已六七岁应该念书了，便起了恻隐之心，主动对杨氏说："你的儿子也应该念书了，老是闲着玩玩不成事，我的孙子比他大不了多少，眼下我已请了一个先生在家专门教他，你的孩子不如也来念书，不过你放心，你的工钱一分不少。"杨氏听了喜出望外，双膝跪下拜谢。从此，包大成就跟着庄主的孙子一道念书。

有一次，杨氏在回家的路上，看到路旁一个五六岁的小丫头晕倒在地上，她弯下身子用手一摸，知道女孩可能是饿的，便不加思索地将女孩抱了起来，另一只手搀着自己的儿子一同回到家，急忙给女孩喂了一点米糊，不大一会女孩就清醒过来。问她："你叫什么，怎么晕倒在这里?"女孩回答说："我姓陆，叫秋月。我父母都死了，我一个人要饭，不知怎么搞的，头一昏倒在哪里就不知道了。"杨氏一听，又看了看女孩那瘦弱的面孔，心一酸又痛哭了一场，接着她一手搀着自己的儿子，一手搀着小女孩，咬着牙说："我们娘儿仨相依为命地过吧。"

不知不觉又过去十几年，儿子已长大成人，收养的义女也是十八九岁的大姑娘了。一天晚上，杨氏准备了一些酒菜，又摆上香案并供上了老包的牌位，然后面对两个儿女说："你们都长大成人了，为娘为你们吃尽了人间之苦。我现在也是古稀之年的人了，但还有一个未了的心愿，就是给你们俩完婚，不知你们意下如何?"儿子大成听了母亲的话后，转身面对义妹秋月看了看，秋月沉默片刻，然后低着头说同意。就这样，一家三口先祭拜父亲亡灵，然后完成夫妻交拜手续，之后一家人吃了完婚酒，将小夫妻俩送入洞房。杨氏深深地叹了一口气，脸上露出了一丝平时少见的笑容……

新婚的一个月里，一家人生活过得非常美满。一个月之后，儿子要履行自己的职责，出门帮工，挣钱养家糊口。好在大成自小在白老庄主的关照下读了几年私塾，那时文化人极少，像大成那样能读上几年私塾的人就很了不起，所以包大成被介绍到芜湖城里一家米行当伙计。开始一两个月回来一次看望母亲和妻子，丢些银两给家里度日，后来由伙计升到记账先生，半年甚至一年只能回来一趟。打这以后，媳妇秋月就好像变了个人似的，开始对婆婆冷淡、不大搭理，后来发展到看到婆婆就生气，而且指桑骂槐"你这个老东西、老不死的"，再后来就直截了当、咬牙切齿地指着婆婆的鼻子骂："你活在世上有什么用? 多浪费粮食!"每次都把杨氏气得两眼发直、七孔冒烟。可是为了儿子，她只能忍耐，经常到丈夫老包坟头上大哭一场，在家又不怕哭出声音惊动邻里，只能整天躲在灶台下闷声啼哭擦眼泪。就这样哭呀、擦呀，不久双眼全部失明，再也看不到东西了。婆婆双眼瞎了，媳妇不但不同情，反而变本加厉地变着法子虐待婆婆，还扬言说：“你个老瞎子老不死的，如果我要听到外人说我不好的话，我立马走人，这个家我不呆了。”所以杨氏受尽谩骂、虐待、折磨，也不敢向外人透露一点，生怕媳妇跑了，儿子打光棍，老包家要绝后。即使在儿子回来探亲时，也不敢露一点风，还要强装笑脸。儿子问起眼睛怎么瞎了，她只好说是中了风邪造成的，尽量搪塞过去。媳妇也趁儿子回家时做一些表面工作，同时提出在住房的西边顺水接一个小披屋给婆婆住，理由是瞎婆婆看不见，到处瞎摸，弄得脏兮兮的，卫生实在无法搞，还多次碰坏了东西，假使我们要添了一男半女，这样对孩子也不利等等。开始大成极力反对，并责怪妻子说：“这样做成何体统，你不怕人家背后抽你脊梁骨。”俗话说“蠢子傲妻，无法可医”，老婆的枕边风不厌其烦地老是吹，回来一次吹一次，最后大成只好勉强答应下来。大成走后，陆秋月迫不及待地请人把小披屋搭好了，不管小屋土墙干不干，就将瞎婆婆的床铺移到小屋。从此，杨氏就一个人住在不到三四个平方的小屋里。因为双目失明，几乎足不出户。媳妇规定，一日早、晚两餐，由她送过来给瞎婆婆吃，不准婆婆到大屋里一步。后来又减到一天一顿，而且吃的都是馊饭剩菜，到后来两三天才送一顿，更惨无人道的是经常把喂鸭子的蚯蚓和在馊饭里煮煮给婆婆吃。好在瞎眼婆婆看不见，又饿得慌，也就胡乱地吃下去保住了命。由于生活质量差到极点，再加上精神上的折磨，杨氏骨瘦如柴，变得没有人样。

纸包不住火。邻居们多少也了解一些情况，有心直口快的人上门说两句劝慰和带有指责的话，陆秋月不但不听，而且恼羞成怒，变本加厉地虐待婆婆。这一年五月的一天，一个白发苍苍的老道化缘来到包家门前停下来看了看，又屋前屋后转了一圈，口里不断念道：“三尺头上有神灵。”两个月后的一天，天气特别好，陆秋月到邻村一个金货摊子上买针线活用品，在回家的路上，突然乌云密布，狂风骤起，雷电交加，而且这个雷好像就在陆秋月的脚后跟打，吓得她拼命往家奔跑，跑到门口正准备拿钥匙开门，突然“咔擦”一声，一阵巨雷就在她身边打下，震得她不由自主地调转身子往婆婆小屋边跑边喊“婆婆救命！婆婆救命！”进屋后便一头钻到婆婆的床底下。婆婆连声呼求：“菩萨保佑！大人不记小人过！”片刻，风雨、雷电寂然停止，好心的邻居们都来到包家打听出了什么问题，屋里屋外都找不到陆秋月的影子，到小屋一看，只有瞎婆婆坐在那里抽泣。就在众人围着瞎婆婆问这问那的时候，突然，从瞎婆婆的床底下飞出一只灰褐色的鸟，一边飞，一边“苦哇、苦哇”地叫着，并一头窜到屋前的芦苇荡里。从此，再也没有看到陆秋月，而经常听到的就是“苦哇、苦哇”的水鸟叫声。这种鸟人们叫它苦鸹鸟。据老人们说，苦鸹鸟要叫一千声，才能寻得一条蚯蚓充饥，它只有叫个不停方能填饱肚子，这是对恶媳妇的一种惩罚。

（张玫瑰）

方言俚语

- 方　言
- 谚　语
- 歇后语
- 常用俗语
- 民间谜语

一、方言

自然生活方言

乌蒙松、蒙松雨——毛毛雨；洋历年——元旦；三十晚上——除夕；五月节——端午节；八月节——中秋节；通红的——红色；纯黄的——黄色；漆黑的——黑色；复青的——青色；滴绿的——绿色；漆紫的——紫色；蓝艳艳的——蓝色；花里古哨的——五颜六色；根年子——今年；门年子——明年；根朝(zhao)——今天；门朝(zhao)——明天；上昼、蛤昼——上午、下午；开先——过去；阁操尼——现在；昨朝(zhao)——昨天；后朝(zhao)——后天；前朝(zhao)——前天；旧年子——去年；往年子——以往的年份；才将——刚才；天擦黑——傍晚的时候；落雨——下雨；落雪——下雪；上冻——结冰；天打变——天气要变(由晴转阴雨)；焐躁——天气闷热；黑月头——没有月亮的夜晚；亮月头——有月亮的夜晚；哈腥的——腥味浓；闻臊的——腥臊；气道——气味；沫沫子——浮在上面的气泡和脏物；扯霍——打闪、闪电；作天时——气候反常、气压低、闷热，有暴风雨来的预兆；泡泡子——液体上面的气泡；色道、色气——物体的颜色；冲瞌热——打瞌睡；发梦天——做梦。

社会生活及日常生活方言

做田——种田；钢丝车——自行车；摸鱼盆子——捕鱼用的划盆；催子——烧开水用的水壶；毛镰刀——镰刀；屎刮子——拾粪的铲子；银格子——硬币；信壳子——信封；台子——桌子；昂——小洞沿；还(huái)子——鞋子；打箬——买肉；我等——我们；领褂子——马夹；汗衫子、背褡子——背心；兜肚子——兜兜；荷包——衣服上的口袋；把人嘎——姑娘出嫁；讨内君——娶老婆；怄死咯——愁死了；罗搞的——怎么搞的；样木——翻晒谷类用的木锨；打头——过去石臼冲米用的石榔头；洋火——火柴；洋钉——铁钉；洋油——煤油；洋肥皂——肥皂；嘎里——家里；堂心——堂屋、客厅；房刚里——房间、卧室；灶门前头——厨房里；该上——街上；齁寒的——味咸；叽酸的——味酸；崩脆的——酥脆；滑辣的——味辣；稀化的——炖烂的食物；池鱼——破开鱼腹清洗；滑驰的——下雨的路面或物体表面的光滑；锋尖的——物体的一端很尖利；晕凉的——很凉爽；叽馊的——食物馊了；精(肌)瘦的——身体瘦弱；滚壮的——肥胖、壮实；透肥的——很肥、很胖；毛软的——很柔软；蓬松的——很松散；中刚腰——中间；屁轻的——很轻、毛轻；点点大——体积很小；精光的——光滑、发亮；赤亮的——明亮；稀碎的——碎片、粉抹；粉破的——破烂；漆黑麻乌的——夜间天黑；点把点、滴吧滴——很少一点；水滚咯——水开了；格么东西——什么东西；感话——讲话；改手——上厕所；上该——上街；搓索——搓绳子；兴坂埂——种菜地；扎柴火、扎烧火——砍柴火；穿灯——玩灯；歪告——睡觉；吃孖孖(mā)——小孩吃奶；划水——游泳；烘火——烤火；潜蒙古老、扎蒙子——潜在水底；刮淡——聊天；刮古经——讲故事；滴坡子、沓坡子——台阶；屋挑檐——屋檐；老坟滩——集中葬坟的地方；拐郎里——房屋、场地的一角；猴子板凳——小凳子；剥刀——菜刀；水端子——水瓢；挑子——勺子；苗扫把、竹扫把——扫帚；脚指拇头子、手指拇头子——脚指、手指；手捏子——手帕；顶顶子——顶针箍；叫叫子——口哨；围腰子——围裙；灰面——面粉；萝卜段子——萝卜干；豆絮——豆腐卤；瓶臼子——瓶塞；落速子——垃圾；答舌——聊天；晓得——知道；躲猫猫——捉迷藏；吃夜饭——吃晚饭；吃接力——下午3点钟左右、从事重劳力的人需要进食一次；开拆(cè)——有裂缝；老大的——很大；老粗的——很粗；老远的——很远；烂短的——很短；老高的——很高；老阔的——很阔；老重的——很重；烂窄的——很窄；老长的——很长；老厚的——很厚；老深的——很深；烂浅的——很浅；蒙细的——很细；笔直的——很直；壁陡的——象墙壁一样陡；笃念的——指液体很浓；笃厚的——很厚,也指液体很浓；挺硬的——很硬或坚硬；铁老的——很老、啃不动；粉嫩的——很脆嫩；铁饱的——很饱；颇满的——装得很满,快要溢出来了；圆滚滚的——指物体是圆形而且很圆；滚热的——约三四十度；滚烫的——约五六十度；笃开的——沸腾达100度；无焦八工的——烤煳了；锋快的——刀刃很锋利；冰冷的——物体温度很低,冰手；闻臭的——奇臭无比；喷香的——香味很浓、扑鼻香；鲜甜的——像蜜一样甜；蛤苦的——像黄连一样苦；官焦的——含水量低；透湿的——湿度大、水分高；漆黑的——像煤炭一样黑；稀滂的——如稀饭,很稀；雪骨精淡的——盐放太少,无味；茅司、茅缸——厕所。

称谓及人体器官方言

爹爹、奶奶——祖父母；嘎爹爹、嘎奶奶——外祖父、母。嗲嗲(diǎ)——父亲；佬佬——叔叔；姑丫丫——姑父；郎郎——姑母；姨嗲嗲——姨父；锅锅——哥哥；兄弟伙子——兄弟们；孪事欢、老的们——男子汉；奶奶们——妇女；小巴西、小俺尼

——小男孩；小丫头——小女孩；娘老子——父母亲；光棍条子——单身汉；告花子、叫花子——乞丐；双胞子——孪生兄弟；结巴子——口吃；哑巴子——聋哑人；额脑——额头；得脑——后脑勺；头脑洗子——脑浆；下巴壳子——下巴；囟门凼(dàng)——头顶心、囟脑门；耳刀——耳朵；俺睛——眼睛；俺睛子——眼球；俺粒水——眼泪；浓鼻子——鼻涕；胸门口——前胸；孖孖(mā)——乳房；胳膀肘子——胳膊；胳肢窝——腋下；锤子——拳头；屁眼、屁俺子——肛门；垛实——矮壮结实。

形容性方言

老达老实的——忠厚老实；活络——灵活；细相——做人做事细致周到，有品位；快怃(wū)——快活；停当——聪明、理事中正稳妥；三达快——做事毛糙、速度快，不求质量；尖头巴戏的——刁钻、奸猾；呆里巴痴的——智力低下、不灵活；精里精怪的——生性多疑、行动古怪；没相——举止、品行不端；搞鬼——不正当作为，已喻做不正当的性行为；孬包——头脑不灵、不明事理；二百五——不识数、糊涂人；拨弄子——啰唆、事理不明而固执；算小——视财如命、吝啬；讨好卖乖的——阿谀奉承，拍马屁；浮上水——对上级或强势者，趋炎附势，讨好卖乖；吃瘪——居人之下，没地位，老吃亏；肉头——专干吃亏的事还不落好；木里木骨的、木里木铳的——盲目无知、言语粗暴；神而无知的——让人摸不着头脑；肘头刮脑的——摇头晃脑、华而不实；轻头刮脑的、醒头刮脑的——轻浮，处处喜欢出风头、标榜自己、夜郎自大；精马子——头脑精明、灵活；心疼巴拉的——孩子长得可爱、好玩的样子，也指舍不得财物的付出；瘟猪鬼——整天绷着脸，不搭理别人；猪头冲子——讲话语气很差，不礼貌；瘟头达脑、死没阳幽(秋)的——有气无力、没精打采；大派头——高抬着头，目空一切；怄气(作气)——心情烦躁、不顺；不悟心——不舒心、不称心；得福不官——不知足，好了还想好；瘟屁冲天——高傲、摆架子，对人不礼貌；操蛋——无理找人麻烦或操事；翘骚——遇到自己不顺心的事，撒刁；达僵得很——指话难说、事难办、门难进；小末啦子——年轻人，也指小混混；灶(燥)人——事不顺心，糅人烦躁、发脾气；打坝子——设置障碍，让事情不能顺利进行；失失弄弄的——办事拖泥带水，不果断、不利索；摸鸡壳啦子——做事磨磨蹭蹭；绞头鸡——说话不讲道理，爱占小便宜；二屌蛋——系流氓、混混之类；成精防怪的——不按常规办事，做一些稀奇古怪的事情；大头柿子——呆滞而不知应变的人；拿敲——故意卖弄、摆谱让别人求他，从不主动帮人；吃操头——专门强行沾别人便宜；夹舌、不弄子——说话颠三倒四、啰里啰唆，又不在道理之内；搅屎棍——无事找事，给人添麻烦，让人不得安宁；搞嘎精——经常给人添麻烦，专找麻烦事情做；玩门道——事情不直接去做，玩花样，寻猫腻；吃不消——受不了、承受不住；牛皮筒子——喜欢说大话吹牛皮的人；嘲达子——话多的人；泡泡子——好吹牛皮，浮躁不做实事的人；牛皮灯笼——不亮，形容吝啬，做事不爽快；跳支子——指处人处事合理、爽快；耳朵根子软——听人怂恿，无原则立场；得货——赚了钱或得到了意外之财；笑面虎——笑里藏奸、心术不正甚至歹毒；罩子不亮——占了便宜还装糊涂；作厌——行为不端，让人讨厌；脑子进水——指没有主见，头脑糊涂；大滩上货——游手好闲、好吃懒做而沦为乞丐的人；唱郎中——过去民间游医；现世宝——丢脸出丑的人；清斯斯的——穿戴整洁清秀，也指做事干净利落；血乎啦叽的——血迹斑斑、一片狼藉；不顶龙——不聪明或不中用的人；偷人——指女人有外遇；摸老婆——指男人有外遇；用水（洗坐脚）——指妇女浴下；半边人——指寡妇、鳏夫；猪头霸气的——为人做事简单、鲁莽、粗暴；跟人——指丧偶、离异的女人再婚；五马羊西——不正经的行为；罗搞的——怎么搞的；嘎热哄——夹在人群中跟着起哄；不清头——头脑不清，做事不符合常理；轻唏鬼叫——大声喧哗；拉筋——肌肉抽筋，也指大声地吼叫；七屁八磨——谎话连篇，不讲信誉；吃寡饭——吃饭无菜过口；龙险得很——不稳固，危险得很；黑龙天——很好；呱呱叫——很棒，好得很；扯西游记——胡乱闲谈开玩笑；顶龙得很——能干、灵活，有经验；鼓鼓劲——做工作打气，也指一鼓作气把事干完；小气巴拉的——为人吝啬、小气鬼；扯九经——讲一些不符合情理的话；费得很——孩子活泼好动；拉子相——不讲究，穿着不整齐；打半日子——打疟疾；过花——患天花、麻疹病；花柳病、梅病——属性病类；水臌涨——肝腹水；屁漏——痔疮、肛漏，又指闯下了祸事；开断拆——手、脚皮肤受冻有裂缝；酉（流）火腿——丝虫病造成的象皮腿；发霉痰——癫痫病；串连子——颈部淋巴结核病；偏风——中风，半身不遂；脚巴腿、瘫子——腿脚残疾；拽子——手臂残疾；吊俺疤——眼角疤痕；胳（gā）毛骚（sāo）——狐臭；消食痨——糖尿病；病胎子——体弱多病或有慢性疾病的人；贪炮子、洋炮冲的——咒骂人让枪、炮弹打中毙命；赶死、管头刀的——民间咒骂第一个被杀的人；夜里拖的——咒骂人是夜里埋葬的；焦尾子——指快要死的人；断根的、茅镰刀刮的——没下代、无继承人。

动植物及养殖业方言

水牯牛、牯牛——雄性牛；水沙牛、沙牛——雌性牛；老猪婆——老母猪；陡猪——种猪；豚猪——雌性猪崽；犍猪——雄性猪崽；草狗——母狗；跑栏——母猪发情；起草——母狗发情；起云——母牛发情；趴栏——家畜交配；拦水——家禽交配；狗子打连——狗交配；猫叫号——猫发情；收窝——猪狗等动物交配；胡嘎子——鸽子；麻咯子——麻雀；老哇子——乌鸦；磨鹰——老鹰；蛇蚤——跳蚤；叶蜓子——蝴蝶；檐老鼠——蝙蝠；乌蜂子——蜜蜂；遮廷子——知了、蝉；喜蛛子——蜘蛛；火连虫——萤火虫；青晗巴、青田鸡、——青蛙；麻癞得蛄——癞蛤蟆；团鱼——鳖；水菜——蚌；河虫、蛐蟮——蚯蚓；嘎鱼——鲢子与胖头鱼；子鱼——雌性鱼；栗鱼——雄性鱼；青狗屌——不足一两斤的青鱼；黑狗屌——不足斤的黑鱼；金得告、金得姑——两头尖尖长条形的小河蚌；瓦瓦壳——贝壳；车头姑——特大的蚂蝗；蚂蝗达子——蚂蝗；高瓜——茭白；柿头红——柿子；蕈(xin)——老树桩上的菌菇；菱木菜——菱角菜；鸡勒菜——芡实；山萝卜——山芋、红薯；辣胡椒——大椒；洋柿子——西红柿；六谷——玉米；芦漆子——高粱；荠子——荸荠；打牛——瓜类、果实初期；挂枝——果类、果实初期；饱筒——植物运穗期。

（王万春）

二、谚语

通用类

一寸光阴一寸金,寸金难买寸光阴;失落寸金容易得,失落光阴无处寻。

一口青草一滴血,一口黄豆一点力(指喂养耕牛)。

一家之计在于和,一生之计在于勤。

一把钥匙开一把锁。

一杯清茶一片姜,驱寒暖胃是良方。

一升米养个恩人,一斗米养个仇人。

一场春雨一场暖。

一分耕耘,一分收获。

一副好心情,胜过十副药。

一个鸡蛋吃不饱,一个恶名背到老。

一家饱暖千家厌(嫉妒)。

一回生,二回熟。

一家养女百家求。

一人为私,二人为公。

一人难中百人意。

一句话可以说得人笑,也可以说得人跳。

一日吃三枣,终生不显老。

一日为师,终身为父。

一文钱难倒英雄汉。

一夜不眠,十夜不足。

一日夫妻百日恩,百日夫妻似海深(指感情)。

一争两丑,一让两有。

一字值千金。

一笑解千愁。

人怕伤心，树怕剥皮。

人生一世，草生一春。

人随王法草随风。

人是旧的好，衣是新的好。

人为财死，鸟为食亡。

人无远虑，必有近忧。

人要文化，山要绿化。

人有千年誉，花无百日红。

人嘴两块皮，说话两头移（指没有立场的人）。

人作有祸，天作有雨。

人的名儿，树的影儿。

人多力量大，人多主意多，众人拾柴火焰高。

人怕心老，树怕根老。

人逢知己千杯少，话不投机半句多。

人怕出名猪怕壮（指容易遭人嫉妒）。

人老一年，牛老一丘田。

人耐命不何，牛耐索（绳子）不何。

人心难摸，鸭肫难拨。

人不死，债不烂。

人多好种田，人少好过年。

人在人情在，人走人情卖。

人挣一口气，佛挣一炷香。

人情大似债，头顶锅得卖。

人善被人欺，马善被人骑。

人不可貌相，海水不可斗量。

人心齐，泰山移。

人到弯腰处，不得不弯腰。

人往高处走，水往低处流，鱼往深处游。

人抬人高，水抬船高。

二月里羊，靠着墙（瘦弱）。

七十不留宿，八十不留餐（指过去）。

儿子像娘，金砖砌墙（像娘的儿子财源多）。

九月里西风蟹爬网。

“九尽”花开鱼打籽（指春暖花开后鱼儿产卵）。

三天不开口,神仙难下手。
三个臭皮匠,赛过诸葛亮。
三个婆子,赛面锣子。
三月三,荠菜赛灵丹。
三分毛利吃饱饭,七分毛利饿死人。
山高高不过树,路长长不过步。
千里送鹅毛,礼轻情意重。
女儿像老子(父亲),身穿皮袄子(像父亲的女儿富贵命)。
女儿养不得娘,草灰搭不得墙。
马无夜草不肥,人无横财不发。
子大不由父,女大不由母。
大路朝天,各走一边(各负其责,不要任意干预别人)。
大将出马,一个顶俩。
大有大难,小有小难。
大人望种田,小孩望过年。
大难不死,必有后福。
上梁不正下梁歪,中梁不正倒下来。
小时偷针,大来偷金。
小孩要哄,泥鳅要捧(抓泥鳅的方法是用手捧)。
万物土中生,万物土中灭。
久病床前无孝子。
千日鸡,百日鸭,六十天鹅子架刀杀(指饲养期)。
大家分穷,小家搬穷。
弓是弯的,理是直的。
寸钉入木,九牛拔不出。
亏人是祸,饶人是福。
上有天堂,下有苏杭。
山上无老虎,猴子称大王。
上山容易下山难。
小错护短,大错不远。
小钱不去,大钱不来。
与君一席话,胜读十年书。
口快舌长能坏事。
弓硬弦易断,人强祸必随。

飞蛾扑火，自取灭亡。

不怕慢就怕站，不走弯路就好办。

不见棺材不落泪，不到黄河心不死。

不打不相识，不打不成交。

不到长城非好汉。

不干不净，吃了没病（过去人的观念）。

不经厨子手，总有酱腥味。

不怕不识货，就怕货比货。

不看僧面看佛面。

牛怕晨霜，马怕夜雨。

牛不驯，不会犁；马不驯，不能骑。

牛怕一根绳，马怕一根鞭。

不怕县官，只怕现管。

不吃苦中苦，难为人上人。

不讲不笑，不成老少。

牛吃青草鸡吃谷，各人自有各人福。

牛皮不是吹的，火车不是推的。

牛有千斤力，不能一时逼。

牛犊出生拜四方，婴儿出生哭哇哇。

牛大压不住虱子，山高压不住太阳。

牛死不放草，羊死不闭眼。

火要空心，人要忠心。

为人不做亏心事，半夜敲门心不惊（或“半夜不怕鬼敲门”）。

天地之大，无奇不有。

天上无云不下雨，地上无媒不成婚。

木匠进门有的烧，瓦匠进门有的挑。

丑人多作怪，秃子买花戴。

牛羊发情咩咩叫，母猪发情跑断腿。

勿气勿怒，活到白头。

心宽体胖，勤劳体壮。

丰收靠劳动，健康靠运动。

天怕乌云地怕荒，人怕疾病草怕霜。

少饮卯时酒，莫吃申时饭。

少不癫狂，老不古板。

父不忧心因子孝，家无烦恼有妻贤。
夫妇是树，儿女是花。
开店容易守店难。
日有所思，夜有所梦。
手中有粮，心中不慌。
水不澄不清（或“灯不挑不亮”——旧时用灯芯的油灯），话不说不明。
水不流要臭，刀不磨要锈。
无风不起浪，无妇不成家。
艺高人胆大，艺多不压身。
毛顺有光，牲口健康。
水下鱼虾多，大鱼离开窝；
水底长青苔，必有大鱼在。
牙疼不是病，疼死无人问。
双木桥好过，独木桥难行。
以毒攻毒，以恶治恶。
月过十五光不明，人到老年万事休。
长木匠，短铁匠。
长江后浪催前浪，一代新人换旧人。
长根的要肥，长嘴的要吃。
长兄为父，长嫂为母。
只要功夫深，铁杵磨成针。
世上无难事，只怕有心人。
只管自扫门前雪，不管他人瓦上霜。
只有错买的，没有错卖的。
只怕无志，不怕家穷。
宁可信其有，不可信其无。
宁愿折断骨头，不愿低头受辱。
宁跟明白人打架，不跟糊涂人说话。
宁可不识字，不可不识人。
宁吃天上飞的四两，不吃地上走的半斤（过去一斤是十六两制）。
台上三分钟，台下三年功。
功夫不负有心人（付出精力必有回报）。
打锣卖糖，各干一行（各负其责）。
打喷嚏是鼻子痒，做梦是心里想。

打人三日忧，骂人三日羞。

打人别打痛处，说人别说短处(对人要宽容)。

龙生龙，凤生凤，老鼠儿子会打洞。

甲鱼有肉肚里藏。

出头的椽子先烂。

田里只怕三角草，家里就怕女人吵。

本小利少，本大利宽。

兄弟竭力山成玉，父子同心土变金。

平时肯帮人，急时有人帮。

身在福中不知福。

用人不疑，疑人不用。

主不请，客不饮。

左眼跳喜，右眼跳财，双眼一跳祸就来。

平时不烧香，急时抱佛脚。

处世为人，信义为本。

礼多人不怪，油多菜不坏(一说“盐多不坏菜”)。

会走走不过影子，会讲讲不过理字。

会看的看门道(窍门)，不会看的看热闹。

会说会笑，金钱来到。

众人一条心，黄土变成金。

年少不储钱，老来苦黄连。

当家方知柴米贵，养儿才知父母恩。

有缘千里来相会，无缘对面不相识。

有收无收在于放，收多收少在于管(指放养鱼苗)。

有钱万事易，无病一身轻。

吃饭不要闹，吃饱不要跳。

吃萝卜，喝绿茶，大夫急得满街爬。

江山易改，本性难移。

劣汉争食，好汉争气。

扫帚不到，灰尘不掉。

死人臭一里，名誉差臭千里。

戏在人唱，地在人种(指事在人为)。

耳听是虚，眼见为实。

先小人后君子。

有病早治，无病早防。
有饭送给饥人，有话送给知心人。
有其父必有其子，有其母必有其女。
有明白儿子，不如有明白媳妇。
有钱没钱，回家过年。
有情人终成眷属。
有啥也别有病，没啥也别没钱。
有智吃智，无智吃力。
有一分热，发一分光。
有一分心，尽一分力。
有儿穷不久，无儿久久穷。
早起三光，头光面光；迟起三慌，脚慌手忙。
自然来的是福，强求来的是祸。
走马行船三分险。
吃人家的嘴短，拿人家的手软。
冰冻三尺，非一日之寒。
近朱者赤，近墨者黑。
好鸡不与狗斗，好男不与女斗。
好汉护三村，好狗护三邻。
好马不吃回头草，好女不嫁二夫（守节，不改嫁）。
好官易做，好人难做。
好记性不如烂笔头。
好名难得，恶名易传。
好人多磨难，好心必有好报。
好人说不坏，好酒搅不酸。
好言不听，祸必临身。
好话不瞒人，瞒人没好话。
九月西风响，蟹脚痒。
百闻不如一见。
百病从脚起。
百善孝为先。
各处各乡风，隔行不隔理。
交必择友，居必择邻。
在家靠父母，出外靠朋友。

在家千日好,出外时时难。

买卖不成仁义在。

光棍光棍,大家帮衬。

当官不为民做主,不如回家卖红薯。

过头饭好吃,过头话难说。

羊吃百样草,就怕人不找。

江南无大利,全靠接口利;能讲千声有,不讲一声无。

成事不足,败事有余。

丢掉讨饭棍,忘记讨饭时。

买鸡看腿,买鸭看嘴。

老子偷瓜盗果,儿子杀人放火。

老鼠变猫,变死不高。

海大在船下,山高在脚下。

秤砣虽小压千斤,孙子有理压太公。

亲兄弟,明算账。

嘴上无毛,办事不牢。

糖多不甜,话多不宜。

伴君如伴虎。

塘里鱼多水不清,朝中官多出奸臣。

养兵千日,用兵一时。

饭要一口一口地吃,事要一件一件地做。

饿不择食,寒不择衣。

路遥知马力,日久见人心。

疾风知劲草,烈火见真金。

秀才遇到兵,有理讲不清。

良言一句三冬暖,恶语伤人六月寒。

金无足赤,人无完人。

舍不得金弹子,打不着巧鸳鸯。

银钱壮胆,娘老子长威风。

明枪易躲,暗箭难防。

胜者为王,败者为寇。

能吃朋友家鸡,能穿朋友的衣,不夺朋友的妻。

嘴越吃越馋,人越歇越懒。

冤有头,债有主。

浇树要浇根，交人要交心。

钱财落人手，两眼望人求。

兵败如山倒。

请客不邀，赛如架刀。

贼后关门，雨后作缺。

财要自挣，儿要亲生。

孝顺自有孝顺儿，忤逆还你忤逆子（父母是孩子的榜样）。

眉头一皱，计上心来。

兵马未动，粮草先行。

没有高山，不显平地。

穷人莫上街，上街小破财。

住家住得好邻家，又吃酒来又戴花。

饭有三餐不饿，衣有三件不破。

鸡司晨，犬守夜（各负其责）。

眼看千遍，不如手写一遍（通过手写，加深记忆）。

要想富，少生孩子多栽树。

想得牲口钱，拌得牲口眠。

要想牲口不发瘟，年年要打预防针。

鸡生蛋过年，鸭生蛋种田。

鸡是千日虫，再养会更穷（久养产蛋率低）。

鸡要划着吃，人要做着吃。

猫三狗四，猪五羊六，牛马十二个月（指妊娠期）。

斩公鸡，吓猴子，杀一儆百。

窝抵窝，六十多（指上窝仔猪到下窝仔猪时个体毛重）。

算计不通，逮小猪过冬。

猪睡长肉，人睡生病，猫饱生懒。

是猪三百六，穷人等不及。

若要耕牛养得好，栏干食饱露水草。

雁过留声，人过留名。

知人知面不知心。

衙门八字开，有理没钱莫进来（指旧社会）。

狗不嫌家贫，子不嫌母丑。

狗急跳墙，人急不良。

猫恋食，狗恋家，婴儿恋妈妈。

猫生的猫疼，狗养的狗爱。

驴子是个怪，骑着比牵着走得快。

猫怕过冬，狗怕过夏(猫称是“冷骨头”，狗称是“火骨头”)。

猫“叫号”(叫春)过年，狗“起窝”栽田(指发情期)。

麻雀虽小，五脏俱全。

蚂蝗死叮鹭鸶腿，拔不动甩不掉。

偷鸡不成，反蚀一把米。

是狗到天边吃屎，是狼到天边吃人。

常在河边走，哪有不湿鞋。

狗仗人势，火仗风势。

猫来穷，狗来富，猪来穿麻布(即戴孝，寓意走霉运，有劫难)。

狗眼看人低，牛眼看人高。

猴子不上树，多打三锤锣。

食鱼要肥，食肉要瘦。

胖头头鲢子拖，青鱼尾巴赛燕窝。

鲤鱼不上斤，不如吃草根。

秤杆子黄鳝马蹄子鳖(鳝大鳖小味道鲜)。

鱼烧千滚，吃到肚里安稳。

龟补阳，鳖补阴。

静水鲫鱼流水鲶。

若嫌甜，加点盐。

草喜青，鲢喜绿，肥水塘里养胖头。

坝下滩头多，青鱼来扎窝。

养鱼没有巧，饵足水质好。

深水如高楼，层层有鱼游。

鱼长三伏猪长秋。

春捕黄昏，冬捕五更；天热捕流水，天冷捕深潭；浑水打白天，清水打晚上(指捕鱼时间和技术)。

秋分下蟹栏，寒露拖蟹网。

要想鱼类多，管理不能拖。

养鱼如绣花，一点不能差。

起鱼摸虾，失误庄稼(过去)。

鱼多水不清，话多讲不明。

滴水成河，积少成多。

清明前后，百鱼上钩。

钓鱼不在急水滩。

矮子爸矮一个，矮子妈矮一窝（遗传）。

酒是穿肠毒药，色是刮骨软刀。

聋子不怕雷，瞎子不怕蛇。

攀高亲，葬远坟，祸害子孙。

初出茅庐，不知深浅。

撑死胆大的，饿死胆小的。

苦好吃，气难受。

君子动口，小人动手。

害人之心不可有，防人之心不可无。

黄金有价情无价。

金乡邻，银亲眷。

喜鹊叫，客人到。

秧大自成行，女大自找郎。

没有金刚钻，别揽瓷器活。

萝卜上场，医生还乡。

笑一笑十年少，愁一愁白了头。

病来如山倒，病去如抽丝。

饭后百步走，活到九十九。

运动赛过灵芝草，何必苦把仙丹找。

常开窗，透阳光，通空气，保健康。

苦药利病，苦言利行。

男人是赚钱手，女人是储钱斗。

省把米，省滴油，三年买条大牯牛（指积少成多）。

病从口入，祸从口出。

种田不好误一春，教子不好害一生。

色是催命鬼，赌是败家精。

晴带雨伞，饱带干粮（有备无患）。

唱戏的腿，说书的嘴。

朝中无人莫做官，厨房无人莫乱窜。

穿破绫罗才是衣，白头到老才是妻。

割不断的亲，骂不断的邻。

君子报仇，十年不晚。

胆量是斗出来的,志气是逼出来的。

能添一斗,不添一口。

到了山里再砍柴,到了河边再脱鞋。

道高一尺,魔高一丈。

得放手时须放手,得饶人处且饶人。

阿谀奉承人人喜,忠言逆耳个个嫌。

饿死不能偷,穷死不能抢。

放虎归山擒虎难。

恶狗怕棍棒,恶狼怕猎枪。

逢人宜说三分话,未可全抛一片心。

富贵本无根,尽从勤里得。

富以钱为善,贫以心为善。

敢作敢当,才是英雄好汉。

将军额头能跑马,宰相肚里能撑船。

话到嘴边留半句,事从理上让三分。

狗有群,狐有伴。

花有重开日,人无再少年。

量小非君子,无度不丈夫(或"无毒不丈夫")。

虎落平阳被犬欺。

话多惹事多,话少是贵人。

婚姻劝拢,祸事劝开。

鸡多不下蛋,人多吃闲饭。

强将手下无弱兵。

家贫出孝子,国破见忠臣。

要健康,喝豆浆;要长寿,吃大豆。

便宜没好货,好货不便宜。

将心比心,强如佛心。

脚上的泡是自己走的,祸事是自己惹的。

教会徒弟,饿死师父。

借米下得锅,讨米下不得锅。

借债要忍,还债要狠。

酒能成事,亦能败事。

看人看心,听话听音。

酒肉兄弟千个有,落难之中无一人。

救人一命,胜造七级浮屠。

酒中不语真君子,财上分明大丈夫。

酒在肚时,事在心里。

看菜吃饭,量体裁衣。

刻薄不赚钱,忠厚不折本。

空口无凭,立字为证。

快人一言,快马一鞭。

裤带越长,寿命越短。

来说是非者,就是是非人。

来者不善,善者不来。

鱼生火,肉生痰,萝卜白菜保平安。

猫不跟狗斗,穷不跟富斗。

眉头一皱,计上心来。

慢走跌不倒,小心错不了。

没有梧桐树,招不来金凤凰。

没事不找事,有事不怕事。

难者不会,会者不难。

能差阎王债,不欠小鬼钱。

你敬我一尺,我敬你一丈。

来得早,不如来得巧。

朋友越多越好,冤家越少越好。

爬得高,跌得重。

前怕狼,后怕虎,一事无成白辛苦。

前人栽树,后人乘凉。

钱财如粪土,仁义值千金。

请神容易送神难。

棋逢对手,一着争先。

墙有缝,壁有耳,墙里讲话墙外听(隔墙有耳)。

强迫不成买卖,捆绑不成夫妻。

穷死别做贼,冤死别告状。

穷不失志,富不癫狂。

穷生虱子晦生疮。

请客容易等客难。

拳不离手,曲不离口。

惹不起，躲得起；让人三分不吃亏。
话不说不知，木不钻不透。
忍一时风平浪静，退一步海阔天空。
若要宝宝安，常带三分饥和寒。
若要会，须和师傅同吃睡。
树挪死，人挪活。
塞翁失马，焉知非福。
身病好治，心病难医。
债多不愁，虱多不痒。
是非只因多开口，烦恼皆因强出头。
识时务者为俊杰。
事要多知，酒要少喝。
是媒都说谎，无谎不成媒（指过去带有职业性的媒婆，为了成事采取两头忽悠说谎）。
时到天亮方好睡，人到老来才学乖。
是福不是祸，是祸躲不过。
实践出真知。
食多伤身，气多伤神。
输得自己，赢得他人。
瘦猪力大，穷人气大。
树大招风，钱多惹事。
说者无意，听者有心。
喜中有烦，乐中有忧。
眼不见为净，耳不听心不烦。
严是爱，宠是害。
言教不如身教。
养不教，父之过；教不严，师之惰。
养身在于动，养心在于静。
养儿不读书，只当喂头猪。
要知父母恩，怀里抱儿孙。
要知家中妻，先看丈夫的衣。
野花不种年年有，烦恼无根日日生。
争争吵吵，白头到老（指夫妻之间）。
栽树没巧，深挖实捣。
知足者常乐，能忍者自安。

择妻要看丈母娘。

站得高,看得远。

攒钱好比针挑土,花钱好比浪淘沙。

越冷越打颤,越热越出汗。

知法犯法,罪加一等。

知己知彼,百战百胜。

针大的眼,斗大的风。

纸上画饼不充饥,墙上画马不能骑。

智者千虑总有一失;愚者千虑总有一得。

最甜家乡水,最亲故乡人。

捉奸见双,捉贼见赃,杀人见伤。

做人不要做绝,说话不要说尽。

煮饭要放米,说话要讲理。

纵有大厦千间,不过身眠七尺。

治病要治本,刨树要刨根。

做到老,学到老,还有三桩没学到。

重赏之下,必有勇夫。

作子要孝,为臣要忠。

知恩不报非君子。

草鞋没样,边打边相。

家鸡打了团团转,野鸡不打也要飞。

萝卜青菜,各人所爱。

墙头上的草,风吹两边倒(指立场不坚定)。

放虎归山,自留后患。

高山打鼓,名(鸣)声在外。

人老话多,树老根多。

不怕家底穷,就怕子孙怂。

丑妻家中宝,美妻多烦恼。

五谷杂粮多入口,大夫改行拿锄头。

气话好说,气事难做。

头对风,暖烘烘;脚对风,请郎中。

冬吃萝卜夏吃姜,不用医生开药方。

当面留一线,日后好见面。

吃不穷,穿不穷,算计不到一世穷。

冷不靠灯,穷不靠亲。

穷不长根,富不长苗。

浪子回头金不换。

现做清明,现造祠堂(指办事无计划、无准备)。

惜衣有衣穿,惜人有人用。

姜蒜不离口,疾病绕道走。

时常开口笑,寿比南山高。

桃养人,杏伤人。

气象类

春雾雨,夏雾热,秋雾虾子,冬雾雪(雪天多)。

春雾一朝晴,夏雾雨淋淋。

春天不问路(雨后地面干得快)。

二五八月乱穿衣(指天气变化大)。

正月二十晴,树上挂响铃。

立夏要下,满塘满坝;立夏不下,没水洗耙。

立夏起东南(风),鲤鱼归深潭;立夏起西北(风),鲤鱼跳田缺(意思是立夏起东南风气候正常,起西北风要遭水患)。

清明要晴,谷雨要淋。

雨落土地菩萨头,十个种田九个愁(指农历二月初二)。

惊蛰打一点,返九四十天(倒春寒天气)。

早上茫种仓仓满,晚上芒种忙场空。

春东风,雨家公。东风歇,地面湿。

春寒多有雨。

春风如扎刺。

四季东风四季晴,就怕东风刮倒人(东风大了要下雨)。

正月雷打雪,二月雨不息;三月无秧水,四月田开裂;五月发大水,六月一览(片)白(水灾)。

五月南风发大水,六月南风伏里干。

冬至晴,过年地泥泞。

日落胭脂粉,无雨便是风。

早烧不到中,晚烧一场空(天空出现红霞,俗称火烧天)。

雷打落山空,有雨也不凶(太阳落山时的暴雨大不了)。

立春晴一日，种田不用力（风调雨顺）。

雨落梅头，烂掉蓑衣领头（阴雨连绵）。

立冬落（下雨），皮匠老婆戴玉镯；立冬晴，皮匠老婆要嫁人（寓意立冬下雨是丰年，立冬不下雨是灾年）。

雨雪年年有，不在“三九”在“四九”。

头九晴，九九晴。

云向东一场空；云向西披蓑衣；云向南水满塘；云向北晒开裂。

早西风，晚东风，晒死老长工。

日晕三更雨，月晕午时风。

头伏热不成，二伏热死人。

冷在三九，热在三伏。

芒种火烧天，夏至雨绵绵。

圩田好种，五月难过。

晴天蜘蛛结大网，一两天内雨来访。

夏季鱼塘鱼儿跳，预示雷雨要来到。

立秋三天分早晚。

朝立秋，凉飕飕；暮之秋，热到头。

朝看天顶穿，晚霞行千里。

天黄有雨，人黄有病。

太阳颜色黄，明日大风狂。

太阳拦中现，雨下三天不见面。

日落乌云台，有雨半夜来。

日落西方阴，明朝雨纷纷。

小寒下大雪，雪兆是丰年。

三十晚上黑，稻田不作缺；三十晚上亮，种田无指望。

乍晴三天不晴，乍落三天不落。

月亮打伞，晒得鬼喊。

月亮里面有黄圈，下雨就在近两天。

星星眨眼，大雨不远。

久雨见星光，来日雨更狂。

星星稀，淋死鸡；星星稠，晒死牛。

春季东风雨，夏季东风热，秋季东风毒，冬季东风雪。

东风多湿北风干，南风暖来北风寒。

旱刮东风不雨，涝刮东风不晴。

久晴西风雨,久雨连夜晴。

西风起得早,吹不动地上草;西风起得迟,石子吹过池。

立夏东南风,农民乐融融。

立夏西风吹,蝗虫满地飞。

立夏吹北风,十个鱼塘九个空。(寓意鱼塘内的鱼很难捕)

早上地罩雾,尽管洗衣裤。

夏至刮东风,鲤鱼哭公公。

小暑起西南(风),老龙归深潭。

青蛙叫声小,风雨降临时;青蛙叫声响,晴天喜洋洋。

小暑南风十八朝,晒得南山竹也焦。

冬天北风叫,大雪就要到。

夏至无雨三伏热,重阳无雨一冬晴。

冬至晴,明年唱太平。

乌云迁东,不落雨来也刮风。

云似棉花朵,地下水成河。

早上浮云走,中午晒死狗(夏秋日)。

早凉晚凉,干断长江。

六月初一落一阵,放牛娃娃跑成病。

夏至分牛脊,乌鸦湿半边。

一场秋雨一场凉,十场秋雨要穿棉。

秋后十八盆,洗澡关大门。

天上钩钩云,地上雨淋淋。

一块乌云在天顶,再大风雨也不惊。

逆风行云有大雨。

乌云遮落日,不落今日落明日。

云交云,大雨淋。

黑猪(乌云)过了河,大雨躲不过。

高山戴帽,长工睡觉。

久晴大雾要阴,久阴大雾要晴。

小寒节气雾,来年五谷丰。

霜打片,雹打线。

霜前冷,雪后寒。

雪不烊,候老娘(意思是还要下雪)。

大雪满天飞,粮食堆成堆(指冬雪大预示第二年丰收)。

春雪如跑马(烊得快)。

春雪下河,干死老鹅。

清明断雪,谷雨断霜。

三月尚有桃花雪,四月尚有柳条霜。

十月下雪霜,来年粮满仓。

冬天下雪如水浇,春天下雪如下刀。

卯时雷,午时雨。

雷声大雨点小。

不怕炸雷,就怕闷雷(梅雨季节打闷雷预示雨量大)。

雷打冬,十家牛栏九家空(预示第二年大荒)。

秋风雷电闪,米价往上涨。

八月初一雁门开,雁儿脚上带霜来。

东虹日头西虹雨,南虹北虹卖儿女。

朝虹满江水,暮虹草头枯。

早虹阴,晚虹晴,中虹日头晒死人。

睡猫脸朝天,连日雨绵绵。

猫洗脸,狗吃草,不要三天雨就到。

狗吐舌头鸡张嘴,乌云遮日要下雨。

狗喝水天有雨;猫喝水天要晴。

狗抓地,要下雨。

狗子睡草堆,屋脊头有水。

猪癫风,狗癫雨。

鸡晒翅,雨要来。

鸡滚灰,雨直追。

久雨鸡啼天要晴。

鸡儿不上架(晚进笼),明天还要下。

今晚鸡鸭早归笼,明朝太阳红彤彤。

鸡寒上架,鸭寒下水。

蚂蝗浮水面,有雨也不远。

鲤鱼跳,水淹灶。

蜜蜂窝里叫,大雨就要到。

燕高飞,晴天报。

燕子低飞蛇过道,蚂蚁搬家山戴帽;水缸出汗蛤蟆叫,瓢泼大雨就要到(从动物感知气候出现反常,估计不风则雨)。

久雨闻鸟声，不久天转晴。

练鸟叫声丢丢丢，必定有雨流。

青蛙哑叫，雷雨前兆。

蝈蝈唱山歌，有雨也不多。

七月田鸡叫，石头都晒焦；八月田鸡叫，雨儿慢慢到；九月田鸡叫，犁头往上挑；十月田鸡叫，晴到打年糕。

蚯蚓出土要降雨，鹊雀入巢要生风。

蚂蚁成群爬上墙，雨水淋湿大屋梁。

蚂蚁搬家雨必淋；蜘蛛结网天必晴。

今晚蚊子恶，必有大雨落。

蚊子鸣声如撞钟，不下雨来就起风。

蜻蜓满天飞，预计无好天；

雨中蝉声叫，预告晴天到。

咸肉滴卤，雨下如注。

云盖中秋月，雨淋元宵灯(如果中秋之夜月亮被云盖住，来年元宵前后，必定春雨连绵)。

日暗天红，霜雪满田(冬天的傍晚，如果天空布满红霞，预示天气很寒冷)。

二月二牛打汪，十家坏了九家秧。

重阳无雨看十三，十三无雨一冬干。

天上鲤鱼斑，晒稻不用翻。

早看东南，晚看西北。

夜晴不算，只晴天半。

小暑打雷，大暑破圩(小暑那天打雷，警示有水患)。

雨落金鸡头，行人不用愁(鸡鸣下雨，雨不会长)。

春打五九尾，家家腌火腿；春打六九头，家家卖耕牛。

东边雨不上西，上西就要灌死鸡。

农事类

庄稼庄稼，桩桩到家，才算庄稼。

霜打两夹叶，到老都不发(指油菜作物)。

有收无收在于水，收多收少在于肥。

稻薅黄秧草薅牙。

秋后三场雨，遍地出黄金。

麦田一条沟，从种管到收。
养猪不赚钱，回头看看田。
猪粪红花草，农家两件宝。
人怕老来穷，稻怕夜东风。
有水无肥一半谷，有肥无水望天哭。
有秧不可捺，缺秧不可掐(kā，方言读音)。
秧也青来麦也黄，八十岁老妈也要上道场。
麦锄三遍看见面，稻薅三遍猪无糠，棉锄三遍白如霜。
立夏立夏，顶头亲家不答话(农忙季节)。
芒种小麦刀下死。
收麦如抢宝，插秧赛赶考。
淹掉芜湖遍地熟，干掉芜湖遍地哭(指芜湖地势低，水源充足耐旱)。
梅雨吊稻，赛过下料。
知了叫，割早稻；知了飞，堆草堆。
七月荞麦八月花，九月荞麦收到家。
八月蚕豆四面花，十月蚕豆二面花(播种时间)。
大麦种到年，看看什么田(好田迟种也可以)。
冰冻响，萝卜长。
庄稼一枝花，全靠肥当家。
庄稼不收当年穷。
日晒黄金夜不收(治安好)。
一方土谷养一方人。
土中生白玉，耕劳出黄金。
庄稼人半年辛苦半年闲。
种田算不出工钱，讨饭算不出路线。
无农不稳，无商不活。
乡里不种田，城里不冒烟。
春把麦梳头，麦苗绿油油。
惊蛰一犁土，春分地气通。
伏天深耕田，赛过水浇园。
伏天铲破皮，胜过秋后犁几犁。
入了伏，不离锄。
锄头响，庄稼长。
秋耕要深，春耕要浅。

秋耕无晚，春耕无早。

冬耕深一寸，抵上一次粪。

地不冬耕产量低。

吹一吹，等于撒遍灰；照一照，等于泼次料（意思是土地翻耕后，经阳光照晒，增加土壤的养分和空气，有利作物生长）。

积肥如积粮，粮在肥中藏。

商人看货堆，农民看粪堆。

农家肥，养分全，施一年保下年。

屙屎吃屎，离屎即死（意思是人的粪便肥效高，可以增产）。

不养鸡鸭鹅，肥料无处取。

大粪一季，油饼一年。

是青三分肥。

扫把头上出黄金（积肥）。

地是活宝，不是越肥越好。

多上粪，庄稼好，还看施得巧不巧。

土粪要晒，大粪要盖（沤透才肥）。

土放三年成粪，粪放三年成土（时间长了失效）。

年外不如年里（施肥），年里不如掩底（基肥）。

猪粪肥，羊粪壮，牛马粪儿跟着逛。

清明追麦子，落把黑叶子。

种豆不用粪，全靠灰里睏。

萝卜不用问，全靠窝里三次粪。

绿肥种三年，孬田变好田。

沤要沤透，晒要晒发（水田）。

浇粪不兑水，庄稼噘着嘴（粪便必须兑水稀释后才能施用）。

二月清明莫抢前，三月清明莫推后（早稻播种时期）。

小麦上浆，赶快撒秧（晚稻播种时期）。

梅雨吊稻，赛如下料。

谷雨前好种棉；谷雨后好点豆。

三月三，南瓜葫芦都上滩。

割麦前后浇棉花，十年倒有九不差。

麦是胎里长，菜怕老来穷。

棉花是个铁脚汉，干死还能收一半。

楝树开花你不做，蓼子开花把脚跺（意思是春季不抓紧耕作，秋收季节就得不到好收成）。

一粒下土，万担归仓。

母大儿肥，种好苗壮。

好种出好苗，好葫芦锯好瓢。

种子年年选，产量逐年高。

种地选好种，等于土地多几垄。

三分种七分管。

种田不留种，来年没得“肿”（没得吃）。

宁栽馊田，不栽馊秧。

横行一条棍，直行不用问（指栽插水稻技术）。

稀苗结大穗，密植多打粮。

芝麻不搭叶，一棵收一碟。

稀三担，密六箩，不稀不密收九箩（指水稻）。

麦收高产三件宝，头多穗大籽粒饱。

芝麻一顶笠（帽）盖三棵；玉米地里能睡牛（指行距）。

若要玉米结，除非叶搭叶；若要玉米大，不叫叶打架。

油菜油，油菜裆里睡牯牛（油菜要稀植）。

铲除地边草，来年虫子少。

春雨贵如油，多下农民愁。

宁挨春冻，不挨秋霜。

春得一场雨，秋收万担粮。

一年两头春，耕地贵似金（双春年好种田）。

种田无运，节气抓定。

不冷不热，五谷不结。

打春一七，百草发芽。

春争日，夏争时，一年大事不宜迟。

雨水有雨庄稼好，雨水甘蔗节节长。

害虫开春杀一个，胜过秋季杀万千。

人勤地生宝，人懒地长草。

燕雀田里飞，稻谷堆成堆。

玉米见了铁，一夜长一节（玉米地里要勤锄草）。

豆子锄三遍，豆荚结成串。

一亩田三分沟，人家不收我家收。

宁可多晒一日，胜过早播一七（已翻耕的田块要暴晒，俗称“吹一吹抵遍灰，照一照抵次料)。

稻怕夹筒干,麦怕张口雨(稻子孕穗期不能缺水,麦子扬花灌浆期不能下雨)。

早稻播芽,晚稻播谷(晚稻种破白即可播种)。

早栽一七,不如养秧一日(适合秧龄期才行)。

麦过春分昼夜长,也怕清明一夜雨。

棉花不打杈,光长柴禾架。

白菜栽根,油菜栽心;辣椒栽花,茄子栽丫。

若要富,庄稼开个杂货铺(指间种、套种和轮作)。

小麦吃得呵呵笑,一担小麦两担稻(麦伤地力,后茬稻子产量低)。

早禾怕夜风,晚禾怕夜雨(早稻怕夜里刮风,晚稻怕夜里下雨,遇上必减产)。

春栽杨,夏栽桑,正月植树好时光。

牛是农家宝,种田不可少。

瑞雪兆丰年。

傍谷撒谷(撒早稻秧)。

寒露小麦霜降菜,秋分点菜秧(指播种时间)。

惯子不孝,肥田收瘪稻。

一天一暴,坐在家里收稻。

处暑田里箩担籽,白露田里一场空。

麦倒一看,稻倒一半。

冬天麦盖三层被,来年枕着馒头睡。

春雨不下沟,赛如落香油。

种瓜得瓜,种豆得豆。

(张玫瑰　刘达才　王言仓)

三、歇后语

A

矮子穿长袍——拖拖拉拉；案板上的猪——任人宰割。

B

八十岁老汉学吹鼓——上气不接下气；被窝里放屁——暗消；跛子划船——以歪就歪；白布掉在染缸里——洗不清；白糖拌黄瓜——甘(干)脆；板凳上睡觉——翻不了身；搬起石头砸自己的脚——自找苦吃；爆竹店失火——自己恭贺自己；鼻子里插大葱——装象；闭着眼睛和面——瞎掺和；鞭炮两头点——响(想)到一块儿；扁担做桨用——划不来；不通气的烟袋——死心眼儿；扳倒树捉老鸹子——稳拿；板凳头上搁鸡子——危险在即。

C

穿钉鞋拄拐棍——把稳；穿草鞋游西湖——不合身份；拆东墙补西墙——补不完的窟窿；吃家饭屙野屎——吃里爬外；窗户纸——一点就破；草帽烂边——顶好；茶壶里煮饺子——有嘴倒不出；称上四两棉花——纺一纺；乘字底下丢了人——真乖；穿蓑衣救火——惹火上身；裁缝的尺子——量人不量己；厨房里的抹布——油透了；菜里不搁盐——尽讲淡话；床底下晒马片布——阴干。

D

毒蛇咬板凳腿——伤一口毒气；大路上的电线杆——靠边站；断了线的风筝——身不由己；豆腐渣贴门对子——两不相粘；吊死鬼搽胭脂——死要脸；大水冲了龙王庙——一家人认不得一家人；豆腐掉到毛灰里——吹不得掸不得；丢掉西瓜拣芝麻——因小失大；笛子独奏——自吹；斗败的公鸡——垂头丧气；戴着草帽亲嘴——差得远；稻草堆里埋石头——软中有硬；断了线的珠子——提不起来；第六个手指——多余的；打掉了牙齿往肚里咽——有苦难言；大姑娘坐轿子——头一回；搭梯子摘月亮——不知高低；打开天窗——说亮话；丢下山羊撵兔子——不知哪大哪小；

搭梯子上树——高攀；刀打豆腐——两面光；打破砂锅——璺(问)到底；豆腐店倒了——架子还在；兜着豆子没锅炒——寻炒(吵)；打碎了的茶壶——就落一张嘴。

E

二两棉花——弹(谈)不上；恶人先告状——反咬一口；耳朵塞棉花——装聋子；二月的韭菜——头一茬；二一添作五——平分；儿子打老子——黑了天。

F

飞机上弹钢琴——高调；发大水放木排——随波逐流；发了酵的面粉——气鼓鼓的；翻穿皮袄——装羊(佯)；饭店里端菜——和盘托出；粪堆开花——臭美。

G

狗拿耗子——多管闲事；杆面棍吹火——一窍不通；高粱秆挑水——承担不起；狗叼来的肉猫吃了——坐享其成；狗咬粽子——解不开；公鸡飞上屋脊——到顶了；狗嘴里的骨头——没多大油水；狗咬吕洞宾——不识好人心；干皮大葱——不死心；刚出锅的糍粑——酥软；公鸡打架——全凭一张嘴；干柴遇烈火——一点就着；赶车不拿鞭子——拍马屁；赶鸭子上架——难上难；钢针掉到油锅里——又尖又滑；割韭菜不用刀——胡扯；刚出山的太阳——红光满面；刚出水的虾子——活蹦乱跳；高射炮打蚊子——大材小用；高山打鼓——鸣(名)声在外；隔河看失火——干着急；公公背媳妇过河——吃力不讨好；狗赶鸭子——呱呱叫；狗咬刺猬——无处下嘴(手)；关公舞大刀——拿得起放得下；狗咬猪尿脬(pāo)——空欢喜一场；光起风不下雨——干吹；光打雷不下雨——有鸣(名)无湿(实)；搁浅的船——进退两难；狗咬狗——两嘴毛(两败俱伤)；关公卖豆腐——人硬货不硬；棺材里伸手——死要钱；过期的药——失效(过时了)；过了筛子的黄豆——没大没小；姑娘嫌嫂丑——空做恶人头；过五关斩六将——英雄盖世；狗子咬疙蚤——稀巴巴的；狗子斩断尾巴——跑颠了。

H

黄鼠狼给鸡拜年——没安好心；火烧乌龟——肚里疼；河豚毒死人——不偿命；花生去壳——红仁(人)；和尚庙里借梳子——走错门；旱天的井——水平太低；哈巴狗摇尾巴——献殷勤；喝酒不拿杯子——壶(胡)来；喝开水塞牙——该倒霉；黑夜过坟地唱歌——自己给自己壮胆；黄河的水——难澄清；黄鼠狼放救命屁——就这么一招；火车开到马路上——越轨；好心当作驴肝肺——不识好歹；荷花刚出水——一尘不染；猴子捉虱子——瞎扒；后脑勺拍巴掌——背后整人；怀里揣只兔子——胸口乱蹦；黄鼠狼和狐狸结亲——臭味相投；黄瓜打大锣——大么节的去；鹤立鸡群——

高出(人)一等;瞎子看天——一世不晴;火烧纸马店——迟早要归天。

J

舅奶奶鞋子——老样子;脚底下踩棒槌——立站(场)不稳;鸡叫走路——越走越明;酒鬼喝汽水——不过瘾;叫花子碰上要饭的——穷对穷;井水不犯河水——互不相干;鸡蛋里挑骨头——故意找岔子;姜太公钓鱼——愿者上钩;鸡屁股拴线——扯蛋;教菩萨认字——白费心机;饺子破了皮——露馅;叫花子背米——自讨的;脚踏(踩)西瓜皮——滑到哪里是哪里;叫花子唱戏——穷开心;镜子里的钱——看得见拿不着;决了堤的水——横冲直撞;九华山的菩萨——招远不招近;叫花子想吃烟——讨烟(厌);举双手赞成——多此一举;鸡蛋不打——生敲;舅老爷分家——照人头打米;脚背上支锅——不长久;脚板底下抹油——溜得快。

K

孔夫子挂腰刀——文武双全;砍了头的竹子——节外生枝;空棺材出丧——木(目)中无人;开着电扇聊天——净讲风凉话;开弓的箭——决不回头;空着手回娘家——无礼;孔夫子拜师——不耻下问;快刀斩乱麻——干净利落;看戏掉眼泪——触景生情;空心萝卜——中看不中吃;叩头拜把子——称兄道弟。

L

老鼠过街——人人喊打;老牛拉破车——慢慢挪;老鼠遇见猫——骨头酥;老鼠钻风箱——两头受气;老鼠拖秤砣——自塞洞门;老鼠钻牛角尖——尽头了;老鼠偷面糊——糊嘴;老寿仙吃砒霜——活腻了;螺蛳壳里做斋——太挤;两个裁缝打架——针(真)干;老太太的拐杖——专扶人;老牛钻狗洞——通不过;辣椒炒豆腐——外辣里软;凌晨放鞭炮——一鸣惊人;落雨天打麦子——难收场;老虎屁股——摸不得;懒婆娘的裹脚——又臭又长;老鼠钻书箱——咬文嚼字;老王卖瓜——自卖自夸;老和尚撞钟——过一天算一天;六月的债——还得快;临死打哈欠——白张嘴;拉着胡子过河——牵须(谦虚);腊月里借扇子——不识时务;癞蛤蟆打哈欠——好大的口气;癞蛤蟆想吃天鹅肉——异想天开;老虎不吃人——样子难看;老虎挂佛珠——假装慈善;老人吃柿子——拣软的捏;冷水洗头——凉了半截;理发师带徒弟——从头教起;聋子听戏、瞎子观灯——一无所获;聋子耳朵——摆设;轮船开到亚非拉——外行(航);篮子提泥鳅——跑的跑溜的溜;老鼠的眼睛——寸半光(见识短);烂泥巴——糊不上墙;老虎头上擦痒——找死;两个肩膀扛张嘴——净等着吃;两个哑巴睡一头——没话说;鲁班门前抡大斧——不知天高地厚;聋子打电话——大嗓门;卵子皮外的——不是局里人;癞癞蛄支床脚——硬撑;臁疮腿看戏——站不长；卤水点豆腐——一物降一物。

M

猫哭耗子——假慈悲；没路标的三岔口——左右为难；蚂蚱斗公鸡——自不量力；茅坑里的石头——又臭又硬；眉毛胡子——配相的；门缝里看人——把人看扁了；麻布袋子装针——个个想出头；麻布袋子绣花——底子差；摸着光头逗乐——要滑头；猫捉老鼠狗看门——各负其责；马蜂蜇秃子——没遮没盖；盲人的拐杖——寸步不离；眉毛胡子一把抓——不分青红皂白；棉花湿水——没弹（谈）头；木耳豆腐一锅煮——黑白分明；猫教老虎——留一手；朦朦眼看太阳——一手遮天。

N

牛尾巴打苍蝇——瞎舞；年初一贴财神菩萨——为别人家讨好；鸟字写成乌字——还差一点；泥菩萨过河——自身难保；拿着草帽当锅盖——乱扣；拿着鸡毛当令箭——小题大做；脑门上长瘤子——额外负担；泥牛入海——杳无音信；泥瓦匠出身——和稀泥；牛身上拔根毛——微乎其微（不在乎）；南瓜请祖宗——万难之极；奶奶们出胡子——稀巴巴的；奶奶们打架——扭扭捏捏；牛皮灯笼——不亮。

P

婆媳吵架儿子劝——左右为难；拍大腿吓老虎——一点没用；破网打鱼——瞎张罗；瓶口封蜡——滴水不漏；屁眼里生儿子——外来的财气；屁眼沟里流黑水——一肚子坏主意；屁眼沟里夹酒曲——活作。

Q

蜻蜓吃尾巴——自己吃自己；骑老母猪过河——丢人又丢牲口；骑驴看唱本——走着瞧；七月半烧纸钱——哄鬼；气枪打飞机——差远了；千里送鹅毛——礼轻人意重；千人大合唱——异口同声；清水煮挂面——有盐（言）在先；秋后的蚂蚱——蹦不了几天；墙头上的草——风吹两边倒（立场不稳）。

R

肉包子打狗——有去无回；热水瓶爆炸——丧胆；热锅炒辣椒——够呛。

S

三亩田出一棵苗——独一无二（能豆子）；山沟里放牛——两边吃；水缸里扎猛子——不知深浅；树叶落下怕打破头——胆小鬼；水中捞月——空忙一场；算盘上的

珠子——拨一下动一下；三十晚上盼月亮——没指望；水面上的浮萍——不扎根（随风飘）；三伏天吃西瓜——解渴；三九天穿单褂——抖起来；十五个妇女拉家常——七嘴八舌；生虫的拐杖——靠不住；水仙不开花——装蒜；瘦子光膀儿——露骨；睡梦里捡金子——想得美；孙悟空赴蟠桃会——不请自到；算命先生断祸福——胡说；十五个吊桶打水——七上八下；甩手掌柜——什么也不管；石灰袋子——到处留迹（印子）；三月的桃花——越开越红火；屎拉在裤裆里——跟狗子撒气；蛇钻屁眼——不着急；三十晚上叠冥币——代鬼帮忙。

T

瘫子撵强盗——嘴动身不动；铁罐里养乌龟——越养越缩；头上安电风扇——太出风头；腿上绑大锣——走到哪响到哪；铁公鸡——一毛不拔；塔尖上亮相——高姿态；脱裤子放屁——多一道手脚（续）；驼子作揖——起手便是；剃头挑子——一头热；兔子尾巴——长不了；头顶上长疮，脚底下流脓——坏透了顶；太岁头上动土——胆大妄为；挑雪填井——没满的日子；秃子头上的虱子——明摆着；头上顶娃娃——抬举人；同哑巴说话——指手画脚；土包子开洋荤——全靠指点；脱缰的野马——横冲直撞；讨饭不带棍子——受狗子气；驼子跌街心——卖翘；头发丝牵牯牛——弯弯顺。

W

蚊子叮菩萨——认错人；王小二过年——一年不如一年；温开水泡茶——慢慢来；无头的苍蝇——乱撞；王八看绿豆——对了眼；乌龟吃大麦——糟蹋粮食；瓮中捉鳖——十拿九稳；王八吃秤砣——铁了心；外甥打灯笼——照旧（舅）；吴三桂不见了草苗姐——吠掉半边天；乌龟进斗门——硬碰硬。

X

小葱拌豆腐——一青二白；巷子里扛毛竹——直来直去；瞎子烘火——往怀里扒；小鬼望月亮——没影子；小卒子过河——顶个车；瞎子磨刀——快了；小秃子打伞——无发（法）无天；瞎猫遇上死耗子——碰巧；响鼓不用重敲——一点就嗵（通）；胸口挂钥匙——开心；雪地里走路——一步一个脚印；小和尚念经——有口无心；胸口挂抹布——吃得开（指受人欢迎有地位的人）；乡里奶奶们戴南瓜花——丑服了；小秃子做和尚——凑合着干。

Y

雨后春笋清明茶——全是尖儿；哑巴挨打——有口难辩；一根肠子通屁儿（屁

眼)——直来直去;椅子掉了背——不可靠;油锅里捞金子——无从下手;榆木脑袋——不开窍;一朵鲜花插在牛粪上——可惜(不般配);养儿子学吹鼓手——讨力气淘;阴沟里的水——臭不可闻;咬口生姜喝口醋——吃尽苦头;要饭的照镜子——穷相;眼睛长在耳边上——有偏见;哑巴吃饺子——心里有数;阴沟里洗手——越洗越脏;一篮子鸡蛋掉地上——没一个好的;哑巴看戏——心里明白;野猫子进宅——没好事;一根筷子吃面条——单挑;哑巴吃黄连——有苦说不出;鸭子死了——嘴巴硬;一口咬着菩萨颈子——吃神;一拳头打四个角落——家徒四壁。

Z

芝麻开花——节节高;竹篮打水——一场空;猪八戒照镜子——里外不是人;纸糊的灯笼——一戳就破;针尖对麦芒——尖对尖;丈二和尚——摸不着头脑;自行车下坡——不踩(睬);钟馗开店——鬼都不上门;猪八戒开战——倒打一耙;早晨的露水——不长久;猪尿脬打人——气量不服。

(张玫瑰　张国钰)

四、俗语

寓意类

一个皇历过日子。
一朝天子一朝臣。
一朝权在手,便把令来行。
一人得道,鸡犬升天。
一时风,一时雨(指有的人情绪很不稳定,忽冷忽热,难以琢磨)。
一问三不知(工作不细、不深入,缺乏第一手材料)。
一条邪路走到黑(固执、不听劝告)。
一个鸡蛋算出四两骨头。
一个钱买个粑巴,也要拣厚薄(寓意吝啬)。
一个钱争红脸(姿态不高)。
一个半斤,一个八两(旧制十六两为一斤)。
一个卖篦子,一个喊齿稀(指相互不协调,甚至捣鬼)。
一块好肉落在狗嘴里(或作:一朵鲜花插在牛粪堆)。
一张嘴两块皮,好话坏话都是你。
一文不舍,一毛不拔。
一网打尽天下鱼。
一锹挖口井,一口吃个饼。
一餐腊八粥,烧掉一冬柴(指有的人不节俭,铺张浪费)。
一家十五口,七嘴八舌。
一物不在赖百家。
一个好汉三个帮。
一白遮三丑。
一个鼻孔出气。
一个巴掌拍不响。

一个和尚挑水吃，两个和尚抬水吃，三个和尚没水吃。

一粒老鼠屎坏了一锅粥。

一个将军一道令，一个和尚一套经。

一家饱暖千家怨（怨即恨，是红眼病和嫉妒心理的表现）。

一娘生九子，九子不像娘。

一人难中百人意。

一人有福，带动一屋。

一人做事一人担。

一心不能二用。

一不沾亲，二不带故。

一步一个脚印。

一斗米养个恩人，一石米养个仇人。

一肚子坏水。

一肚子苦水。

一而再，再而三。

一方水土养一方人。

一分耕耘，一分收获。

一个萝卜一个坑。

一是一，二是二（意思是不能混淆）。

一手交钱，一手交货。

一碗水端平。

一推六二五。

一个便宜三个爱（讽刺爱占便宜的人）。

一文不舍，一毛不拔。

一朝蛇咬一口，遇到犁筋头（绳索头）都害怕（意思是一次遇险，老是心有余悸）。

一朝被蛇咬，三年怕井绳。

一窝猴子都姓孙（民间以孙姓为猴姓。孙，双关意，又指孙子。意即全是一路货，没有一个好东西）。

一根桩拴不住两头叫驴。

一门不到一门黑。

一根（棵）草顶一颗露水珠。

一代亲，二代表，三代四代就拉倒。

一龙二虎，三猫四鼠（喻家猫产仔越多越差）。

人勤地不懒。

人生唯有别离苦。

人上有人，天外有天。

人心隔肚皮。

人上一百，五颜六色（意思是形形色色）。

人怕出名猪怕壮。

人靠衣服马靠鞍。

人靠衣装，菩萨靠金装（或作“马靠鞍装”）。

人靠运气马靠膘。

人是铁，饭是钢，一餐不吃饿得慌。

人不求人一般高。

人家偷牛你拔桩。

人家豆腐渣，自己一枝花（没有自知之明）。

人家客气，你当福气。

人前一面鼓，人后一面锣（言不由衷）。

人心不足，得陇望蜀。

人前花一朵，背后刺一根。

人前笑哈哈，人后就磨牙。

人小鬼大。

人老心不老。

人一走茶就凉。

人恶礼不恶。

人要俏，冻得叽叽叫（讽刺一些穿着刻意讲究的人。又作：爱俏不穿棉，冻死不可怜）。

人不辞路，虎不辞山。

人有失足，马有失蹄。

人是英雄钱是胆。

入乡随俗。

七个当家八个做主。

七个人八条心。

七嘴八舌，遇事没辙。

七月十五定旱涝，八月十五定收成（本地一般过了公历7月15日水势已定，秋后一周根据庄稼的长势能基本掌握秋季的收成）。

七月的天，孩子的脸（变化无常）。

又想当婊子，又想立牌坊。

又想吃鱼，又嫌鱼腥。
又要马儿好，又要马儿不吃草。
八竿子打不着（没有任何关系）。
八九不离十。
八十岁老婆婆砍黄蒿，一时不死，一时要烧（指过去的老年人自食其力）。
八字没见一撇。
八字衙门朝南开，有理无钱莫进来（指旧社会）。
儿不嫌母丑。
儿孙自有儿孙福，莫为儿孙作马牛。
儿行千里母担忧。
儿女成群，无人送终（指儿女缺乏孝心）。
刀子嘴，豆腐心。
三个婆娘一台戏。
三亩好田一头牛，老婆孩子热床头（指过去农民对幸福生活朴素的向往）。
三日新鲜四日厌。
三天打鱼，两天晒网。
三下五除二，三一三十一（原为珠算口诀，喻作平均分摊）。
三百六十行，行行出状元。
三代不念书，放出一笼猪（讽刺一些语言粗鲁、行为粗暴的人）。
三分匠人，七分主人。
三心二意，永不成器。
大处不算小处算。
大路不走走小路，长子不当当矮子。
大鱼吃小鱼，小鱼吃虾子，虾子吃泥末（污泥）。
大开庙门不烧香，事到临头许猪羊（也作：平时不烧香，急时抱佛脚）。
大水冲倒龙王庙，一家人不认得一家人。
大丈夫能屈能伸。
大眼瞪小眼。
上不上，下不下。
上气不接下气。
上床夫妻，下床君子。
上山容易下山难。
上天无路，入地无门。
上无片瓦，下无寸土。

上有老下有小。

马屁拍在马腿上。

小村里人，没见过碟子大的天（意思是孤陋寡闻、见识少，也喻作刚入世的年轻人，自高自大）。

小洞不补，大洞吃苦。

小巫见大巫。

小心没大错。

凡事留人情，日后好相见（也作：当面留一线，背后好见面）。

凡事只因忙中错。

凡药三分毒。

千臭万臭，马屁不臭（一作：千错万错，马屁不错）。

干（光）打雷，不下雨（喻人说得信誓旦旦，不能付与实际行动）。

干鱼肚里寻胆（白花功夫）。

干不干，二斤半（意思是干好干坏一个样）。

下山丢拐棍，过河就拆桥。

下雨向人借伞（强人所难）。

乡有乡规，民有民约。

子孙不如我，要钱干什么；子孙胜于我，要钱干什么。

与人不睦，劝人做屋。

久病成医。

久病床前无孝子。

久旱遇甘露，他乡遇故知。

口服心不服。

小和尚念经，有口无心。

上山气喘，下山腿软（喻缺乏体力锻炼或年老体弱之人）。

乡里狮子乡里玩。

牛有栏，猪有圈，老鸡能飞金銮殿。

不冷不热，五谷不结。

不比不知道，一比吓一跳。

不吃苦中苦，难得甜上甜（或作“难做人上人”）。

不当家不知柴米贵。

不怕人老，就怕心老。

不是一家人，不进一家门。

不听老人言，吃苦在眼前。

不行春风，难得秋雨（一般喻作礼尚往来）。
不够塞牙缝（意思是太少或微不足道）。
不管大哥二哥麻子哥。
不管三七二十一。
不死也得脱层皮。
不知天高地厚。
不知道葫芦里卖什么药。
不见棺材不落泪。
不识庐山真面目。
不会写字怨笔秃。
不会划水怨河宽。
不怪杀人的，只怪递刀的。
不撞南墙不回头。
不怕家里失火烧，就怕阴沟里摔一跤（讽刺好装门面的人）。
天上有路你不走，地狱无门你偏来。
天下本无事，庸人自扰之。
天下乌鸦一般黑。
天要下雨，娘要嫁人。
见人吃饭喉咙痒。
见人说人话，见鬼说鬼话。
见风使舵，顺水推舟。
见什么人说什么话，见什么菩萨烧什么香。
见佛不拜，见鬼磕头。
手打灯笼，不知脚下亮。
手长打手短。
手扯顺风篷，脚踏两只船。
手到擒拿。
手脚不干净。
丑字当五字念。
丑人自有丑人爱，烂锅自有烂锅盖。
丑妻家中宝。
日不做，夜摸索（也作：日里满街吃茶，晚上点灯接麻）。
牛头不对马嘴。
长不过五月，短不过十月。

长痛不如短痛。
长他人志气，灭自己威风。
长不管，短不管，早晨起来捧大碗。
为了别人的豆子，炸破了自己的锅。
今朝有酒今朝醉，明日无酒明日愁。
毛没长全就想飞。
文不能测字，武不能当兵（喻不学无术，游手好闲）。
斗大的字不识一箩筐。
火烧眉毛，且顾眼前。
公道原在人心。
公鸡不叫母鸡叫（指男子无能力担当，家里一切内外事情都由女的操持）。
办事不有东，累死也无功。
开弓不放箭。
开口不骂笑脸人。
无债一身轻。
中吃不中看，中看不中吃（喻看问题要由表及里，一分为二）。
比上不足，比下有余。
比死人多口气（讽刺人无朝气与魄力）。
引狼入室。
艺高人胆大。
六月不热，五谷不结。
井水不犯河水。
以小人之心，度君子之腹。
今年盼着来年好，来年还是一件破棉袄（喻旧社会黑暗，人民过着水深火热的日子）。
不见兔子不撒鹰。
水深才能养得住鱼。
无酒不成席。
气大伤身。
木匠不偷钉，三天偷一斤；裁缝不偷布，三天偷条裤。
打铁先得自身硬（喻工作中要身体力行做出表率）。
打起来没好拳，骂起来没好言（也作：相打没好拳，相争没好言）。
打在儿身上，痛在娘心里。
打着灯笼没地方找（形容人或事物非常稀少，不容易找得到）。
打肿脸充胖子。

打一下,摸一下。
打不知痛,骂不知羞。
打死和尚要原和尚。
只讲过五关,不讲走麦城(报喜不报忧;只讲成功,不讲失败)。
只顾自己快活,不顾别人死活(讽刺那些自私自利的人)。
只顾羊卵子,不顾羊性命(其为鼠目寸光因小失大之意)。
只许愿,不烧香。
东家长,西家短。
东一榔头西一棒(讥讽一些人工作无计划,办事效力低)。
东扯葫芦西扯瓢。
东手来,西手去。
东西越带越少,话越带越多。
东方不亮西方亮,黑了南方有北方。
东头吃羊肉,西头吃狗肉(讽刺搬弄是非的人)。
左手得来右手用。
左打左转,右打右转。
左耳进,右耳出。
生前一棵草,死后一件宝。
生活图自在,吃肉拣大块。
身在福中不知福。
生死有命,富贵在天。
生孩子的不急,靠腰的着急。
他把你哄卖了,你还帮他数钱。
他要杀人,你就端盆。
他要上天,你就扶梯。
未学爬,先学走。
未学走路,先学飞。
占着茅坑不拉屎。
占了便宜还卖乖(得到好的东西还说自己委屈)。
另起炉灶。
正人先正己。
龙配龙,凤配凤,麻雀子只配草堆洞。
兄弟同心,黄土变金。
台上喊哥哥,台下摸家伙。

台上握手,台下踢脚。

叶落归根。

节令不饶人。

叫花子不识好,把了还要讨。

白吃包子嫌面黑。

用得着是个宝,用不着是根草。

用得着菩萨求菩萨,用不着菩萨骂菩萨。

用人钱财,与人消灾。

外披羊皮,内藏狼心(指表面和蔼可亲,内心狠毒,也作人面兽心)。

外来的和尚会念经。

头痛医头,脚痛医脚(一作:头痛顾头,脚痛顾脚。喻被动应付,对问题不作根本的解决)。

头齐脚不齐。

半夜说起五更走,天亮还在大门口。

半夜起来下扬州,转来转去在屋后头。

半边是人脸,半边是鬼脸。

半路出家。

讨了媳妇,忘了媒人。

新娘进了房,媒人扔过墙。

对牛弹琴,对狗吹箫。

对门火烧山,与我不相干。

石灰行里买眼药(找错门)。

宁扶青竹竿,不扶猪大肠。

白纸写黑字。

四体不勤,五谷不分(讽刺那些脱离劳动、缺乏生产知识的人)。

牙缝里省出来的。

圣人面前卖斯文。

有眼不识金镶玉,拿着茶壶当尿壶(喻知识浅薄,好坏不分)。

有钱买马,无钱配鞍。

有奶便是娘(讥讽没有立场的人)。

有福不享,落帆趟桨。

有了丈夫忘了娘。(或作:娶了媳妇忘了娘。)

有记性,没悟性。

有老王,嫌老王;无老王,想老王。

有嘴说别人,无嘴说自己。
有理三扁担,无理扁担三(一作:有理无理三扁担)。
有起头,没收头。
有福同享,有祸同当。
有理走遍天下。
有情人终成眷属。
有一利即有一弊。
有志者事竟成。
有志不在年高,无志空活百岁(激励人要确立远大志向,不能虚度光阴)。
有智吃智,无智吃力。
吃五谷,想六谷。
吃不得三餐饱饭。
吃着碗里的,霸着锅里的。
吃籼米,讲神话。
吃人饭,拉狗屎(喻表面像人,但毫无人性。讥讽尽干坏事的人)。
吃了果子忘了树。
吃了哪家饭,就说哪家话。
吃力不讨好。
吃粮不当差。
吃官饭,打官腔(喻脱离群众,不干实事的人)。
吃饱了撑得慌。
吃人心肝不觉痛。
吃虱子留大腿。
吃什么斋,念什么佛。
吃酒没人敬,说话没人信。
吃哪边饭,向哪边天。
吃香的,喝辣的。
吃人不吐骨头(泛指残暴、贪婪。喻自私自利的人)。
吃在脸上,穿在身上。
吃笋子剥皮,一层一层地来。
吃饭防噎,走路防跌。
吃人家的口软,拿人家的手软。
吃得盐和米,讲的情中理。
吃五谷杂粮,保不住不生病。

好事总归花大姐，坏事总归秃丫头。

好话说尽，坏事做绝（喻善于欺骗他人、损人利己之徒）。

好鞋不踩臭狗屎。

好了疮疤忘了伤。

好心当作驴肝肺。

好心没好报，好柴烧破灶。

好结不如好散。

好汉不提当年勇。

好汉就怕病来磨。

好记性不如烂笔头。

好树结好桃，好葫芦开好瓢。

自己造成的苦果自己吃（喻自作自受）。

自己一身毛，偏说人家是妖怪。

自屎不嫌臭。

自己挖坑自己埋。

自打锣鼓自登台。

自己打老子骂娘，还叫别人行孝。

自古红颜多薄命。

当面是人，背后是鬼。

当一天和尚撞一天钟。

当地胡椒不辣。

当断不断，反受其乱（喻做事要果断，不要拖泥带水）。

当家三年，猫狗都嫌。

当局者迷，旁观者清。

当着真人不说假话。

当众教子背后教妻。

老鼠不存隔夜粮。

老鼠专拣窟窿钻。

老将不减当年勇。

老鹰抓小鸡。

老和尚念经，过一天算一天。

老虎屁股摸不得。

老寿星上吊，活腻了。

老人不讲古，后生会失谱。

交情浓浓，翻脸无情。

交桃花运。

交友满天下，知交有几人。

交易不成仁义在。

划水（游泳）划不过，反怪苇草（水草）绊了腿（喻技不如人还找种种原因掩饰自己）。

死要面子活受罪。

死猪不怕开水烫。

过河拆桥，卸磨杀驴（一作：鸟尽弓藏、兔死狗烹。喻把为自己出过力的人一脚踢开）。

成事不足，败事有余。

此地无银三百两。

羊肉没吃，惹了一身膻。

羊子吃麦猪去赶。

守着大树无柴烧。

衣来伸手，饭来张口（喻懒惰成性、坐享别人劳动成果的人）。

百病从脚起。

伏天吃西瓜，药物不用抓。

关公门前耍大刀（一作：班门弄斧。喻自不量力，献丑）。

夹着尾巴做人（就是低调做人）。

耳不听心不烦。

行行出状元。

机不可失，时不再来。

江山易改，禀性难移（一作：江山易改，本性难移。喻山河容易改造，人的习性很难改变）。

江湖郎中没好药。

耳听千遍，不如手过一遍（喻实践的重要性）。

耳闻不如目见。

百闻不如一见。

忙中多有错。

忙者不会，会者不忙。

名师出高徒。

明人不做暗事。

先小人，后君子。

羊毛出在羊身上。

师傅领进门,修行在各人(喻成功靠各自的修为)。

闭着眼睛说瞎话(讥讽人说话不符合实际)。

闭口深藏舌,安身处处牢。

丢了青竹竿,忘了讨饭时。

讲的人情道德,做的男盗女娼(喻贪官无一不是台上道德文章,台下男盗女娼)。

讲排场。

讲风凉话。

阴一句,阳一句。

阴一套,阳一套。

吉人自由天相。

老牛老马难过二月八。

庆九不庆十(一作:做九不做十。通指做寿)。

至亲莫如郎舅。

庄稼无牛空起早(或作"种田无牛空起早",喻缺少必要设备、条件)。

庄稼一枝花,全靠粪当家。

身在曹营心在汉。

身在福中不知福。

身大力不亏。

走路怕踩死蚂蚁。

走大路怕水,走小路怕鬼。

走一步,看一步(喻要先走好自己当前的这一步,脚踏实地,把每一步路都走稳走好)。

两人伙穿一条裤子。

两个肩膀扛张嘴。

两眼一抹黑。

把钱看得磨盘大,把人看得比磨眼小。

扶不起的刘阿斗。

扶不起的猪大肠。

报喜不报忧,报吉不报凶。

坐轿不知抬轿苦。

坐井观天,还说天小。

你说啥,他说啥,顺着杆子往上爬。

你不说他头秃,他不说你眼瞎。

找来虱子头上爬。

伸手放火，缩手不认。
肚里存不下三两油(言人肚子里存不住话)。
近的臭远的香。
谷糠里榨不出油来。
没事找事，鸡蛋里挑刺(一作：鸡蛋里挑骨头。喻乱挑别人毛病)。
没有功劳，也有苦劳。
没有规矩不成方圆。
没有好果子吃。
这山望着那山高，到了那山没柴烧。
陈芝麻，烂谷子(喻老是提起和唠叨过去的陈年旧事)。
吹胡子瞪眼睛。
吹枕边风。
鸡犬之声相闻，老死不相往来。
鸡飞蛋打。
鸡急上房，狗急跳墙。
里外不是人。
乱成一锅粥。
乱点鸳鸯谱。
听风就是雨。
君子报仇直待三年，小人报仇只在眼前。
君子报仇，十年不晚。
君子不夺人之好。
君子爱财，取之有道。
君子动口，小人动手。
君子一言，快马一鞭。
君子不记小人过。
君子不念旧恶(喻既往不咎)。
豆腐青菜，各人所爱。
冷饭好吃，冷语难受。
没有不透风的墙。
男大当婚，女大当嫁。
男不跟女斗。
男儿当自强。
男儿膝下有黄金(喻男子汉要有尊严，不能轻易下跪)。

你敬我一尺，我敬你一丈。
求爹爹拜奶奶。
求人不如求自己。
严师出高徒。
远水救不得近火。
远亲不如近邻。
驴子屙屎外面光，里面一包老粗糠（喻某件事物或某个人表里不一）。
识过秤来没鱼卖。
低头不见抬头见。
狗嘴里吐不出象牙来（喻胸无点墨、满嘴粗话脏话的人）。
狗咬吕洞宾，不识好人心（喻人不知好歹，有时甚至恩将仇报）。
狗头军师保糊涂大王。
狗改不了吃屎。
狗肉不上桌（或作"狗肉不上秤"）。
鱼儿掉臭，猫儿叫瘦。
鱼找鱼、虾找虾，乌龟王八结亲家（喻物以类聚，人以群分）。
往自己脸上贴金。
河里无鱼虾也贵，摸到螺蛳当宝贝。
抱着斧子一边砍（处事不公、只责怪一方）。
拈到红枣当火吹。
明白人办糊涂事。
舍命陪君子（讲义气）。
饱汉不知饿汉饥，还说饿汉没力气。
放屁怕砸了脚后跟。
空心大树不成材。
泥鳅掀不起大浪。
庙小妖风大，池浅王八多。
经不起穷，耐不得富。
雷声大，雨声小（喻打旱暴；空喊口号，不见行动）。
嘴巴大，喉咙小。
挑柴卖，买柴烧。
嘴巴甜如蜜，心里黑如漆。
穿衣长，见识短（或作：头发长，见识短。喻阅历浅，知识少，旧时多指女人）。
脸皮老老，肚里饱饱。

倒了油瓶无人扶。
瘌痢头上虱子,明摆着。
胡萝卜记在蜡烛账上。
跑掉的鱼是大的。
摸错了庙门,敬错了菩萨。
牵出黄牛当马骑。
贪小便宜吃大亏。
挂羊头卖狗肉。
树倒猢狲散。
拈到竹筒当箫吹。
哪壶不开提哪壶。
临死拉个垫背的。
骨头没有四两重。
看瓜的反被偷瓜的打。
看菜吃饭,量体裁衣。
看人吃梅口水流。
顺风拉纤,逆风扯篷。
前怕狼、后怕虎、睡在被窝里怕老鼠。
前人栽树,后人乘凉(喻前人为后人造福)。
说大话不怕伤了舌头。
说大话使小钱。
说的比唱的好听。
卖嘴巴郎中没好药。
说他是胖子就气喘。
穿新鞋,走老路。
穿破丈夫裙,不晓得丈夫心。
活着不孝,死了学猫叫。
恨人富贵笑人穷。
客来扫地,客走泡茶。
给你一点颜色,就想开染坊(喻人不能正确地认识自己,或自不量力)。
恶人先告状。
牵着不走,赶着走。
换汤不换药。
损人不利己。

捞根稻草就当救命绳。

热锅膛一把,冷锅膛一把。

壶是借的,酒是赊的(喻身无分文,靠借贷过日子的生意人)。

盐卤里找蛆。

贼去关门,雨后送伞。

拿着鸡毛当令箭。

臭猪头自有烂鼻子闻。

倚酒三分醉。

借他的米,还他的糠(喻一些行业与部门服务态度差,好像借他的米,还他的糠)。

家里无帐子,出门充汉子(喻死要面子)。

高不成,低不就。

浪荡婆娘浪荡福。

病急乱投医。

站没站相,坐没坐相。

站着说话不腰痛。

能存一肚子饭,存不住一句话。

黄忠七十不服老。

黄连救人无功,人参杀人无过(喻人们对贵重药材和有毒性药材的过分偏见)。

救了落水狗,回头咬一口。

银钱壮胆,娘老子长威风。

偷鸡不着蚀把米。

阎王好见,小鬼难缠。

揣着聪明装糊涂。

越渴越吃盐,越热越穿棉。

落水顾命,上岸顾财。

翻过来葫芦倒过来瓢(喻说来说去还是一回事)。

敬酒不吃吃罚酒。

跌得倒,爬得起。

赔了夫人又折兵。

聪明一世,糊涂一时(糊涂:一作懵懂)。

傻子帮忙,越帮越忙。

鲁班门前弄斧,孔夫子门前讲经。

菩萨脸上刮金(讥讽人刻薄)。

榆木脑袋不开窍。

孬进不孬出。
照葫芦画瓢。
新来媳妇三日勤。
蜀中无大将，廖化作先锋。
茅缸移到屎缸里（喻事情未能解决）。
算盘珠子，不拨不动。
横挑鼻子竖挑眼。
槽内无食猪拱猪。
聪明反被聪明误。
踩着人肩膀往上爬。
踮起脚来做长子。
糊涂人算糊涂账。
鞭子打的是快牛。
戴着有色眼镜看人。
嘴硬货不硬。
磨小不压麸。
饱食终日，无所用心。
痴人说梦话。
鼻梁尖子上不能出一滴汗（喻遇到一点困难就打退堂鼓）。
得理不让人。
读书不离案头，种地不离田头。
读书人怕赶考，庄户人怕薅草。
高不成，低不就（一作：高不凑低不就。喻高者无力得到，低者又不屑迁就）。
高一脚，低一脚。
鬼迷心巧。
鬼画符。
横下一条心。
黑狗吃食，白狗挡灾。
虎口里夺食。
虎毒不食子。
虎死不倒威（喻人城府很深，对别人产生震慑，即使死了余威尚存）。
画虎不成反类狗。
黄花菜都凉了。
黄土埋了大半截。

和稀泥。

家要败,出妖怪。

肩不能挑担,手不能提篮。

剪不断,理还乱(喻思绪混乱,已经无法消除,想要理一理,反而显得更加繁杂)。

将小人之心,度君子之腹。

泼冷水。

脚踏两只船。

接香火。

揭不开锅。

经风雨,见世面。

精明一世,糊涂一时(一作:聪明)。

看颜色行事。

空口说白话。

苦水里泡大。

拉住黄牛当马骑。

脸朝黄土背朝天(喻农民在田间劳作辛苦)。

凉水浇头,冷了半截。

重打锣鼓另开张。

锣齐鼓不齐。

落在圈套里。

蚂蝗钉了鹭鸶腿。

满怀心腹事,尽在不言中。

家家都有一本难念的经(喻每个家庭都有与其他人相同的困难,也有自己家庭独有的困难)。

拿得起放得下。

哪块黄土不埋人。

藕断丝不断。

热脸贴冷屁股。

桑树条子从小育。

塘里无鱼虾也贵。

言者无心,听者有意。

眼不见,嘴不馋。

咽不下这口气。

要长寿,多走路。

指冬瓜，说葫芦。
指桑骂槐(一作：指着和尚骂秃子。喻旁敲侧击，借题发挥)。
最亲不过父母，最近不过夫妻。
爹死娘嫁人，各人管各人。
班门弄斧，自不量力。
瘌痢头上拍苍蝇，拍一个死一个。
空着肚子打饱嗝，装相。
铁公鸡，一毛不拔(喻人吝啬、孤寒，舍不得奉献任何一点自己利益的事和物)。
兔子尾巴长不了。
瞎子点灯白费蜡。
瞎子磨刀，快了。
胆小发不了大财。
单丝不成线，独木不成林(喻个人的力量有限，办不成大事)。
爹有娘有，不如自己有。
肥水不落旁人田。
跟好学好，跟叫花子学讨。
贵人多忘事。
孩子嘴里讨实话。
话说三遍，淡如水(方言："如屎臭")。
家丑不可外扬。
黄泉路上无老少(喻世事无常，生死难料)。
家无主，倒屋柱(方言："扫把无"。喻衰落到一无所有)。
家有黄金外有秤。
家贼难防。
家有三件宝，丑妻、薄田、破棉袄(指旧时农民对待生活朴素的向往)。
金窝银窝，不如自己的穷窝。
靠山吃山，靠水吃水。
浪子回头金不换。
路在口边。
路是人走出来的。
满堂儿女，抵不得半床夫妻。
媒人不挑担，保人不还钱。
命里有时终归有，命里无时莫强求。
砍柴不在磨刀工。

能吃过头饭,不说过头话。

树老根多,人老话多。

树高千丈,叶落归根。

铁匠无样,边打边相。

新三年旧三年,缝缝补补又三年(一作:新老大,旧老二,缝缝补补是老三。喻过去子女多,生活艰辛困苦)。

疑心生暗鬼。

单方一味,气死名医(喻只要对症下药,不一定要名医好药才行,普通的偏方照样能够解决大问题)。

粗茶淡饭保平安。

穿衣戴帽,各有所好。

狗肉不上秤。

兔子不吃窝边草。

墙倒众人推。

茅坑越搅越臭。

酒醉心明。

咬人的狗不露齿。

穷人的孩子早当家。

苍蝇不钻无缝的蛋。

麻雀不能跟雁飞。

好猫还要过三个梅天。

好事多磨。

好聚不如好散。

好汉不吃眼前亏。

猴子拣块姜,吃不得,甩不得。

说明类

一个葫芦两个瓢。

一文钱难倒英雄汉(难倒,又作"逼死")。

一报还一报,

一铆顶一铆。

一个唱红脸,一个唱白脸。

一根竹子随排行。

一家养女百家求。

一个人浑身是铁也打不出多少钉(喻一个人的力量有限,要靠集体智慧和大家的力量)。

一笔写不出两个姓。

一个窑烧的,一个模子托的。

一醉解千愁。

一条直道跑到底。

一个人吃饱了,全家不饿(喻单身汉)。

一个笛子一个笙(喻一唱一和)。

一家人不说两家话。

一个吹箫,一个捺筚(ǎn,眼)。

一不做二不休,推倒葫芦撒了油。

一个要补锅,一个锅要补。

一失足成千古恨。

一人藏物,十人难找。

一波未平,一波又起(喻事情波折很多,一个问题还没有解决,另一个问题又发生了)。

一人头上一块天(喻条件都是一样公平合理,得失全在自己)。

人不争食眼争食(喻“红眼病”,即心生妒忌)。

人在家中坐,祸从天上来。

人心都是肉长的。

人生七十古来稀。

人生何处不相逢。

人不伤心不落泪。

人不亲土亲,河不亲水亲。

人逢喜事精神爽。

人比人气死人。

人情薄如纸。

人吓人吓死人。

人老珠黄不值钱。

又当婆婆,又当媳妇(一作:又当老板又跑堂。喻一揽子包办)。

十网九网空,一网就成功(喻渔民捕鱼)。

十个指头伸出有长短。

儿女情长,英雄气短。

丁是丁，卯是卯（喻对事认真，毫不含糊）。

三十六计，走为上计。

三十是钢，四十是铁（喻这个年龄段是人的精力最旺盛的时期）。

三十年河东，三十年河西。

大树底下好乘凉。

大事化小，小事化了。

大家马，大家骑。

大意失荆州。

大江大河过多少，小河沟里把船翻。

大路朝天，各走各边。

大有大难，小有小难。

大哥别说二哥，生意买卖差不多。

万事俱备，只欠东风。

山中常有千年树，世上也有百岁人。

山有高低，水有深浅。

山不转路转，河不弯水弯。

不打不成交。

千金难买一个"愿"字（喻自己喜欢的事）。

千里相送，总有一别。

千差万差，来人不差。

千棵竹子随排行（喻随大流）。

门官治灶神（或作"卤水点豆腐"），一物降一物。

小石头打破大缸（喻以小胜大）。

小鬼斗不过阎王。

小钱不去，大钱不来。

小庙装不下大菩萨。

马尾巴只扇马屁股（喻自己只能顾自己）。

不是冤家不聚头。

不是鱼死，就是网破（指拼个你死我活。喻完成任务的决心）。

不是不报，时日未到。

不管白猫黑猫，抓到老鼠就是好猫。

不见真佛不烧香。

不看僧面看佛面。

不端人家碗，不受人家管。

不求有功，但求无过(喻平和谨慎的生活处事态度)。
不用空城计，退不了司马懿。
天上下雨地下流，小两口吵架不记仇。
天塌下来有长个子顶。
天知地知，你知我知。
天下之大，无奇不有。
天机不可泄露。
天无绝人之路。
无风不起浪。
无事不登三宝殿。
无官一身轻。
无巧不成书。
开弓没有回头箭。
井水不犯河水。
车到山前必有路。
车夫的腿，律师的嘴。
比上不足，比下有余。
日有所思，夜有所梦。
少年夫妻老来伴。
手心手背都是肉。
关公只打九九，不打加一。
公事公办，铁锅子煮饭。
风马牛不相及。
长江后浪催前浪。
仇人相见，分外眼红。
凤凰不落无宝地。
凤凰落毛不如鸡。
心静自然凉。
心强命不强。
心急吃不得热豆腐(或作“热粥”)。
为他人做嫁衣裳。
为朋友两肋插刀。
水火不留情。
水火不相容。

水浅养不住大鱼。
水来土掩,兵来将挡。
丑话说在前头(喻先小人后君子)。
丑媳妇总要见公婆面。
以眼还眼,以牙还牙。
无功不受禄。
打狗看主人。
打不断的亲,骂不断的邻(喻亲邻关系密切,不易割舍)。
打酒卖糖,做一行怨一行。
打是疼,骂是爱。
打开窗子说亮话。
打人不过先下手(意谓争斗时采取先发制人)。
打死一个够本,打死两个赚一个。
巧媳妇难做无米之炊(喻没有必备的材料,你再有本事,也是无济于事)。
可以共患难,不可共富贵。
旧的不去,新的不来。
只知其一,不知其二。
出力不讨好。
白刀子进,红刀子出。
四两拨千斤(喻小的东西往往起大作用)。
身不入宫,无价之宝。
生来的相,晒成的酱。
生不带来,死不带去。
赤条条地来,赤条条地去。
吃软不吃硬。
讨饭三年懒做官。
有钱难买后悔药。
有鱼不吃虾,有豆腐不吃渣。
有钱三十就称老(指过去),无钱六十老长工。
有马不愁没人骑。
有意栽花花不发,无心插柳柳成荫。
死了张屠夫,不吃混毛猪。
有缘千里来相会,无缘对面不相识。
过了这个村,就没有那个店(喻错过了这次的机会,下次你就不可能再遇到同样的机会)。

耳不听,心不烦。

死秤活人称,死店活人开。

死猫碰到瞎老鼠。

眼观六路,耳听八方。

地冻三尺,非一日之寒。

蓑衣再大,也在叶帽下(斗笠)。

光棍(也指好汉)不吃眼前亏。

当面锣,对面鼓。

当方土地当方灵。

当差不自在,自在不当差。

倒须笼子,只进不出。

黄鳝大,窟洞大。

黄鳝笼子,两头上。

雷不打吃饭人。

箭在弦上,不得不发(喻事情到了不得不采取行动的时候)。

此处不留人,自有留人处。

早上不知晚上事。

自作自受自遭殃。

杀人偿命,欠债还钱。

多路菩萨多路香。

先下手为强,后下手遭殃。

先来的吃肉,后来的喝汤。

好狗不挡道。

行不改名,坐不改姓。

任凭风浪起,稳坐钓鱼台。

羊毛出在羊身上。

灯花今夜开,明朝喜字来(指过去油灯心开花)。

好钢用在刀刃上。

好心不得好报。

好人不长寿,祸害活千年。

两股道上跑的车。

扯着耳朵连着腮,眉毛胡子分不开。

折本生意不能做。

远水不解近渴。

远在天边，近在眼前。

山中无老虎，猴子称大王。

豆腐拌韭菜，各人所爱。

冤有头债有主。

却之不恭，受之有愧。

你有你的神仙法，我有我的鬼画符。

你走你的阳关道，我走我的独木桥。

你敲你的鼓，我打我的锣。

灰堆也有发热时(喻总有一天能转好运)。

伸头是一刀，缩头也是一刀。

低头不见抬头见。

身正不怕影子歪。

近水楼台先得月。

没有不吃腥的猫。

穷虽穷，家里还有三块铜。

鸡蛋碰不过石头。

寥子硬不过大腿(也有说“胳膊拧不过大腿”)。

事到临头懊悔迟。

怒从心头起，恶从胆边生。

纸包不住火。

英雄难过美人关。

英雄无用武之地。

英雄所见略同。

择日不如撞日，撞日不如当日。

拔了萝卜带出泥。

明珠尽出老蚌。

老虎不服倒头死。

虎死不落泪。

明修栈道，暗度陈仓。

明保曹操暗保刘。

鱼死不闭眼，赚钱不到晚(指渔民贫穷)。

鱼过千层网，网网有漏鱼。

放长线，钓大鱼。

物以类聚，人以群分。
出家人不说在家话(喻说话要看当前的情况或要注意自己的身份)。
卒子过河赛如车。
姐姐不嫁，耽搁了妹妹。
狗嘴里吐不出象牙。
姑表亲，舅表亲，打断骨头连着筋。
砍倒大树有柴烧。
真人不露相。
胖子不是吃的，瘦子不是饿的。
躲过初一，躲不过十五(一作：逃过初一，逃不过十五)。
跑得了和尚，跑不了庙。
前世无冤，今世无仇。
前门拒虎，后门进狼。
讲者无心，听者有意。
前客让后客，小叔让大伯。
说笑场上无大小。
穿针也要引线人。
说曹操，曹操到。
活人不能让尿憋死。
瘦死的骆驼比马大。
眉头一皱，计上心来。
恨铁不成钢。
活要见人，死要见尸。
桌子板凳一样高(彼此一样)。
恭敬不如从命。
翅膀硬了各自飞。
桥归桥，路归路。
野鸡顾头不顾屁股。
来得早，不如来得巧。
捉鸡也要舍把米。
拳不离手，曲不离口。
锣不离鼓，秤不离砣。
借你口中言，传我心中事。
烟酒不分家。

酒后吐真言。
酒不醉人人自醉,色不迷人人自迷。
宰相家人七品官。
拳头朝外打,胳膊朝里弯。
船到码头车到站。
做一天和尚撞一天钟。
干到老学到老,到老三桩没学到。
眼不见为净。
添客不杀鸡,落得做人情。
添人添碗筷。
头齐脚不齐。
趁热打铁。
棋逢对手,将遇良才。
棋高一着,蹩手蹩足。
道高一尺,魔高一丈。
强将手下无弱兵。
愣的怕硬的,硬的怕不要命的。
趁火打劫。
馒头大不过蒸笼。
痴人面前说梦话。
躲了今天,躲不了明天。
嘴强争一半。
痴情女子负心汉。
福无双至,祸不单行。
嘴是扁的,舌头是软的。
漫天要价,就地还钱。
踏破铁鞋无觅处,得来全不费工夫。

形容类

一碗清水看到底。
一个针尖,一个麦芒(喻旗鼓相当)。
一传十,十传百。
一不沾亲,二不带故。

一步一个脚印。

一人拼命，百人难敌。

一夫当关，万夫莫开。

一锹挖个金娃娃。

一朵鲜花插在牛粪上。

一人一把号，各吹各的调（喻单位或团体内部不协调，内耗）。

一脚（桨）不到满船输（或作：一着不慎满盘皆输）。

一只脚棺材里，一只脚棺材外。

人情大如债，头顶大锅卖。

人命大如天。

人来求我三春雨，我去求人六月霜。

人心长到背脊上（讥讽那些心术不正，办事不公的人）。

人倒霉，鬼打门。

人心不足蛇吞象。

人心齐，山都移（也作“泰山移”）。

八抬大轿请不去。

八条牯牛拉不回。

七十三，八十四，阎王不叫自己去（旧习认为孔子享年73岁，孟子享年84岁，能活到圣人的年龄就心满意足了）。

刀子嘴，豆腐心。

刀尖上舔血（危险的生计）。

又出太阳又落雨。

又娶亲来又嫁女。

三锥针子扎不出一滴血。

三个骰子十九个窝（喻绝无其事）。

大晴天下雹子（形容事情来得太突然）。

大腿跷二腿（形容悠闲）。

大旱三年，太阳还是个宝。

大海无风三尺浪。

上水船又遇顶头风（喻本来已经够倒霉的了，但又遇到了火上浇油的更大压力）。

上无片瓦，下无寸土。

上天无路，入地无门。

干柴遇烈火，越烧越旺火。

千里姻缘一线牵。

王小二过年,一年不如一年。
心比天高,命比纸薄。
火上加油,雪上加霜。
水中捞月,海底摸针。
水泼不进,针插不进。
打不尽的芝麻,摘不尽的棉花(形容事情没完没了)。
打着灯笼没处找。
打虎还得亲兄弟,上阵须要父子兵。
打蛇打七寸,杀猪杀到喉(指击中要害)。
乍穿新鞋高抬脚(言事情开头时特别谨慎)。
出不了牢笼见不了天。
出笼的鸟,入山的虎。
叫天天不应,叫地地不灵。
白天住的风扫地,夜里睡的月照床(形容旧社会穷人住的房子通墙倒壁)。
吃饭先喝汤,不用开药方。
紧眨眼,慢开口。
鸡窝里出凤凰。
有钱能使鬼推磨。
有眼不识泰山。
有钱难买子孙贤。
天有不测风云,人有旦夕祸福。
天打五雷轰。
肉中藏不得刺,眼里柔不得沙子。
茅棚里出西施(一作:鸡窝里出凤凰)。
张郎送李郎,一送送到大天光。
软刀子杀人不见血。
拉大旗,作虎皮。
明知山有虎,偏向虎山行。
草上露珠瓦上霜,风里点灯不久长(指过去的油灯)。
蚂蚁啃骨头。
屋漏偏遇连夜雨,船破偏遇顶头风。
宰相肚里好撑船。
眼睛一眨,老母鸡变鸭。
久住山林识鸟音(一作:近水知鱼性,近山识鸟音。喻无论跟什么事物相处时间长了，就会了解它的习性）。

舌头根子压死人。

舍命吃河豚。

舍命陪君子。

男到三十三，太阳才出山；女到三十三，倒了半边山。

交人交到鬼，打酒打到水（喻交友不慎上当、受骗）。

穷生虱子富生疮。

穷休笑，富休夸，没有常贫久富家。

得胜的猫儿欢似虎（喻小人得志，盛气凌人）。

画虎画皮难画骨，知人知面不知心。

百年修得同船渡，千世修来共枕眠。

浪子回头金不换（一作：败子回头金不换）。

好事不出门，坏事传千里。

胆小的怕胆大的，胆大的怕不要命的。

起早的又遇到摸晚的（喻还有人胜过他）。

赌博场上无父子。

阴沟里翻船。

请神容易送神难。

饱暖思淫欲，饥寒起盗心。

朝中无人莫做官。

出头的椽子先烂。

初生牛犊不怕虎。

跳进黄河也洗不清。

家有千金，不如薄技在身（一作：家有良田千顷，不如一技随身）。

急急如丧家之犬，忙忙似漏网之鱼。

镜里的花，水中的月。

观音菩萨，年年十八（形容永远年轻）。

癞蛤蟆想吃天鹅肉。

鲤鱼跳龙门。

临死还要拉个垫背的。

婚后媒人秋后扇（搁半边）。

寒门出才子，茅屋出公卿（指贫苦人家也能培养出尊贵的人）。

挨到好邻家，吃酒又戴花；挨上坏邻家，披麻又戴枷。

眼睛一睁，忙到熄灯。

睁一只眼,闭一只眼。

船头相骂,船尾讲话。

随口曲子自来腔(形容说话办事没谱)。

矮子里面选将军。

新官上任三把火。

锅盖长在锅沿上(形容过去贫穷人家揭不开锅)。

(王万春)

五、谜语

动物类

1. 两撇小胡子，尖嘴尖牙齿，贼头又贼脑，夜晚干坏事。（老鼠）

2. 耳朵大，脚儿小，身体肥胖爱睡觉，浑身上下都有用，粮食增产不可少。（猪）

3. 小飞艇，大眼睛，两只翅膀大有明，飞东飞西忙不歇，消灭害虫有本领。（蜻蜓）

4. 一个姑娘，实在荒唐，造间房子，不留门窗。（蚕）

5. 年纪不大，胡子一把，喜吃青草，爱叫妈妈。（羊）

6. 长相俊俏，爱舞爱跳，春花一开，它就来到。（蝴蝶）

7. 有头无颈，有眼无眉，无脚能走，有翅难飞。（鱼）

8. 说鸟不是鸟，躲在树上叫，自称啥都知，其实全不晓。（知了）

9. 头戴红帽子，身穿白袍子，说话伸脖子，走路摆架子。（鹅）

10. 一条大船不靠岸，海里沉浮随心愿，不烧煤来不用油，烟筒冒水不见烟。（鲸鱼）

11. 是鸡不长毛，是牛不耕田，是猫不捕鼠，是虎不上山。（打动物四种即：田鸡、蜗牛、熊猫、壁虎）

12. 细细长长一条龙，天天躲在沃土中，没手没脚会劳动，钻来钻去把土松。（蚯蚓）

13. 周身银甲耀眼明，浑身上下冷冰冰，有翅寸步不能飞，没脚五湖四海行。（鱼）

14. 两个大瓦片，盖个小房间，有个胖娃娃，乖乖睡里边。（蚌）

15. 脖子长长似吊塔，穿着一身花斑褂，跑起路来有本领，奔驰赛过千里马。（长颈鹿）

16. 有个聪明小工匠，盖房不用砖和梁，墙壁雪白没窗户，拆开便可做衣裳。（蚕茧）

17. 凸眼睛，阔嘴巴，尾巴要比身体大，碧绿水草衬着它，好像一朵大红花。（金鱼）

18. 粽子头，梅花脚，屁股挂把指挥刀，坐着反比立着高。（狗）

19. 有个懒家伙，只吃不干活，戴顶帽子帽边大，穿件褂子纽扣多。（猪）

20. 头有毛栗大，尾巴像钢叉，睡觉在泥里，离地一丈八。（燕子）

21. 大将军披头散发，二将军黄袍马甲，三将军肥头腮脑，四将军瘦瘦刮刮。（打动物四种，即：狮、虎、熊、狼）

22. 身上乌里乌，赤脚走江湖，别人看它吃饱，其实天天饿肚。（鱼鹰）

23. 远看芝麻撒地，近看黑驴运米，不怕山高路陡，只怕跌进热锅里。（蚂蚁）

24. 头戴红缨帽，身穿绿战袍，说话像人语，你说它就学。（鹦鹉）

25. 兄长多。（八哥）

26. 墙上大虫。（壁虎）

26. 大姐会跳不会走，二姐一叫天将晓，三姐爱织百花扇，四姐水中把船摇。（打动物四种，即：麻雀、公鸡、孔雀、鸭子）

27. 行也是坐，立也是坐，坐也是立，卧也是坐。（蛙）

28. 吃进草，挤出宝，养分给人民，功劳真不小。（奶牛）

29. 穿皮衣，踏钉鞋，只洗脸，不梳头，日间无事梦周公，半夜三更寻点心。（猫）

30. 两弯新月长头上，常常喜欢水中躺，身体庞大毛灰黑，劳动是个好闯将。（水牛）

31. 大姐飞行有规矩，二姐总是成双对，三姐人云它亦云，四姐晚上寻粮食。（打动物四种，即：雁、鸳鸯、鹦鹉、猫头鹰）

32. 先修十字街，后修月花台，身子不用动，口粮自送来。（蜘蛛）

33. 为你打我，为我打你，打得你皮开，打得我血出。（蚊子）

常用物品类

1. 泥来做，火来烧，有红有青像块糕，高楼靠它平地起，建设祖国立功劳。（砖）

2. 生在水中，就怕水冲，一到水里，无影无踪。（盐）

3. 土里生，水里捞，石头中间走一遭，变得白净没骨头，人爱吃来营养高。（豆腐）

4. 哥俩一般高，每天三出操，人人都需要，团结互助好。（筷子）

5. 好似一双手，十个手指头，看看光是皮，摸摸没骨头。（手套）

6. 一户五口人，各有各的门，谁要进错屋，就会笑死人。（衣扣）

7. 小小扫帚，一手拿牢，白石缝里，天天打扫。（牙刷）

8. 兄弟全是瘦长个，长着一色小脑壳，平时挤着不吭声，出门办事就发火。（火柴）

9. 岁数越来越大，身体越来越小，面貌日新月异，家家不可缺少。（日历）

10. 小小圆形运动场，三个选手比赛忙，跑得路程分长短，最后时间一个样。（钟表）

11. 铁打汉，脚底尖，头戴扁平帽，会挤又会钻。（钉子）

12. 看看没有，摸摸倒有，似冰不化，似水不流。（玻璃）

13. 从不切菜也叫刀，颈长嘴扁有大小，木把穿着红衣服，干活打转啃铁槽。（螺丝刀）

14. 有眼无珠一身光，穿红穿绿又穿黄，跟着懒人它就睡，跟着勤人它就忙。（针）

15. 不是糕点不是糖，洁白芬芳袋里装，不能吃来不能喝，每天你都要尝尝。（牙膏）

16. 一对小船，实在能干，白天运人，晚上靠岸。（鞋子）

17. 有圆有方，落在河上，把它拉起，泪水汪汪。（渔网）

18. 两条铁路一样长，整整齐齐铺成行，只见一辆小车过，两行自动变一行。（拉链）

19. 闲的时候站着，忙的时候躺着，身上没穿衣裤，两头却钉纽扣。（扁担）

20. 独住一座楼，没瓦没砖头，人在楼下走，水在楼上流。（伞）

21. 一根藤上结瓢瓜，生根结果在你家，年年看瓜瓜不长，夜夜看瓜瓜开花。（电灯）

22. 有长也有方，五味它都尝，只要别人净，不怕自己脏。（抹布）

23. 四四方方一座城，夜晚关门不点灯，贼在城外乱嚷嚷，主人安心起鼾声。（蚊帐）

24. 一只绵羊四只角，白天饿来夜晚饱，夏天没它还能过，冬天没它受不了。（棉被）

25. 一把刀，真不坏，不削水果不切菜，厨房里面找不到，经常辛苦在室外。（瓦刀）

26. 头戴玻璃平顶帽，身穿银白铁长袍，夜里睁开一只眼，东看看来西瞧瞧。（手电筒）

27. 大姐论长说短，二姐尖嘴快舌，三姐钻洞觅缝，四姐忽冷忽热。（打常用物品四种，即：尺、剪刀、针、熨斗）

28. 一个大蚌真古怪，不沾泥沙不沾水，打开蚌壳仔细看，两只螃蟹两条腿。（打常用物品二种，即：眼镜盒、眼镜）

29. 不怕水，不怕火，家家厨房有一个。（锅）

30. 有字又有画，常在墙上挂，千金买不到，谁见谁都夸。（奖状）

31. 一根藤儿结满果，颗颗果儿红衣裹，藤儿着火往上窜，果子噼啪往下落。（鞭炮）

32. 有口不说一句话，无脚能走千里路，它把人家心中事，桩桩件件说清楚。（信）

33. 下圆上四方，家家好几双；外圆里四方，古有今少藏。（打常用物品二种，即：筷子、铜钱）

34. 一物嘴很长，爱坐火中央，头上冒白气，帽子乱晃荡。（开水壶）

35. 既不能当人，却和人同睡；既不能算兽，却有四条腿。（床）

36. 口大无齿，腹大无脐，也会吃豆，也会吃米。（麻袋）

37. 怀抱一棵竹，竹子呜呜哭，问它哭什么，它说马尾磨屁股。（胡琴）

38. 一物生得怪，来人两分开，夜晚碰了头，谁也进不来。（门）

39. 十加十等于十，十减十等于二十，天暖变二十，天寒成一十。（手套）

40. 上圆下也圆，请客它向前，腰上捏一把，肚里水吐干。（酒瓶）

41. 一条腿的挨雨淋，两条腿的餐桌行，三条腿的火烧肚，四条腿的举客人。（打常用物品四种，即：伞、筷子、香炉、板凳）

42. 有腿没有手，有腰没有头，腿上再加腿，立刻就能走。（裤子）

43. 没人时，用到它；有人时，不用它；出门时，不带它；回来时，打开它。（锁）

44. 一个箱子肚里凉，食物药品它储藏，保证不坏不变质，使用起来真便当。（冰箱）

45. 朵朵花，映红天，五光十色真鲜艳，平时公园找不到，节日夜晚开街前。（焰火）
46. 捏着它尾巴，嘴儿才张开，只要一松手，咬住死不放。（纸夹子）

植物类

1. 青竹竿，顶簸箕，下面躲着一窝麻母鸡。（芋头）
2. 梧桐树，梧桐花，梧桐树上结喇叭，喇叭结蛋蛋，蛋蛋又开花。（棉花）
3. 奇怪奇怪真奇怪，头顶长出胡子来，解开衣服看一看，颗颗珍珠露出来。（玉米）
4. 生根不落地，有叶不开花，街上有人卖，园里不种它。（芽菜）
5. 空心树，叶儿长，好像竹子节节长，到老满头白花花，只结穗儿不打粮。（芦苇）
6. 冬天蟠龙卧，夏天枝叶开，龙须往上长，珍珠往下排。（葡萄）
7. 胖娃娃，没手脚，红尖嘴，一身毛，背上一道沟，肚里好味道。（桃子）
8. 身穿绿衣裳，肚里水汪汪，生得子儿多，个个黑脸膛。（西瓜）
9. 紫色树，开紫花，紫色果里盛芝麻。（茄子）
10. 不是葱，不是蒜，一层一层裹紫缎，说葱长得矮，像蒜不分瓣。（洋葱）
11. 长得像竹不是竹，周身有节不太粗，又是紫来又是绿，只吃生来不吃熟。（甘蔗）
12. 水中撑绿伞，水下瓜弯弯，掰开瓜看看，千丝万绕连。（藕）
13. 一个小姑娘，坐在水中央，身穿粉红衫，坐在绿船上。（荷花）
14. 样子像小船，骨头露外边，头尾两头翘，嫩肉藏里面。（菱角）
15. 皮肉粗糙手拿针，悬岩绝壁扎下根，一年四季永常青，昂首挺立斗风云。（松树）
16. 有根不着地，绿叶开白花，到处去流浪，四海处处家。（浮萍）
17. 水里生来水里长，小时绿来老时黄，去掉外壳黄金甲，煮成白饭喷鼻香。（水稻）
18. 半截白，半截青，半截实来半截空，半截在地上，半截在土中。（葱）
19. 圆圆脸儿像苹果，又酸又甜营养多，既能做菜吃，又能当水果。（西红柿）
20. 空心树，实心芽，千年不结子，万年不开花。（竹子）
21. 大哥头上戴铁帽，二哥身穿大红袍，三哥浑身都是刺，四哥好像一把刀。（打蔬菜四种，即：茄子、红萝卜、黄瓜、豆角）
22. 身体圆圆不长毛，不是橙子不是桃，请它草屋住几夜，绿衣脱去换红袍。（柿子）
23. 生在山中，一色相同，泡在水中，有绿有红。（茶叶）

自然、科技、公交类

1. 上一半，下一半，中间有线看不见，两头寒，中间热，一天一夜转一圈。（地球）
2. 有个毛公公，天亮就出工，有朝一日不见它，不是下雨就刮风。（太阳）

3. 小时两只角，长大没有角，到了二十多，又生两只角。（月亮）

4. 千颗星，万颗星，满天星星数它明，有它给你指方向，夜里航行不用灯。（北极星）

5. 说它多大有多大，日月星球全容纳，无人知它始和终，也没左右和上下。（宇宙）

6. 一片白线半天高，可惜布机织不了，剪刀裁它不会断，只有风吹能折腰。（雨）

7. 脚踏千江水，手扬满天沙，惊起林中鸟，折断园里花。（风）

8. 白色花，无人栽，一夜北风遍地开，无根无枝又无叶，此花原从天上来。（雪）

9. 像云不是云，像烟不是烟，风吹轻轻飘，日出慢慢散。（雾）

10. 双手抓不起，一刀劈不开，煮饭和洗衣，都要请它来。（水）

11. 金灿灿，圆滚滚，半个浮，半个沉，不会走，只回跳。（旭日）

12. 小来针眼大，大来满山坡，能过千山岭，不能过小河。（火）

13. 银色带子，有短有长，脚在海里，头在山上。（江河）

15. 拳打不睬，脚踢不理，刀砍不断，箭射不伤。（影子）

16. 横看是只尺，竖看是根棒，年龄最最小，大哥它来当。（一）

17. 像个蛋，不是蛋，说它圆，不大圆，说它没有它又有，成千上万连成串。（0）

18. 软似薄纸硬似钢，工农商学都用上，耐酸耐寒耐腐烂，颜色鲜艳逗人赏。（塑料）

19. 像棉不是棉，名字蛮新鲜，石油提炼出，抽丝在车间。（化学纤维）

20. 原料虽贱作用大，千丝万缕织成它，光泽夺目性能好，制成服装赛棉纱。（化纤布）

21. 银白软又硬，胜似麻和棉，既能织成网，又能把带编。（尼龙线）

22. 有艘小船不下滩，穿云破雾上蓝天，宇宙空间转一转，科学资料装满船。（宇宙飞船）

23. 一座铁塔，本领真大，送歌送舞，送戏送画。（电视塔）

24. 一扇玻璃窗，光线明又亮，演戏放电影，天天换新样。（电视机）

25. 有头不长发，记忆人人夸，你把问题提，回答全不差。（电脑）

26. 名字叫人不是人，不吃不喝手脚勤，能开机器会下棋，干活听话负责任。（机器人）

27. 我家有个铁娃娃，辫子长来不戴花，嗓子洪亮嘴巴巧，人家说啥它说啥。（话筒）

28. 听你演唱，一声不响，学你腔调，一模一样。（录音机）

29. 喝水就生气，一日行千里，通身都是节，能合能分离。（火车）

30. 两眼像铜铃，四脚圆滚滚，腰间有嘴巴，专吃过路人。（公交车）

31. 无病我常住医院，急病又请我出院，来回奔波为战友，救死扶伤跑在前。（救护车）

32. 小铁马，跑得猛，执行任务一阵风，别看头上一只眼，遇见小沟能腾空。（摩托车）

33. 一只大雁两翅膀，银光闪闪爱飞翔，展翅能飞千万里，起飞就把歌儿唱。（飞机）

34. 水面一座楼，没腿四处走，四海传友谊，它是好帮手。（轮船）

35. 驼背公公，力大无穷，爱驮什么，车水马龙。（桥）

36. 谁都知它最热心，不欺老少不嫌贫，不怕风吹和雨打，夜夜辛苦伴行人。（路灯）

37. 高高个儿英雄汉，日日夜夜路边站，风吹雨打不动摇，手里牵着万里线。（电线杆）

38. 一盏灯，亮晶晶，不怕暴雨和狂风，夜夜睁眼到天明，专给轮船指航程。（航标灯）

39. 天上彩虹落大江，人间奇迹工人创，火车汽车穿梭过，全国人民齐颂扬。（长江大桥）

40. 双辫朝天，上面搭线，从不烧油，行驶方便。（无轨电车）

41. 常年站在公路上，不叫苦来不换岗，三岔路口扎下根，专给车辆指方向。（路标）

（张玫瑰）

文苑芬芳

◆ 诗词联选

◆ 民间诗歌

◆ 学生文选

一、诗词联选

古代名人诗选

行春圩

南宋　杨万里

圩田岁岁镇逢秋，圩户家家不识愁。夹路垂杨一千里，风流国是太平州。
两渠水夹一堤宽，个是东皇大御园。旋插绿杨能几日，新枝已自不胜繁。
桑畴入眼郁金黄，麦陇千机绿锦坊。诗卷且留灯下看，轿中只好看春光。

行春圩

南宋　张子颜

长圩行尽晚风和，野水沵沵凫雁过。何似苏堤寒食近，画船箫鼓漾恩波。

水调歌头

明　张一如

落月下春苑，啼鸟别花曹。无端凑与离怨，难咽割肠刀。玉貌雪肤何处，只剩无情有恨，隐隐怕逢挑。空态忽沾臆，暗影自栖膏。　华巘邈，巫峡渺，汉津涛。此情终古，直教同是一切切。送断韶华一瞬，赚杀芳心一寸，船往不留篙。回忆可堪话，无计放萧骚。

埭南王氏宗祠八景诗

清　王葆卿

易永晓钟

祠左茅草滩中有一古庵，名曰易永庵，俗谓茅草庵，僧侣较多，香烟缭绕，暮鼓晨钟，唤醒十方弟子，亦读亦耕，良有益也，故曰：易永晓钟。

更深漏尽睡方浓，易永间敲向晓钟；清响频教清梦破，白光犹被白云封；
萧斋余火还吟我，野老催耕忽唤侬；曙色渐分声渐杳，戛然一磬日初红。

狮桥卧虹

祠右有拱形石桥一座，济通南芜两县，桥长数丈宽丈余，两旁有精琢花石栏杆，两岸桥头对立巨形石狮四座，是当时伟大建筑，远望其形宛是长虹，故曰：狮桥卧虹。

小桥宛似一弓弯，仿佛彩虹卧水间；两岸渔舟随意系，几行杨柳送情攀；

浪翻雪影人留迹，板印霜痕路自间；从此不须与是济，往来谁病涉维艰。

汁浦落雁

祠左滩前有一小圩，名曰汁浦，圩之西南有荒滩数十顷，每当秋末之际，潮平水浅，滩上鱼虾颇多，群雁归来，降落其间，休闲觅食，络绎不绝，故曰：汁浦落雁。

曾几何时燕已归，槐阴镇日锁柴扉；夜深潮落人声静，秋老天高雁影微；

大地文章频领略，重阳风雨漫睽违；数行爪迹留相认，列阵排空任远飞。

祠滩牧笛

祠前有草滩数百亩，东南沿埭南汁浦，西北连林都圩，终年绿草茸茸，四季常青，邻近牛羊牧畜，放牧其间，牧童成群，山歌互答，牛背横骑，无腔短笛，信口而吹，故曰：祠滩牧笛。

宿雨初晴曙色红，忽闻牧笛出新丰；相宜燕语莺歌外，最好花明柳暗中；

信口宫商原草草，随身蓑笠更匆匆；太平人物多清兴，遥忆当年扣角同。

古渡斜阳

祠后有一古渡，为济通埭南小坝角至林都奎潭镇之要津，来往行人，络绎不绝，尤其黄昏，行人更急，争先抢渡之嚷，喧闹不休，故曰：古渡斜阳。

一水盈盈两岸分，者番竞渡近黄昏；小舟莫道容人少，晚景依然当道喧；

双桨和烟迷别浦，片帆随月过前村；吾侪久抱登瀛志，相契以心不在言。

渔舟唱晚

祠之四周，河水畅通，春夏之际，潮平水涨，无数渔舟，往来其间，竞捕鱼虾，每当夕阳西下，满载而归，得意洋洋，扣舷而歌，故曰：渔舟唱晚。

烟水生涯到处同，渔舟漂泊任西东；一声欸乃春波绿，几曲悠扬古渡红；

晒网无端惊宿鸟，扣舷相答对秋风；得鱼沽酒归来乐，灯火依依笑语中。

河水萦带

祠之前后左右，皆有河道贯通，上流青弋江水，经滩前河道，环祠西北，转经埭南小坝角，至竹港而流入长江，尤其河水上涨，萦回如带，环绕祠基，故曰：河水萦带。

闲来把钓且沿堤，河水萦回东忽西；束带漫嗤彭泽宰，寻源直到武陵矶；

澄湍波接云天净，碧落光涵日影低；请玩个中真趣味，乘槎何必犯牛箕。

奎湖夜月

奎潭湖距祠西数百米，面积百余顷，湖水清彻，锦鳞游泳，镇临湖滨，楼台林列，湖心有荷花墩，香飘十里，景色宜人，每当风清月朗，骚人墨客，游览湖畔，逸性湍飞，留连忘返，故曰：奎湖夜月。

月下扁舟任往来，奎湖夜景畅游怀；一轮珠跳波心碎，十里花香水面开；

隔岸渔歌音嘹亮，谁家灯火旧楼台；凭栏极目皆成色，佳句何须剪烛裁。

方村行春八景诗

(一)《张氏宗谱》所载八景诗

晓山叠翠

叠叠青山景色新，露团佳气敏行春。月华初露星光隐，才罢鸡声唤读耕。

泾水环青

源头活水江河滨，东晌清光照眼明。书尽不忘堤上锦，夜开藻镜烛三辰。

圩埠星联

湖南旧是水云墟，绣壤星联话埠圩。深处绿阴人有在，频来舟楫索幽居。

牧滩童歌

源头如带五百里，牧滩砥柱中流起。童歌齐唱地理形，道是金鱼来戏水。

渔灯晚唱

摇盪扁舟一棹轻，啸歌沧浪亦何心。孤灯隐隐观鱼跃，互饮呼朋问酒村。

浪拱石人

石人森严映碧空，长流澎湃向河东。千层银练团孤影，莫认寻常管渡翁。

古寺晨钟

旧时香刹近时新，梵偈僧诠待漏兴。断续钟声云外落，星稀月淡绕禅林。

松园鹤舞

松园风送小涛声，偕伴相尊鹤子鸣。内有幽人初睡起，忘机静听更情深。

(二)又八首

晓山叠翠

淡月疏星晓翠青,天光俯就入深砦。回环巘岫浮佳气,只为行春作画屏。

泾水环石

泾水滔滔昼夜行,青溪不断碧流香。柳垂两岸千丝重,送入沧浪绿影藏。

圩埠星联

一圩和气敏箐莪,流水高山捍卫多。陌陇星联标错落,绿荫深处应非他。

牧滩童歌

二水中分衣带形,滩头砥柱束清泾。平湖崛起开先兆,莫把童谣作话听。

渔灯晚唱

千家渔火盪扁舟,欸乃声流伴水鸥。夹岸帆飞如蝶翅,梵膏淅沥胜箜篌。

浪拱石人

石像森严气千万,岩岩面镜碧云天。回头在岸低头水,浩渺波涛向若前。

古寺晨钟

寺庙层峦旧忽新,四时花木荫森森。初开梵响惊星斗,日照僧房半入林。

松园鹤舞

灌木阴阴老鹤楼,故园起舞话山鸡。幽人共乐文明地,补缺诗成又一题。

张飞伯联二副

其一

行春乡和尚桥庙会搭台唱戏,戏班在戏台前两侧扎二十六个圈子,戏即将开演,有人即请飞伯先生作联。飞伯沉思片刻,写道:

东西汉南北朝人物备考,山海经水浒传今古奇观。

其二

方村渡船口处建一浴池,主人请飞伯先生题名,并作对联纪之。飞伯题其名曰“问津池”,并作联:

问许沧浪清那得，津从徽歙混江来。

陶辛圩绅士奚纯观之，感觉语烦杂而啰唆，于是顺口道：

于今何等问，自古是通津。

此联，的确比前联简洁、流畅得多。

（张致松）

街道老年学校学员诗词选

沈味廉诗词12首

浣溪沙·泛舟雅集香湖

烈日炎炎何处游？香湖约友泛轻舟。童心今日又频浮。　碧水如冰凉彻骨，青荷似伞欲遮头。红菱佐酒助吟讴。

不患骄阳午正中，清心祛暑仗荷风。恼人天气变轻松。　啤酒三巡瓶有度，香酥百克腹无空，矿泉解渴畅心胸。

酒令方休洗净卮，薰风蝉曲共催诗。回肠荡气吐新词。　盛夏观荷游“水韵”，金秋赏菊醉东篱。吟桃咏雪莫忘机。

酒后容颜俱似童，荷花人面两相融。看谁敢唤咱衰翁！　晚岁闲情超早岁，有穷雅集乐无穷。归舟满载夕阳红。

注：“香湖”是芜湖新十景之一“陶辛水韵”的景点。

七律　赞芜湖铁画

何需纸帛与朱红，全仗心灵手巧工。细铸苍松堪起浪，精锤天马敢行空。

声扬四海无伦比，质耐千秋孰可同。新秀如今成辈出，汤工绝艺更恢弘。

注：明末芜湖锻工汤鹏与画家萧云从为邻，常观肖作画，遂以意创铁画，锤铸之巧前所未有。

采桑子·纪念毛泽东诞辰110周年

诗坛书苑尊神笔，腕底春潮，心底春潮。书法诗词旷代豪！　弘扬马列功勋著，战绩丰饶，政绩丰饶，赢得江山分外娇。

七律　八十述怀

太息流光如电抹，微躯竟是八旬人。往来接物严遵义，诚信交朋恪守仁。

孝子尊夸民族宝，廉官礼赞国家珍。求知未肯清闲老，总把黄昏当早晨。

浣溪沙·二阕

学浅才疏莫犯愁，双眸苦向五车求。百家诸子读从头。　语法修辞潜意啃，新闻明政悉心收。八旬奋起揽潮流。

处世全凭道义肩，修身读惯圣贤篇。善廉抱朴志弥坚。　闻过无心将我后，论功有意让人先。余年只盼子孙贤。

七律　浅谈诗人风度

感事抒怀立意高，红尘锦绣纵情描。和谐社会臻团结，美满家园跃富饶。

科技振兴民启智，人文教化赛腾蛟。万千气象倾心辑，不义钱财忌占毫。

七律　人约黄昏后

淡扫蛾眉简着装，都缘暮色掩残阳。风清气爽兼神爽，月朗花香夹粉香。

议宋评唐文跌宕，崇才羡德韵悠扬。嫦娥亦解怜凡世，权作红娘乐兴觞。

浑疑玉蝶闯黄昏，惜秒珍分正点临。樱口桃腮容溢彩，银衫黛裤鬓飞云。

骈肩月下肝偎胆，挽臂花前影嵌心。仿佛青春今又是，情浓似酒醉温馨。

张国义诗词19首

减字木兰花

神舟五号，胜利航天传捷报。今岁人间，举国欢腾科技攀。　此行任重，直向苍穹使命奉。人在飞船，巡察天空奏凯旋。

浪淘沙·叹人生苦短

青壮白蹉跎，凡受折磨，十年浩劫降群魔。今把夕阳残岁度，没有风波。岁暮奏弦歌，捧腹狂呵，逝川东去奈它何。莫道桑榆前景美，可叹无多。

画堂春·观电视有感

侵华日寇罪滔天，瞬经七十周年。中华儿女陷深渊，颠沛流连。　四亿生灵遭涂炭，疯狂狠毒空前。杀人盈野血成川，一片凄然。

临江仙·参观芜湖长江大桥有感

日丽风和空气爽，斯时正乃深秋。一车翁媪乐悠悠。今临桥上走，壮景眼中收。　游子深情皆赞颂，雄姿展现神州，长虹飞架永吟讴。人民多壮志，一举冠全球。

渔歌子·颂夕阳

盛世春风万木葱，余虽年迈乐无穷。深感戴，党丰功，吾侪共颂夕阳红。

荷塘闲眺

扎根沃土叶青高，不染污泥独自豪。片片荷钱漂水面，枝枝珠笔指云霄。

亭亭玉立连天碧，朵朵花开更艳娇。难得周公深厚爱，因其身洁品妖娆。

原方村镇干部王万春、朱良海同志调埭南工作十多年，今来我处，深感欣慰，赋诗二首

光阴易逝客难留，调任埭南十数秋。今日欣然重会晤，风华未减气浓稠。

明眸欣看家乡美，皓首相逢霜满头。尚得承蒙来看望，深情厚意实难酬。

踏莎行·控诉日寇侵华罪行

日寇凶残，人民受难。金陵卅万冤魂断。铁蹄践踏我山河，冈村罪孽终清算。

抗日军民，八年奋战，难忘烈士英雄汉。小泉悖逆拜东条，应该梦醒南柯幻。

方村埭南喜建连心桥有感二首

且看方村和埭南，一河阻隔往来难。党今喜把连心建，奔走畅通乐又欢。

桥通遐迩五湖连，物畅交流展眼前。开拓家乡人所望，万民喜悦乐开颜。

采桑子·嫦娥一号首次绕月探测圆满成功

嫦娥首上天宫殿，往返从容，来去仓匆，六返寒宫后再逢。　千年梦想成真实，探测苍穹，奥妙寻踪。发展高科天地中。

解放军建军80周年

南昌起义聚群贤，北战南征恶敌歼。一片丹心谋幸福，千钧重任灭狼烟。

蒋家王府已崩溃，日寇终于降表签。多少英雄肝胆献，长征万里受熬煎。

西江月·方村镇今昔

昔日一穷二白，今朝万紫千红。土坯茅屋影无踪，疑若当今是梦。

高耸层楼林立，纵横公路相通。二农发展更繁荣，为迈小康歌颂。

采桑子·方村岁岁添新貌

方村岁岁添新貌，东垒层楼，西盖高楼。朱瓦银墙庭院幽。　今年更比去年好，砼路新修，坚固千秋，街道纵横世代讴。

端午悼屈原

节届端阳悼屈平，贤臣进谏献丹心。念悲忍愤投江死，壮举豪情正气升。

香港回归十周年庆

香港回归整十年，港人治港乐尧天。一国两制英明策，灿烂明珠更艳妍。

长相思·我国四川省汶川发生8级大地震

悲也哉，惨也哉，一片废墟瓦砾堆，汶川遇大灾。　天也哀，地也哀，千万黎民地下埋。幸亏党挂怀。

瑞雪成灾患

空飘白絮满尘埃，大雪纷飞愉快哉。讵料数天连续下，岂知瑞雪造成灾。
无情冰雪遭罹难，党政关怀化险哀。感谢党伸援助手，免除祸患乐开怀。

李振华诗1首

方村新貌

方村旧貌换新颜，崛起高楼接地天。商业大街尤美丽，路边花卉色娇妍。

刘雨芳诗1首

老校学歌

响亮歌声荡昊空，童颜鹤发气豪雄。当年壮志驱倭寇，今日小康抒壮风。

朱法仁诗6首

喜看方村新面貌

古镇方村日月新，优良环境乐人民。筑巢引凤千商集，务实求真百业兴。
栉比琼楼平地矗，纵横马路各村通。小康一片和谐貌，富裕农村气势宏。

咏　竹

劲节虚心秀色葱，松梅为友傲清风。满园春色江山翠，几许俭廉效竹翁。

喜看“一号嫦娥”成功环月

“一号嫦娥”游月宫，五洲贺电庆成功。登天揽月千年梦，星月长征喜畅通。

喜庆党开“十七大”

良策共谋议国昌，和谐理政喜安邦。神州特色民心顺，华夏腾飞奔小康。

抗雪灾

数九寒天暴雪飞，冰封万里阻人归。军民奋战车通畅，大地春回沐日辉。

游滨江公园

美景江滨环境幽，欣观扬子步栏游。一虹飞架千年梦，两岸摩天万栋楼。

千载于湖西子媲，万川江水惠金酬。神州开放山河美，如画江城带韵流。

杨耀庆诗词5首

贺嫦娥一号奔月

银箭腾霄出九州，几多骄傲几风流。神舟六返着回地，一上寒宫揽月游。

寂寞天仙挠首望，人间欢跃喜心头。几番试验浑无误，绕月探寻凭自由。

镇内巡游

老校专车巡故里，媪翁含笑乐无穷。新村农舍境幽雅，合作医疗民乐融。

科技品优欧美展，工农强镇建丰功。穷乡僻壤已成史，桑梓繁荣华夏同。

采桑子·神舟六号飞天

酒泉秋日春雷动，神六航飞。神六航飞，盛世天空扬国威。　吴刚献酒嫦娥舞，祝贺英姿。祝贺英姿，费聂航天立巨碑。

渔家傲·汶川大地震

地动山摇无恣忌，汶川地震真乖戾。巨响轰鸣边四起，家园坠，伤残孤寂流哀泪。　集结号声传国际，及时作出援营计。伞降空投兵满地。人不寐，家园重建欢祥瑞。

江城子·心系汶川

中旬五月地茫茫，不思量，自难忘。千里残垣，无处不凄凉。建筑塌倾家损毁，尘满面，血横冈。　天兵赤胆变金刚，在何方，救人忙。党派医生，日夜救残伤。援助钱粮排大难，齐赈济，度天荒。

王万春诗8首

抒　怀

年逾六旬又入秋，人生易老岁难留。青春岁月空辜负，盛世年华竟激流。

晓窗远眺好山河，顾影无如白发何。老去犹攻因特网，兴来垂钓约清波。

勤浇盆景留香久，日习楷书泼墨多。正是夕阳无限好，耆年岁月莫蹉跎。

从戎从政数旬秋，也有欢心也有愁。易逝华光如骏马，清霜不觉染苍头。
少年确系怀鸿志，暮岁端无雀鸟谋。国粹弘扬勤学画，余生珍惜苦中求。

吟月季

随剪枝条插院东，葱茏一展艳阳中。不分瘠沃年年绿，无论春秋季季红。
锐刺敢针贪色吏，清香先献养花翁。寒冬历尽风霜苦，喜得和谐盛世逢。

盆　菊

常伴清宵映月光，朝含珠露夜披霜。不因秋煞绽新蕾，只爱天凉嫩叶张。
风缕幽情堪入梦，百年佳句费思量。东篱置酒今何庆，开满庭园为我香。

芜湖采风有感

江城无处不飞花，赭麓园中景最佳。勃勃生机呈眼下，千姿百态美如霞。

乡村情

春风送暖到乡村，满座宾朋尽耄龄。评说沧桑今昔事，烟茶老酒有余馨。

咏　月

一轮明月清如澈，邃宇碧空星座稀。万籁无声遐迩寂，千间楼影淡浓奇。
清风都是樟传话，碧面疑如月照池。今夜先吟婵色好，纷烦琐事待时题。

朱良海诗2首

老校活动有感

景区游乐慰衷肠，翠柏苍松高自昂。汉界楚河寻对手，吹拉弹唱调悠扬。
古稀花甲同堂坐，书画诗词贴满墙。老校妪翁齐努力，认真听课乐安康。

观临江桥

临江桥塔耸云中，好似金鱼跃水宫。南北交通皆便捷，腾飞芜邑更兴隆。

刘达才诗1首

退休后思教

从事舌耕三十载，如今告退返乡来。师生敬爱怎能忘，常在梦中站讲台。

吴启升诗词3首

清平乐·养花

退休家住，闲着无聊度。买得花书真大助，时刻精心关注。　清晨早起初凉，迎来扑鼻清香。深感养花乐趣，身心有益安康。

春　游

伉俪寻芳小九华，绿林翠竹好风光。木鱼寺院钟声脆，林院鸟儿奏乐章。
凭眺登高江景览，逶迤曲折运输忙。和谐芜邑山川秀，经济腾飞达小康。

春　夜

迷人春色无心睡，夜静花香月亮圆。心旷神怡皎月赏，心潮起伏亦飘然。

罗德达诗4首

喜庆嫦娥升太空

嫦娥一号已升空，世界人民齐颂功。科技尖端猛发展，江山巩固日彤彤。

十七大精神放光彩

大会精神放光彩，人民喜悦畅开怀。和谐社会小康路，富裕人生安乐来。

开天辟地几千年，赋税免交尧舜天。喜得农家金玉抱，小康生活乐无边。

庆贺建国60周年

惊人六十年，覆地又翻天。填补多空白，欣登世界先。

刘振仓诗1首

免纳农税

种地农民免征税，惠农利众群情沸。史无前例孰能比，百姓欢歌心乐醉。

朱宗灼诗2首

新气象

三农政策进家乡，村镇全都换丽装。砖砌楼房不稀罕，崭新别墅放华光。

索拉桥

索拉桥跨弋江头，两岸连通车辆稠。科技建桥显本领，巍然矗立占鳌头。

朱有光诗2首

纪念抗日战争胜利60周年

东洋日本野心狂，竟敢入侵中国疆。灭绝人寰世罕见，兽蹄到处尽三光。

农民进城

儿迁华厦喜眉扬，父母留居旧宅房。土产四时城里送，花生鸡蛋唤孙尝。

朱锦秀诗1首

不老松

盛开秋菊竹篱东，万朵腊梅香几重。绿遍山冈松柏翠，去天辽阔夕阳红。
人生本是登攀路，仅系风光万仞峰。今借瑶池王母宴，岩巅寿祝老青松。

奚居耀诗1首

赞方村

东升旭日照方村，古镇得名传至今。改革同心谋发展，高楼似笋借风生。
四通道路人来往，不息川流车辆行。富裕民生小康路，新村新镇美如城。

葛仁和诗1首

游芜湖

重九登高极目眺，河山锦绣景娇娆。长虹傲世飞江过，国强民富看今朝。

孙志银诗1首

览太极洞有感

洞外山光如国画，洞中美景众人夸。游观景点忘归返，绚丽神奇目不暇。

王茂越词1首

清平乐·丁亥回顾

回眸丁亥，诸事朝前迈。十七精神传达快，祖国人人关爱。 嫦娥一号升空，农村普查功丰。奥运召开在即，芙蓉国里葱茏。

王永江词1首

采桑子·赞北京奥运

壮观宏伟开闭幕，奥运神奇，残奥神奇，精彩绝伦谁可提。 北京喜报如飘雪，奥运丰碑，残奥丰碑，唯我领先谁敢追。

谢祖才诗1首

方村采访录[①]

南北大门皆撞开，交通网络巧安排。兴修水利魁之夺，培育人才大计裁。
事业蒸蒸双翅展，财源滚滚八方来。三连圩内辉煌创，敢打争先致富牌。

①采访时间为1998年春。

二、民间诗歌

十月怀胎

为人莫做妇人身，做个妇人受苦辛。十月怀胎娘辛苦，哪个月里不当心。
未生儿子终日望，如今受孕在娘身。正月怀胎如露水，桃柳花开正逢春。
有如水面浮萍草，未知生根不生根。二月怀胎莫几时，手酸脚痛步难行。
眼花难见穿针线，脱下花鞋难去穿。三月怀胎三月三，三餐茶饭吃两餐。
茶不思来饭不想，只想酸梅口内尝。四月怀胎渐渐深，浑身上下有酸疼。
少年生人容自可，老来病多罪难当。五月怀胎分男女，七孔六根长成人。
是男是女心中想，未知何日得姣生。六月怀胎三伏天，烧茶换水难向前。
茶饭不敢多吃饱，罗裙不敢紧系腰。七月怀胎正逢秋，好似梧桐吊金钩。
八幅罗裙常安带，老年怀胎怕啥羞。八月怀胎桂花香，五谷登场乱忙忙。
堂前扫地头昏跌，性命生死只为儿。九月怀胎重如山，低头容易抬头难。
娘想出门三五日，恐怕姣儿路上生。十月怀胎月份满，儿在肚内要转身。
头又昏来肚又疼，遍身冷汗似水淋。一阵疼来真要死，二阵疼来没了魂。
连疼三阵无地洞，眼泪汪汪进房门。牙齿咬着青丝发，绣鞋蹬开地狱门。
叫娘上天天无路，叫娘入地地无门。结发夫妻心不忍，洗手焚香祝告神。
先许晏公过台戏，后许南海观世音。三许娘娘香一炷，四许目连报母经。
各神香愿都许过，才保姣儿降下生。小儿落地哭一声，娘在床上两世人。
小儿落地哭两声，娘在床上叹一声。小儿落地三声哭，合家老幼才放心。
虽隔阴阳一张纸，产下姣儿值千金。幸亏阎王未拿去，犹如死了又还魂。
若是男儿心欢喜，若是女儿闷在心。忙叫稳婆来洗起，一条罗裙包儿身。
三朝早把娘娘谢，活了又望二胎生。接个聆娘来开奶，又嘱乳母要殷勤。
一天要喂三遍奶，三天喝娘九次浆。娘奶不是长江水，不是梧桐树上浆。
口口喝得娘身血，喝得老娘面皮黄。衣衫毛褂尿和屎，时常洗晒换衣襟。
打开冰冻洗尿屎，冻得老娘手痛疼。百日苦楚容自可，夜间苦楚最难当。
儿睡熟时娘不睡，恐怕又将我儿惊。左边湿了娘身睡，右边干的放儿眠。

若是两边都湿了，抱儿胸前到天明。娘为儿子不能睡，父为儿子脚不伸。
少年生人容自可，老来怀胎罪难忍。为人应把父母孝，举头三尺有神灵。
为人不把父母孝，问你身从何处生。一周二岁亏娘养，乳哺三年亏母亲。
娘肚不饱把儿吃，衣干被净儿安身。半夜三更娘扶问，三更半夜起点灯。
娘为儿子不能睡，父为儿子脚不停。又怕儿子不成器，又怕儿女坏闺门。
又愁家中贫寒苦，又急费用出何门。哥打妹子看娘面，千树桃花一树生。
弟兄三人一条心，门前黄土变成金。弟兄三人三条心，田园家产卖与人。
妯娌三人一条心，一团和气家不分，妯娌三人三条心，各人炒锅另开门。
弟兄和气家兴旺，妯娌和气永不分，打虎还要亲兄弟，出战还要父子兵，
孝衣褂壁非为子，送老归山才是儿。燕子含泥空费力，长大毛干各自飞。
山中只有千年树，世上新人赶旧人。人生有酒须当醉，一点何存到九泉。
天留风雨草留根，人留子孙道留经。天留风雨生万物，草留枯根春发青。
人留子孙传佳代，道僧留经度亡魂。牢内坐的是好汉，家中坐的白发翁。
看来世上无难事，只怕男女一心专。唱完一段三大苦，聊表几声叹苦辛。

（王恩荣）

风筝赋

自从盘古分天地，三皇五帝定乾坤；前朝后汉都不唱，单唱娇姐爱书生；
书生年方十六岁，娇姐二八十六春；书生姓张名文斗，娇姐姓李叫桂英；
春夏秋冬四季天，春花雪月两相连；春去夏来秋又到，残冬一过又逢春；
青山绿水年年在，人老何能转少年；少年精华有几载，时光一过成老年；
时光正当春三月，三月正当是清明；东山桃李红似火，西园杨柳绿荫荫；
南边海水涛涛转，北边鸟雀闹哄哄；年年有个三月三，先生放学去踏青；
前走三步拜孔子，回过头来拜先生；先生放学回家转，书生背箱转家门；
一要回家看父母，二要回家上祖坟；书生路上贪玩耍，一心回家放风筝；
东街又买风筝篾，西街买纸糊风筝；南街又买风筝线，北京城外放风筝；
头阵放的双蝴蝶，二阵放个吕洞宾；三阵放个杨宗保，四阵放个穆桂英；
五阵放的梁山伯，六阵织女配郎君；七阵放的七仙女，八放童子拜观音；
风筝放在云头上，飘来飘去在空中；风筝放在云端里，摇头摆尾爱坏人；
东边天空翻白云，西边乌云往上撑；南边天空起了暴，北边天空大雨淋；
头上乌云来遮日，眼看大雨要来临；只怕老天下大雨，谁知老天刮狂风；
不放风筝风不起，我放风筝就刮风；一阵狂风吹断线，风筝飘落无踪影；
恼恨恼恨真恼恨，恼恨苍天不顺心；刮去风筝容事可，刮掉巧线有半斤；

狂风刮断风筝线，不知何处找风筝；不知飘在山头上，不知风筝落水中；
东边找到西边去，下山找到上山岭；四面八方都找过，不知风筝何处存；
手按眉头心思想，心生一计有十分；风筝只随下风去，风筝不朝上风行。
书生抽身回家转，一匹白马牵手中；书生骑在马背上，快马加鞭找风筝；
不唱书生找风筝，单唱娇姐进花园；娇姐整天绣房内，心中恼闷少精神；
时光正当春三月，想到花园散散心；娇姐绣楼往外看，外面春光动人心；
蝴蝶飞来三园过，紫燕双双进门庭；娇姐楼上把花看，花园花草更爱人；
开口便把丫鬟叫，两个丫鬟把路引；娇姐将身下楼门，丫鬟带路进花园；
来到花园身站定，满园花草多鲜艳；桃花开得红似火，杨柳垂枝绿沉沉；
牡丹争艳引凤凰，海棠花开正爱人；山清水秀春三月，鸟语花香动人心；
娇姐赏花正高兴，忽看园中落风筝；娇姐心中暗思想，不知何人放风筝；
风筝不是别人放，漂头浪子方风筝；风筝园门高高挂，倒看何人找风筝；
不唱娇姐看花人，再唱书生找风筝；书生打马花园过，眼看风筝挂花亭；
书生忙把马背下，烈马拴在柳树根；书生将身花园进，看见娇姐女千金；
眉毛弯弯娥苗月，两眼好像过天星；面赛银盆牙似玉，樱桃小嘴一点红；
头上青丝如刀切，两边金钗放光明；三寸金莲脚又小，十指尖尖如春笋；
上身穿件紫绫袄，下身围条百褶裙；四条龙带系响铃，五色花鞋脚下蹬；
行似百花风吹柳，走路不动百褶裙；世界少有女佳人，十分美丽赛观音；
观音比姐少口气，姐少观音一身金；生得不长又不矮，不胖不瘦爱煞人；
眼望四方无人走，书生来到姐身边；书生开口将言说，娇姐在上听原因；
有缘千里来相会，无缘对面不相逢；花园与姐初相会，有缘风筝把线牵；
今日一见娇姐面，三魂七魄不附身；姐姐与我成婚配，少活十年也甘心；
蹲在姐前说人情，心想把姐一口吞；望姐开恩行方便，搭救书生一个人；
娇姐听罢笑盈盈，书生打动姐的心；风花雪月人人有，心中暗暗爱书生；
姐姐一笑回身转，丫鬟带我上楼门；眼看娇姐回绣楼，书生冷掉半段身；
手拿风筝自家去，忍气吞声不作声；书生骑在马背上，丢魂落魄来家中；
将身来在书房内，忧忧闷闷不开心；茶饭好吃难开口，文章好做书难诵；
思思念念想念姐，一心想姐配成婚；遍身无力少精神，哪有心思念五经；
每天时间过得快，今日时间慢得很；只盼太阳早落山，天黑就上姐家门；
太阳落山往下沉，书生打扮上姐门；脱下长衣换短打，粉底靴子脚下蹬；
身带短刀有两把，齐眉棍子配一根；齐眉棍子人胆大，短刀两把防自身；
路上如有人问我，我说上山打猎人；如果路上无人问，一心一意上姐门；
一程走出大门口，书生心中把计生；三步并作两步走，两步并作一步行；
黄昏过后天已黑，家家户户点红灯；一人走路来得快，眨眼来到姐家村；

惊动姐家黄犬叫，书生听见人作声；姐家有人在说话，书生急忙来藏身；
姐家墙高屋又大，就怕屋大一条门；书生看要回家转，心中实在不甘心；
二程来到竹子林，一计生来有十分；两步并作一步行，惊动黄犬乱咬人；
黄犬咬声连不断，书生胆颤心又惊；打更巡逻身边过，前面大叫是何人；
书生急忙把身藏，身靠大墙不吱声；打更之人走过去，书生又来把计生；
齐眉棍子来支脚，爬上高墙看分明；姐家墙高屋子大，不知娇姐哪房蹲；
蛇钻竹节无去路，枉费功劳一场空；书生心中又一计，书生动脑看分明；
东边楼上灯一盏，西边楼上一盏灯；东边楼上孩子哭，西边楼上冷清清；
嫂子房中孩子哭，娇姐房中冷清清；嫂子房中奶腥气，娇姐房中女花香；
书生主意已拿定，将身来在西楼门；西楼房中冷清清，纸糊纱窗放光明；
用舌舔破窗户纸，眼看娇姐睡床中；若想叫姐来开门，不知她可似我心；
腰中取出刀一把，轻轻撬开姐楼门；将身就把姐房进，一口吹灭房中灯；
一步走进厢房内，二步来到床面前；三步来在踏板上，胭脂花粉香鼻中；
用手牵开红罗帐，不知娇姐哪头眠；十指掀开红绫被，双手伸进姐被中；
一把摸姐姐未醒，二把摸姐姐翻身；三把摸姐姐醒了，不见红灯吃一惊；
可是爹娘来看我，可是哥嫂试我心；可是姐妹来相会，可是厨房灶下人；
可是偷牛盗马贼，可是挖墙凿壁人；可是房中出妖怪，可是房中鬼迷人；
是人是鬼搭句话，免得高叫老双亲；爹娘晓得容事可，哥嫂知道命归阴；
书生一听这一声，低声巧语把姐称；随手又把红灯掌，聪明姐姐听原因；
不是爹娘来看你，不是哥嫂试你心；不是姐妹来相会，不是厨房灶下人；
不是房中出妖怪，不是房中鬼迷人；不是偷牛盗马贼，不是挖墙凿壁人；
你若问我名和姓，不是无名小姓人；爹爹名叫张员外，母亲姚氏老安人；
我是前村读书子，更是大户之家人；放学回家贪玩耍，荒郊野外放风筝；
风筝放在云端里，摇头摆尾爱坏人；只怕老天下大雨，哪知老天刮狂风；
狂风刮断风筝线，风筝飘落姐园中；自从白天看见姐，时刻把姐记心中；
姐姐容貌生得美，书房无心读五经；算来无缘却有缘，风筝牵线来相逢；
茶不思来饭不想，恐怕要成相思病；今夜来在姐房中，望姐开恩行方寸；
娇姐一听这一声，书生说话不中听；二人对面不相识，你我都是大户人；
大户人家规门紧，厢房不许进男人；来在厢房不打紧，别在厢房乱胡行；
我家不比百姓家，每夜都有人守门；大嫂好比母老虎，二嫂好像狐狸精；
爹娘每天房中睡，哥嫂看守我房门；惊动爹娘打骂我，惊动哥嫂活不成；
把你当作偷花汉，调戏闺女罪不轻；把你当作盗马贼，王法半点不饶人；
送到官府来审问，败坏姐的好名声；大清条律你晓得，强奸女子罪一等；
免得一时祸连身，姐的名声更要紧；你我大户人家子，怎做违律犯法人；

劝你早早回家去，死去爱姐一条心；书生开口把话讲，聪明姐姐听原因；
郎想姐来是真心，姐不想郎是何因；少年不做风流事，枉在世上一世人；
一寸光阴一寸金，寸金难买寸光阴；失落寸金容虽可，失落光阴无处寻；
庄稼宜早不宜迟，风花雪月赶年轻；大清律例我晓得，王法条律我知清；
你说此山有猛虎，我偏要向此山行；不怕人多千只眼，就怕屋小一道门；
你家墙高房子大，我已来在姐床前；娇姐今晚依从我，少活十年也甘心；
姐姐今晚不依我，永远不出姐房门；娇姐一听这一声，聪明书生听原因；
我今年方十六岁，爹娘许配姓王人；公公名叫王员外，婆婆扬州有名人；
丈夫也是读书人，何能见得世上人；我今做出无礼事，大家无脸来见人；
倘若公婆知道了，骂我父母缺教训；倘若丈夫知道了，丈夫脸面何处存；
我劝书生回家去，父母给你早成亲；好言好语来劝你，书生你是聪明人；
书生听了如此话，讲个比方姐姐听；昨日我从庙堂过，看见罗汉摸观音；
罗汉摸得哈哈笑，观音摸得不作声；菩萨能做风流事，何况世上少年人；
你说人家闺门紧，天上仙女配凡人；玉皇大帝七仙女，也有三个配凡人；
四姐婚配崔文瑞，三姐许配鲍玉春；牛郎织女成婚配，七姐下凡配董永；
月里嫦娥许配人，牡丹爱上吕洞宾；陈姑调戏陈必正，王母为媒配成婚；
皇帝女儿招驸马，宰相女儿许他人；哪个烟囱不冒烟，哪个屋子不住人；
哪个扫把不扫地，哪个屋内无灰尘；哪个猫儿不偷嘴，哪个犬儿不咬人；
哪个罗裙不打折，哪个女人不从人；哪个人前不说话，哪个背后不讲人；
蛇不咬人是黄鳝，蜜不叮人是苍蝇；酒不醉人人自醉，色不迷人是痴人；
暗里调情人不知，谁人能说假和真；鳖鱼劝得能眨眼，死人劝得能翻身；
前朝后汉都比过，千言万语劝姐听；再要劝姐姐不醒，铁打心肠木雕人；
姐今你不依从我，死也不出姐房门；闹出动静人知道，跳进黄河洗不清；
娇姐一听这声音，低下头来作思忖；娇姐开口把话说，书生听我说原因；
不是姐姐心肠狠，铁打心肠木雕人；你我都是年青人，你心也能合我心；
想要今晚依从你，打个哑谜你是听；猜到哑谜成婚配，哑谜不对请出门；
天上浮云要一朵，北海龙筋要一根；苍蝇肠子要四两，蛤蟆眉毛要半斤；
月里相亲要一次，云里龙角要一根；观音菩萨成婚配，还要罗汉摸观音；
猜着哑谜同床睡，哑谜猜错决不从；书生低头不作声，想起哑谜有十分；
书生开口把话说，爱姐在上听分明；哑谜猜对同床睡，哑谜猜错即出门；
天上浮云是花粉，北海龙筋扎头绳；苍蝇肠子绒花线，蛤蟆眉毛绣花针；
月里相亲莲花镜，云里龙角是金簪；观音罗汉成婚配，郎摸姐姐活观音；
我当书生是痴汉，不是朦胧聪明人；偷眼就把郎来看，眉清目秀生得俊；
开口就把我郎叫，如意郎君听原因；私情你我二人做，今晚与你配成婚；

燕子衔泥口要紧，春蚕做丝肚里存；墙有缝隙壁有耳，防止外面有人听；
外人知道是丑事，诸亲六眷少提名；莫让外人知道了，人前不可提我名；
你要说姐姐不怕，你我二人坏名声；青春贞节献给郎，草内结瓜失了情；
高堂父母养育我，辜负父母一片心；樱桃小嘴笑盈盈，情系容貌生得俊；
娇姐就把纽扣解，衣架搭上郎衣襟；粗皮粗肉莫怪姐，姐姐陪你到天明；
情哥听说这一声，喜在眉头笑在心；姐做狮子朝天笑，男似猛虎下山岭；
姐姐开思搭救我，你我二人一条心；二人赤身方床上，情似胶漆不离分；
鼓打一更说思情，好比猛虎下山岭；猛虎一见猪羊面，生死不放命肝心；
鼓打二更说思情，好比娇龙把雨行；娇龙行雨满天下，我郎探花赶少年；
鼓打三更说思情，好比蜜蜂进花园；蜜蜂歇在花心内，姐把小郎搂胸前；
鼓打四更说思情，好比烈马奔朝廷；烈马不吃回头草，烈女不嫁二夫君；
鼓打五更天又明，姐催我郎穿衣襟；郎的衣裳双纽扣，姐的衣裳大衣襟；
不要急来不要慌，姐送出门宽心放；郎爱姐来姐爱郎，一夜夫妻恩不忘。

（刘达才）

表花名

正月里什么花人人所爱？什么人在高山同下山来？
二月里什么花披头撒发？什么人在高山赤脚修行？
三月里什么花满园开了？什么人在桃园结拜弟兄？
四月里什么花张口白面？什么人背书箱思想转弯？
五月里什么花牵藤搭架？什么人去看瓜死里逃生？
六月里什么花满塘染白？什么人骑白马跨海征东？
七月里什么花须须朝下？什么人造美酒醉了刘伶？
八月里什么花草根独苗？什么人举钢鞭独占朝纲？
九月里什么花满园黄了？什么人过五关大显威风？
十月里什么花枯霜打死？什么人送寒衣哭倒长城？
冬月里什么花满天飘白？什么人焐寒冰搭救母亲？
腊月里什么花经堂高照？什么人在经堂看佛念经？
腊月里蜡烛花经堂高照；黄氏女在经堂看佛念经。
冬月里小雪花满天飘白；小王强焐寒冰搭救母亲。
十月里扁豆花枯霜打死；孟姜女送寒衣哭倒长城。
九月里黄菊花满园开了；黄飞虎过五关大显威风。
八月里鸡冠花草根独苗；胡锦德举钢鞭独占朝纲。

七月里芝麻花须须朝下；杜康王造美酒醉了刘伶。
六月里小荷花满塘飘白；薛仁贵骑白马跨海征东。
五月里黄瓜花牵藤搭架；刘思远去看瓜死里逃生。
四月里小麦花张口白面；孔夫子背书箱思想转弯。
三月里小桃花满园红了；刘关张在桃园结拜弟兄。
二月里杨柳花披头撒发；地藏王在高山赤脚修行。
正月里通草花人人所爱；梁山伯祝英台同窗三载。

（张玫瑰）

和　姐

南风暖来北风凉，姑嫂二人去乘凉；端条板凳拦风坐，爱熬村中少年郎；
郎在田里耘青稞，姐在门口把眼睃；左一睃来右一睃，睃我情哥唱山歌；
有钱不买草帽戴，晒得黑瘦一条筋；脚踩乌泥日晒背，哪有心思唱山歌；
白天腰中无钱用，晚上又无脚头妻；腰中无钱容虽可，晚上无妻真孤凄；
腰中无钱姐家有，姑娘倒贴又何妨；脚头无妻姐陪你，大姐陪郎到天光；
一条板凳坐二人，随脚挑开姐罗裙；伸手就把姐来摸，试姐可是卖花人；
姐骂小郎不是人，晴天白日开花门；小小秤砣压千斤，大姐一点不动心；
你摸姐来姐不理，大姐不是卖花人。大姐只爱人一个，去年许郎到今年；
去年许郎荷包袋，今年许郎过年鞋；荷包袋来过年鞋，一样东西都没来；
新打茶壶没好嘴，断头杨树没好心；三间楼房门朝南，大门正对郎家门；
新打大门撑门杠，新打后门铁门拴；新打房门锁双锁，白纸糊住新花窗；
新打踏板表面光，新打牙床四角方；四角方来四角方，罗纱帐子挂铃铛；
新床只有姐来睡，野汉上床过刀关；人静小郎来房中，如胶似漆睡床中；
睡到半夜翻一身，十指带动响铜铃；哥哥听见铜铃响，嫂嫂听见铜铃声；
铜铃响来铜铃声，长枪短棍守房门；哥哥又拖杀人刀，嫂嫂又端装血盆；
哥哥拖刀朝前走，嫂嫂端盆随后跟；来到房前高声叫，小妹起床穿衣襟；
穿好衣襟来开门，哥嫂今晚来看望；哥哥嫂嫂莫要慌，小妹起床穿衣裳；
上身穿件漂白褂，下身围条八幅裙；八幅罗裙朝地拖，罗裙底下罩情人；
伸手摸到奴的身，抬头望见万年灯；打开房门哥嫂进，哥嫂进房四查巡；
房中除妹无别人，哥嫂二人不作声；姐骂哥嫂不是人，你把小妹当何人？
半夜三更来叫门，小妹房中藏情人；哥嫂赔礼道不是，二人回到己房中；
今天大姐计策好，危险我俩刀上人；郎有心来姐有心，不怕山高水又深；
山高也有人走路，水深也有摆渡人；摆渡哥哥来载我，摆我过去说思情；

正月和姐说思情，姐在房中画美人；画龙画虎难画骨，知人知面不知心；
二月和姐说思情，白纸包银二三分；郎说银钱如粪土，姐说仁义值千金；
三月和姐说思情，姐担凉水映花根；有心栽花花不发，无心插柳柳成林；
四月和姐说思情，姐问长江水可平；长江后浪催前浪，世上新人赶旧人；
五月和姐说思情，菖蒲艾酒祭龙神；家家都吃雄黄酒，杯杯相敬有情人；
六月和姐说思情，高山大树好遮荫；世上只有千年树，阴间难逢百岁人；
人活百岁也要老，树长千年当柴烧；七月和姐说思情，姐家住在半山岭；
穷住闹市无人答，富住深山有远亲；门前栓匹高头马，不是亲来也是亲；
门前挂张破芦席，戚亲老表不上门；八月和姐说思情，月到十五放光明；
月到十六光渐少，人到中年万事休；九月和姐说思情，和姐本是劝诗文；
哪个人前不说话，哪个背后不说人；十月和姐说思情，光阴似箭不饶人；
有钱三十方为老，无钱百岁老长工；冬月和姐说思情，当家理事多烦神；
当家才知柴米贵，养儿才知父母恩；腊月和姐说思情，大雪纷飞冷无情；
家有柴米多温暖，无柴无米难过冬。

（刘达才）

十月来儿

正月来儿是新年，来儿打扮拜姐年；拜姐年来拜姐年，双膝跪在姐面前。
十指尖尖搀郎起，姐弟相称拜甚年？低言巧语对郎说，爹娘面前多拜年。
多拜年来多拜年，拜完爹娘拜长亲；理情摆得周又全，避免外人乱谣言。
二月里来杏花开，姐在房内绣鸳鸯；一绣鸳来二绣鸯，三把我郎绣在怀。
郎在外面笑一声，姐在房里吃一惊；短命鬼来撬石根，吓掉姐的绣花针。
吓掉花针容事可，带连鸳鸯绣不成；郎在外面叫一声，随脚跨进姐房门。
双手抱姐大腿坐，二人玩耍带调情；大姐一见认了真，骂声小郎是畜生。
小郎见姐认了真，随身站起出房门；连退三步门外站，我把咒语说你听：
二回用手来摸姐，十指烂到手掌心；二回与姐同凳坐，屁股烂到脊梁筋。
二回用眼来看姐，眼睛烂得无瞳神；二回与姐说句话，舌头烂到咽喉根。
二回从姐门前过，脚尖烂到脚后跟；各样咒语都说过，永世不上姐家门。
三月来儿庙门开，姐捧愿心进庙来；擦着洋火点股香，好把愿心许出来。
菩萨保佑郎回心，合庙菩萨姐装金；菩萨保佑郎进村，姐许大香几十斤。
菩萨保佑郎进门，姐许香油十三瓶；菩萨保佑郎进房，姐把庙堂竖牌坊。
菩萨保佑郎上床，姐许猪头郎许羊；姐许猪头二八个，郎许羊来配成双。
四月来儿插秧忙，姐进房来捧梳妆；捧梳妆来捧梳妆，打开青丝五尺长。

去年梳头郎在房，郎在房里换衣裳；今年梳妆郎不在，哪有心气捧梳妆。
身靠柜子心思想，还要打扮去找郎；前面梳着盘龙髻，后面又梳双鸳鸯。
当中梳着杭州塔，两边梳着插花台；杭州塔来插花台，一对金钗插两排。
上身穿着漂白褂，下身围着百褶裙；左手提着竹丝篮，右手打着花洋伞。
竹丝篮来花洋伞，晃晃悠悠去找郎；找郎莫走前村过，就怕前村恶少郎。
避过前村是非地，又怕小郎去前村；心事重重满脸愁，找不到郎心凄惶。
五月来儿是端阳，来儿凉亭去乘凉；睡在凉亭得一梦，梦见大姐临了终。
梦中哭着亲姐妹，泪痕满面见真情；如今阴阳两相隔，从此私情断了终。
六月来儿三伏天，来儿来在姐门前；大姐开窗朝外看，看见我郎喜在心。
大旱三年没下雨，好似晴天起浮云；小郎见姐吃一惊，慌忙抽身转回程。
明明梦中她也去，如今所见栩栩生；早知南柯梦不灵，今日不该上姐门。
七月来儿菱花间，大姐打扮进花园；秋风刮来一条线，把姐罗裙折半边。
白绫裤子红点点，我郎看见吃一惊；吃一惊来吃一惊，小郎意念上了身。
八月来儿桂花黄，来儿得病在牙床；姐在家中得一信，梳洗打扮去敬香。
走过田埂转一弯，前面看见大佛堂；走进佛堂把香敬，求支仙签问问郎。
签诗说得明明白，小郎性命不久长；大姐听说这一声，慌忙抽身回家门。
离郎家中三五里，进门叫声老母亲；走到厨房打一转，随后走进郎房门。
房中无凳床沿坐，伸手就在郎身摸；摸到上身热腾腾，摸到下身冷冰冰。
上身热来容事可，冷冰冰来要当心；开言便把郎来问，问声我郎哪里疼。
可是心中贪好色，可是玩耍动了心？情郎听了这一声，大姐听我说分明：
不是心中贪好色，不是玩耍动了心；二月从姐门前过，大姐翻脸不认人。
毛病因从二月起，阴阴阳阳到如今；二月与郎说笑话，哪知我郎认了真。
回回笑话常常讲，二月笑语伤郎心；千言万语对郎诉，顺手腰间取纹银。
姐把纹银搁郎手，我郎要请好医生；你把纹银带回去，听我从头说分明。
医生请了好几个，把脉诊治好多回；铁船过海谅难渡，沙里淘金谅难淘。
铁船过海慢慢来，沙里淘金慢慢淘；墙头跑马难回头，竹园推车步难行。
大姐听完这一声，好似滚油烧在心；你娘生你长成人，指望抵户撑门楣。
风花雪月你没过，先花后果你没开；我郎若有长和短，我与我郎一路行。
太阳落山朝下沉，大姐抽身转家门；听说大姐转家门，手捺床沿慢慢撑。
连撑三把踏板站，昏昏倒在地埃尘；郎望姐来姐望郎，好似钢刀割断肠。
九月来儿菊花黄，来儿家中搭孝堂；姐在家中得到信，一头碰死在地上。
一更一点来碰死，二更二点转还阳；哥嫂在家不敢哭，洗脸盆内哭一场。
粗麻大孝不敢戴，里穿白来外穿青。青丝里面扎麻绳，做双麻鞋避地蹬。
头上常插白线针，腰间麻丝缠裙带；暗孝略表姐心意，我郎知音不知音。

十月来儿十月朝，大姐想郎到今朝；日望天短地又晚，眼看红日落西山。
姐端红灯房中去，眼看红灯渐渐阴；莫非郎死心未死，二人玩耍再调情。
情郎阴魂来搭话，道声大姐听分明；你在阳来我在阴，阴阳相隔怎调情？
大姐即将抬头看，瓦屋房梁系麻绳；大姐端来接脚凳，一步跨在凳子上。
奇麻绳子自打扣，大姐就把头来伸。大叫一声不好了，七孔流血命归阴。

（王万春）

手扶栏杆

手扶栏杆口叹一声，鸳鸯枕上劝劝奴的亲人，
遇路的鲜花不要采，行船跑马要小心，
干哥哥唉，哪个是你知心合意的人？
手扶栏杆口叹二声，干妹妹说话我牢牢地记在心，
遇路的鲜花我呀不采，行船跑马自己小心，
干妹子唉，你就是我知心合意的人。
手扶栏杆口叹三声，昨天晚上可是你敲门？
心想开门迎接你，又怕别人试奴家心，
干哥哥唉，下次敲门要丢下名和姓。
手扶栏杆口叹四声，昨天晚上是我来敲门，
一听你厢房人呀说话，二看你厢房油点灯，
干妹妹唉，我忍气吞声转回了自家门。
手扶栏杆口叹五声，干哥哥说话实在不中听！
既听妹房里人呀说话，又看妹房里油点灯，
干哥哥唉，你应该打开妹家的门，
自摸洋火点着灯，掀开罗帐看呀看分明。
手扶栏杆口叹六声，干妹妹说话真气人！
你一不是我爹娘银呀钱娶，二不是箩窝里配成婚，
干妹妹唉，露水夫妻我怎么能顶真？
手扶栏杆口叹七声，干哥哥说话也气人，
既不是你爹娘银呀钱娶，又不是箩窝里配成婚，
妹妹爱你似海深，干哥哥唉，
你怎能随便坏呀坏我的名！
手扶栏杆口叹八声，干妹妹说话真顶真，
我包袱一打紧滕滕，干妹妹唉，下次我永世不进你家门！

手扶栏杆口叹九声，干哥哥何必这样认真？
你要动身万不能，你好比蜻蜓落在蜘蛛网，
苍蝇落在面糊盆，干哥哥唉，你要上天我也能驾云！
手扶栏杆口叹十声，打酒买菜招待奴的亲人，
手挽干哥哥上文坐，小妹子下文把酒斟，
干哥哥唉，我二人吃酒好好谈谈私情。

（王恩荣）

凉风陶陶

凉风陶陶好个天，郎要撑船姐要眠；郎要撑船做买卖，姐要贪花趁少年；
初一叫船初二开，姐打美酒上船来；敬郎三杯开船酒，问声我郎何日回；
郎说小姐你真呆，未曾开船问回来；顺风顺水两三月，河干水浅半周年；
解开船绳驾起桨，姐在船中恨思想；恨思想来恨思想，一恨老子二恨娘；
多少小郎你不把，单单把个撑船郎；撑船小郎虽然好，一年难同半年床；
种田小郎虽然苦，一年到头都同床；推开船头姐回家，姐到后园去看花；
正月梅花正当开，二月杏花等春来；三月桃花红如火，四月蔷薇五色开；
五月枝枝心里黄，六月荷花楼池塘；七月菱花漂水面，八月桂花满市香；
九月菊花遍地黄，十月浮萍赛牡丹；寒冬腊月无花采，采枝腊梅带回来；
十月花名唱到头，花名就是望郎头；望郎头来盼郎归，望郎小姐眼泪流；
正月望郎梅花开，大雪飘飘落下来；姐在房中享炭火，推窗掸雪望郎来；
二月望郎杏花开，一对乌燕朝南来；嘴衔河泥高粱做，脚登燕窝望郎来；
三月望郎桃花开，姐拿花篮花园来；百样花草无心赏，眼光四方望郎来；
四月望郎蔷薇开，蔷薇开花五色香；五色花香无心看，采朵蔷薇望郎来；
五月望郎枝枝开，菖蒲艾酒过端阳；家家都吃茶黄酒，姐家双杯望郎来；
六月望郎荷花开，姐拎划盆藕塘来；姐在藕塘打莲蓬，手捧莲蓬望郎来；
七月望郎菱花开，姐拎划盆池塘来；姐在池塘采菱角，眼观陆地望郎来；
八月望郎桂花开，成群大雁朝南来；孤雁守夜多可怜，彻夜难眠望郎来；
九月望郎菊花开，九月天气渐渐凉；我郎出门没带衣，怕郎受凉望郎来；
十月望郎浮萍开，糯米调酒自来酿；夫妻对饮多欢喜，酿好美酒望郎来；
冬月望郎雪花飘，雪花飘飘像鹅毛；我郎撑船多辛苦，心酸泪流望郎来；
腊月望郎雪花飞，一年过了郎未归；家家户户忙过年，姐望全家来团圆。

（刘达才）

颂春歌

春锣一打忘记歌，凤凰起飞忘了窝；先生拿笔忘记字，机匠织布乱抛梭。
府上大门朝南开，一招喜来二招财；三招人丁家兴旺，四招子孙孝而贤。
脚踏楼台步步高，手拿金棍打仙桃；仙桃搁在花篮内，子子孙孙中状元。
新造楼房高三丈，窗明几净亮堂堂；屋上盖着琉璃瓦，来往贵人走廊上。
走了过去转过来，脚踩莲花朵朵开；慢步行在荷池旁，四海龙王送宝来。
他家颂到你家来，两家财门一样开；他家也有金元宝，你家也有万年财。
手提春锣打起来，姜子牙坐钓鱼台；直钩钓得大鱼到，文王觅得姜奇才。
一字写来把笔拖，唐王被困浪沙河；白马小将来救主，连人带马一起走。
二字写来一条街，刘备落难卖草鞋；关公曾把豆腐卖，张飞也把肉店开。
三字写来话短长，桃园结拜刘关张；三请军师诸葛亮，后添四弟赵子龙。
四字写来不留门，好个清官包文拯；包拯为官最清正，清官断案不留情。
五字写来一把弓，薛礼跨海去征东；鞭打奸臣张子贵，手拿钢鞭尉迟恭。
六字写来一个人，唐朝出个小罗成；罗成虽小武功高，单人匹马回马枪。
七字写来望上撬，曹操用计害马超；马超本是忠良将，曹操用计反朝纲。
八字写来两分开，好个山伯祝英台；杭州同窗三年整，并没识破女金钗。
九字写来一笔钩，杨广乘船下扬州；一心要把琼花看，万里江山一旦丢。
十字写来穿东西，孟姜女子送寒衣；她为亲夫把衣送，千辛万苦哭倒城。
正月正当梅花生，一朝君子一朝臣；前朝军师诸葛亮，后朝军师刘伯温。
二月正当杏花生，二郎神三显威灵，杨戬爷三朝北座；子牙钓鱼在江心。
三月正当桃花生，桃园结拜有几人；张飞关公和刘备，外有子龙与孔明。
春锣一打响当当，府上三间平瓦房；待到下年收成好，再造三间大楼房。
人长十岁正经读，父母日夜挂心怀；为人不把父母孝，问你根苗何处来。
人到二十正年轻，不可风流守本分；一勤二德三本分，失落光阴无处寻。
人到三十花正开，处世理事自长才；当家才知柴米贵，养儿才知父母恩。
人到四十不自由，上顾父母下顾儿；照顾父母万年福，要为儿女都圆房。
人到五十已半百，龙须胡子长出来；手拿镜子前后照，秃了前庭福相生。
人到六十花甲子，面又善来心又慈；期望儿女同窗语，盼望子孙辈成材。
人到七十古来稀，辛劳一生该要歇；头疼脑热患疾症，孝顺儿孙一大群。
人到八十老寿星，万事皆休不烦神；吃喝玩乐人伺候，安度晚年享清福。
人到九十是耄龄，耳聪目明成仙人；今日不知昨日事，幼年经历在眼前。
人到百岁未归天，神仙得知也欣喜；阖家上下为他忙，寿星仙翁人人敬。

（王万春）

十二月长工

正月长工正月空，手捧烟袋去找工；顶头碰到老朋友，给我找了一长工。

二月长工二月空，老板叫我去上工；老板哥哥你别急，我洗洗浆浆来上工。

三月长工三月空，肩挑污泥下田中；左脚踩的菱角刺，右脚又踩破磁风，老板不准我息工。

四月长工四月空，挑担黄秧到田中；长秧打在田拐角，短秧打在田中间；老板叫我栽头趟，老天又刮起顶头风。

五月长工五月空，老天经常刮南风；老板扛锹田埂上看，田里无水骂长工。

六月长工六月空，脚踩坛灰如火盆；老板在家扇风扇，田里热死我长工。

七月长工七月空，拿把弯刀到田中；好刀好齿老板用，钝刀坏齿我长工；老板家中稻仓满，长工家里空打空。

八月长工八月空，手举榔头把米舂；舂得好米老板吃，筛下碎米糊长工。

九月长工九月空，高粱吊酒满缸红；老板喝得昏昏醉，哪能想起我长工。

十月长工十月空，肩扛水车到塘中；车得大鱼老板吃，小鱼小虾我长工。

十一月长工十一月空，拿张钉耙到塘中；老板在家烘火罐，船上冻死我长工。

十二月长工十二月空，我找老板去算工；老板半天不作声，五两白银我不要；给你老板长工。

（王恩荣）

乡土情歌

煽　情

远见妹子飘过来，不高不矮好人才。走路好比风摆柳，坐下当得莲花开。

古寺庙里夜深沉，如来伸手摸观音。神仙都做风流事，何怪我等凡间人。

想　妹

妹妹生得像支花，心中想你难传话。清早想你到幽黑，想得头昏眼又花。

思想妹，妹不知，天光想到日落西。主意打了七八个，吃饭还是如沙子。

想　郎

子时想郎难约会，梦见阿哥屋下见。真要动手莫要蛮，学会棉花慢慢弹。

巳时想郎出了门，天上白云起了纹。花纹好像龙一样，阿哥是龙妹是云。

恋　妻

打工转家恋娇妻，今日好比再尝新。句句情话甜蜜蜜，牛郎织女妒忌生。
叫得一声心肝妹，吻香润了红嘴唇。哥是鱼来得了水，我俩一生树缠藤。

恋　夫

我劝远方好郎君，出门打工莫花心。清河水比外乡甜，野妹哪有贤妻亲。
正月里来是新年，劝我阿哥莫赌钱。十个赌棍十个输，走进赌场人也贱。

（杨耀庆）

孟姜女

正月里来正月正，家家户户挂红灯，人家红灯红似火，喜良家红灯昏沉沉；
二月里来暖洋洋，燕子双双绕高樑，燕子出门成双对，我如明月缺半边；
三月里来是清明，家家户户上祖坟，人家坟上飘白纸，喜良坟上冷清清；
四月里来养蚕忙，姑嫂二人去采桑，桑篮挂在桑树上，擦把眼泪采把桑；
五月里来是端阳，家家户户栽秧忙，人家田里禾苗壮，孟姜家田茅草滩；
六月里来热难当，蚊虫到处闹嚷嚷，愿蚊叮奴千口血，别咬我郎范喜良；
七月里来秋风凉，孟姜女日夜思亲郎，自从出征长城去，哪夜不盼到天光；
八月里来雁门开，雁儿脚下带霜来，孤雁打更有多苦，奴比孤雁苦更深；
九月里来菊花黄，糯米做酒甜又香，夫妻饮酒多亲热，孟姜有夫不团圆；
十月里来天气寒，寒衣做好送亲郎，北方长城有多冷，北风吹来透骨寒；
冬月里来雪花飘，雪花飘飘似鹅毛，有柴有米多好过，孟姜无柴无米苦难熬；
腊月里来整一年，杀猪宰羊忙过年，人家夫妻团圆聚，孟姜一家不团圆。
注：范喜良，又叫万喜良。

（刘达才）

十二月嫖姐

正月嫖姐正月正，去年许郎到如今；去年许郎正月半，今年许郎看花灯。
二月嫖姐龙抬头，郎为采花日夜愁；伸手摸姐姐不肯，何必翻脸又当真。
三月嫖姐打菜薹，远望小郎路上来；要吃菜薹拿一把，若想采花晚上来。
四月嫖姐栽秧忙，秧又青来麦又黄；又栽田来又割麦，哪有功夫陪姐玩。
五月嫖姐端午边，郎打艾头姐头扦；郎打艾头朝上涨，姐打艾头不发青。
六月嫖姐热难当，郎淌黄汗姐身上；姐用衣捞揩郎汗，叫声我郎慢慢来。
七月嫖姐秋风凉，垫子垫姐姐垫郎；郎说垫子扛坏姐，姐说双奶扛我郎。
八月嫖姐是中秋，姐为小郎时时忧；冷要穿衣热要脱，伤风咳嗽划不来。

九月嫖姐花轿来，二人哭得真伤怀；只跟我郎玩八月，不陪小郎过重阳。
十月嫖姐双回门，顶头碰到小情人；心想跟郎说句话，后头跟来对头人。
冬月嫖姐到年边，小姐淘米忙烧锅；心想留郎吃餐饭，又怕外面眼睛多。
腊月嫖姐到新年，郎到姐家遍身冷；低下头来细思想，嫖姐之人多辛苦。
奉劝诸君要牢记，嫖姐不如结朋友；好友能替生和死，十个嫖姐九个丢，
露水夫妻不长久，没有哪个能到头，银钱花去千千万，角打吵闹结怨仇。

（王恩荣）

上梁歌

日出东方喜气洋，东家请我来上梁。脚踏楼梯朝上升，好似登上紫金城。
门前既拴高头马，屋前又竖状元坊。高头马来状元坊，子子孙孙状元郎。
手提金绳系金龙，摇摇摆摆半空中。我问金龙哪里去，一心要登紫微宫。
两条金龙盘玉柱，两只凤凰栖当中。凤凰不落无宝地，诸侯出在你府中。
红色绫子绿色绸，披红挂绿好兆头。多子多福又多寿，大富大贵度春秋。
脚踏楼梯步步高，手提花篮采仙桃。仙桃采在花篮里，脱掉褴衫换紫袍。
福锤一打应四方，东家请我造楼房。前后两进高三丈，中间左右两厢房。
前进一造金银库，后进又造玉米仓；金银库装无价宝，玉米仓中万担粮。

（王万春）

梳头歌

太阳当顶将偏西，姐忙上街去买油，买瓶好油回家去，早起梳妆好搽头。
正月梳头戴红花，白脸又加粉来搽，小嘴又把胭脂点，赛过园中牡丹花。
二月梳头戴杏花，房里梳头房外香，房里梳头香十里，房外梳头十里香。
三月梳头戴绿葱，绿葱开花赛芙蓉，芙蓉老来多结子，绿葱老来两头空。
四月梳头梳得光，滑倒苍蝇笑坏郎，苍蝇也想找好姐，何怪世上少年郎。
五月梳头端午边，郎采艾头姐头扦，二人共饮雄黄酒，边吃边调真开心。
六月梳头热难当，郎淌黄汗姐身上，姐牵衣拐揩郎汗，淌到下身笑坏郎。
七月梳头梳七层，七层梳出七层云，梳得山高龙行雨，梳得水深摆渡人。
八月梳头梳八楼，八楼小姐抛彩球。彩球落在郎手上，郎举彩球姐点头。
九月梳头梳祥云，祥云又梳九条龙，一龙行雨塘塘满，九龙行雨塘塘空。
十月梳头梳不齐，老娘骂我是笨人，十指伸出有长短，荷花出水有高低。

（王恩荣）

三、学生文选

圩家户户不识愁

“袅袅炊烟，悠悠乡情”，漫步在方村老街，很容易就想到宋代杨万里的一句诗“圩家户户不识愁”了。

我自小在青弋江畔的方村老街长大。老街的路面一半是水泥，一半是青石板，弯弯曲曲地伸向远处，两旁尚存的店铺门面参差错落，残垣断壁前的那些另有一番江南小镇风韵的不知名的野花正释放着短暂的妩媚。有百年老历史的房子孤独地品尝着岁月的冷暖，空荡荡的街道，偶尔传来脚步声，回荡在老街的空气中，除了来旅游的外地人，守在这里的是和街道一起经历了沧桑的老人。新镇的繁华取代了昔日的老街，老街在我心中确实没有一丝的乐趣。

我爱的是街头的青弋江。有的人说，她是皖南人的母亲河，是可以想见的热爱和眷恋了。在她秀色可餐的风景里，无数的水乡儿女哺育着、成长着，在她宽大而温暖的怀抱里，山水田园风光，古城民宅小巷，以及花鸟虫鱼，风味特产，每每叫人流连忘返。站在大堤上，看到的是两岸绿树成荫，田舍交错，堤岸上一片红霞连着一片白云，相映生辉。河水清澈得可以看清河底细细的白沙和奇形怪状的卵石，赤脚站在水中，可以看到腿上一根根汗毛在水中浮起，那碧绿的河水，就像是头上的碧空掉入河中在流淌，让人心醉，让人忍不住想喝一口。在江边戏耍长大的我，还可以过那个老渡口去看外婆，可以和小伙伴在江滩边疯玩各种游戏，可以和父母一道在圩下的农田里嬉闹……

我爱的是这里的田野。古老的方村，还有古称方村圩的行春，土地肥沃，是天赐的粮仓。要是你在春天到方村来，就看到一片极为奇特的田野，它没有平常庄稼地那一望无垠的葱绿，却拥有漫天盖地的金黄。在这里，粗壮的油菜花开得最美、最热烈！一朵朵、一簇簇、一片片黄色的大花球熙熙相依，就像一个个快乐的农家女子，手拉着手向人们露出笑脸，成千上万簇拥在一起，以一样的金黄和高度享受春光，成块成亩地连成一片花的海洋，到处呈现激情澎湃、气势磅礴的景象。真是“桑畴入眼郁金黄，麦陇千机绿锦芳”。步入田埂，徜徉于流金溢彩的天地里，看彩蝶翩翩起舞，听蜜蜂嘤嘤歌唱，深深呼吸一口空气，满是馨香的甜味儿，不经意地还会落满一身花蕊，回到家还会有一片清香。

如今，不远的地方又建起了工业园，江边人家忙时种田，闲的时候可以到工业园上班，日子过得相当富裕了。家家住进了小区，户户搬进了新房。杨万里先生如果从宋朝穿越而来，一定会拈须大笑：还是我说得对，圩户家家不识愁呀！

（天民学校初中二年级学生　张莹）

天然氧吧——溜坝生态园

溜坝生态园坐落在埭南西南角的斗村小区中心路口，由两个大荷塘和一个垂钓中心组成。它东临渭南河，南邻上脸河，西北紧依青弋江防洪堤坝，仅由一座石桥与斗村新区相连，可谓四面环水，是典型的江南水乡。

穿过石桥，你就进入了生态园。首先映入眼帘的是一望无际的荷叶，像绿色的海洋。无论你在园区的哪个角落，阵阵清香都迎面扑来，沁人心脾，令你心旷神怡、精神倍增。站在荷塘边，你会发现荷叶间亭亭玉立的荷花都在竞相开放；如果你细心，就在你站立的一刹那，你会发现它刚刚开放。千万朵荷花，千万种姿态，有的洁白，白如雪；有的粉红，粉如脂……一阵风吹来，荷花花瓣便会翩翩起舞，亮出婀娜的舞姿。

穿过荷塘中间的“之”形木桥，我们便来到了生态园的“荷花长廊”。长廊过道幽静、悠长，恰好把荷塘分成两个不同品种的南北荷塘。过道中间修建了两个两层的八角亭，亭的四周由木质长椅围成，以便游人休憩，登高望远、凭栏拍照。长廊两侧栽种了不同时令的藤蔓、葡萄等，假以时日，青翠欲滴的藤蔓一定使长廊更加美丽，更加生机勃勃。

塘中荷花从5月开到9月，各种荷花花时不同，花色相间，美丽极了、娇艳极了。清晨，晶莹的露珠在荷叶上滚来滚去，清风徐来，只听见淅淅沥沥的水滴声，惊动了一塘嬉戏的鱼儿，惊慌地躲藏；此时的荷花全都收敛着，好像一位位羞涩的少女沐浴待出。

“接天莲叶无穷碧，映日荷花别样红。”黄昏的余晖照在静静躺在河塘中的荷花上，显得那么恬静、那么自得、那么幽香。

月上山冈，荷花便敞开胸怀，争相斗艳，像参加选美的选手，各尽所能地展现。月夜的荷塘最美了，在月光的照耀下，荷塘显得格外寂静，像睡熟的婴儿，偶尔的几声蛙鸣，使人仿佛置身于世外桃源一般。

溜坝生态园的建成给人们带来了无限的乐趣。清晨，喜爱跑步的人们沿着荷塘四周的沥青路漫跑着、笑着、谈着，既锻炼了身体，又融洽了邻里关系。傍晚，大人们坐在长廊的木凳上聊着时事新闻、奇闻趣事，孩子们相互追逐、嬉戏；喜爱广场舞的大妈们依着荷塘跳起了欢快的舞步；而现在许多人又开始了荷塘竞走运动。正所谓“溜坝生态园，溜达生命源”。

这里，每天都有慕名而来的游客，围着荷塘、捧着荷花竞相拍照留影。在荷塘东南角有两座农家小屋，小屋四周环水，水中放养着各种鱼儿，喜欢垂钓的游客便来到这农家小屋赏花垂钓，享受它的乐趣。宜人的风景、悠闲的生活令每位来此的游客都赞不绝口。就连电视剧《苍天厚土》的拍摄组也来到这里拍摄改革开放后的新农村建设的伟大成就。

溜坝生态园——我们放松心情的休憩所，你是新农村建设留给我们的天然氧吧和生态屏障，我们以你而骄傲，我们也一定像荷塘中的荷花一样高洁、正直，为建设美好乡村而贡献自己的力量。

（埭南斗村小学五年级学生　王辉）

家乡的变化

我是芜湖市埭南小学的一名六年级学生。爷爷告诉我，他听他爷爷说“埭南埭南，生活代代艰难”。埭南是革命老区，曾经是穷乡僻壤，人们长期生活在饥寒交迫、水深火热之中，所以这里适合闹革命，由于生活所迫，很多有志青年参加了新四军、游击队。改革开放以前，埭南没有马路，根本看不到机动车，种田靠的是老牛、耙子、锄头和铁锹；出门就靠两条腿。爷爷说他年轻的时候，家里养了几只老母鸡，自己总是舍不得吃，想卖点钱，买点生活用品。为此，就要夜里两点起来，步行到芜湖市，来回有50公里，因为没有路，靠的就是两条腿。想买化肥、氨水，都要到十几公里外的火龙岗去买，靠的是肩膀挑。下雨天出门，到处是泥泞的田埂路，十分难走。

是党，把一代人从黑暗引向光明；是党，让又一代人生在新社会，长在红旗下；还是党，把关怀给了我们新一代，让我们幸福地生活，快乐地学习。记得有一次在饭桌上，奶奶和爸爸曾告诉过我，奶奶小时候只在一所土坯墙的小学里读了三年书，那时候，他们哪能像我们这样，上学穿校服，节日着新装。他们那时穿衣是“新三年，旧三年，缝缝补补又三年”。那时人们不懂什么叫时装，街上也没有什么时装店。要是谁做了一件新衣服，就被看成一件了不起的事了。那时的生活十分艰难，哪能像我们这样，天天都能吃鱼吃肉，节日里全家下馆子。他们一年到头，饭桌上只有青菜萝卜，唯有在过年过节的时候才能吃上鱼或肉，别说下馆子了，就是在家里吃上一整条鱼也已是十分奢侈的了……爸爸指着家里的一条旧凳子告诉我，这凳子叫“学生凳”，这个凳子曾伴随他读完小学和初中。那时学校很破旧，课桌都是东倒西歪的，凳子都是自己带的。学校没钱买凳子，教室很破旧，下雨到处漏雨，老师教书很辛苦，很节俭，连一个粉笔头都舍不得扔。每逢刮风下雨的时候，老师学生都提心吊胆，哪能一心一意地学习啊！

的确，改革开放以来，中国变化太大了，人民的生活水平不断地提高，祖国建设日新月异。就拿我的家乡埭南来说吧，原来是一个又穷又落后的地方，可现在，你看家乡真的变了，变得富裕了、美丽了。四通八达的马路上，人群、机动车穿梭往来，路旁绿树耸立，高楼大厦如雨后春笋，到处都散发着时代的气息。我家的小泥房也变成了小洋楼，电脑、电视机、冰箱、空调、音响一应俱全。家家都过上了幸福的生活。

几年前，我们埭南被规划到镜湖区方村街道，归属镜湖区管辖。我们的家乡发生了翻天覆地的变化，电网改造，宽阔的马路，干净的自来水，小区规划，32层的保障房……

我们的教室原来是危房，经过区教育局的改造，我们走进了宽敞明亮的教室。看，那雪白的墙壁，结实的门窗，崭新的黑板，学校还有图书室、音乐室、电脑室、多媒体教室，体育设施样样俱全。我们在学校学习有多么舒畅。我们现在的课本，都是国家免费提供的。我们要铭记党的恩情，好好学习，天天向上。

我们的家乡发展真快，变化真大，埭南再也不会艰难。我们这里有美丽如画的荷塘，是个美好幸福的地方，欢迎你来观光。

（埭南中心小学六年级学生　秦意）

童年趣事

农村的新年是十分热闹的。那时每家每户都会准备许多美味佳肴来宴请亲朋好友。人们忙这忙那，来去匆匆，或许对我们这些“爱捣乱的小孩子”是有些不耐的。家长总是叮嘱着各种繁文缛节，对我来说实在无趣。不过虽然如此，新年依然是值得期盼的，因为新年中可以看到“走马灯”，这确是我童年中最觉有趣的东西了。

马灯是农村中的传统活动，从何而来我无法考证，但是它是非常受欢迎的。它不仅表现了人们对这一年以来安宁生活的感激，更寄托了人们对新的一年美好的祝愿和希冀，在所有人眼中都意义非凡，在我眼中更是一件了不得的大事。不过对我而言，这“意义”所在，主要只是观看走马灯时感受到的快乐。

每次走马灯总要先找到一块场地来表演。被挑中的人家不会有任何不快，而是感觉很荣幸似的，早早地就备好茶水、瓜子和糖果来招待观众和演员。只要一听说谁家会有走马灯，几乎每家每户都会兴冲冲地跑来观看。平常见不了几面的邻里乡亲此时都聚到了一起，聊个天昏地暗，似乎有永远聊不完的话题。而我们自然是这里讨点儿瓜子，那里又拿点儿果子，在一片嬉笑欢乐中等待着走马灯的来临。

可是等了一会儿还是不见走马灯，我们便有些着急起来，之前打闹玩耍的兴趣也渐渐消失不见，个个翘首盼望着那些走马灯的演员。在我们望眼欲穿的时候，走马灯的队伍终于缓缓地走了过来。我们立刻"满血复活"，生龙活虎地朝我们期盼了一年的走马灯奔去，成群结队地跟在队伍后头。伴随着"噼里啪啦"的鞭炮声和"咚咚锵锵"的锣鼓声，气氛也活跃起来，每个人脸上都挂着会心真诚的微笑。

演员们渐渐走近了，身上的将袍舞起来两袖生风，威风凛凛，让我们羡慕不已。瞧，那个脸上涂着红色油彩，下巴上还蓄着长胡子的，不是关羽又是谁？而他身边那个持着"丈八蛇矛"、长着狂放的络腮胡的人就是张飞了。他们的头上梳着俊朗抖擞的乌黑发冠，插着两根好看的野鸡翎，几颗大而圆润的珍珠镶在花样不同但都十分精美的头冠上。而那一身流云装饰的花纹袍子更是制作得十分精致。众多演员的袍子没有一个重样儿的，一幅幅花样不同的生动绣画跃然于袍上，好像里面的动物下一刻就要跳出来似的。这些霸气的装束可是让我们眼红了许久，整天想象的就是我穿上这身衣服会有怎样的风采。演员们脸上的油彩我们也很感兴趣，红的，白的，蓝的……各种各样，简直晃花了我们的眼。当时的我并不懂这些颜色代表着什么，只是觉得演员们敢把这些东西抹在自己脸上实在是勇气可嘉。

走马灯的演员们排好了位子，伴奏的人也都各就各位，表演正式开始了。顿时，高亢的乐声盖过了人们的谈话声。一位位大将军在场内开始走起了"8"字步也就是绕着"8"字的形状走步子。伴随着节奏，一甩腿，一挥袖，每个动作都牵着我们的心。他们把手中的武器舞得"刷刷"作响，一套套枪法、剑法、棍法被他们耍得精彩绝伦。观众们一边喝彩一边鼓掌，对演员们投去了赞赏的目光。我们也用敬畏的眼神仰视着他们，真的把他们当成了了不起的英雄，一个个眼睛瞪得老大，不肯错过一丝细节。

走马灯结束后，我们便恋恋不舍地拉着父母的手回家了，只是一边走，一边还要偷偷地回头去看那些演员的装束，回家后便自己模仿他们。盆子、袋子、衣服成了"发冠"；床单、被子成了"披风"；木棍、拖把和扫帚也成了"利器"。我们就这样三五成群地打闹着，欢乐的笑声可以延续到开学。

只是不知从何时开始，春节只剩下了走亲访友和看春晚，而其他的活动都渐渐不见，那承载我们童年趣味的习俗也越来越少了。那么若干年后，它们会不会完全消失，再也没有踪迹了呢？

（方村中学初中二年级学生　张龙霞）

吃新

微笑的太阳挂在东方，照耀着这片土地。鸟儿在枝头漫歌，鸣声嘤嘤，和谐动听；朗朗的读书声在校园中飘荡；农民脸上的汗水在阳光下熠熠生辉。

菜市场人来人往，热闹非凡，妈妈蹲在鱼摊前挑选着又鲜又大的鲤鱼，我站在旁边拎着沉甸甸的菜篮子。

鱼贩子瞅瞅我手里的菜篮子，说道："大姐，你家今天一定是吃新吧！"

妈妈笑呵呵地点点头说："是啊，今年又是一个丰收年啊，这不，买些好吃的，大家在一起乐和乐和。"

"那可得挑几条大肥鱼回去。"说着就亲自动手，给妈妈挑了好几条大鱼，一边还说："沾沾喜气，便宜五毛钱一斤卖给你了。"

"吃新"是我们这儿用以庆祝丰收的一种风俗。我们方村地区大部分人都以耕田为生，一年的粮食产量和丰收情况是他们最看重的。因此每年丰收后，在七月初一到十五之间会买一些好吃的，叫家人和邻居一起来庆祝丰收。

我是十分喜欢吃新的，不为别的，就因为吃新时，妈妈总会烧许多好吃的菜。

江南历来有"鱼米之乡"的美称，在吃新时鱼和米自然是必不可少的。米必须是新米，也就是今年刚出产的米。为了吃新，妈妈在前一天就把刚收回来的稻子送到舂米场，只需轰隆隆几声，又白又亮的米粒就出来了。鱼一般都是从自家鱼塘里打捞，爸爸每次只需拿上鱼竿，临走时对妈妈说："你自管把火点上，等油烧热了，鱼就能下锅了！"真的，不消几分钟，爸爸就拿回一条"大胖头"。今年我家的鱼塘刚刚下苗，所以是去街上买的。

买完菜回家，邻居张阿姨见我们满载而归，立马围上围裙走上来："今天吃新吧，我来帮你！"

不一会儿厨房里就响起了锅碗瓢盆交响曲，还不时飘出阵阵令人流口水的香气。我也趁机会捞油水，抓住机会往盘子里一抓，就迅速往嘴里塞："啊——是生姜！"

终于，菜都上桌了。我和姐姐负责摆放碗筷，姐姐知道我是小馋猫，趁机会就拣一样小菜放在我嘴里，并叮嘱我："还没祭祖呢，赶紧把碗筷摆好就能放开吃了啊！"我于是就殷切地期盼着祭祖了。

祭祖时，要先摆好食品、碗筷再行跪拜礼，轮到我时，我虽然急不可耐，但还是照着爸爸妈妈的样子恭恭敬敬地叩头，之后就急切地一边等待爸爸放鞭炮、烧纸钱，一边不时盯着餐桌，咽口水。

祭祖终于结束了！

我们一家，邻居几个，叔伯阿姨们坐在一起，举杯畅饮，说笑声，猜拳声，声声入耳。我们几个孩子更是吃得不亦乐乎，满嘴是油。

"吃新"不仅表达了人们丰收的喜悦，更是对美好生活的期盼，而且可以促进亲人、邻里之间的感情。

千年的传承和沿袭酝酿成如今的文化底蕴，在每一个方村人心中散发着沁人的幽香。

又一个早晨，旭日东升，照耀着这片质朴而美丽的土地。

（方村中学初二学生　张秀秀）

不吃鸡“子”的家太太

听大舅说，家太太虽然生活清苦，却活到87岁高龄。要知道：家太太晚年住的土坯房子甚至四壁透风，摇摇欲倒，保晴不保雨；一日三餐更是咸菜、蔬菜为主；又一生患有胸口“气痛”的毛病，常常折腾得老人家躺在床上哼声不已；晚年更兼肠胃功能衰退，总是消化不良，要靠“食母生”帮助消化才能吃得下饭。

家太太我没见过，从大舅满含深情的介绍里，我还知道了一件事，那就是家太太晚年为什么一日三餐“咸菜、蔬菜为主”：一是经济困难，没钱买荤菜；二是家太太虽然养了几只鸡，可鸡下的蛋她却从来不吃，而是攒起来，除了换些零用钱，还常常用塑料袋装着，让大舅带回家给我大表姐吃。大舅要她留着自己吃，补补身体，她只是平淡地说：“我不能吃啊！”“为什么呢？”“我吃‘子’，就是吃我‘身上的人’（埭南方言，指自己的子孙）哪！”

大舅说到这里，变得严肃，满眼崇敬之情。过去的高寿老年人，常常并不以高寿为荣、为幸福，反而觉得是罪过：认为这样会侵占了子孙们的阳寿。对于普通的“鸡子”“鸭子”等（“子“，埭南方言，指禽类的蛋），更是讳莫如深；“吃子”，就是吃自己的“子孙”，就是折子孙的阳寿，就可能要“白发人送黑发人”，一旦子孙中有早夭的甚或老死但年纪不是很大的，老人家更会捶胸顿足：“我咯（埭南方言：怎么）不死唉！”

什么是“大爱”呢？家太太不识字，却牢牢地记住“‘吃子’会折子孙们的阳寿”这一“祖训”，自己幸而高寿却常常自责，不论多清苦，也不愿“吃子”补补身体，用风烛残年之躯坚守“祖训”，庇护着“身上的人”！

想到这里，我的鼻子酸酸的，胸中一股敬意激荡着，未曾谋面的家太太在我的心中，竟是如此的高大起来！我又模模糊糊觉得，我们炎黄子孙之所以如此繁荣昌盛，似乎也正是因为这薪火相传的“高大”……

（埭南中心小学六年级学生　罗欣雨）

后 记

“如果要看前途，一定要看历史！”方村历史悠久，人文荟萃。忠实记录方村历史进程，填补方村历史研究空白，是每一个方村人义不容辞的职责。

《方村史话》经过五年多时间采编，现已问世。本书的出版，是在街道党工委、办事处领导的重视下，由三委办组织老年学校学员志愿者，并在各部门和诸多同志大力支持下完成的。编写初始，即按如下分工征集资料并撰写初稿：方村老区革命斗争史与人物传、历史变迁等王万春负责；古迹遗址、传说故事等张国钰、刘达才、王恩荣、张先月负责；桑梓往事、乡风民俗等朱良海、朱法仁、王言仓、张玫瑰负责；之后又有王昭松、王茂越、朱宗灼等主动加入，扩大了志愿者队伍。市党史和地方志办公室对本书的编纂出版工作予以全程指导，并列入年度工作计划。在收集整理编纂过程中，中共芜湖县委组织部、县党史研究室等单位予以有力支持，中共镜湖区委宣传部等各级各部门给予鼓舞与激励。芜湖县新四军研究会会长、原中共方村区委书记、县人大常委会原副主任沈恕琪，两江诗社社长、原芜湖县地方志办公室副编审谢祖才给予鼎力支持；长期从事芜湖文史研究的贺宿芜、金卫东、谢迎春同志直接参与了文稿审定工作；安徽师范大学出版社胡志恒等同志提出了指导意见，在此一并表示衷心感谢！

方村位于芜湖市区东南部，是城市郊区花园和粮仓，也是将来城市发展潜在的地域资源和空间方向。希望此书的出版，能有效地服务于方村的经济、文化、社会事业发展，并为方村开展爱祖国、爱家乡教育提供丰富的素材。

由于本书内容题材广泛，时间跨度大，史料来源渠道有限，难免有疏漏和不妥之处，敬请读者批评指正。

编 者

2018 年 2 月